HENDRIK WILLEM VAN LOON

全彩圖解

人類的故事

讓你的眼睛親身經歷一場歷史的變遷，開啟人類世界與文明的智慧之門

26種語言版本，全球銷售突破3000萬冊

THE STORY OF
MANKIND

房龍/著　劉明/譯

面／從人性角度描述歷史；用生動語言講述艱深內容；用普通故事揭示人類智慧。

解／精選300餘張圖片完全闡釋，精彩重現各個歷史場景。

讀／無論有無歷史概念，都能輕鬆從書中獲得啟發和閱讀的快感。

U0098564

國家圖書館出版品預行編目資料

圖解：人類的故事 ／ 房龍作，-- 二版，-- 臺北市
：海鴿文化，2017.10
面 ； 公分． －－（文瀾圖鑑；46）
ISBN 978-986-392-103-5（平裝）

1. 世界史

711   106011930

書　　　名　　圖解：人類的故事

編　　　著：　亨德里克‧威廉‧房龍
美 術 構 成：　騾賴耙工作室
封 面 設 計：　斐類設計工作室
發　行　人：　羅清維
企 畫 執 行：　林義傑、張緯倫
責 任 行 政：　陳淑貞

出　　　版：　海鴿文化出版圖書有限公司
出 版 登 記：　行政院新聞局局版北市業字第780號
發　行　部：　台北市信義區林口街54-4號1樓
電　　　話：　02-27273008
傳　　　真：　02-27270603
信　　　箱：　seadove.book@msa.hinet.net

總 經 銷：　創智文化有限公司
住　　　址：　新北市土城區忠承路89號6樓
電　　　話：　02-22683489
傳　　　真：　02-22696560
網　　　址：　www.booknews.com.tw

香港總經銷：　和平圖書有限公司
住　　　址：　香港柴灣嘉業街12號百樂門大廈17樓
電　　　話：　（852）2804-6687
傳　　　真：　（852）2804-6409

出 版 日 期：　2013年04月01日　　　一版一刷
　　　　　　　2017年10月01日　　　增訂二版一刷
定　　　價：　450元
郵 政 劃 撥：　18989626　　　　戶名：海鴿文化出版圖書有限公司

含章行文　《圖解：人類的故事》由含章行文圖書發行股份有限公司授權出版

F 前言
FOREWORD

斯和威廉：

　　在我十二三歲的時候，我的舅舅，也就是讓我愛上讀書與繪畫的引路人，他答應要帶我一起到鹿特丹悠久的聖勞倫斯教堂的塔樓頂上，展開一次終生難忘的探險之旅。

　　我們的探險計畫選在一個陽光明媚的日子，教堂司事幫我們打開了通往塔樓的大門，那把開門的鑰匙很大，足以和聖彼得的鑰匙相媲美。我們踏入那扇神秘的門，司事囑咐我們說：「等一會兒你們下來的時候只要拉拉鈴鐺，我就來開門。」隨後，那扇大門就在吱吱呀呀的舊鉸鏈聲中被他關上了。那一刻，我們被關在了一個陌生的世界裡，一個與大街上的喧囂徹底隔絕的神奇世界。

　　那時，我體會到了一種「能夠聽得見的寂靜」，這也是我生命中第一次有那樣的感覺。不一會，在我們踏上第一段樓梯的時候，我隨即又有了另一種嶄新的體會—— 能夠觸摸得到的黑暗，而這些都是我對自然現象有限的知識累積中所不曾有過的。我們在一根火柴的光亮下拾級而上，一層、兩層、三層……不斷向上延伸的樓梯與黑暗彷彿沒有盡頭一般。直到我也記不清爬到多少層的時候，我們恍然間踏入

一片光明之中。這是一層與教堂頂部一樣高的閣樓，它作為儲藏室，零零散散地堆放著一些早已被人們遺棄的陳舊聖像。這些多年以前曾被善良的人們無數次膜拜的聖物，如今沈寂在厚厚的灰塵之下。儘管在我的先輩們看來，這些聖物無異於關乎生死的重要物件，但此刻卻也無法擺脫淪為與廢物、垃圾為伍的宿命；聖像間甚至已成為忙碌的老鼠們劃地而居的安樂窩，機警如常的蜘蛛也不失時機地在聖像伸展的雙臂間結網捕食。

我們接著又向上登了一層樓，鑲焊著粗壯鐵條的窗戶敞開著，剛才的光亮也正來源於此。數百隻鴿子從窗戶進進出出，儼然已經把這個居高臨下的地方當作安逸的棲息之所。鐵柵欄間穿過的涼風迎面吹送來陣陣神秘、舒緩的音樂，這些由我們腳下城市湧出的喧囂之音經過遙遠的空間過濾，變得格外的清純、空靈。車輪輾過的轔轔聲，馬蹄叩擊的嗒嗒聲，機器與滑輪運轉的轆轆聲，還有替代人力從事各種不同作業的蒸汽機永不停歇的嘶嘶聲——世間一切的聲響都宛如鴿子低轉略帶節奏的咕咕聲，在空氣中化作繞指的輕柔。

樓梯到這，已走到了盡頭，繼續向上就需要爬一段一段格子的梯子。梯子很舊又特別滑，所以向上爬的時候必須格外小心謹慎地踏穩每一級。當爬上第一架梯子，呈現在我們眼前的是嘆為觀止的雄渾奇觀——一座巨大的城市時鐘。在那裡，我彷彿走進了時間的心臟，靜靜地聆聽著時間流逝時每一下沈穩有力的脈搏，一秒、兩秒、三秒，直到走滿六十秒。然後，隨著一陣猛烈的震顫，似乎所有的齒輪都停滯在那裡，流淌不息的時間之河就這樣被截下一分鐘的長度。然而，一切並未結束，這座沈重的時鐘又重新邁出它優雅的步子，一、二、三，在連綿的轟隆隆聲預示之後，難以計數的齒輪、鏈條間爆發出金鼓雷鳴般的轟鳴聲——正午時分的鐘聲高高地盪過我們的上空、漫向天際。

繼續向上爬是一層擺著各式各樣的銅鐘的房間，既有小巧精緻的鬧鐘，也有讓人驚嘆不已的巨鐘。其中有一口熟悉的大鐘安置在房間的正中，那是一口在出現火災或洪水等情況發生時才敲響的警鐘，每當它在半夜響徹我的耳際，總把我嚇得心驚膽戰、四肢僵直。此刻，它獨自肅穆地坐在那裡，似乎陷入過去600年間的滄桑回憶，見證著鹿特丹友善的平民

們所曾有過的喜悅與哀愁。在這座大鐘的四周，整齊地懸掛著不少如老式藥店中規規矩矩擺放的藍色廣口瓶一般的小鐘，它們常在市集上為外來的商旅和充滿好奇的鄉民每周演奏兩次輕快的樂曲。在鐘的世界之外，還有一口黑色的大鐘獨自躲在角落裡，它的沈悶與陰冷讓人避之唯恐不及，那是一口在有人死亡時才敲響的喪鐘。

隨著我們繼續向上爬，重新步入黑暗的我們，腳下的梯子也變得更加危險、難攀。不知不覺間，倏然而至的清新空氣讓我們胸中暢然，登頂到塔樓制高點的我們正置身於一片廣闊的天地之間。頭頂高高的藍天如此深遠，腳下的城市宛如一座用積木搭建起的玩具般無比小巧。人們猶如渺小的螞蟻一般匆匆來去，為他們各自的生計而忙碌著。而在遙遠的天際，星星點點的亂石堆之外，安靜地躺著那一片遼闊的碧野、良田。

這是我對廣闊大千世界的第一眼印象。

此後，只要有機會，我就會爬到塔樓的頂上，自娛自樂一番。儘管爬到頂樓是件煞費氣力的蠢事，但以有限的辛苦換取精神上的充足回報，讓我樂此不疲。

從中獲得的回報只有我自己最清楚，在那裡，我可以觸摸藍天、俯瞰大地，可以同我的好朋友——那位慈祥的教堂守門人海闊天空地暢談、說笑。他住在塔樓隱蔽角落裡搭建的簡陋住所裡，值守著城市的時鐘，更如父親一般慈愛地照顧著那些大大小小的鐘。當這座城市一旦出現蒙受災難的跡象，他就會敲響警鐘提醒所有的人。他時常叼著菸斗，在充裕的閒暇時光裡，陷入悠悠的沈思之中。自從他離開學校半個世紀以來，幾乎從不接觸書卷。但值守教堂塔樓的漫長生涯與勤於思考，卻讓他由廣闊的世界、平凡的生活中領悟到無上的智慧。

歷史傳說對於他來說爛熟於心，如同一段段他親身經歷過的鮮活記憶一般。他會指著一處河的轉彎處對我說：「看那裡，我的孩子。就是那個地方，你看到那些樹了嗎？那裡就是奧蘭治親王為了拯救萊頓城而決堤淹田的地方。」他還給我講述默茲河過去的陳年舊事，告訴我那裡寬闊的河道如何由便利的港口轉變為平坦、通暢的大路，又是怎樣送走為人類在茫茫大海中的自由航行而努力的勒伊特與特隆普的著名船隊最後一次出航，

可是，他們卻再也沒有回來。

然後，他指著那些周圍散布著小教堂的村莊，很久以前，守聖者們住在那些教堂裡庇佑著人們。再遠處則是德爾夫的斜塔，那裡曾經是見證沈默者威廉遭暗殺的地方。這裡同時也是格羅斯特最開始掌握初級拉丁文語法的地方。更遠一點兒的地方是低矮的豪達教堂，那裡曾是聲名遠播的伊拉斯謨幼年時的成長之地，他成年時所展現出來的智慧的威力甚至讓皇帝的軍隊相形見絀。

而最後映入我們眼簾的是遙遠的天際邊煙波浩渺的銀色海平線，那與我們腳下屋頂、煙囪、花園、診所、學校以及鐵路清晰的影像，形成了鮮明的對比。所有的這一切匯集成我們所稱之為的「家園」，塔樓的存在為家園賦予了新的意義。它讓那些雜亂無章的街道與市集、工廠與作坊變得秩序井然，展現著人們自身改變一切的能力與動力。而最大的意義在於：當我們置身於曾經的人類所取得的輝煌之中，能夠激發出新的力量，它讓我們在返回日常生活中時，能鼓起勇氣面對未來即將而至的種種困境。

歷史，如同「時間之父」在逝去的無盡歲月中精心修建於各個領域裡雄偉的「經驗之塔」。倘若想登上古老的塔頂去縱覽時空的壯美絕非易事，那裡沒有安逸、便捷的電梯，但作為擁有著強健腿腳的年輕人，足以通過自身的不懈努力，完成這一壯舉。

現在，我交給你們這把打開時空之門的鑰匙。我為什麼會如此熱心於此？當你們返回時，自然就會知道答案了。

亨德里克‧威廉‧房龍

目錄
Content

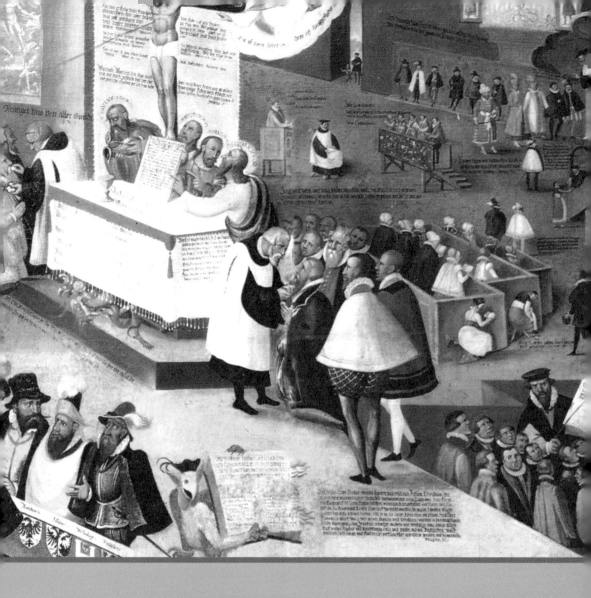

第一章

混沌初開

一直以來，人類都生活在一個巨大問號的陰影之下。

我們是誰？

我們從何處而來？

我們要去往何方？

人類依靠著堅持不懈的勇氣，對這些問題進行探究，將之推向遙遠的天際，並期冀著能夠一步步接近問題的最終答案。

但是，到現在為止，我們還是沒有走得太遠。

我們所知道的仍然少之又少。不過，我們還是可以較為精確地推測出許多事情的本來面目。

本章，我將會告訴你們，人類歷史舞台的最初是怎麼被搭建起來的。

假如我們用直線的長度來表示動物在地球上存在時間的長短的話，那麼，人類（或者說類似人類生命的物種）在地球上生存的時間，就是所有線中最下面那條最短的直線。

人類是最晚出現在地球上面的，但是，人類卻最先學會用大腦來征服這個世界。這也是我們不去研究貓、狗、馬等其他動物，而偏偏研究人類的原因，即便是人類以外的動物們背後也潛藏著牠們獨特、有趣的歷史發展進程。

世界的最初，我們繁衍生息的這個星球，是一個由燃燒物質構成、如塵埃一般飄行在浩淼太空中的巨大球體。持續幾百萬年不熄的燃燒讓球體的表面逐漸化為灰燼，最終一層薄薄的岩石覆蓋在了上面，毫無生命的跡象。無休止的暴雨將堅硬的花崗岩漸漸消磨、侵蝕，沖刷下來的碎屑被帶到了峰巒疊嶂、雲霧籠罩的峽谷之中。

終於，雲開雨歇，燦爛的陽光普照大地。這個星球上隨處可見的積水逐漸匯集發展成為東西半球一望無際的海洋。

在隨後的某一天，偉大的奇蹟出現了：一個生命誕生在這個毫無生氣的星球上！

這個世界最初生命的種子在大海之中顛沛流離。

無所事事的它在海浪間隨波逐流了幾百萬年。在這期間，為了能夠更好地適應惡劣的地球環境而讓自身得以生存，它逐漸形成了某些習性。細胞中的一部分成員認為湖泊和池塘黝黑的泥地是個不錯的地方，於是它們定居在由山頂沖積下來的淤泥中，成為了

人類的起源

關於人類的起源，科學給予人們一個充滿著神奇與邏輯性的解釋，而宗教則給予人們一個充滿著虛構與夢幻般的傳述。在《聖經·創世紀》中，神在第一天創造了光明，第二天劃分出天地的界限，第三天創造了綠樹、芳草等植物，第四天使日月、星辰輪轉，第五天創造了海洋生物與飛鳥，第六天創造了陸地生物與人，瑰麗的神學色彩吸引著無數人對自身起源好奇的目光。

植物的始祖。一些其他細胞則不這麼認為，它們繼續過著漂泊的生活，它們中的一部分長出了如同蠍子一般帶有骨節的、奇形怪狀的腿，在海底茂盛的植物和一些淡綠色形似水母的物體之間不斷爬來爬去；甚至它們中的一部分長出了鱗片，它們依靠游泳的本領來四處活動，尋找食物填飽肚子，逐漸演變成遼闊海洋中不計其數的魚類。

在此期間，植物的數量也在不斷地增長著，海底的空間變得愈來愈侷促，為了生存，植物們不得不到更加開闊的領域開闢新的家園。於是，萬般無奈的部分植物遷往沼澤和山腳下的泥地附近開始它們嶄新的生活。除了在每天早晚兩次的潮汐時從略鹹的水中回味故鄉的氣息以外，初來乍到的它們必須加緊適應新的環境，以便在地表稀薄的空氣中頑強地生存下去。漫長的磨礪終於使它們可以如同最初在水裡的生活一樣，自由自

在地生活在陸地上的空氣中。它們茁壯地生長著，漫過山野，形成茂密的灌木與樹林，它們甚至學會綻放嬌豔、芬芳的花朵，吸引那些終日忙碌的蜜蜂與飛鳥將它們的種子帶到世界的各個角落，直到地球上到處充滿著生機盎然的綠色。

擁擠的海洋逼迫植物們開始遷徙，不能倖免的魚類也開始逃離海洋。它們在借助鰓呼吸的同時也掌握了借助肺呼吸的方法，這讓它們可以在水中和陸地上自由地生活，因此被稱為「兩棲動物」。你可以從腳邊跳過的青蛙身上輕易地看出一隻兩棲動物在海陸之間暢行無阻的美妙。

人類的出現

世界的最初，沒有連綿起伏的群山，沒有波瀾壯闊的海洋，那裡沒有一絲生命的跡象。直到有一天，生命的奇蹟降臨到這個荒蕪的世界，並在漫長的時空中就此引發了一系列的巨大改變。

宇宙中燃燒的星球

↓

冷卻的灰燼在暴雨沖刷、侵蝕下逐步形成各類地貌和海洋。

↓

在毫無生命跡象的星球上，首個生命出現在海洋中。

↓

一部分成為生息在海底的水母和魚類。　　生命的初始　　一部分成為定居在湖泊、池塘泥地中的植物。

海底魚類遷往近海水域，學會借助肺呼吸，成為兩棲動物。

海底植物遷往沼澤和山腳下的泥地，成為灌木和樹林、鮮花。

有著爬行動物特徵的生物擁有四肢、體形龐大，演化為恐龍。

有著鳥類特徵的生物擁有爪和翅膀，適宜攀爬、抓取和飛翔。

最初「類人」的祖先

在氣候突變或自身受限等未知因素下，古爬行動物滅絕。

更為優越的哺乳動物出現並取代了爬行動物的王者位置。

一種特別的哺乳動物脫穎而出，擁有靈活的前爪，掌握直立行走和喉音交流。

地球誕生於45億年前，其表面71%被海洋覆蓋，29%為陸地和島嶼。

　　離開水之後，這些動物就會越來越適應陸地上的環境，其中的一些變成了完全的陸地動物，即爬行動物（就是像蜥蜴一樣爬行的動物）。牠們與森林中的昆蟲們成為鄰居，分享著那裡的寂靜。為了更加快速地在鬆軟的土壤中行走，牠們擁有了四肢，體形也變得越來越大。最終的結果是，牠們進化成為了身高三十到四十英尺的龐然大物，並且統治了整個地球。在生物學上，這些體形如此龐大的生物被冠以魚龍、斑龍、雷龍等等的名字，牠們就是恐龍家族。牠們的體形大到讓人嘆為觀止，打個比方，如果讓牠們和大象一起玩耍，就彷彿一隻壯碩的成年老貓在同自己的幼崽嬉鬧。

　　後來，爬行動物中的一支系種群開始遠離陸地，生活在上百英尺高的樹頂上面。牠們不再使用四肢來走路，而是將四肢練就成可以從一根樹枝快速地跳躍到另一根樹枝上面的本領。日積月累，這些動物的身體開始發生變化，牠們軀體兩側和腳趾之間的一部分皮膚變成了類似於降落傘一般可供伸展的肉膜，又在其上長出了羽毛──翅膀賦予了牠們飛行的能力，牠們進化為真正的鳥類。

　　隨後，發生了一件神秘莫測的事情。那些體形龐大的爬行動物竟然在短短的時間內全部滅絕了。其中的原因我們不得而知。或許是地球的氣候發生了突變，或許是由於龐大的體形妨礙了牠們自由地游泳、奔走或爬行，最終導致牠們行動受限，無法享用近在咫尺的高大蕨類植物和樹木而活活餓死。總之，無論是什麼樣的原因，這些在地球上生存了數百萬年的巨大生物，曾統治著地球的古爬行動物至此完全消失不見了。

　　接著，另一類完全不同的生物登上了這個世界的王者之巔。牠們都屬於爬行動物的後代，但牠們的性情與體質卻和爬行動物有著太多的差異。牠們身上沒有魚類那樣的鱗片，也沒有鳥兒那樣的羽毛，牠們渾身上下長滿了濃密的毛髮，牠們用自己的乳汁來哺育下一代，並因此而得名「哺乳動物」。此外，哺乳動物所延續的種族習性也相較其他動物要更加優越一些。比如這些生物的雌性會把自己下一代的受精卵藏在身體內部孕育，直至牠們成長孵化出來；比如在牠們的下一代還很脆弱，還沒有能力去對付其他天敵的時候，牠們會將幼崽留在身邊。這與其他動物放任牠們的後代忍受嚴寒酷暑、猛獸攻擊等殘酷現實而自生自滅有著本質上的區別，年幼的哺乳動物不僅可以從母親的身上學到很多東西，牠生存的機率也會大大提高。如果你曾見識過母貓教授幼貓如何洗臉、捉老鼠等技能，你就能對此很容易理解了。

　　關於這些哺乳動物的概況，相信不需我浪費唇舌，因為牠們對於你來說並不陌生。我們可以隨處看到牠們的身影，牠們會漫步走過街道或我們的房間，有時還會成為我們生活中不可或缺的同伴。即便是少數罕見的哺乳動物，你也可以從動物園的鐵柵欄後面一睹牠們的風采。

　　此刻，我們站在了人類歷史發展的臨界點。從這以後，人類突然間開始運用自己的大腦來主宰自己的命運，他們成功地擺脫了動物慣有的沈默無語、生死輪迴的生命苦旅。

　　有一種特別的哺乳動物從尋覓食物和居所的天賦中脫穎而出，牠練就了超越其他同伴的本領，牠不僅學會了用前肢捕捉動物，並且在長時間的實踐應用中將前肢進化成為

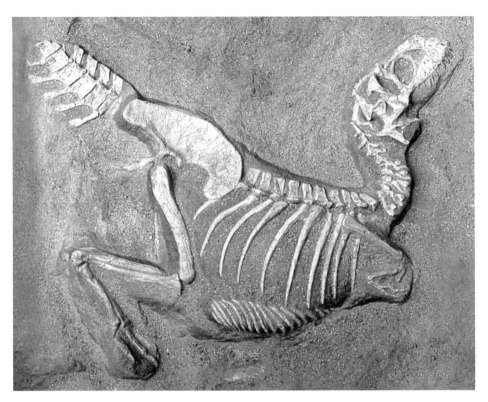

恐龍記憶

恐龍是生活在距今2億3500萬年至6500萬年前的地球生物，繁盛一時的牠們曾是地球上的絕對統治者。牠們滅絕的原因至今仍是科學家們無法解開的謎團，只有掩埋在厚重的沈積與黃沙之下的化石向人們展示著牠們曾經存在過的痕跡。圖中是由有著「脊椎動物化石墳場」之稱的蒙古中部地區發掘出的白堊紀肉食恐龍特暴龍化石，強健的腿骨、有力的上顎，即便是已成瞠瞠白骨仍然霸氣十足。

類似於現代人手掌的前爪。在無以計數的嘗試之後，這種動物終於學會了如何保持身體平衡來直立行走。（這是一個相當困難的動作，即便直立行走對於人類已有上百萬年的經驗，但我們的後代仍然還要從頭開始學習如何行走。）

這種生物既類似於猴子，也類似於猿，相較之下，卻又比牠們兩者中的任何一個都要高級。牠已經可以適應地球上任何地方的氣候條件，更是當時地球上最為傑出的獵手。牠們常常成群結隊地行動，以便彼此獲得更充分的安全保障。牠們同其他動物的交流方式相近，最初僅能憑藉發出特殊的咕嚕聲或吼叫來警示幼仔所面臨的危險。但幾十萬年間的不斷進化，讓牠們終於學會了用喉音彼此交流。

或許，你會覺得不可思議，但這種生物就是我們最初「類人」的祖先。

第 一 章

人類最早的祖先

最初的人類究竟是什麼模樣？我們知道的少之又少。

　　人類的祖先並沒有留下任何照片和圖畫給我們，但是，我們在古老黏土層的最深處仍然可以不時挖掘到他們骨骸的碎片，這些骨片與已在地球上消失的生物遺骸混雜在一起，見證著過往歲月的巨大變遷。那些將人類視為動物王國中的一員的人類學家，為揭開人類起源的秘密不惜耗盡一生的心血，他們將這些碎骨作為研究的標本，歷經數年的研究，現已能夠相當精確地將人類祖先的模樣加以拼合、復原，重現在我們的面前。

　　人類的祖先是一種外表醜陋的哺乳動物，他們的身材相對於現代人來說要矮很多。生存環境中長期的風吹日曬，導致他們的皮膚變成了深棕色，毫無美感。他們的頭上、手上、腿上以及全身的大部分皮膚都長著粗糙的毛髮。他的手指尖細而有力，近似於猴子的爪子。他的前額低陷，有著與那些以牙齒做刀叉的食肉動物一樣的下頜。他們處於赤身裸體狀態，不知火為何物，即使當濃煙、岩漿漫過大地，暴怒的火山轟鳴中噴出赤紅的烈焰，他們也不知道那就是火。

　　他們蝸居在叢林深處陰暗潮溼的角落，就如同非洲俾格米原始部落承襲至今的傳統

人類的祖先

　　最初的人類仍處於蒙昧階段，他們為了能夠生存下來，而在寒冷、飢餓、恐懼、生死的邊緣掙扎著，直到有一天他們適應了環境，並成為這個世界未來的王者。

遠古人類			
起居習慣	晝出夜歸	天　　敵	野獸、自然環境
外部特徵	身材較矮，皮膚呈深棕色，體表遍布毛髮，外貌醜陋，前額低陷，下頜突出，手指尖細有力。		
食　　物	以樹葉或植物根莖為主，偶爾能成功偷蛋或獵獲弱小動物，生食。		
居住條件	不會建房築屋，棲息在陰暗潮溼的角落。		
文明程度	較低，還未懂得用火，不會製造工具。		

生存環境一樣。當飢腸轆轆的時候，他們就生吃樹葉與植物的根莖，或者從惱怒的小鳥那裡偷取鳥蛋，餵養自己望眼欲穿的孩子。偶爾時來運轉，他們也能夠捕獲麻雀、小野狗或野兔來作為自己付出精力與耐心後的獎賞。茹毛飲血的生食方式對於他們來說名正言順，因為那時的人類還從未體驗過燒煮後的熟食是怎樣的美味。

當太陽升起的時候，人類的祖先就開始在森林中四處尋找食物。當夜幕降臨的時候，他們就會在四面重重圍攏的殘暴野獸迫近下，和自己的家人藏匿在深深的樹洞或巨大的岩石後面。要知道夜晚是野獸外出覓食的集中時段，牠們非常樂於將人類作為配偶或幼仔的美味佳餚。在那個弱肉強食的世界，人類終日提心吊膽地苟且生活，時刻忍受著恐懼與苦難。

夏季的烈日讓人類飽受炙烤煎熬，而冬季的酷寒則常使他們的孩子在冰冷的懷中被死神帶走。當他們不小心受傷的時候，要知道在捕獵的時候是非常容易摔斷骨頭和扭傷腳踝的，沒人會幫助他們，他們只能在痛苦中孤獨地死去。

露西復原圖

露西是美國古人類學家1974年在埃塞俄比亞發現的南方古猿阿法種的古人類化石，這具不完整的年輕女性化石距今有350萬年之久，曾被認為是最早發現的可直立行走的人類。科學家依據骨骼進行了數據還原，將露西生前的形象重新複製出來，她身材矮小，暗棕色的皮膚上遍布長而粗糙的毛髮，可以直立行走，寬大、靈巧的雙手已可以從事一些簡單、精巧的工作。

最初的人類喜歡急促無章、滔滔不絕地說個不停，這與動物園中許多動物紛擾雜亂的叫聲如出一轍。還沒有自己語言的人類總是簡單重複著同樣急促、怪異的音節，並且樂此不疲，皆因這能讓他聽見自己的聲音。直到突然有一天，他們有了新的想法：他們覺得這種從喉嚨發出的特殊聲音可以警示同伴。於是，當危險來臨的時候，他們就會用約定好的短促尖叫來彼此傳遞訊息，如「那裡有一隻老虎」或者「那邊有五頭大象」等等。而聽到的人則咕噥著給予相應的回答，意思大概就是「我知道了，趕緊躲起來！」而這或許就是人類語言最初萌生的源頭。

但是，正如我前面所提到的，關於早期人類的具體狀況我們至今仍知之甚少。他們不會製造工具，更不會建房築屋。他們悄無聲息地來到這個世界，又悄無聲息地死去。他們死去後留在世間的痕跡也僅僅不過幾根鎖骨與頭骨碎片而已。這些僅存的遺跡告訴我們，在幾百萬年前的地球上繁衍生息著某種與其他物種完全相異的哺乳動物，這就是人類的祖先。或許他們從一種近似於猿的動物進化而來，並學會了直立行走，甚至將靈活的前爪像手一樣使用，他們和湊巧成為我們人類祖先的生物有著極深的淵源。

關於人類的祖先我們知之甚微，更多的秘密還有待於人們新的發現。

第三章

史前人類

史前人類學會了製造工具。

　　最初的人類完全沒有時間的概念，他們壓根不知道什麼是年、月、日，更不會有生日或婚喪嫁娶的時間紀錄。但時光荏苒，讓他們自然而然地讀懂了四季變遷的規律。他們逐漸發現當寒冷的冬天過去以後，總會迎來暖意融融的春天。當果實掛滿枝頭，野麥穗成熟可食的時候，炎熱的夏天取代了春天。而夏意褪盡，秋風轉涼，漫天落葉四處飛舞的時候，也暗示著金秋已深，眾多動物們開始為漫長的寒冬忙碌起來。

　　然而出乎意料的是，這種規律在某一年也出現不尋常的狀況：氣候發生了巨變。當寒冬遲遲不去、夏季姍姍來遲時，野果難以完全成熟，原本應當綠草如茵的山頂卻依舊覆蓋著厚厚的積雪。

　　在某一天清晨，飢餓難耐的野人成群結隊地從高原地帶來到了山下。骨瘦如柴、面黃肌瘦的他們因語言不通，吵吵嚷嚷地無法與山下的居民良好地交流。即便如此，山下

求生本能

　　遠古人為了躲避自然界的風霜雨雪，將居住在乾燥、避風石洞中的野獸趕走，自己取而代之成為那裡的「新主人」。為了獲得更多的食物，他們學會了以棍棒、石塊和簡單的陷阱來狩獵，並從自然界中雷電造成的山火中獲得火種，通過火來獲得光明、溫暖、熟食，並借助火來警示、驅趕野獸。

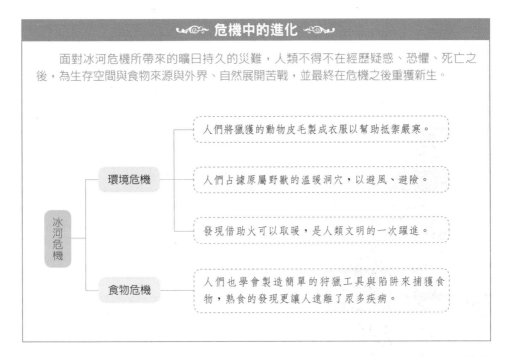

危機中的進化

面對冰河危機所帶來的曠日持久的災難，人類不得不在經歷疑惑、恐懼、死亡之後，為生存空間與食物來源與外界、自然展開苦戰，並最終在危機之後重獲新生。

冰河危機

環境危機
- 人們將獵獲的動物皮毛製成衣服以幫助抵禦嚴寒。
- 人們占據原屬野獸的溫暖洞穴，以避風、避險。
- 發現借助火可以取暖，是人類文明的一次躍進。

食物危機
- 人們也學會製造簡單的狩獵工具與陷阱來捕獲食物，熟食的發現更讓人遠離了眾多疾病。

的居民也從他們落魄的身形看出野人們需要食物。然而儲存下來的有限食物無法負擔當地居民與外來野人們的雙重需求，幾日的試探協商未果後，本地人與賴著不走的野人們爆發了一場手腳並用的慘烈爭鬥。眾多家庭捲入這場衝突，並慘遭殺戮，僥倖逃生的倖存者逃回了山中，並在隨後而來的暴風雨中難逃凍餓而死的厄運。

這甚至讓居住在森林中的人類也感到了恐懼。白天變得愈發的短暫，而夜晚也逐漸變得愈發的寒冷。

最後，一些零星的綠色小冰塊出現在兩山之間峽谷的裂縫中，並逐漸凝結匯集成龐大的冰河沿著山坡呼嘯而下，駭人的力量將巨石推入山谷之中。山間響起了悶雷一般的轟鳴聲，由冰塊、泥漿和花崗岩混合而成的泥石洪流淌過森林，將森林中酣睡著的居民吞沒。百年的古樹也難逃傾覆之災，倒在熊熊燃燒的森林大火中化為灰燼。緊接著，一場鵝毛大雪漫天而至。

這樣的大雪連綿不絕，月復一月，植物難逃一死，很多動物離開這裡，逃向南方的溫暖地帶。人類面對這樣的情況，也不得不開始逃亡，他們攜帶著家眷開始像動物一樣向南方遷徙。但相對於後者，人類逃命的速度卻比野獸們緩慢很多，越來越迫近的寒流讓人類意識到盲目的逃亡沒有意義，要不運用腦筋想方設法改變局面，要不坐以待斃。而事實上人類總是傾向於選擇前者，冰河時期曾四次從致命危機中成功逃脫的經驗，給予了他們更多求生的欲望。地球上每次冰河期都把所有的生命置於死亡的陰影之下，這一次人類仍需借助他們的智慧尋求一線生機。

為了抵禦嚴寒，人們想出了穿衣服的辦法，他們可不想被活活凍死。他們先是學會

石製工具

遠古人通過仿製自然界生物或生活中的先例來製作簡單的石製工具，儘管非常粗糙，但卻具有砸、搗、切等多種用途。

了如何來製造陷阱，以便更好地捕捉動物。他們挖一個大坑，在上面蓋上樹枝和樹葉，讓動物看不出來，當一隻狗熊或者野狗掉進去的時候，他們就會用石塊將其砸死。由此，他們就可以將動物的皮毛當作衣服來禦寒。

僅有衣服還是不夠的，他們還必須要有一個房子。不過這相對容易得多，他們將動物居住的、溫暖的洞穴占據，從此他們就有了住的地方。可是，天氣的寒冷似乎比他們想像的更加嚴重，僅有的條件仍然會讓抵抗力比較弱的老人和孩子大批凍死。於是，一個偉大的想法誕生了——用火。

曾經有一個人狩獵時在山火中差點被燒死的經歷，讓他想到了可以用火來取暖。在那個時候，火對於人類來說是相當危險的，但對於寒冷的境地來說，借助火取暖無疑是一個機智且有效的方法。於是，這個聰明的人就將野外燃燒著的樹枝拖入了山洞，燃起了一堆火來。果然，有了火的幫助，冰冷的山洞頓時變得溫暖起來。

一次偶然的機會，一隻死雞掉落到燃燒的火堆中，當然這樣的小事自然不會引起人類的特別關注。可是，當烤熟的雞肉飄散出香味時，人們才發覺自己的疏忽。人類大膽地嘗了嘗烤熟的雞肉，發現味道實在是太好了，而且遠比生肉要好吃得多。於是，人類學會了用火來烤食物，擺脫了生吃食物的習慣。

數千年的冰河期終於過去了，能夠從這個時期安然度過的人類都有著絕頂聰慧的頭腦。整個冰河期中漫長的飢餓和寒冷，迫使他們必須不停地開動腦筋來對抗大自然的威脅。他們發明出各式各樣的工具，他們學會用尖石磨製石斧，製造沈重的石錘；他們學會用黏土製成碗和罐子，並在陽光下曬硬後使用；他們儲存起大量的食物，以便度過整個漫長的冬天。威脅著人類最終命運的冰河期迫使人類用自己的大腦去思考，不僅沒有使他們滅絕，反而促使人類向前邁進了一大步。

第四章

象形文字

文字紀錄的歷史起源於埃及人發明的書寫術。

我們最初繁衍生息在歐洲荒野上的祖先們正以讓人驚嘆的速度，學會越來越多的新鮮事物。毫無疑問，只要時機成熟他們必然將擺脫野蠻的過去，創造出一些屬於他們自己的獨特文明。不出所料，當他們被發現時，他們曾經與世隔絕的生活走到了盡頭。

一位來自南方的探訪者勇敢地橫跨海洋，翻越群山，發現了歐洲大陸上生活著的野蠻人，他來自非洲，來自那裡一個叫「埃及」的地方。

在西方人還在幻想著刀叉、車輪、房屋等文明產物的最初輪廓，遠在尼羅河谷的埃及人已在這之前的數千年衍生出了更加高級的文明。現在，讓我們將目光從我們的祖先轉向人類文明最早的搖籃——地中海南岸和東岸，探訪一下那裡人們的生活。

作為一個充滿智慧的種族，古埃及人教會我們很多先進的東西。他們有著先進的農耕技術，對農田灌溉有著豐富的經驗；他們擅長建築，他們當時建造的神廟是後來希臘人仿效的模板，也是我們現代教堂的最初雛形。他們還發明了時間的計量，並且略加改進後，直到現在還在使用。其實，古埃及人對人類最大的貢獻應當是發明了文字，由此，我們的語言才得以保存下來。

你可能會認為讀書寫字是很平常的事情，是人類與生俱來的能力，因為我們周圍有著大量關於文字的東西，比如報紙、書籍、雜誌等。但是，真實的情況並不是如此，書寫和文字這些對人類有著重大意義的東西，是最近才誕生的。貓、狗因為沒有掌握一種方法將歷代的經驗保留下來，因此，牠們只能傳授給後代一些簡單的經驗。如果沒有文字的出現，那麼人類就和貓、狗那樣的動物沒有區別了。

在西元前1世紀，古羅馬人踏上埃及的土地。他們在整個尼羅河谷到處都可以看見一些奇怪的小畫像，很顯然，從這些圖案中可以找出和這個國家歷史相關的線索。可是，因為羅馬人向來都對外族的東西沒有任何興趣，因此，無論是雕刻在神廟和宮殿牆上，還是描畫在紙莎草紙上的圖案，都沒有引起羅馬人深入研究的興趣。最後一批懂得其中奧秘的埃及祭司也都在幾年前撒手人寰。喪失獨立主權的埃及，簡直就是一個裝滿人類過往紀錄的大倉庫，充斥著無人破譯且對於整個世界都毫無價值的歷史記憶。

在此後的1700多年中，古埃及始終戴著那神秘的面紗立於人前。直到1789年，轉機

羅塞塔石碑 高1.14米 寬0.73米
厚度0.28米 現存於英國大英博物館

羅塞塔石碑是西元前196年，以希臘
文字、古埃及文字和當時社會通用體文
字一式三份雕刻在石碑上的古埃及國王
托勒密五世的詔書。後人參照不同版本
字體的文字發現並破譯出已失傳千年的
古埃及象形文字的鑰匙，為解讀古埃及
文字與歷史跨出了里程碑式的一步。

出現了。當時，法國的一位姓波拿巴的將軍在率
軍準備進攻英屬印度殖民地的時候，恰好路過東
非，還沒有跨過尼羅河就嘗到了戰敗的苦澀。但
這次充滿戲劇性的遠征卻給世界歷史解決了一個
關於古埃及的難題，因為他們不經意間將古埃及
的圖像文字破譯了。

羅塞塔河邊（尼羅河口）狹小城堡裡的生活
是單調無趣的，因此，一位法國的年輕軍官為了
調劑一下生活，決定到尼羅河三角洲的古廢墟中
走一走，察看一下那些古老的文物。此間，他無
意中發現了一塊黑色玄武岩石板，上面刻滿了大
量在埃及隨處可見的小圖像。其實這也沒有什麼
奇怪的，但是，這塊石板讓人吃驚的地方在於上
面竟然刻著三種不同的文字，其中之一就是大家
熟知的希臘文。這樣的石板激發了他的興趣，他
想到：「如果將石板上的希臘文和埃及圖像進行
對比，是不是就可以破解這些圖像的意思呢？」

這個思路是正確的，似乎也並不難，但破
解的工作直到二十多年後才有了實質性的進展。
1802年，法國教授尚皮里歐開始研究著名的羅塞

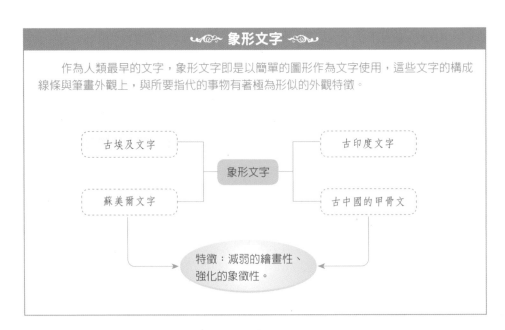

象形文字

作為人類最早的文字，象形文字即是以簡單的圖形作為文字使用，這些文字的構成
線條與筆畫外觀上，與所要指代的事物有著極為形似的外觀特徵。

古埃及文字 ─┐   ┌─ 古印度文字
            ├─ 象形文字 ─┤
蘇美爾文字 ─┘   └─ 古中國的甲骨文

特徵：減弱的繪畫性、
強化的象徵性。

塔石碑，將希臘文字和埃及文字進行比照破譯。到了1823年，他終於將石碑上14個小圖像破譯成功了！儘管尚皮里歐在不久之後因過度勞累溘然而逝，但他卻將埃及文字破譯的規律留給了人類，這是一個多麼偉大的貢獻！因為有了這些將近4000年的文字紀錄，讓人們對尼羅河流域的歷史相對於密西西比河來說要有著更加充分、詳實的了解。古埃

《亡靈書》節選　　草紙繪畫 西元前1400年

《亡靈書》是古埃及人放置在墓地死者身邊的一種符籙，其中所紀錄或描繪的文字、繪畫涉及大量的讚美詩、咒語、箴言，以期能幫助亡靈順利地抵達來世幸福的彼岸。古埃及人在其中紀錄著這樣一段文字「我的心臟在我的心房裡，那是我的休憩之處。」

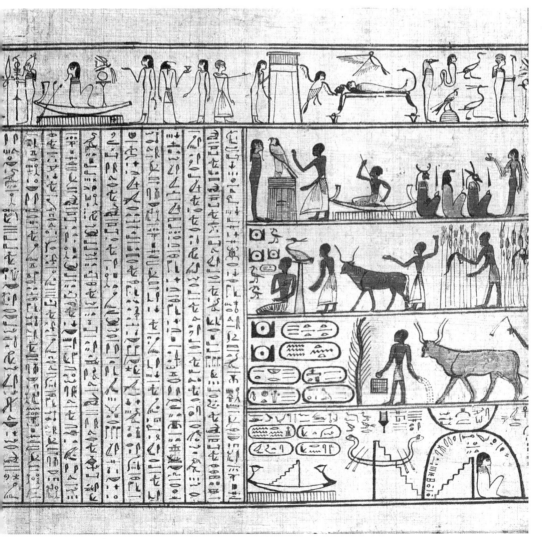

及的這種神聖的文字在歷史上是有著重要地位的，我們現代字母中還有一些是從古埃及字母中演變過來的。它是世界上第一次將人們的語言紀錄下來的文字，因此至少你應該了解一下這個5000年前存在的極具智慧的文字系統。

當然，你肯定知道表意文字是什麼。在我們西部平原地區，每一個流傳甚廣的印第安傳說都會有印第安人所使用的奇怪小圖案，從這些圖案中我們可以得到一些關於獵殺了多少野牛、參與捕獵的獵手有多少等信息。這些簡單的圖像對於我們來說是很容易理解的。

或許你認為古埃及的文字也是諸如此類的圖像語言，其實並不是這樣的。聰明的古埃及人早已經超越過了這個階段，他們的圖像包含的意思要遠遠大於圖案本身。現在，就讓我來給你們做一個簡單的講解。

現在，你把自己當作正在研究古埃及文字的尚皮里歐，此時，你正在認真研究一疊

表音文字

古埃及人是世界上首先運用「表音文字」的人，大量的象形文字符號具備著一定的表音功能，依據筆畫點、劃、撇、捺的走勢，人們將語音、語言以書面文字的形式保留下來。儘管古埃及人中僅有百分之一的人能夠讀書寫字，致使這些文字的奧秘僅有極少數人可以領悟，但人們從保存完好的文獻與壁畫中依然能夠準確地辨認出它們的樣子。

紙莎草紙上寫滿的古埃及象形文字。在草紙上有這樣一個圖案，一個男人拿著一把鋸子，你可能會這樣理解：「這個圖案說的應該是農夫拿著鋸子去伐木。」然後，你拿起另一張紙，這裡講的是一位在82歲高齡去世的皇后。可是，你在這裡依舊看見了拿鋸子男人的圖像。顯然，這裡的意思肯定不會是皇后去伐木，其中肯定大有名堂，那麼這裡的意思應當是什麼呢？

最終法國人尚皮里歐為我們撥開了這層迷霧，尚皮里歐發現，古埃及人使用的是一種「表音文字」，這讓他們成為世界上最先使用這類文字的人。這種文字借助了口語單詞的讀音，利用一些簡單筆畫如點、線、彎曲等將我們的口語以書面的形式紀錄下來。

讓我們再回過頭說說那個男人拿著一把鋸子的圖案上。「鋸」（saw）這個單詞，它可以代表木工店中的一件工具，也可以是動詞「看」（to see）過去式的表達。

在古埃及的文字中，這個單詞在數百年裡有著顯著的變化：最初的時候，這個圖案代表的意思就是鋸子這種特定工具；後來，這個意思逐漸淡化，而變成了一個動詞的過去式；而在之後的漫長使用當中，這兩種意思都被淘汰，而圖案 代表的僅是一個單獨的字母「S」。或許你不太明白我的意思，下面我給大家舉一個例子。我們用古埃及文字來將一個現代的英文句子表達為：

圖案 ，也許表示的是眼睛，也就是你腦袋上兩顆可以看清斑斕世界的圓形東西；或者表示的是我（I）這個概念，即那個正在講話的人。

圖案 ，也許表示的是一種能夠採集花蜜的動物，也就是蜜蜂；或許也代表動詞「是」（to be）。最終，它演變為「成為」（be－come）或「舉止」（be－have）之類動詞的前綴。例句中接下來的圖案是 ，它的意思可能是三個發音相同的詞，「樹葉」（leaf）、「離開」（leave）或是「存在」（lieve）。

然後，依舊是「眼睛」的圖案，前面已經講述過了。

最後，這裡是一個圖案 ，也就是一隻長頸鹿。這個詞是古埃及圖像語言遺留下來的一部分，它們就是象形文字發展最初的源頭。

現在，我們根據語音很容易就可以讀出該句的意思來：

「我相信我看見了一隻長頸鹿。」（I believe l saw a giraffe.）

在象形文字出現之後，古埃及人在幾千午的時間裡使其日趨完善，直到他們可以借助它很容易地表達任何意思。他們用這種文字給友人寫信、紀錄帳目，並紀錄國家的歷史與事件，以便於後人翻閱、借鏡，這讓人們能從日積月累下來的經驗教訓中獲得指引與啟示。

第 五 章

尼羅河流域

尼羅河流域——人類文明的發源地。

　　人類通常是哪裡有豐富的食物就到哪裡去安家，因此，人類的歷史其實也算是一部
四處覓食、躲避飢餓的遷移史。

　　有著肥沃土地的尼羅河河谷很早就聲名在外，良好的生存條件致使非洲內陸、阿拉
伯沙漠和亞洲西部等地的人們不斷湧來在此安家落戶。日積月累，這些到此生根繁衍的
人們聚集成一個新的種族，他們稱自己為「雷米」，也就是「人們」的意思，這和有的
時候美洲被我們稱為「上帝的樂土」如出一轍。每年夏天，尼羅河在氾濫的時候就會將
沿岸變為淺湖，待湖水退去，留下來的是幾英寸厚的肥沃土地，這些都是最好的農田和

計時與祭司

　　古埃及人借用月亮來計算時間，以月亮的盈虧作為計時標準，一年三季，一季四個月。通過有關天
文學的壁畫，人們能夠發現古埃及人對於時間的理解——頭頂紅色圓盤的神像代表有著重大、特殊意義
的日或月，而分割成均勻小份的圓圈則代表著一年12個月份需要供奉祭品的節日。

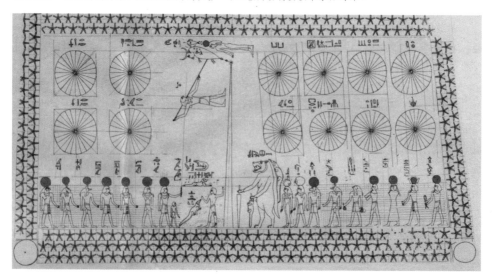

牧場。能夠來到如此富饒的地方，這些人們又怎麼能夠不感謝命運之神呢？

在古埃及尼羅河流域，那條養育著幾百萬人口的富饒之河幾乎全憑自然之力支撐起勃勃生機，這讓人類歷史上第一批大城市的居民有著得天獨厚的生存條件。不過，不要認為所有的耕地都集中在河谷地帶，各個地方的耕地都是存在的。聰明的古埃及人建造出一個由眾多小運河和槓桿、吊桶構成的複雜提水設施，藉此將低處的河水引到高出河床的河岸頂部，再通過一個精密的灌溉溝渠系統將水輸送到更多的農田。

史前人類為了尋找食物養活自己和家人，一般情況下，一天需要工作16個小時。但是，生活在埃及的人們卻不必這樣，因為他們擁有著大量的空閒時間。他們甚至為了打發時間製作出很多沒有實際價值的精美物品。

日子就這樣繼續著，突然，他們的腦海中冒出了各種各樣和日常生活中的吃飯、睡覺、為孩子尋找住所等瑣碎之事完全沒有任何關係的奇怪念頭。例如，星星從哪裡來？電閃雷鳴是怎麼回事？引導曆法制定的尼羅河規律的潮起潮落受控於誰的手？甚至他們還在想自己是誰？他們雖然面臨著疾病和死亡的威脅，卻總能坦然、幸福地生活。

古埃及祭司

精通文字與天文學的祭司們掌控國家，他們滿腹學識，紀錄著歷史，稱頌、宣揚自然界中「神」的力量，有著極高的社會地位。

古埃及有這麼一類人，他們是思想的守護者，他們被尊稱為「祭司」，當人們提出各種稀奇古怪的問題時，祭司就會主動上前來為他們竭盡所能地解答。祭司擁有著淵博的知識，他們肩負著用文字紀錄歷史和保存史料的重任。他們高瞻遠矚，深深醒悟：人類不能只考慮自己和眼前的利益，他們將人們的眼光引向來世。彼時，西部的群山之外將成為人們靈魂的安息地，擁有無上之力的俄賽里斯神掌控著他們的生死賞罰，人們將在那裡向神彙報自己前世的所作所為，並以此作為神最終裁決的依據。由於祭司們過於看重俄賽里斯與伊希斯執掌的來世國度，導致活著的人將今生的生活當作走向來世的短暫過渡，尼羅河這塊富饒的土地終究成為了死者最終的埋骨之地。

後來，古埃及人產生了一種奇怪的想法，他們認為如果人們失去了今生的軀殼，那麼他們的靈魂就無法進入俄賽里斯的冥界。所以，一旦有人外亡，他們的家人就會立刻開始處理屍體，用香料和藥物來防止腐爛。他們將屍體放在氧化鈉溶液中浸泡，幾個星期後再填上樹脂。波斯語中的樹脂讀作「木米乃」（Mumiai），所以，這種經過特殊防腐處理的屍體就被稱作「木乃伊」（Mummy）。做好防腐處理之後，人們會用一種特製的亞麻布將屍體緊緊包裹起來，放入特製的棺木中，將其安葬在最終的墓穴深處。古埃及人的墳墓其實根本不像墳墓，反倒是像一個家一樣，墓葬中擺放有家具和樂器（這樣可以讓主人在等待進入俄賽里斯冥界的時候打發無聊），此外，還有一些諸如

祭司墓碑

墓碑上刻著的文字紀錄著，奈切爾——阿拜拉夫王子曾是早期法老斯奈弗魯宮廷中的祭司、書吏以及皇家法官。

廚師、麵包師和理髮師等的小雕像作陪，他們負責為身處黑暗的主人提供各種飲食、打理衛生等服務，而不會使墓主成為讓人生厭的邋遢鬼四處遊蕩。

起初，古埃及人的墳墓修建在西部群山的岩石中，然而隨著古埃及人不斷向北遷移，他們的墳墓也就跟著被建造在沙漠中了。不過，讓古埃及人生氣的是，沙漠中不但有凶猛的野獸，也有可惡的盜墓賊。盜墓賊常常會偷偷潛入墓室，將木乃伊隨意搬動，將陪葬的珠寶搜刮一空。於是，古埃及人就採用在墳墓上建立石塚的方法來阻止盜墓賊的瀆神行為。後來，攀比之風悄然生出，富人們爭相將石塚建造得越來越高，人們都想要建立一個最高的石塚。其中創下最高紀錄的是西元前13世紀的埃及國王胡夫法老，希臘人稱之為芝奧普斯王。

胡夫法老的陵墓高達500多英尺，占地13英畝，相當於基督教最大建築聖彼得大教堂占地面積的3倍，被希臘人稱為金字塔。

整個金字塔的建造時間持續了20多年，動用了10餘萬奴隸，這些人在漫長的時間裡不停地勞作，他們將尼羅河一邊的石材，搬運到河對岸（至於他們是如何跨過河面的，至今我們還不曾知曉，這在我們看來簡直是一項非常不可思議的奇蹟）。然後，他們再搬著石頭穿過沙漠，將其放到相應的地方。這些優秀的建築師和工程師將這個工程完成得非常出色，直到今天，儘管這些重達幾千噸的巨石飽經風雨，可是通往陵墓中心的狹長過道卻依舊保持著原狀，沒有絲毫變化。

～◎～ 木乃伊的製作 ～◎～

古埃及人認為人死後靈魂仍然不朽，它會依附於死者的屍體，在另外一個世界「繼續」生活，於是將死者製成經久不壞的木乃伊，以確保來世生活的長久與美好。

木乃伊的製作流程

❶ 腦漿處理	→	用特製工具敲碎篩骨，將死者的腦髓破壞，並由死者鼻孔取出，再在頭骨中填入藥物和香料。
❷ 內臟處理	→	由身體左側的切口處取出死者的肝、肺、胃、腸，而作為死者思考和智慧的象徵，心臟則被保留下來。屍體經過清洗、消毒以及極為關鍵的脫水處理後，填入藥物和香料，最後仔細縫合切口。
❸ 整形處理	→	在屍體表面塗抹油膏或松脂，以亞麻布或石頭作為逼真的假眼，經過簡單化妝整形後，佩戴上最好的珠寶。
❹ 包裹處理	→	在莊重、繁雜的祈禱與符咒聲中，以白色的亞麻布將屍體手指、手掌、四肢、軀幹依次包裹起來，並在亞麻布間放置護身符。
❺ 結束	→	相傳阿努比斯神會將木乃伊送交死者的家人，再裝入石棺，放入墓室安葬。

第六章

埃及的故事

埃及由盛到衰的歷史。

　　不得不說，尼羅河是人類和善的朋友，但是，同時它又是一位苛刻的監工。沿岸的人們在它的調教下，學會了如何協作勞動。人們認識到了合作的力量，他們共同修建了灌溉溝渠和防洪堤壩。由此，他們也懂得了如何和自己的鄰居友好相處，這樣互幫互助的關係使一個有組織的國家的建立水到渠成。

　　當這個國家中有一個權勢遠勝於他周邊多數鄰居的人登上了歷史的舞台，他自然而然地一躍成為了整個地區的領袖人物。當西亞那些貪戀富饒土地的國家入侵這裡，想要將它據為己有的時候，這個領袖就站出來成為了抗擊外敵的統帥。他逐步登上了統領這塊土地的王座，將從地中海沿岸到西部山脈的廣袤土地握在他的手中。

狩獵獅子的亞述國王

　　這座西元前640年的浮雕刻在亞述巴尼拔的宮殿牆壁上，勇猛的亞述國王正鎮定地躍馬挺矛將尖矛刺入獅子的喉嚨，而另一隻傷痕累累的獅子正殘忍地試圖襲擊國王的備用戰馬。喜好狩獵的亞述國王信奉武力統治，他們有著勇猛作戰的士兵，嗜殺成性，在整個西亞打下廣闊的領土，掠奪了大量的財富。他們試圖以暴力和威懾統治國家，但最終仍被反抗聲浪所淹沒。

獅子的象徵

堅強、勇猛的獅子與亞述人的精神氣質極為一致，而狩獵獅子被看做是亞述國王勇猛善戰與神授權力的象徵，也只有國王才有資格去狩獵這種殘暴的野獸。

那些辛苦勞作的農民們其實對古埃及法老（法老的意思為「住在大宮殿裡的貴人」）所做的種種政治上的冒險舉動沒有絲毫興趣。他們對生活的要求很簡單，只要他們繳納的稅收和承擔的勞役沒有太過分，能夠讓他們接受，他們就會心甘情願地被法老們統治著，他們也會像尊重大神俄賽里斯一樣尊重國王。

不過，當有外族人入侵這裡，大肆掠奪，埃及人的生活頓時就陷入無邊的黑暗之中。埃及人嚮往的平靜生活維持了2000多年後，一個野蠻的阿拉伯遊牧部落——希克索斯人侵占了埃及，他們肆意欺凌、奴役埃及人，徵收巨額的賦稅，長達500年的統治讓埃及人叫苦連天、民怨四起。不但如此，穿過沙漠來到埃及的歌珊地尋求避難謀生的希伯來人（猶太人）同樣是埃及人討厭的對象，皆因希伯來人成為了入侵者的稅吏和官員，進而幫助仇敵來壓迫他們。

西元前1700年後不久，底比斯的人民發動了反抗起義。在經過漫長時間的抗爭之後，他們將希克索斯人趕出尼羅河谷，使得埃及掙脫了苦難的枷鎖。

彈指一揮的1000年以後，亞述人出兵稱霸整個西亞，埃及被納入了薩丹納帕路斯帝國的版圖。西元前7世紀，埃及再度迎來獨立，成為居住在尼羅河三角洲塞斯城的國王屬地。西元前525年，埃及又被波斯國王岡比西斯占據。時間駐足在西元前4世紀，衰落的波斯被亞歷山大大帝踩在腳下，埃及成為了馬其頓的一個行省。直到亞歷山大大帝麾下的一位將軍自封為新埃及之王，建立了托勒密王朝，定都於剛剛崛起的亞歷山大城，埃及才從名義上又恢復了獨立。

就這樣，到了西元前39年，羅馬人將戰火引入埃及。此時埃及的統治者是最後一代君主——豔后克麗奧佩特拉，她竭盡所能挽救瀕臨滅亡的王朝，甚至不惜出賣自己的美色。羅馬的將軍們一個個被她的美貌所傾倒，這種美色的毒藥遠勝十幾個埃及軍團。她先後將羅馬征服者凱撒大帝及安東尼將軍成功魅惑，使得埃及可以苟延殘喘。但西元前30年，凱撒的侄子兼繼承人奧古斯都大帝站在她的面前，完全不像他死去的伯父那樣拜倒在豔后克麗奧佩特拉的裙下，女王的埃及軍隊被打得潰不成軍。被俘的豔后克麗奧佩特拉大難不死，卻難逃將準備作為戰利品帶回羅馬城遊街示眾的命運，這無疑是一個巨大的侮辱。當克麗奧佩特拉知道了這個消息後，就服毒自殺了。自此，埃及就成為了羅馬的一個省。

第七章

美索不達米亞

美索不達米亞是東方文明的第二個中心。

　　我將帶你站在最高的金字塔頂端，在這裡，你可以想像自己擁有一雙雄鷹般犀利的眼睛，然後你可以將目光移向遙遠的東方，穿過漫天黃沙的沙漠，你就會看見一塊位於兩條大河之間河谷地帶的綠洲，那裡閃爍著生命的光芒。那裡就是《舊約全書》中曾經提到過的人間樂土，猶如一個充滿無限神祕魔力的所在，希臘人稱其為「美索不達米亞」，意思是「兩條河之間的國度」。

　　這兩條河為「幼發拉底河」（巴比倫人稱為普拉圖河）和「底格里斯河」（也叫迪克拉特河）。那裡是諾亞逃難途中停留、休憩過的地方，亞美尼亞白雪皚皚的群山孕育著那裡的大河。河流從南部的平原上緩緩淌過，最終匯入遍布泥沼的波斯灣，這兩條河的存在使得西亞地區乾旱的沙漠變成了大片肥沃的土地，養育著沿岸的無數生靈。

　　尼羅河吸引人的地方就是它能夠為人們提供大量、豐富的食物，同樣的，「兩條河之間的國度」也是因此而受到了人們的關注。這裡是一塊擁有希望的土地，北部高山的居民和南部荒漠的部落都曾想要獨自占據這裡，讓它成為他們的領地。因此，他們之間展開了殘酷的征戰，無盡的戰火中僅有最聰明的、最勇猛的人才能夠生存下來。到這裡，我們可能會很容易明白，美索不達米亞的種族為何會如此強大，他們創造出一個能夠和古埃及相媲美的文明是完全可以理解的。

富饒的兩河流域

　　美麗的尼羅河源遠流長，肥沃的沖積平原給那裡的人們帶來富饒、幸福的生活，即便是他們終將死去，那裡的人們也以各種方式寄託於來世重獲新生。這幅墓葬壁畫中呈現的是阿蒙霍特普二世的首席御醫尼巴蒙駕著紙莎草船和妻女在沼澤中獵捕水鳥的景象，充滿著生機的植物、鳥禽和魚類就環繞在他們身邊，象徵著生命，水中游弋的羅非魚暗示著再生，而身穿著貴重服飾的人物也暗示著來世與重生。

第八章

蘇美爾人

亞述和巴比倫王國的故事，一段從蘇美爾人刻在泥板上的楔形文字中獲得的關於閃米特人的歷史。

15世紀，是一個特別的世紀，皆因此時大量未知的大陸被人們所發現，這對於地理學來說無疑是一個充滿激情的時代。航海家哥倫布想要在海洋上找到一條通往古代中國的航線，但卻無心插柳地找到了美洲新大陸。奧地利有一位主教資助了一支探險隊，一路向東探尋莫斯科大公的故鄉，結果毫無所獲。在這之後長達一代人之久，西方人才終於摸到了莫斯科的城郊。在此期間，威尼斯人巴貝羅對西亞的廢墟古蹟進行了考察，並興奮地就一種神秘文字的發現做了一份研究報告。在伊朗謝拉茲地區的許多廟宇石壁上以及無數烘乾的泥板上，皆可以尋獲這些神秘而古老文字的影子。

但是，當時的歐洲還在為許多其他事情忙得焦頭爛額，並沒有對此有過更多的關注。直到18世紀末，丹麥勘測員尼布爾才將第一批「楔形文字」泥板（因為該文字的字母呈楔狀，故此得名）小心翼翼地捧回歐洲。一位非常有耐心的德國教師格羅特芬德歷經30年的時間，終於將前面的四個字母成功破譯，它們分別是D、A、R及SH，合在一起即為波斯國王大流士的名字。在20年以後，位於伊朗貝希斯頓的古波斯石刻文字被英國官員羅林森所發現，破譯這種西亞楔形文字奧秘的工作方才真正拉開帷幕。

商博良的工作相對於破譯楔形文字這樣的難題來說，還是比較輕鬆的。至少人們可以通過古埃及人繪製的圖像進行文字猜測，但最早居住在美索不達米亞的蘇美爾人，卻完全放棄了圖像這種形式，而是突發奇想創造出一種全新的V形文字系統，將文字刻在泥板上面。在看這些文字的時候，我們是很難想像出它和象形文字之間有什麼關聯的。根據我下面舉的幾個例子，你很快就會認同我的判斷了。

最開始的時候，要在磚上釘上一顆「星星」的話，它的形狀是這樣的 ◆。但是，這個圖案無疑是很複雜的。沒過多久，當我們要在「星星」上面衍生出來「天空」這個概念的時候，這個圖案就被我們簡單地寫成了 ◆。這樣的寫法雖然簡單一些，但人們要看懂的話就更難了。諸如此類，一頭牛的寫法由 ◆ 演變為 ◆，一條魚的寫法由 ◆ 演變為 ◆。太陽在最開始是一個平面的圓形而已 ◆，後來就變成了 ◆。倘若我們現在依

然在沿用蘇美爾人的文字系統，那麼一條船  的寫法將會是 。這樣的文字體系看上去如此的複雜，但是蘇美爾人、亞述人、巴比倫人、波斯人以及曾經在兩河之間生活過的不同種族所使用的文字全是這個，而且時間長達3000多年。

美索不達米亞平原的歷史是一部充斥著無窮無盡征戰與殺戮的戰鬥史詩。北部的蘇美爾人最早來到這裡，作為曾居住在山區中的白種人，他們習慣了在山頂上祭祀他們的神靈。於是他們來到平原地區之後，就開始建造人工山丘，並在山頂上建立祭壇用來祭祀。但是他們不會建造樓梯，就採用了繞塔傾斜而上的長廊來替代，這個創意是非常不錯，至今我們的工程師依舊在使用著，例如我們的火車站，就是用上升的迴廊將樓層之間相連在一起的。或許，我們也沿用了很多蘇美爾人的其他創意，只是我們並不知道那些創意出自他們的手筆。當其他種族占領兩河流域的以後，蘇美爾人就被同化了，我們再也看不到他們的一絲蹤跡。不過，他們建造的高塔並沒有消失，依舊還矗立在美索不達米亞平原上。當流浪的猶太人途經巴比倫的時候，將這些雄偉的建築稱之為「巴別塔」（意思為「通天之塔」）。

大約在西元前40世紀，蘇美爾人進入美索不達米亞平原，但是，很快他們就被阿卡德人打敗了。在阿拉伯沙漠中有一群講著同樣方言的部落，阿卡德人就是其中的一支。因為他們堅信自己是諾亞3個兒子中「閃」的直系後裔，因此他們還被稱為「閃米特人」。大約又過了1000年，另一個閃米特沙漠部落阿莫賴特人征服了阿卡德人，占領了該地。阿莫賴特人中出現了一位著名的國王，即漢摩拉比。他在聖城巴比倫建造起一座富麗堂皇的宮殿，並且還頒布了一套法律（即漢摩拉比法典），他的這些舉措使得巴比倫成為了古代時候制度最完善的帝國。接下來，赫梯人，這個在《舊約全書》中曾經提到過的民族也踏上了這塊土地，他們開始對這裡掠奪破壞，凡是他們帶不走的東西通通被毀壞了。不久，信仰沙漠大神阿舒爾的亞述人又將赫梯人征服了。亞述人將尼尼微作

楔形文字與古代美索不達美亞的世界地圖

高12.2cm 寬8.2cm

不規則圖形中心矩形的上半圈部分是巴比倫，中部的環形水道是海洋的標記，而最外圍的8個三角形指代隔海相望的陸地或島嶼；楔形文字銘文則紀錄著這些地區可能居住著偉大的神靈與英雄，這塊沈寂於時空中的泥板雖遠未完成，但卻告訴人們巴比倫曾經的神話世界。

美索不達米亞之爭

在美索不達米亞廣袤的平原上，繼它最初的到訪者蘇美爾人之後，閃米特人、赫梯人、亞述人、迦勒底人、波斯人、馬其頓人、羅馬人、土耳其人接連湧入這裡，無盡的征戰與殺戮雖然讓他們先後登頂王座，但卻將那裡淪為一片荒原。

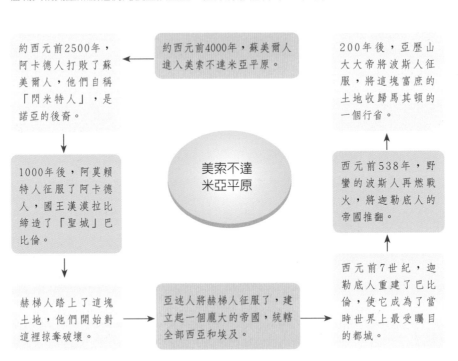

約西元前2500年，阿卡德人打敗了蘇美爾人，他們自稱「閃米特人」，是諾亞的後裔。

約西元前4000年，蘇美爾人進入美索不達米亞平原。

200年後，亞歷山大大帝將波斯人征服，將這塊富庶的土地收歸馬其頓的一個行省。

1000年後，阿莫賴特人征服了阿卡德人，國王漢漢拉比締造了「聖城」巴比倫。

美索不達米亞平原

西元前538年，野蠻的波斯人再燃戰火，將迦勒底人的帝國推翻。

赫梯人踏上了這塊土地，他們開始對這裡掠奪破壞。

亞述人將赫梯人征服了，建立起一個龐大的帝國，統轄全部西亞和埃及。

西元前7世紀，迦勒底人重建了巴比倫，使它成為了當時世界上最受矚目的都城。

為首都，並以此為中心建立起了一個龐大的帝國，其轄區包括全部西亞以及埃及地區。這個帝國的統治是十分殘酷的，凡是在它統治下的種族都需要向其繳納賦稅。直到西元前7世紀，閃米特族的另一支——迦勒底人，將巴比倫重新建立起來，並且使它成為了當時世界上最受矚目的都城。迦勒底人中有一個非常著名的國王尼布甲尼撒，他倡導臣民進行科學研究，他們發現的天文學、數學等最基本原理後來皆成為現代科學研究的重要基石。西元前538年，這塊古老的土地再次燃起戰火，迦勒底人的帝國被推翻，一支野蠻的波斯遊牧部落占據了這裡。200年後，亞歷山大大帝展開攻勢，將波斯遊牧部落打敗。這塊富庶的土地，曾經生活著眾多閃米特部族的地方，又成為了馬其頓的一個行省。

隨著時間的推移，這塊土地上又先後迎來了羅馬人、土耳其人，征戰最終讓世界文明的第二中心——美索不達米亞成為了一片廣袤的荒原，曾經的光榮和滄桑，也只能從那些巨大的土丘中尋找到隻言片語。

巴別塔　　彼得·勃魯蓋爾 1563年作 114cm×155cm

　　據古希臘歷史學家希羅多德的記載，巴別塔修建在8層逐層縮小的高台之上，四周有螺旋形的階梯可逐級而上，塔高約90米，頂端建有馬克杜爾神廟，整個建築氣勢恢弘，人稱「通天之塔」，被當作天上諸神前往凡間途中的「驛站」。

第九章

摩　西

　　猶太民族的領袖——摩西。

　　西元前2000年的某一天，閃米特遊牧部落中渺小又微不足道的一支開始了他們漫長的流亡生涯。他們的家園原本位於幼發拉底河口的烏爾附近，此刻，他們將試圖在巴比倫國王的領土內找到一塊新的牧場。但是，顯然這個領地的國王並不歡迎他們，在國王軍隊的驅趕下，他們必須離開，繼續向西遷徙，寄望於可以找到一塊沒有主人的土地來安家。

　　這支遊牧部落就是希伯來人，也就是我們通常所稱的猶太人。他們一路顛沛流離、風餐露宿，經過漫長的艱苦跋涉之後，他們終於在埃及安頓下來，開始了穩定的生活。他們在這裡平靜地生活了500多年，和當地的居民一直和平相處、友好往來。之後，當這個寬容和善的國家被希克索斯人征討的時候（參考「埃及的故事」），他們卻為了保全自己而宣誓盡忠效命於外國侵略者。在埃及人的奮勇抵抗之下，希克索斯人終於被趕出了尼羅河谷，埃及得到了自由和獨立。但是，猶太人將要面臨的卻是災難。埃及人將他們劃為奴隸，像使喚牛馬一樣使喚他們，驅趕他們在皇家大道和金字塔的工地上揮汗流血。更加可怕的是，埃及邊境上又有很多士兵嚴密把守，猶太人壓根就沒有逃走的機會。

❧ 大衛之星 ❧

　　大衛之星，也被稱之為大衛盾或所羅門封印，相傳其最初源自護身符上的圖案，由正、反兩個正三角形組成，是猶太教與猶太人心中的重要符號。

正三角的頂角預示崇高的上帝。

反三角的三個角則分別暗示著上帝的神蹟與意志：創世、天與救贖。

大衛之星的藍、白兩色取自猶太人祈禱時頭巾的顏色，藍色象徵對蔚藍天空之上的上帝的敬畏，白色則象徵純淨的靈魂。

正三角底角之一，預示上帝創造的世界。

正三角底角之二，預示上帝創造的人類。

如此幾年的血淚磨難讓猶太人苦不堪言，直到有
一個年輕的猶太人站了出來，帶領他們逃離了苦海，
他就是摩西。居住在沙漠中的牧民嚴格遵守著祖先的
傳統，不為外國文明的安逸和奢華所感染。摩西常年
居住在那裡，受其影響，對祖先們的淳樸美德十分敬
仰，因此，他想要改變族人們的思想，讓他們重拾先
祖的美德。摩西帶領著族人，在埃及士兵的追擊下，
成功地來到了西奈山腳下平原的腹地。在漫長而又孤
獨的沙漠生活中，摩西逐漸意識到了閃電與風暴之神
的力量，並對其十分敬仰，這位神就是耶和華，在西
亞地區廣泛受到崇拜的眾神之一。他統治著天庭，賜
予牧人生活、取火與呼吸。在摩西的諄諄教誨下，猶
太人越來越信仰耶和華，使後者成為了希伯來民族唯
一的主。

摩西

摩西是西元前13世紀的猶太人先
知，相傳他受到神的感召，帶領著居住
在埃及深受奴役的猶太人返回故鄉，在
遷徙途中獲得中神所頒布的《十誡》律
法，刻在兩塊石板上。他深受猶太人的
敬仰，引導和監督猶太人依照《十誡》
的訓示過著聖潔的生活。

　　一天，摩西突然離開了猶太人的暫住地，人們不
知道他到哪裡去了，有人說看到他帶著兩塊粗石板離
開了。到了下午，漫天烏雲，降下的暴風雪讓西奈山
的山頂都變得模糊不清。風暴過去後不久，摩西回來
了。他出去時帶著的粗石板上面竟然刻滿了耶和華對
以色列民族所說的話，顯然那是在閃電和雷鳴中刻下
的。從那一天起，所有猶太人都開始信奉耶和華，後者已經成為了猶太人最高的主宰者、
唯一的真神。猶太人遵循他的說教，開始按照十誡的訓示重新過了從前聖潔的生活。

　　接著，猶太人跟隨著摩西，在他的帶領下穿越沙漠，繼續過著居無定所的生活。在
整個流浪的過程中，他們十分遵從摩西的指令。摩西告訴他們應該吃什麼東西，喝什麼東
西，如何在炎熱的氣候中維持身體的強健。多年之後，這些猶太人終於來到了一塊富庶的
土地——巴勒斯坦，意為「皮利斯塔人的國度」，並在那裡結束了他們艱辛的漂泊生涯。
作為巴勒斯坦最早的居民，皮利斯塔人是克里特人中卑微的一支，他們從自己的海島中被
人趕出來之後，就在西亞海岸邊安頓下來。但是，巴勒斯坦地區已經被另一支閃米特部族
迦南人牢牢占據。不過，勇敢的猶太人並沒有畏懼，他們一路向前，攻入了谷地，並在山
谷中建立起眾多城市。與此同時，他們還為耶和華專門修建了一所雄偉的廟宇，將廟宇所
在的城市稱為「耶路撒冷」，即「和平家園」的意思。

　　此時的摩西，已不再是猶太人心目中的精神領袖。他這一生都在為敬奉耶和華而存在著，
工作勤勉而努力，此刻，他太累了，他望著遠方巴勒斯坦的群山，安詳地閉上了自己的雙眼。
摩西帶領族人擺脫了外族人的奴役，建立起獨立自由的家園，不但如此，他還使猶太人成為世
界各民族中最先信奉唯一的神的民族。

第十章

腓尼基人

腓尼基人——創造字母的人。

　　腓尼基人隸屬於閃米特部族，和猶太人是近鄰。在很久以前，他們就定居在了地中海沿岸，並且他們修築了提爾和西頓這兩座固若金湯的城市。居住在這裡沒有多久，他們就將西方海域的貿易壟斷了。他們有定期的商船開往希臘、義大利和西班牙地區。有的時候，他們還會不顧危險地將船駛過直布羅陀海峽，前往錫利群島採購錫礦。凡是他們走過的地方，都會在那裡建立大量被稱為「殖民地」的小型貿易據點。這些建立起的殖民地後來不少發展成為了現代城市，例如現今的卡地斯和馬賽。

　　腓尼基人是一群唯利是圖的商人，他們的貿易涉及到了一切可以進行交易的東西，

⌘ 字母的演化 ⌘

　　西方人類文字的演化經歷了一個緩慢而漫長的過程，這些最初由原始人繪製的圖案、符號在不斷發展、變化中，逐漸被後人理解、掌握並形成特有體系，為人類文明的延續與發展留下了閃光的印記。

時間	文字	概述
西元前32世紀	聖書體文字	即埃及的象形文字，由圖形文字、音節文字、字母構成。
西元前20世紀	瓦迪耶爾霍爾碑文	已發現14個字母，也有人將它們稱作「最早的字母」。
西元前16世紀	原始西奈文	共27個字母，腓尼基字母的前身。
西元前11世紀	腓尼基字母	共22個字母，由象形文字開始向現代文字轉變。
西元前6世紀	希臘字母	共26個字母，由腓尼基字母演化而來。
西元前6世紀	拉丁字母	共26個字母，世界上最為通用的字母。

字母的出現

　　繁衍生息在地中海東岸的腓尼基人曾建立起一個有著高度文明的古代國家，他們憑藉著智慧與勇敢，行跡遍布地中海的每一處角落，所到之處商船、航道、港口的不斷湧現，使他們成為古代世界最成功的航海者與商人。講究效率與功利的腓尼基人將繁複的蘇美爾人楔形文字與埃及象形文字優化，創造了簡單、便捷的字母，圖片中的雞形墨水瓶上刻的26個字母就是由腓尼基人傳入，希臘人改良後的最終樣子。

　　而且他們認為這是理所當然的，從未有過絲毫良心上的自責。如果猶太人對他們的評價真實可信，那麼，腓尼基人確實就是一群非常不正直、不誠實的人，他們人生的最高理想就是將世間的財富搜刮一空。結果是，他們成為了孤家寡人，沒有人喜歡他們。不過，他們卻給後代留下了一筆可貴的財富——那就是字母。

　　腓尼基人最初也爛熟於蘇美爾人發明的楔形文字，但是他們卻認為，這些文字不僅寫起來不方便，而且十分浪費時間。作為商人，他們更喜歡凡事講究效率和實際，雕刻繁瑣的字母這種如此浪費時間的事情，顯然並不是他們所想要的。於是，他們便投入精力，創造出了一種新的文字體系來取代楔形文字。他們參考了埃及的象形文字中的幾個圖案，將蘇美爾人的楔形文字中的幾個進行簡化。他們對文字的要求是書寫的速度和效率，因此就拋棄了原有文字中優美的外形。最後，數千個不同的文字圖案就被他們簡化成了22個字母，既簡短又方便。

　　隨後，腓尼基人發明的字母通過愛琴海傳入希臘境內。希臘人則在此基礎上，又創造出幾個字母，加入其中。然後，希臘人將改進過的字母傳到了義大利。羅馬人則將字母的外形進行修繕後，傳給了西歐的野蠻部落。而這些野蠻人就是我們的祖先。這就是為什麼本書使用的是起源於腓尼基人的字母文字，而不是用埃及象形文字或蘇美爾人楔形文字的緣由。

第十一章

印歐人

閃米特人與埃及人被說著印歐語的波斯人征服了。

古埃及人、巴比倫人、亞述人及腓尼基人統治的世界已經有將近3000年的歷史了。隨著時間的推移，這些居住在河谷地區的古老民族漸歸沒落。因此，當一個新的民族，以神采奕奕的面貌出現在這個世界的時候，那些古老的民族就無庸置疑地等待迎接消亡。這個新的民族不僅將歐洲握在手中，同時也掌控著印度地區的王權，他們就是「印歐種族」。

印歐人和閃米特人一樣，屬於白種人的分支，但是，他們卻說著不一樣的語言。這個語言是歐洲所有語言的起源，當然，其中不包括匈牙利語、芬蘭語以及西班牙北部的巴斯克方言在內。

在我們知道他們存在以前的許多世紀裡，他們就已經在裏海沿岸定居了。突然，有一天，他們將家當收拾起來，開始向北進發，並尋找新的家園。他們其中的一部分來到了中亞的群山之間，居住在伊朗高原四周的群峰下長達幾個世紀，因此，印歐人也被稱之為雅利安人。剩餘的人則繼續奔向日落的方向，最後，他們將整個歐洲平原據為己有。關於這段歷史，我將會在講述希臘和羅馬歷史的時候詳述。

現在，讓我們來講述一下雅利安人。相當一部分雅利安人追隨著他們著名的導師查拉斯圖特拉（又名索羅亞斯德）遠離曾經居住在山谷之中的生活，他們沿著水流湍急的印度河向下而行，直達海邊。沒有離開的人則心甘情願

希臘重甲步兵 雕像 西元前6世紀

希臘重甲步兵頭戴著帶有護頰的科林斯頭盔，以堅固的重盾和銅質甲冑護住自身的胸、背和小腿，昂貴的裝備與完善的戰術思想使希臘重甲步兵成為當時最具有戰鬥力的軍隊。

亞歷山大鑲嵌畫 鑲嵌畫 約西元前80年 800cm×600cm 現存於義大利那不勒斯國家博物館

這是一幅西元1831年從義大利龐貝古城「農牧神殿」遺址中發掘出的古羅馬鑲嵌畫。據考證,這幅壁畫是一幅希臘晚期繪製的複製品。時光的侵蝕已使鑲嵌畫的局部出現脫落,它如實地再現了歷史中亞歷山大大帝與波斯末代國王大流士三世在伊蘇斯進行的那場宏大的戰役。

地留在西亞的群峰之間建立起米底亞人和波斯人相對較為獨立的地區。從古希臘的史書中,我們得知了這兩個民族的名字。

西元前17世紀,米底亞人建立了自己國家,即米底亞王國。在波斯部族的國王由安申部族首領居魯士接掌的時期,米底亞王國被前者徹底抹去。居魯士則帶領著士兵開始四處征戰,沒過多久,整個西亞及埃及就成為他和其子孫們的領地,他們成為了無可爭議的統治者。

這些印歐種族的波斯人在精力尚且充沛的情況下,他們繼續向西征討,並且獲得了接連的勝利。不久,他們就和另一個印歐部族發生了激烈的對抗,這些人早已在數世紀以前就遷入了歐洲,並占領了希臘半島及愛琴海諸島。他們之間的衝突,導致了希臘和波斯之間發生了三次著名的戰爭。

波斯國王大流士和澤克西斯曾經先後揮軍侵入半島以北的區域,試圖染指希臘人的領土。他們為了想要在歐洲大陸上有一個根據地,幾乎拿出了所有的力量。但是,不幸的是,他們還是以失敗告終了。雅典海軍的力量簡直堅不可摧,他們將波斯軍隊的補給線切斷,這迫使亞洲的侵略者不得不退回他們的根據地。這是亞洲和歐洲之間的第一次正面戰爭。一個好比是精明老練的導師,另一個好比是風華正茂的學生。他們之間的戰爭直到現在還在繼續著,在這本書其他章節中,還會涉及到更多東方與西方之間的戰爭。

第十二章

愛琴海

亞洲古老的文明被愛琴海人引入蠻荒時代的歐洲。

　　海因里希‧謝爾曼小的時候，他的父親給他講述過特洛伊的故事。他對這個故事印象極其深刻，並且深深陷入了故事當中，他還立下了志願，如果自己長大到能夠獨自遠行的時候，一定會前往希臘尋找特洛伊。雖然謝爾曼的父親僅是梅克倫堡村的一個鄉村牧師，生活清苦而貧寒，但是卻絲毫沒有影響到他對理想的追求。謝爾曼決定要先累積一筆資金再考慮籌劃考古挖掘的事情，因為他很清楚，尋找特洛伊是一件燒錢的壯舉。實際情況是，在很短的一段時間內，他就擁有了一筆足以組建一支探險隊的財富。於是，他很順利地就來到了心目中位於小亞細亞西北海岸的特洛伊城舊址。

　　這是一個遍布農田的偏高丘陵地帶，這塊位於古代小亞細亞偏僻的彈丸之地在當地人的傳說中，即是普里阿摩斯王的特洛伊城舊址，神秘的古城就沉睡在地下。興奮的謝爾曼迫不及待地著手考古挖掘工作。他以最快的速度挖掘著，也正因為如此，他和他嚮往已久的城市錯失了見面的機會。他的挖掘穿透了特洛伊城的中心，來到了另一個要比特洛伊城還要古老1000多年的城市遺跡中。在這裡，謝爾曼發現了精巧別緻的小雕像、稀有的珍寶以及裝飾著讓希臘人也從未見識過的花紋的花瓶，顯然這些發現讓人很吃驚。其實，如果他發現的僅僅是一些打磨過的石錘、粗陶罐等都是正常的，因為這些東西或許可能是希臘人之前在此定居的史前人類遺留的。可是，那些出乎意外的貴重物品又如何解釋呢？

　　這些物品的發現，讓謝爾曼做出了一個非比尋常的猜測，或許在距離特洛伊戰爭1000年以前，就有一個神秘的種族生活在愛琴海沿岸，他們在諸多領域的先進程度都遠遠超出後來侵占、摧毀並吸收其文明的希臘野蠻部落。而謝爾曼的推測果然沒錯，事實就是如此。

　　19世紀70年代末，謝爾曼對邁錫尼廢墟進行了考察研究。連古羅馬時期的旅行指南手冊對這些廢墟的悠久程度都驚嘆不已，對於現代人就更不用說了。在發掘的過程中，謝爾曼在一道小圓圍牆的方石板下面再次發現了一個令人難以置信的寶藏，當然了，這些東西依舊是那個神秘的種族遺留下來的。他們在希臘沿海修築的城市高大、厚重，古希臘人稱之為「巨人泰坦之作」。在古希臘的傳說中，猶如天神一般的泰坦是時常同山

邁錫尼國王的寶藏

　　歷史中的邁錫尼王朝有著古老而卓越的文明，約在西元前1200年，邁錫尼人與歐亞交界的特洛伊人展開過一場長達10年的殘酷戰爭。傳說中的邁錫尼國王阿伽門農借助阿喀琉斯和奧德賽的力量，終以「木馬屠城」的策略將固若金湯的特洛伊城踏為廢墟。邁錫尼人從周邊鄰邦掠奪了大量的黃金與奴隸，建立起他們強盛的國度，圖片為邁錫尼國王寶藏中的黃金面具。

峰玩球以消遣的巨人。

　　最後，在經過考古學家仔細地研究之後，廢墟的真實情況中終於浮出水面了。原來，這些工藝品均是出自質樸的水手和商人之手，並不是來自於哪個魔法師的傑作。這些人曾經在克里特島和愛琴海的諸多小島上生活著，在他們辛苦的勞作之下，使得愛琴海成為了一個貿易繁忙的商業中心，這裡成為了一條紐帶，在高度文明的東方和蠻荒落後的歐洲之間進行著源源不絕的商品和物資交易。

　　這個建立在海島上的帝國延續了1000多年，它有著高度的繁榮以及更多先進的技術。位於克里特島北部海岸的克諾索斯城是這個帝國的核心，那裡的生活水準和衛生條件甚至足以和現代化的設施相比較。宮殿中設有精良的排水設施，並將取暖的火爐配備到了住宅當中。此外，他們還是歷史上最先使用浴缸的民族，這在當時還是讓人無比欣羨的奢侈品。在宮殿的下面修建有巨大的地窖，用來儲藏葡萄酒和橄欖油，這讓首批前

克里特文字

克里特人擅於書寫，但他們的語言與文字仍未被人們解讀。

來實地參觀的古希臘遊客印象極為深刻。克里特「迷宮」的傳說就是他們據此臆造出來的，迷宮是什麼？就是指那些擁有數不清複雜通道的建築物。如果我們身後的正門被關閉，我們會發現自己根本找不到另一個出口而無比恐懼。

後來，這個海島帝國究竟發生了哪些事情？它又是如何忽然走向毀滅？對此，我也是毫不知情。

克里特人是擅於書寫的民族，但是，到現在為止，他們遺留下來的碑文還沒有被我們破譯。所以，對於他們的歷史，我們無法確切地知曉，唯有從那些廢墟之中一點點推測。從他們所創造出來的宏偉奇蹟的廢墟中，我們可以猜測，這個著名的帝國被來自歐洲北部平原的野蠻民族一夜之間毀於一旦。假設猜測是正確的，那麼這個剛剛占領亞得里亞海與愛琴海之間那個遍布岩石的半島的遊牧部落，極有可能就是摧毀克里特人和愛琴海文明的野蠻種族，他們就是古希臘人。

❀ 克里特文明 ❀

克里特島是愛琴海上最大的島嶼，它橫列於北非和希臘之間，是古代東方與希臘交流的中轉站。後來，在克里特島興起了部分較小的王國，其中最富盛名的一位君主叫做米諾斯王，大規模富麗堂皇的王宮建築是當地人引以為傲的資本。

克里特文明		
地理位置		克里特島位於北非和希臘之間，是古代東方與希臘的商貿要道。
經濟方面	農業	以種植穀物、橄欖和葡萄為主。
	工商業	銅器和金銀器具製作精美；陶器工藝尤為突出，卡馬雷斯彩陶被稱為古代世界最美的彩陶之一。
	航海	造船業發達，所屬商船來往地中海各地，並擁有相當數量的武裝艦隻。
文化方面	文字	早期即已經出現文字，學界稱為「線形文字」。
	建築	以大規模的王宮建築為顯著特徵，米諾斯王宮即為典型代表。

第十三章

希臘人

征服整個希臘半島的印歐赫愣人。

　　當金字塔承受了1000年的風雨，並且有了陳舊跡象的時候；當巴比倫那位聰明過人的帝王漢摩拉比在地下沈睡了幾個世紀，突然某一天，印歐種族的一支小遊牧部落離開了他們在多瑙河畔的故土，開始向南出發，尋找新的牧場。這個遊牧部落就是希臘人的祖先，即赫愣人。傳說在很久以前，世界上的人類身陷種種罪惡，這讓居住在奧林匹斯山的眾神之王宙斯頗為惱火，他用洪水將這個世界徹底傾覆，將所有人推向毀滅。最後，僅有丟卡利翁和他的妻子皮拉逃出生天，而他們的兒子就是赫愣。

　　關於這些赫愣人的歷史，我們了解的並不多。著名的歷史學家修昔底德是專門研究雅典歷史的，他曾經對自己的祖先做過些許評價，但是口氣相當不屑，說他們根本就微不足道、沒有任何價值。他這樣說其實也是有一定道理的，這些赫愣人確實十分野蠻，可以說他們的生活和豬沒有什麼兩樣，他們殘忍地將敵人的屍首丟給牧羊犬做食物；而且，他們也不懂得尊重其他民族，殘殺希臘半島的土著皮拉斯基人，掠奪其土地，變賣其妻女。但是，赫愣人寫了很多讚美亞該亞人驍勇善戰的歌謠，這是因為亞該亞人曾經幫助他們殺入塞薩利和伯羅奔尼撒的山區。

潘朵拉之禍

　　相傳宙斯對潘朵拉在人世間播撒的煩惱與災難並不滿意，作為對世人不敬諸神與罪孽深重的報復，宙斯決定親手毀滅人類。在這場由宙斯掀起的毀滅性的洪水災難中，只有善良的丟卡利翁和妻子皮拉在普羅米修斯的勸告下，依靠方舟逃出生天。

被誘惑的世人卻在潘朵拉（意為「擁有一切天賦的女人」）面前難逃劫難。

尚未開啟的潘朵拉魔盒裝滿了諸神施予世人的瘟疫、災難。

赤陶模型商船　　約西元前600-500年 長31cm 寬9cm 高7cm

　　赫愣人通過海上貿易達成了與周邊國度的溝通，他們從其他國家獲取了大量農耕知識、鐵器與航海技術，為其後來的強盛打下了堅實的基礎。早期商船寬大、厚實的船體可以有效對抗風浪，使其在海面航行更加平穩地同時承載更多的貨物；高於甲板的船尾便於導航瞭望，設有探出船體外的垂直軸是人工操縱的船舵；船尾甲板處的矩形孔道可通向船艙，那裡是船員們的休息區。

　　赫愣人在山頂上能看到愛琴海人的所在，他們當然也想將其據為己有，但是他們沒敢為此冒險。赫愣人明白，愛琴海人要比他們先進得多，他們的士兵使用的是金屬刀劍和長矛，而自己使用的是粗糙的石斧，如果開戰，孰勝孰劣顯而易見。赫愣人在幾個世紀以來不斷地遊走、浪跡於各個山谷和山腰之間，直到他們占領了全部的土地，他們才開始定居下來，安心做一個農民。

　　終於，希臘文明的歷史開始了！這些早期的希臘人選擇的住址位於能夠看見愛琴海人殖民地的地方，他們每天觀望著自己的鄰居，最後終於按捺不住好奇心，去拜訪他們狂妄自大的鄰居。在那裡，他們感到很吃驚。原來居住在邁錫尼和蒂林斯的高大石牆後面的人那裡，有著很多自己聞所未聞且值得借鏡的東西。

　　不得不說，希臘人是一群非常聰明的學生，沒用多長時間，他們就能輕鬆擺弄愛琴海人從巴比倫和底比斯買來的怪異鐵製武器，同時，他們也學會了如何航海，這讓他們開始建造船隻、揚帆遠航。當愛琴海人再沒什麼可以教給他們的技藝之後，他們就做出了忘恩負義的事情——將自己的老師趕回了愛琴海的島上。接著，他們不斷入侵愛琴海上的其他城市，直到將所有的城市征服。在西元前15世紀，希臘人踏平了克諾索斯城，並肆意屠殺、掠奪。崇尚武力的他們歷經10個世紀的時間成為了整個希臘、愛琴海和小亞細亞沿岸地區絕對的主宰。西元前11世紀，希臘人從版圖上將古老文明的最後一個貿易中心特洛伊徹底抹掉，至此真正揭開了歐洲歷史的大幕。

古希臘戰船

　　古希臘戰船造型優美，船身狹長，眾多的操槳手協作讓戰船擁有航速快、機動靈活的特徵。

第十四章

古希臘的城市

實質上以城市為國家的古希臘城邦。

　　作為現代人，我們可能對「大」這個概念情有獨鍾，我們喜歡被稱為「大」的地方和東西，比如我們的國家是世界上「最大」的國家，我們國家擁有世界上「最強大」的海軍，我們國家出產的柑橘和馬鈴薯是「最大」的等等，諸如此類都會讓我們倍感驕傲。此外，我們生前喜歡到人口數百萬的「大城市」裡生活，死後則願意被葬在「最大的公墓」中。

　　關於上面的種種說法，如果讓古希臘人聽到了，那麼，他們會不知所云、難以理解。在古希臘人的觀念中，他們追求的是「凡事皆須適度」。他們的生活就是這樣的，他們的興趣不在於單純的大小和數量的多少。這樣對生活的適度和節制並不是一種空談，也不會單獨出現在一些特殊場合，而是貫穿在古希臘人的整個生命、全部的日常生活中隨處可見。這種態度也成為了希臘文學的一部分；它促使他們建造起精巧的廟宇；它的影子閃現在男人的服飾和女人的手鐲上；它甚至伴隨居民湧入劇院，如果任何一個敢於違抗高雅情趣或者優良傳統的劇作家出現，得到的必然是一片聲討。

　　古希臘的政治家和最受歡迎的運動員也被他們要求必須擁有這種中庸的優良品質。假如，在斯巴達，有一位非常著名的長跑運動員在公眾面前炫耀自己可以單腳站立很長時間，絕對遠勝於任何其他的希臘人，那麼，他得到的結果很可能是被人們毫不猶豫地踢出這座城市。因為，這些讓他驕傲的資本是任何一隻普通的鵝都可以輕易做到的。

　　或許你會說：「適度和完美是一個非常優秀、且值得宣揚的美德。但是，在漫長的古代歷史中，為何單單只有這些古希臘人做到了呢？」對於你的問題我會給予回答，不過在這之前，我必須要說一下古希臘人的生活狀態。

　　在埃及或者美索不達米亞，都會有一個難以揣摩的最高統治者。他在遙遠的宮殿中對他的帝國指手劃腳，人們很難見到他，甚至一生從未見過他的真面目，但是他們卻甘心做這位統治者最順服的臣民。而希臘人則不是這樣，他們的政治統治情況甚至可以說是完全相反的。希臘人是居住在眾多獨立「城邦」中的「自由公民」。這些城邦中，最大的也不會有現在的一個大型村莊那樣大。當一個來自烏爾的農民說自己是巴比倫人時，他所說的意思是他屬於向當時獨攬西亞大權的國王納稅進貢的數百萬大眾之一。然

榮耀的雅典

　　古希臘人有著他們自己理想的生活，他們修建起典雅、肅穆的城鎮，喜歡在寧靜、祥和的陽光中聆聽吟遊盲詩人荷馬所講述的壯闊詩篇。荷馬是古希臘著名的吟遊盲詩人，相傳他每日攜帶著七弦琴行走於熱鬧的市鎮之中，為人們吟唱英雄的事蹟與讚歌。

　　而當一個希臘人非常驕傲地說自己是雅典人或底比斯人的時候，在他的意識中，那裡既是他的家鄉，也是他的國家；那裡沒有什麼最高統治者，任何的事情都只由市集上的人們決定。

　　對於希臘人來說，他們出生的地方就是他們的祖國。這裡有他們的童年，他們曾經在雅典衛城的石牆間玩捉迷藏遊戲，這裡有著很多和他一樣大的男孩、女孩一起長大，他們相互之間非常熟悉，就好比是一個班級裡的同學那樣熟悉。不僅如此，他的祖國還是埋葬他們父母屍骨的神聖之地。他的小房屋在高大結實的城牆保護下，他們和家人一起快樂自由地生活著，一塊大約四、五英畝岩石遍布的土地幾乎就是他們的全部家當。這樣的生活環境會給人帶來怎樣的影響，他們會發生什麼樣的思想變化？現在，我想你

應該大致了解了。巴比倫人、亞述人、埃及人只不過是眾多低賤民眾中的一個部分而已，好比是一條大河中的一滴水一般，絲毫不會引起任何波浪。但是，希臘人卻不同，他們能夠很好地和周圍的環境融合在一起，他們似乎與生俱來就是那個小鎮的一分子。每一個希臘人都可以感覺到，自己的一舉一動都被博聞多識的鄰居們關注著，無論什麼事情都是一樣。就算是創作戲劇、雕刻大理石塑像、譜寫曲子等，他們的心中也時刻存在著一個念頭，那就是自己的一切努力都會展現在身邊自由的公民面前，並接受他們專業、中肯的評價。有了這樣的觀念，他們就只會不斷力爭完美。而他們從小接受的教育是如果沒有適度，你們一切都將是不完美的，完美就會變成海市蜃樓，都是虛妄的。

希臘就如同一個要求嚴格的學校，而希臘人在教育中做出了斐然的成績。新型的政治體制、新的文學樣式、新的藝術理念等，都是他們一手締造的傑出成就，甚至有些成就讓我們這些現代人也自慚形穢。而且更加不可思議的是，這些奇蹟發生的場所，只不過是一個個僅有現代城市四、五個街區大小的村莊而已。

讓我們來看一下最終的結果吧！西元前4世紀，馬其頓的亞歷山大大帝以武力征服整個世界。當戰事平定，亞歷山大就決定要將真正的希臘精神傳播到世界各地。他將那些小村莊、小城市中的希臘精神帶到了新建立起的幅員遼闊的帝國土地上，煞費苦心地想要將它們發揚光大。但是，這些希臘人離開了故土之後，他們就全變了，變得沒有生氣。他們看不到每天相處的廟宇，聞不到故鄉小巷中那些熟悉的味道，這些都讓他們的靈氣失去大半，他們不再生機勃勃，他們創造不出來傑出的作品了。所以，他們變成了廉價的工匠，僅僅只能生產出一些不入流的作品。

當強盛的帝國將古希臘的小城邦吞併，小城邦不再獨立，那麼古老的希臘精神也就枯萎了，並且一去不返，永遠在這個世界上消失了。

雅典人的雕刻

在富足的雅典人支持下，人們將紀念女神雅典娜的雕像放置於雅典衛城神殿的柱廊頂端，出於文雅的考慮，雕塑家們用輕柔的衣褶與精細的髮辮將女性柔美的軀體遮擋起來，雅典人以其高超的技藝在大理石中注入人的情感與靈魂，他們以此讓典雅、高貴的美常存於世間。

第 十五 章

古希臘的自治

世界上最早實行民族自治的國家就是古希臘。

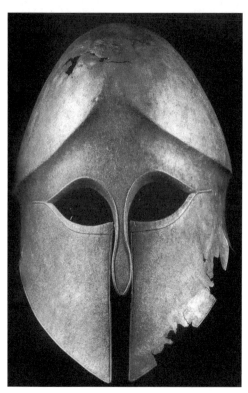

科林斯頭盔　西元前500年

有著狹小眼孔、狹長鼻甲、寬大護頰的科林斯頭盔是科林斯城邦軍隊的標準配備之一。作為集貿和戰略重地，科林斯曾是數百個結為一體的希臘城邦中的一員，商業、手工業與航海業曾是它的重要經濟支柱，貴族與富人掌握著這座城市的命脈，但後被羅馬所滅，成為羅馬統轄下的亞該亞行省的中心。

希臘人最開始的生活講究貧富均等，每個人擁有的牛羊數量是一樣的，他們將泥築的小房子當作自己的豪宅。他們生活自由，可以按照自己的心願來做事，如果城市中有一些需要大家共同做決定的大事情，所有的人就會聚集在市場上討論。這時，會有一位德高望重的老人來主持會議，他會讓每一位公民都有平等機會來發表自己的看法與主張。如果一旦有戰爭發生，人們就會將這裡最勇敢、最自信的一個人推舉為首領，由他當統帥來帶領大家作戰，直到戰爭結束，人們也有權力隨時解除他的職務。

隨著時間的流逝，小村莊變為了大城市。一些人工作努力，一些人則遊手好閒，一些人特別倒霉，一些人則依靠旁門左道累積了大量財富。於是，城市中的居民劃分為少數富人和大量的窮人，從前貧富均等的和諧情況也就不復存在了。

不但如此，那些從前遇到危機而被人們推舉出來，引領大家贏得戰爭，讓人們心悅誠服的領袖、統帥都逐漸淡出了人們的視線。一群貴族取代了他們的位置，作為城市中的富人階級，貴族們擁有著大量的財富與土地。貴族們享有的許多特權是

其他公民望塵莫及的，他們從地中海東部的市集購買最精良的武器，他們有著大量的空閒時間熟習搏擊，他們住的房子足夠寬敞堅固，他們甚至雇用了士兵為其死心效命。當然，他們也會為奪取城市的統治權而爭執不斷。直到他們中的一個具備壓倒性的優勢成為最終的王，統治整個城市。直到有一天，他被另一個窺視王位的貴族殺掉或被趕出這個國家。

這樣的國王一般都是依靠手下的士兵來保護自己和自己的統治地位，人們稱其為「暴君」。在西元前7到6世紀之間，希臘的城市幾乎都由這樣的暴君掌控著。雖然，他們中也不乏有才幹的人，但是，如此不盡人意的統治終究不會讓人心悅誠服。於是，希臘人以各種方式尋求變革，在不斷的改革中，致使世界上最早的民主制度誕生了。

西元前7世紀初，存在已久的僭主制度在雅典人的決議中最終被廢除。他們要將發言權授予給更多的公民，以便更多的人參與政府的管理，力圖恢復這個曾在亞該亞人的先祖時代就大行其道的制度。一位名叫德拉古的人被任命來制定一套保護窮人、免遭富人侵擾的法律，德拉古接到任務後，就立刻全身心投入了進去。但是，因為他是職業律師，根本不了解普通人的生活，以他的觀點來看，犯罪就是犯罪，無論輕重都理應受到嚴屬的懲罰。顯然，大多數希臘人認為德拉古法典過於苛刻了，壓根就不能執行起來，

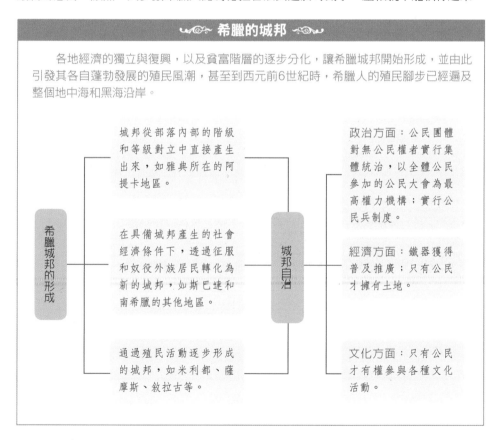

希臘的城邦

各地經濟的獨立與復興，以及貧富階層的逐步分化，讓希臘城邦開始形成，並由此引發其各自蓬勃發展的殖民風潮，甚至到西元前6世紀時，希臘人的殖民腳步已經遍及整個地中海和黑海沿岸。

希臘城邦的形成

- 城邦從部落內部的階級和等級對立中直接產生出來，如雅典所在的阿提卡地區。
- 在具備城邦產生的社會經濟條件下，透過征服和奴役外族居民轉化為新的城邦，如斯巴達和南希臘的其他地區。
- 通過殖民活動逐步形成的城邦，如米利都、薩摩斯、敘拉古等。

城邦自治

- 政治方面：公民團體對無公民權者實行集體統治，以全體公民參加的公民大會為最高權力機構；實行公民兵制度。
- 經濟方面：鐵器獲得普及推廣；只有公民才擁有土地。
- 文化方面：只有公民才有權參與各種文化活動。

梭倫改革

西元前594年，梭倫當選為雅典首席執政官，並著手改革。他設立了新的政權機構，使貴族權力受到一定程度的節制。這次改革把雅典引向了民主政治和發展商品經濟的道路，同時也使雅典民主體制基本成形，因此梭倫被譽為「雅典民主政治之父」。

因為按照新法典，偷個蘋果都要被處死，那麼，全希臘恐怕連用刑的繩子都不夠。

由此，雅典人放棄了這個最初人選，開始尋找一個更切實際的改革者。終於，他們找到了一個更加得力的完美人選。梭倫，這個來自貴族階層的人，他曾經周遊過許多地方，並且對很多國家的政治體制都有過研究，他經過細緻的權衡，制定了一套法律。這部法典充分體現了希臘人所希望得到的「適度」原則，法典盡最大的可能改善了農民的境遇，而且還沒有觸犯富人的既得利益。要知道，負責雇用、管理兵源的富人階層決定著城市的安全與穩定。梭倫還擬訂了一項特別條款，在法官審理案件的時候，利益受損的市民有權向一個由30位雅典公民組成的陪審團進行辯解，這樣就可以保護窮人不受法官的迫害（法官是由貴族階級組成，他們幾乎不拿薪水）。

梭倫改革最大的成果在於以法律的明文規定，誘使每一個普通民眾為切身利益的保障與實現必須積極參與城市管理。雅典人從此不能再找任何藉口待在家裡了，他們不能說「今天我很忙。」或者「下雨了，我還是待在家裡比較好。」每一個公民都有自己的義務必須履行，他們要參加議會集會，促進和維護城市的繁榮和安定。

儘管這種公民自治的政府在很多時候並沒有體現出多少優越性，一些不實際的空談也層出不窮，執政者或臣民常常為了名利爾虞我詐、彼此詆毀，但是，不得不承認，希臘人從中學會了獨立自主，他們懂得了用自己的力量來拯救自己，這未嘗不是一件值得欣喜的好事。

第十六章

古希臘人的生活

古希臘人的生活是什麼樣呢？

　　我想你們可能會有這樣的疑問，假如古希臘人總是在聽到命令後，就跑到市集討論國家大事，那麼，他們的家庭和生意事務該如何處理呢？他們有那麼多時間嗎？這一章，我就給你們解答一下這個疑惑。其實，能夠參與政府所有事務的人並不是城市中所有的人，而是擁有參與權力的自由市民。要知道，每一個希臘城市居民的組成皆為少數生來自由的市民、大量的奴隸和少量外國人。

　　對於外國人，只有極少數情況，例如戰爭需要徵召兵員的話，希臘人才會給予這些他們稱做「野蠻人」的外來戶真正的公民權。但是，這只屬於特例。出身問題是你獲得公民資格的重要標準，首先，你必須是一個雅典人，而且你的父親和祖父也都是雅典人，也就是說你生來就是雅典人。除此以外，即使是富甲一方或戰功顯赫，只要你出生在一個非雅典人的家庭，你永遠也僅是一個住在雅典的外國人。

　　在人們推翻「國王」或「暴君」的專制統治後，自由民階層便開始接管希臘的每個城市，他們的利益變為了整個城市的利益。這種體制的正常運轉，依靠的是奴隸階層，一個數量高於自由民六、七倍的巨大群體。古

古希臘人的生活　浮雕　西元前5世紀

寬大的木椅旁邊，一個古希臘女子正輕輕將乾淨、整齊的衣物放入櫃子中，在她身後的牆壁上掛著一個細條編織籃、一面鏡子、一個單耳長頸瓶和一個雙耳酒杯。在古希臘，儘管富人掌握著社會上更多的財富，但崇尚優雅的古希臘平民仍然有著他們平和、樸素的生活。

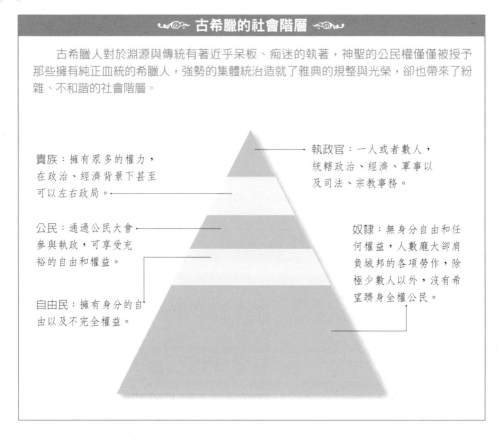

古希臘的社會階層

古希臘人對於淵源與傳統有著近乎呆板、痴迷的執著，神聖的公民權僅僅被授予那些擁有純正血統的希臘人，強勢的集體統治造就了雅典的規整與光榮，卻也帶來了紛雜、不和諧的社會階層。

貴族：擁有眾多的權力，在政治、經濟背景下甚至可以左右政局。

執政官：一人或者數人，統轄政治、經濟、軍事以及司法、宗教事務。

公民：通過公民大會參與執政，可享受充裕的自由和權益。

奴隸：無身分自由和任何權益，人數龐大卻肩負城邦的各項勞作，除極少數人以外，沒有希望躋身全權公民。

自由民：擁有身分的自由以及不完全權益。

希臘自由民家中或者生意需要的種種繁重勞動都由奴隸承擔，也就是說自由民基本無須勞動，這同現代人為養家糊口、支付房租而不得不付出大量時間和精力來進行工作有著本質的區別。

奴隸們把整個城市工作全部攬了下來，烹飪、烘烤、製作蠟燭等都是他們的工作。他們成為了理髮師、木匠、珠寶加工者、教師、會計等，而他們的主人則或者去參加公共會議、討論戰爭問題；或者在劇院觀看埃斯庫羅斯的最新悲劇；或者參與到劇作家歐裡庇得斯對大神宙斯無上威嚴的質疑等革新思想討論中。

從某種角度看，古雅典就好比是一個現代俱樂部一般，會員就是所有的自由民，僕人就是所有的奴隸，後者隨時聽候主人的差遣。當然，做會員自然是一種不錯的營生。

一說到「奴隸」這個詞，恐怕你的腦海中會立刻浮想起《湯姆叔叔的小屋》中的那些悲慘的人。其實，這裡的奴隸並不是那樣的。他們每天為別人服務，為別人耕種田地，自然不是一件愉快的事情。但是，一些沒落的自由民也同樣如此，他們會到那些富人的農莊出賣勞力，過著和奴隸一樣的悲慘生活。甚至，在城市裡的很多奴隸要比下層自由民更加富有。古希臘人的觀念就是凡事要適度，對待奴隸同樣如此，他們的方式要

溫和很多。之後的羅馬人就不是這樣了，他們對待奴隸就像牲口一樣，奴隸和工廠裡的機器一樣沒有權力，不僅如此，還常常因一點小失誤而被主人餵給野獸當食物。

奴隸制度，在希臘人的眼中是一種必要的制度，他們的城市依靠這樣的制度運轉，如果缺少它，他們就不能擁有文明舒適的家園。奴隸們從事的工作中也有像現代社會總由商人和專業人擔任的複雜工作。至於家務勞動，那些讓你母親耗費大量精力、父親下班之後悶悶不樂的東西，在古希臘人那裡則變得不屑一顧。他們追求自由舒適的生活，他們的生活環境簡單而樸素，因此根本沒有大量的家務勞動需要做。

古希臘人的房子是非常樸實、簡單的，他們的屋子中沒有任何一件能讓現代人認為是享受的物件，甚至連富人都居住在土坯房子中。四面牆和一個屋頂就組成了希臘人的屋子，屋子中會有一扇門通向外面，連窗戶都沒有。廚房、起居室、臥室的房屋布局環繞著簡單的露天庭院，裡面都會有一座噴泉或是一些小型雕塑以及幾株植物，看起來寬敞而又親切。假如天氣晴朗不下雨或者氣溫不太低的時候，庭院就是一家人的生活場所。庭院的一角，有廚師（是奴隸）在做食物；院子的另一角，有家庭教師（同樣是奴隸）在教授孩子們學習希臘字母和乘法表；又一個角落，女主人和裁縫（同樣是奴隸）在縫縫補補做針線活。女主人一般足不出戶，皆因在古希臘一個已婚婦女在大街上拋頭露面，總會讓男主人覺得顏面無光。而在門內的一個小房間裡，男主人在認真清算著帳目，這是農莊監工（同樣是奴隸）剛剛送過來的。

古希臘人對於飲食也並不熱衷，他們認為這是一件無法規避的煩惱，如果娛樂還可

酒宴中的古希臘人

古希臘人的酒會通常在男子的私人宅邸中舉行，畫面中酒興闌珊的客人正躺在躺椅上，一手托著酒杯，一手扶著頭部，認真地傾聽著旁邊吹笛人的演奏。這類略帶社交性質的酒會通常會持續至深夜，席間人們高談闊論，氣氛融洽，甚至有時會成為一場激烈的辯論比賽。

以打發時光和陶冶情操，那麼飲食根本不能帶來快樂。晚飯準備妥當後，全家人坐在一起吃飯，飯菜很簡單，主食為麵包，喝一些葡萄酒，再吃少許的肉類和蔬菜，很快就可以吃完了。他們認為喝水有損健康，因此，只有在沒有其他飲料可以解渴時才會喝水。希臘人也喜歡和朋友聚餐，但是絕對不會像現代人那樣大吃大喝，他們會對此十分反感。他們聚餐的時候，會十分優雅地交談，細細品嘗美酒和飲料。雖然他們似乎更喜歡喝酒，但是他們對此非常節制，如果在宴會上喝得酩酊大醉會讓他人看不起。

　　古希臘人不僅在飲食上崇尚簡單，在衣飾上同樣如此，他們喜歡乾淨整潔的外表，頭髮和鬍子會被梳理得一絲不苟，他們也會常常鍛鍊身體，游泳、田徑都是他們喜歡的健身項目。在服飾上，他們絕不會去追求亞洲的流行風尚，更不會穿著那些豔俗、奇特的衣服。男人的衣服一般都是白袍，那樣使他們看起來像義大利官員一般氣度得體、舉止優雅。

　　對於自己的妻子，他們也喜歡在其穿金戴銀時欣賞不已，但在她們出門時就會力求低調，因為在公眾場合炫耀財富被他們看做是一件非常庸俗的事情。

　　總而言之，古希臘人的生活是樸素而節制的。桌椅、書籍、房子、馬車等東西將會占據擁有者的大量時間，人們不得不浪費時間和精力去養護、拋光、擦拭、妝點它們，最終使擁有者成為它們的奴隸。古希臘人是如此熱愛自由，他們不僅心靈自由，身體也要自由，他們將自己日常生活的需要降到最低，而他們的精神則得到了最大的自由。

第十七章

古希臘的戲劇

戲劇的出現讓人類擁有了最初的公共娛樂方式。

很久以前，古希臘人就書寫著歌頌先祖們英勇無畏品質的壯闊詩歌，他們在詩歌中講述先祖們把皮拉斯基人逐出希臘半島以及摧毀特洛伊城的巨大成就。當時，吟遊詩人會到處朗誦這些戲劇，走街串巷讓人們聆聽。但作為現代生活中不可或缺的娛樂形式，戲劇並非是從這些詩歌中衍生出來的。詩歌的產生是非常不可思議的，所以我覺得有必要單獨列出一章，來為大家講一下戲劇是如何產生的。

遊行，是古希臘人喜歡的活動，他們每年都會舉行一場盛大的遊行，用來讚美與敬奉酒神狄俄尼索斯。酒神非常受希臘人的崇拜，因為他們喜歡喝葡萄酒（他們認為游泳與航海是水唯一的用途）。酒神的受歡迎程度就如同今天我們國家「冷飲機」深受追捧的情況一樣沒

西方戲劇的起源

對於西方戲劇的起源，較為認同的說法是源於希臘城邦人們對「酒神」狄俄尼索斯的崇拜以及對其祭奠的盛大遊行慶典中的山羊叫聲。人們將沈悶、乏味的咩咩叫改為融合既定台詞與表演的新穎方式，以此講述狄俄尼索斯或其他神靈的故事，古雅、莊重的氛圍讓古希臘人為之痴迷。

有什麼分別。

在希臘人心目中，酒神居住在葡萄園中，和一群被稱為薩堤羅斯的半人半羊怪物整日過著逍遙、自在的日子。因此，在遊行的時候，人們會在身上披上羊皮，並邊走邊發出近似公羊的咩咩叫聲。希臘語中山羊的寫法為「tragos」，歌手的寫法為「oidos」，而那些神似山羊咩咩叫聲的歌手通常被成為「tragos-oidos」，意為山羊歌手。後來，山羊歌手的奇怪稱呼就變成了「悲劇」（tragedy）這個詞語。在戲劇中，悲劇暗示著一齣有著悲慘結局的戲，這和歡樂的喜劇被稱做圓滿結局的戲如出一轍。

你的心中肯定會出現這樣的問題：在世界上盛行不衰2000多年的高雅悲劇是如何從那些山羊歌手發展而來的呢？你或許不會想到哈姆雷特和山羊歌手之間會有什麼聯繫。其實，這個並不難理解，我現在就告訴你。

剛開始的時候，人們對這些山羊歌手的表演是非常感興趣的。每當演出時就會有很多觀眾圍在他們周圍欣賞，這給大家帶來了很多歡樂。但是，不久後，人們就興趣缺缺

古希臘戲劇的大師名作

古希臘人喜歡借助詩歌來展現他們對國家、對家庭、對生活、對美好未來的評述與熱愛，而當戲劇出現之後，這種澎湃的感情更激發了無數的名師大家開發創作熱情與智慧，為後人留下了眾多經典的傳世名作。

戲劇類別	戲劇大師	創作特點	代表作品	成就
悲劇	埃斯庫羅斯	首次加入了第二個表演者，改變了傳統戲劇模式。	《俄瑞斯忒亞》、《普羅米修斯》等。	古希臘最偉大的悲劇大師。
悲劇	索福克勒斯	展現個人意志與命運相搏的「命運悲劇」。	《安提戈涅》、《俄底浦斯王》等，後者被認為是「古希臘悲劇的典範」。	古希臘全盛時期的悲劇大師。
悲劇	歐里庇德斯	展現社會動盪時代人們對神性、人性、戰爭、民主的思考。	《美狄亞》、《特洛伊婦女》等，前者被認為是「古希臘最動人」的悲劇。	古希臘民主危機時期的悲劇大師。
喜劇	阿里斯托芬	展現人們對社會政治、經濟與貧富分化的思考。	《巴比倫人》、《雲》、《鳥》等，後者被認為是「古希臘現存最完整」的寓言喜劇。	古希臘城邦衰退時期的喜劇大師，歐洲「喜劇之父」。

了，甚至有些討厭這種表演了，如此乏味沈悶的東西怎麼能夠吸引人呢？於是，他們認為這也是一種罪惡，要求歌手表演一些更加吸引人的節目。這時，一個來自阿提卡地方伊卡里亞村的青年詩人有了一個新奇的想法，他讓合唱隊中的一個人和遊行隊伍前列的首席排簫樂師站在一起、彼此對話。這個隊員在說話的時候，雙臂會不斷揮舞做出各種動作（這表示當他人在唱頌時，他則是在「表演」）。此人會不斷地提出很多問題，而樂隊領隊則會按照青年詩人預先在紙莎草紙上寫好的答案給予應答。

這種預先準備好的對答其實就是一種簡單的對白，當時的對答大多是講述酒神狄俄尼索斯或者其他神的故事。民眾對於這種新鮮的表演形式是非常喜歡的，於是，在酒神遊行的時候，每次都準備這樣一項表演。後來，這樣的表演變得越來越重要，甚至超越了遊行本身和咩咩叫。

作為成就非凡的古希臘著名「悲劇藝術家」，埃斯庫羅斯在他的人生中（西元前526－455年）大約寫了80部悲劇，而且他還對上述的表演形式進行了改革，將原來的一名演員變為了兩名。後來，索福克勒斯又將人數增加到三個。西元前5世紀中期開始，歐里庇德斯在創作那些讓人不寒而慄的悲劇時，他會根據劇情而決定使用演員的人數，而不是侷限在兩個或者三個。當阿里斯托芬用他的筆對任何人、任何事、甚至奧林匹斯山諸神報以嘲笑時，他筆下的喜劇讓合唱隊的地位已經一落千丈，成為了旁觀者。他們只能整齊列隊站在演員們的身後，當台上的人們演到違反神意的罪惡一幕時，他們就會大聲高唱：「啊，這是一個多麼恐怖的世界啊！」

隨著戲劇形式的變化，人們認為有必要提供一個適合的場地來滿足表演的需求。於是，希臘的每個城市都出現了劇院。劇院通常會開鑿在城市附近小山的岩壁上，人們坐著木製的長凳觀賞寬闊圓形場地上演員與合唱隊的表演，這個場地就是舞台。在舞台後面有一個帳篷，是讓演員化妝用的，他們會戴上或悲或喜的黏土製大面具前去表演。希臘文中帳篷為「skene」，後來的「布景」（scenery）一詞就源自於此。

當觀賞悲劇成為了希臘人生活中不可或缺的一部分，他們就會認真對待它，劇院已不僅僅作為一個讓人們釋放心情的娛樂場所而存在。每一個新戲的推出就像選舉一般隆重，而一個成功的劇作家所獲得的殊榮絕對不亞於一名凱旋而歸的將軍。

第十八章

波斯戰爭

希臘人成功抗擊了亞洲對歐洲的入侵，使波斯人退回愛琴海的對岸。

雅典娜

雅典娜是希臘人尊崇的智慧與工藝女神，更是掌控著正義的女戰神，相傳體態婀娜、披堅執銳的她擁有著宙斯一般的力量。作為將智慧與力量完美結合的雅典守護神，雅典娜常持擁有無比神力的埃吉斯盾庇護著她的子民，為歌頌雅典對波斯的偉大勝利而修建的雅典衛城主體建築帕特農神廟中祭祀的就是雅典娜。

腓尼基人是專職的商人，愛琴海人則是他們的學生，這讓古希臘人深諳經商之道。希臘人仿照腓尼基人的作法，建立起了很多殖民地，並且開始將貨幣廣泛使用在和外國客商的交易中，其取得的成果甚至超過了腓尼基人。到西元前6世紀，他們憑藉著更高的效率，使得小亞細亞沿岸地區基本已經被他們完全掌控了，腓尼基人的大部分生意也被他們奪走了。希臘人的作法當然讓腓尼基人感到不滿，他們心中對此十分怨恨，但是，他們的實力不足以讓他們和希臘人對抗。戰爭是一件十分冒險的事情，於是，他們只好靜靜等待報仇的機會，而將仇恨暫時藏在心底。

關於波斯帝國崛起的事情，在前面我已經講述過了。波斯遊牧民族中一支並不起眼的部落突然開始了四處的征伐，並且在很短的時間裡，將西亞大部分地區占領。但是，相對來說，這些波斯人還是比較文明的，他們對待新歸順的人們尚且算是有禮貌的，只是規定他們每年需要向上進貢一定的賦稅即可，並沒有大肆掠奪。在波斯人到達小亞細亞海岸的時候，他們對呂底亞地區的希臘殖民地提出了同樣的要求，要求他們繳納賦稅，並且承認波斯國王是他們至高無上的主人。當然，這個無禮的要求遭到了拒絕，希臘殖民地向愛琴海對岸的宗主國發出求救的呼聲，由此，一場戰爭的序幕緩緩拉開了。

假如史書中的記載值得我們信任的話，希臘的城

馬拉松之戰

　　蓄勢而出的波斯帝國在西元前490年大兵壓境，並在雅典東北部的馬拉松平原登陸，與據險而守的希臘聯軍展開大戰。希臘聯軍充分借助了馬拉松平原中間高、兩側低（且為狹長泥沼地）的地勢，大勝波斯軍團，成為以少勝多的典型戰例。

馬拉松之戰		
參戰雙方 對比項目	希臘聯軍	波斯軍團
戰術位置	守方	攻方
參戰兵力	11000人	100000人
指揮官	米爾泰底	大流士
參戰兵種	重裝步兵	步兵、弓箭手、騎兵
陣型	密集陣型	普通方陣
戰術分析	拉長陣型以平原兩側的泥沼地彌補側翼的弱點，使敵軍難以迂迴攻擊軟肋，並充分發揮正面的優勢，強勁發起衝鋒。	訓練水準不高，在喪失弓箭壓制與騎兵突擊優勢之後，較弱的防護裝備與稀疏陣型在對方衝擊下潰散。
結局	勝	敗

邦制幾乎是每一任波斯國王憂心忡忡的難題。這樣的制度很可能被歸順於波斯帝國的諸多民族當作是一個好的榜樣，從而引發反抗波斯統治的大潮。所以，如此危險的政治制度是必然要消滅掉的，至少波斯人這樣認為，他們要讓希臘人服服貼貼地臣服於強大的波斯帝國。

　　而對於希臘人來說，因為他們之間相隔著愛琴海，因此據險而守的他們並不感到十分畏懼。只是他們的宿敵腓尼基人卻在此刻半路殺出，並站在了波斯人的一方，承諾為波斯國王大軍出征歐洲提供運輸所需的船隻。結果在西元前492年，亞洲一股試圖毀滅歐洲日益強大的古希臘而集結的勢力正伺機而出。

　　波斯國王派遣使者前往希臘發出最後的警告，除非希臘人貢獻出「土和水」作為歸順的信物，否則就開戰。古希臘人義無反顧地將這個可憐的來使扔進了井裡，並告訴他那裡有著他們想要的一切。就這樣，和平之門已經被徹底地封死了。

　　但是，高踞在奧林匹斯山上的神祇庇護著他的子民們。載滿波斯大軍的腓尼基人艦隊還沒接近阿托斯山，就被風暴之神吹得青筋爆裂的海上颶風所掀翻，所有波斯人無一倖免。

　　又過了兩年，波斯人召集起更多的軍隊捲土重來。他們計畫橫渡愛琴海，由馬拉松村附近登陸直取雅典。得知消息的希臘人即刻派遣重兵，堅守馬拉松平原上，俯視海

岸線的制高點。與此同時，希臘人派遣長跑健將把消息傳往斯巴達，以求支援。出乎意料的是斯巴達人樂於作壁上觀，並借以打壓雅典的盛名，以致於其他城邦各懷心思均按兵不動，只有普拉提亞派了1000名士兵馳援雅典。西元前490年的秋天，雅典統帥米爾泰底親率他強悍的戰士在如潮水般湧來的波斯人面前孤軍奮戰。勇猛的希臘人在波斯軍團的槍林箭雨中縱橫衝殺，摧枯拉朽般將波斯人的戰陣衝得七零八落，如此驍勇善戰的敵手讓波斯人膽顫心驚、潰不成軍。

入夜，身處雅典的人們眺望著遠方那被無數戰船燃起的大火吞噬的赤紅天空，心急如焚地等待著最新的戰報。直到北方道路上跑來一團塵土，那是風塵僕僕的長跑健將菲迪浦底斯，他勉強支撐著，幾近虛脫。他作為求援的信使剛剛從斯巴達返回，就追隨統帥米爾泰底趕赴戰場，他奮力廝殺，而後主動請纓將勝利的戰報帶回他所熱愛的雅典。翹首以待的雅典平民在他撲倒在地後，急切地跑過去將他攙起，而這個英雄在虛弱地吐出一句「我們勝利了」之後便一命嗚呼，他慷慨赴義的事蹟讓所有雅典人動容、崇敬。

經歷了如此一場大敗讓波斯人心灰意冷，摧毀雅典的企圖再次宣告失敗，雅典海岸線上的重兵駐守讓他們難有可乘之機，於是他們不得不黯然退回亞洲。至此，希臘又迎來了短暫的和平與安定。

在接下來的8年時間裡，波斯人休養生息，增強自己的力量，等待時機，當然，希臘人同樣也是如此，不敢有絲毫的懈怠。他們的心裡都很明白，未來一場激烈的戰爭是不可避免的。可是，就在這關鍵的時刻，雅典內部對戰爭處理的看法出現了不同的聲音。有的人認為陸軍有待增強，有的人則認為增強海軍實力是擊敗波斯人的關鍵。由阿里斯蒂底斯和泰米斯托克利分別領導的陸軍派和海軍派開始了相互攻擊，他們之間僵持不下，而雅典的防禦工程也一拖再拖。直到陸軍派的阿里斯蒂底斯政治落敗而遭流放，海軍派才終於掌控了大權，他們大力建造海軍，在雷埃夫斯建起一座讓人不敢小覷的海軍基地。

西元前481年，波斯派出一支龐大的軍隊侵入希臘北部省份色薩利地區，使得希臘半島再次陷入了災難之中，即將面臨覆國的危險。為了拯救家園，人們期待著有著驍勇傳統的斯巴達人能率領著他們矗立在風口浪尖，但是，因為危險還並沒有蔓延到斯巴達城邦，所以斯巴達人對戰爭並不盡心。這種散漫態度帶來的後果就是忽略了北方通往希臘腹地的防守。

連接色薩利和希臘南部省份的道路位於背山面海的狹窄險地，易守難攻，因此斯巴達國王李奧尼達率領一支精銳的小股部隊受命據此防守。在李奧尼達英明的指揮下，勇猛的斯巴達戰士在以少戰多的情況下，成功地將波斯大軍牢牢釘在他們的陣地上。可是，希臘人中出現了一個名叫埃非阿爾蒂斯的叛徒，他背叛了大家，帶領一支波斯軍隊從梅里斯附近的小路穿過山隘，直抵李奧尼達守軍的後方。波斯人在溫泉關附近（德摩比勒）與斯巴達人展開了慘烈的大戰，持續到夜晚的苦戰堆屍如山，李奧尼達和他忠誠的斯巴達勇士最終全軍覆沒。

溫泉關戰役過後，希臘的防守在所向披靡的波斯人面前全線崩潰，波斯軍團很快就占領了希臘的大部分地區。8年前的慘敗讓波斯人一直耿耿於懷，他們一舉攻陷了雅典，並將守衛那裡的希臘士兵驅趕出衛城的岩石堡壘，把多年的怨氣化作烈火將雅典城燒成一堆瓦礫。在敵人面前，雅典人只能拖家帶口紛紛逃往薩拉米島。從這個局面來看，雅典似乎已經是必敗無疑的了。西元前480年9月20日，泰米斯托克利率領雅典海軍和波斯艦隊展開激戰，最後將其引入希臘大陸與薩拉米島之間的狹窄海面上。僅僅幾個小時的時間，3/4的波斯艦船就被雅典人摧毀，戰爭的局面因此而扭轉。

　　海上局勢的受挫，導致波斯人高歌猛進的陸軍失去了後援，即使在德摩比勒地區取得的大捷也變得沒有任何意義。最後，波斯國王澤克西斯選擇暫時撤退，待來年捲

李奧尼達在溫泉關戰役

　　面對幾十倍於己的波斯大軍，斯巴達人在他們的王——李奧尼達的率領下，憑藉勇猛與信念在易守難攻的關隘溫泉關死守了三天三夜，史稱「溫泉關戰役」。畫中戴冠持劍的李奧尼達同他誓死追隨的斯巴達勇士們在溫泉關全部犧牲，書寫了波斯帝國與希臘戰爭中最為悲壯的一頁。

土重來與希臘人決一死戰。波斯軍隊暫時進入北部的色薩利地區養精蓄銳，蟄伏以待來年春天。

但是，不一樣的是，斯巴達人的觀念發生了巨大的轉變，他們終於明白這次的戰爭關係到整個希臘半島的生死存亡，於是，他們決定竭盡全力進行反擊。原本，斯巴達人修建了一條橫跨柯林斯地峽的城牆，以便保護自己的城邦，如今，他們將堅實的城牆拋在身後，主動跟隨希臘聯軍統帥保薩尼阿斯出擊馬多尼奧斯率領的波斯軍隊。於是，兩軍在普拉提亞附近展開大戰。希臘軍隊是由來自12個城邦的士兵組成，大約有10萬人；波斯軍隊則大約30萬人。雖然力量懸殊，但是，希臘軍隊憑藉著勇氣向波斯軍隊發起了攻擊。戰爭的結果和馬拉松平原一樣，波斯軍隊的箭陣被希臘重裝步兵擊潰，波斯人完全喪失了東山再起的機會。而在同一天，在小亞細亞附近的米卡爾角，雅典海軍在和敵人艦隊的對壘中也大獲全勝，不得不說實在是非常巧合。

就這樣，歐洲和亞洲之間的第一次面對面的交鋒就這樣畫上了句號。雅典人從中贏得了巨大的榮耀，而斯巴達人也因為勇猛而盛名遠播。這兩個城市之間，如果可以不再相互嫉妒，不再互相打擊，而是組成一個強大統一的希臘帝國，這將是再好不過的了。但是，歷史就是這樣，往往總是事與願違。當勝利遠去，人們漸漸從狂歡中變得平靜，美好的機會也隨之付諸東流了！

✦✧✦ 薩拉米海戰 ✦✧✦

作為波希戰爭的重要轉折點，薩拉米海戰是希臘人又一次引以為豪的「以少勝多」之戰，此戰中原本勝券在握的波斯艦隊損失慘重，繼而完全喪失了對戰爭的主動權，不得不吞下自釀的苦酒。

薩拉米海戰	
戰前形勢	1. 攻占溫泉關以後，波斯軍長驅直入希臘，雅典城被攻陷。 2. 希臘各城邦士兵、平民均集中到到薩拉米海灣。
過程	1. 波斯水陸兩軍齊頭並進，勢頭正猛，而希臘聯軍內部人心波動。 2. 波斯戰艦數量眾多、行動遲緩，水兵對戰場水域不熟；希臘一方則正相反，並在提米斯托克利的指揮下，充分借助海灣狹窄、灘淺的地勢，率部突擊。 3. 重圍之中，希臘艦隊發揮本方艦船機動靈活的特點，斜刺撞斷波斯戰艦長槳，繼後逐一撞沉敵艦。 4. 在突如其來的颶風中，波斯艦隊亂作一團，自然之力、自身相撞以及希臘艦隊攻擊之下，波斯艦隊損失嚴重，不得不倉皇逃離。
意義	1. 薩拉米海戰是希波戰爭中決定性的一戰，希臘開始由防守轉為進攻，最終贏得了戰爭的勝利。 2. 薩拉米海戰為希臘人贏得了榮譽，希臘從此邁入了「黃金時代」。

第 十九 章

雅典與斯巴達的對峙

雅典和斯巴達之間漫長而艱苦的戰爭，雙方目的是為了奪取希臘半島的統治權。

　　雅典和斯巴達，這兩個城市之間的共同點在於它們同屬於希臘城邦，並且講著同一種語言，其餘的，我們根本看不出來它們有任何的相似點。雅典，位於地勢高高的平原上面，可以感受到從海面吹過來的陣陣微風，它的人民對這個世界充滿了好奇，總是在享受著這個世界的美好。斯巴達，一個位於四周環山的峽谷底部的城市，因為高山的阻擋，他們幾乎和外面世界隔絕，根本沒有機會接觸新的事物和思想。雅典城中有著繁忙的生意往來，是一個貿易之城，是一個對外開放的大市集；斯巴達則是一個大軍營，人們個個都是全副武裝，人人崇尚武力，大家的最高理想就是成為一名優秀的士兵。雅典人的生活是愜意的，他們喜歡在溫暖的陽光照耀下，坐下來談論詩歌或者是聆聽哲人的講學。斯巴達人則不是，他們幾乎對文學一竅不通，但是卻熟知各種戰鬥技巧。可以說，斯巴達人是狂熱的戰爭愛好者，他們對戰爭有著執著的熱愛，即使戰爭會犧牲掉他們所有的情感也心甘情願。

　　由此，我們也就很容易理解，為何斯巴達人對雅典的成功充滿了嫉妒和仇恨。在波斯入侵戰爭平息之後，雅典人就將在戰爭中投入的精力，轉投到了城市建設、和平建設之中。雅典人重新修建起雅典衛城，他們在這座雄偉的大理石神殿中祭祀雅典女神。伯里克利，這個雅典民主制度的傑出領袖，則到處邀請著名的雕塑家、畫家和科學家到雅典來工作，他不惜花費巨資，讓他們幫助建設更加美好的城市，同時對雅典的年輕人進行教育和培訓。當然，伯里克利也沒有放鬆對斯巴達的提防，為此，他專門建造了從雅典到海岸沿線的高大城防，由此，使得雅典成為了當時防衛最堅固的堡壘。

　　一段時間裡，兩個希臘城邦——雅典和斯巴達和平共處、友好為鄰。但是，因為一個小爭執又使得雙方陷入了敵對當中，由此戰火一直延續了30年，並最終以雅典的落敗收場。

　　戰爭的第三年，雅典迎來了一場十分可怕的瘟疫，瘟疫導致雅典城中的半數人口死亡。更加讓人悲傷的是，英勇睿智的雅典領袖伯里克利也不幸死於瘟疫中。然後，一個非常有作為的年輕人阿爾西比阿德被公眾推舉為領袖，他繼承伯里克利的衣鉢，開始領

雅典學院　壁畫 拉斐爾·桑齊奧 1509年至1511年間 底長772cm 現存於義大利梵蒂岡博物館

宏偉的殿堂中，左側壁龕上的太陽神阿波羅寓意著和諧與理性，右側壁龕上的智慧女神彌涅耳瓦則寓意著守護知識與和平。中間通道上以手指天的柏拉圖與以手覆地的亞里斯多德兩大古典哲學巨匠似乎正在陳述著各自的觀點，眾多神態各異、姿態不一的人物和諧地分布在每一處角落。良好的學術氛圍使雅典誕生了無數智者先哲，在人類數學、天文、哲學、建築、詩歌等領域產生了深遠的影響。

導大家。新的領袖提出了對西西里島上的斯巴達殖民地錫拉庫扎進行遠征的建議，並且在阿爾西比阿德的指揮下，順利地實施了起來。雅典人的遠征軍做好了萬全的準備，只待他們的領袖一聲令下。但是，意外卻出現了，因為參與了一場街頭鬥毆，阿爾西比阿德不得不流亡在外。然後，一個新的將軍上任了，可惜的是這個新將軍既魯莽又沒有見識。因此，雅典軍隊連連失利，先是海軍的全部船隻被毀滅，後來陸軍又慘遭毀滅性打擊。一些少數倖存下來的雅典士兵則在被俘虜後，押往錫拉庫扎的採石場如奴隸般辛苦勞作，最終也在飢寒交迫中死去了。

在這次戰爭中，雅典幾乎失去了它所有的年輕人，由此造成雅典元氣大傷。根據戰爭的局勢，即使雅典人再堅持下去，恐怕也是無法挽回局面了。因此，西元前404年4月，雅典人在毫無希望的情況下，宣告投降。對於雅典人來說，這一刻是灰暗的。曾經守衛城市的高大城牆已經變成廢墟，海軍也已全軍覆沒。最鼎盛時期的雅典曾經征服過大片的土地，建立了一個以雅典為中心的大帝國，然而此刻它的地位已經一落千丈，帝國中心的稱謂也早已名存實亡。即使這樣，雅典城散發出來的求知、求真及探索的精神依舊沒有消失，它已經深深扎根在雅典人的心中，此刻它依舊在發揮著作用，甚至比從前的力量更強大。

雅典從此以後不再是希臘半島的決策者，它已經徹底衰敗了。但是，它對世界的影響依舊，甚至已經跨越了希臘半島的邊界，延伸到了世界各地。這裡是人類第一所大學的發源地，它依然是熱愛智慧的人們心中無可取代的聖地。

第二十章

亞歷山大大帝

> 馬其頓的亞歷山大大帝建立起一個希臘式的世界帝國，這樣的野心最後會有什麼下場呢？

當年，亞該亞人從他們的家鄉多瑙河畔離開，向南去找尋新的牧場的時候，他們曾經在馬其頓的群山中生活過一段時間。自此以後，希臘人和他們北部的鄰居就一直保持著千絲萬縷的官方交流。當然，希臘半島上的局勢也被馬其頓人關注著。

斯巴達和雅典之間爭奪希臘半島的戰爭結束的時候，正好是一位名叫菲利浦的才智雙全的人統治著馬其頓。此人對於希臘的文學與藝術十分推崇，可是卻十分瞧不起希臘在政治中所欠缺的自制與魄力。當菲利浦得知希臘將金錢和人力用在毫無意義的爭吵上時，他對這個優秀民族的作法十分生氣。於是，他派出軍隊，占領了希臘，成為了希臘的統治者，當然，

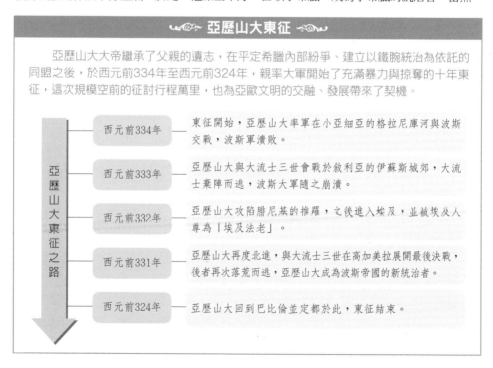

亞歷山大東征

亞歷山大大帝繼承了父親的遺志，在平定希臘內部紛爭、建立以鐵腕統治為依託的同盟之後，於西元前334年至西元前324年，親率大軍開始了充滿暴力與掠奪的十年東征，這次規模空前的征討行程萬里，也為亞歐文明的交融、發展帶來了契機。

亞歷山大東征之路

西元前334年	東征開始，亞歷山大率軍在小亞細亞的格拉尼庫河與波斯交戰，波斯軍潰敗。
西元前333年	亞歷山大與大流士三世會戰於敘利亞的伊蘇斯城郊，大流士棄陣而逃，波斯大軍隨之崩潰。
西元前332年	亞歷山大攻陷腓尼基的推羅，之後進入埃及，並被埃及人尊為「埃及法老」。
西元前331年	亞歷山大再度北進，與大流士三世在高加美拉展開最後決戰，後者再次落荒而逃，亞歷山大成為波斯帝國的新統治者。
西元前324年	亞歷山大回到巴比倫並定都於此，東征結束。

亞歷山大的勝利

版畫 阿爾佈雷西特·阿爾特多費爾 1529年

158cm×121cm 慕尼黑聖壇畫陳列館

精美的畫作中紀錄著亞歷山大在伊蘇斯戰役中所取得的輝煌戰果。激烈的戰場上，亞歷山大指揮勇士們衝鋒向前，而大流士三世乘著雙輪馬車倉皇逃離。刀槍林立，旌旗獵獵，兩軍士兵如紅黑色的兩條河流在地面上回環湧動；地平線上波瀾不驚的地中海版圖暗示著這一戰之後所取得的宏偉戰果。

爭吵也因此而停止了。占領希臘後，他就命令希臘人民加入他的遠征，也就是征討波斯，這也是對150年前澤克西斯攻打希臘的懲罰。

但是，非常遺憾的是當遠征還在精心策劃當中時，菲利浦就被人謀害了，他沒能看見遠征軍的出發。不過，他的兒子亞歷山大卻將此任務繼承了下來。亞歷山大，精通政治、軍事、哲學、藝術，是傑出的希臘導師、哲學家亞里斯多德心愛的學生，他對希臘文化有著非常深厚的感情。

西元前334年的春天，亞歷山大帶領著他的大軍從歐洲出發。歷經7年的跋涉，他的軍隊終於到達了印度。在漫長的征途中，亞歷山大消滅了希臘商人的老對手腓尼基人，他讓埃及俯首稱臣，並且被尼羅河谷的人們尊稱為法老的兒子與繼承人。他還毀滅了整個波斯帝國，將最後一任波斯國王殺死。他進入喜瑪拉雅山的腹地，下令重新修建巴比倫。那一刻，全世界都成為了馬其頓的行省和屬國。

接下來，他停止了征討，因為他要進行一項更加宏偉的計畫了。他是如此地熱愛希臘文化，因此，他要求新建立的帝國必須要接受整個希臘文化與精神的改造。他下令全國人民學習希臘語，城市也要修建希臘樣式的建築。曾經在戰場上叱吒風雲、刀兵相見的士兵，竟然脫下戰袍，搖身一變，成為了教師，大肆向人們傳播希臘文化。昔日的軍營成為了灌輸希臘文明的和平之地，使得希臘的風俗習慣和生活方式像洪水一般流向帝國的每一處角落。但是，就在此時，年輕的亞歷山大患上了可怕的熱病，不幸於西元前323年死在了漢摩拉比國王修築的舊巴比倫王宮內。

希臘文化的大潮開始漸漸退去，但是卻遺留下來了一片養育文明的沃土，這雖然是亞歷山大自負的表現，但是不得不說對世界的貢獻也是巨大的。亞歷山大死後不久，他建立的大帝國就在一群將軍的瓜分下四分五裂了。不過令人欣慰的是，這些將軍們並沒有將亞歷山大的夢想丟棄，他們的目標依舊是開創一個將希臘文明與亞洲精神融合為一體的宏偉時代。

帝國分裂出來的小國家，包括西亞和埃及等，歷經很長時間的獨立，後來又被羅馬人吞併。新的征服者——羅馬人對亞歷山大時期所建立、傳承下來的遺產統統接收。這樣，從前的精神就植入了羅馬的世界中，並且長達幾個世紀，直到現在，我們還在受著它的影響。

第  章

概　要

第一章至第二十章的小結。

從前，我們總是站在自己的角度去遙遙審視東方。但從此刻起，我們將從失去光彩的埃及與美索不達米亞平原上把視線拉回，我將帶你去看一看西方的景象。

不過，在我們出發之前，先要稍事休整，把我們記憶中的一切梳理一番。

首先，我將你帶到史前人類的面前，他們純樸、自然，性情低調。就像我曾跟你說的，他們是世界五大洲從遠古蠻荒中各式各樣的飛禽走獸間走出來的最弱不禁風的一個。他們憑藉著聰慧的頭腦與較為優越的創造力從眾多困境、災難中涉險而出。

接下來，酷寒的氣候使冰河時期延續了好幾個世紀。這使地球上生息的史前人必須付出更多的智慧與努力才能改變長期生活的劣境。但正是這種「求生的欲望」，讓眾多生物在過去、甚至現在仍能為苟活於世的不懈努力提供源源動力。冰河時代的人們通過不斷地思考以適應周邊的環境，他們鼓起勇氣面對，並走出了野獸也難以求生的漫漫嚴冬，直到溫暖的陽光重新俯照這個世界，他們從中接受了眾多絕境逢生的課程訓練，而這正是他們高高凌駕於他們愚蠢的鄰居活到今天的關鍵因素。

我也曾經跟你說過，在我們的祖先還在為困窘的生活而躊躇不前時，一個孕育於尼羅河谷的文明正在悄然崛起，他們以日新月異的速度幾乎在一夜之間建立起人類第一個文明的中心。

作為人類第二所傑出的校園，位於「兩河流域」的美索不達米亞成為了我們探訪的下一站。在那裡，我借助愛琴海上諸島的繪製地圖，告訴你它們是如何發揮出橋梁的作用，並將古老的東方文明與技術傳遞至西方那些諸事尚待萌生的希臘人手中。

之後我給你講述了印歐部族中的一支——赫愣人的來龍去脈。他們在數千年以前離開了亞洲的家園，最終在西元前11世紀輾轉跋涉到遍布岩石的希臘半島並定居下來，成為希臘人的祖先。接著，我又給你們介紹了希臘半島上僅為城邦的小城歷史，在他們的手中，源自古埃及與亞洲的文明得以煥發出新的生機，甚至比以往任何文明都要完美優越、生機勃勃。

當我們重新審視這個世界，不難發現人類的文明傳承呈現出一個半圓的軌跡，它從埃及起始，途經美索不達米亞和愛琴海諸島，西行匯入歐洲大陸。在史前4000年的漫長

希臘城邦的回憶

　　人們告別了遊牧的生活，正式在最初的城市定居下來，他們用磚石修砌起龐大、複雜的給水與排水系統，儘管這些設施有著不少古埃及、亞洲文明的影子，但是希臘城邦居民用他們的雙手所締造的嶄新文明仍讓現今的人驚嘆不已。

　　旅程中，古埃及人、巴比倫人、腓尼基人甚至包括猶太人在內的諸多閃米特部族，他們都曾引領這個世界走向光明。他們將文明的火種傳給印歐種族的希臘人，而後者成為了另一個印歐種族羅馬人的老師。閃米特人也不甘寂寞地沿著非洲北海岸向西進發，掌控著地中海的西半部。

　　接下來你們將會看到，這兩個水火不容的後起民族之間所爆發的激烈大戰，而羅馬人笑到了最後，建立起強大的羅馬帝國。它將埃及、美索不達米亞、希臘的交匯文明滲入到歐洲大陸的各個角落，並由此打下現代歐洲社會的牢牢根基。也許如此說來，會讓人覺得難以理解，但把握住幾條基本的線索，展現在我們眼前的歷史就會變得豁然開朗。對於一些語言所無法說清的地方，我們將通過書中的地圖來解釋。在這個簡短的總結之後，我們將回到剛才說到的內容，那是一場迦太基人與古羅馬人之間的生死大戰。

第二十二章
羅馬和迦太基

迦太基和羅馬人為了爭奪西地中海的統治權，展開了激烈征戰，最後結果為迦太基滅亡。

卡特‧哈斯達特位於一座小山上面，它是腓尼基人的一個小貿易據點。站在城市中，可以俯瞰到一片寬90英里的平靜海面，這就是將歐洲與非洲分隔開來的阿非利加海。如此理想的位置，是任何一個其他商業中心和貿易中轉站都無法奢望的，所以，此地的貿易迅速地發展起來。從貿易的角度看，卡特‧哈斯達特幾乎是一個完美無缺的地方，在很短時間內它就變得十分富有了。

西元前6世紀，當提爾在巴比倫國王尼布甲尼撒的手中化為齏粉的時候，哈斯達特就成為了一個獨立的國家，和母國斷絕了一切關係，成為了一個名為迦太基的國家。從那時起，它優越的地理位置，就使它成為了閃米特族向西方擴張勢力的一個重要前沿陣地。

可是，儘管有著諸多優勢，但這座城市從母國繼承過來的壞習慣依舊存在，可以說，這是它最大的不幸。這個壞習慣也是腓尼基人特有的，從其1000多年的發展中可以看出來，無論是興盛還是消亡都和其逃不開關係。雖然說哈斯達特是一個國家，其實充其量也不過是一個由一支強大的海軍守衛著的大商號而已。迦太基人是一群名副其實的商人，他們的生活中只有貿易，其餘的優美精緻的事物對他們來說沒有任何的意義。他們的統治者總是那些極少數但權勢頗重的富人集團，無論是這座城市及附近的鄉村，還是他們的殖民地，無一例外。希臘語中，富人寫作「ploutos」，因此希臘人將這樣的政府稱為「Plutocracy」（富人統治或財閥統治）。迦太基就是一個典型的富人政權。迦太基的國家政權掌握在12個大船主、大商人及大礦場主的手中，他們暗箱操縱著國家的一切，所有決定都以他們的利益為卡，國家就好比是一個大的公司，可以讓他們賺取豐厚的利潤。他們每天都保持著矍鑠的精神，勤奮工作，對周圍的動態保持著密切的關注。

隨著時間的流逝，迦太基不斷富強壯大，對周圍地區的影響力也提升了，它的屬地擴大到了北非的大部分海岸地區、西班牙以及法國的部分地區。這些地區每年都要向位於阿非利加海濱的富裕城市繳稅、進貢。

迦太基幾乎相當於是一個古代的自治共和國，因此，它也不可避免地會有人奮起反抗被統治的命運。當然，這是需要有前提的。此前，迦太基之所以能夠安定，大多數人

迦太基人的赤陶面具

　　作為腓尼基人的重要殖民地，迦太基是由眾多殖民者建立起的新城，富人統治下的城市讓這裡成為眾多國家羨慕的肥肉，周邊不斷的戰爭紛擾促使大量難民湧入這一地區，成就了它歷史上的繁榮、昌盛，而統治者對於自身利益的患得患失也讓這座城市如履薄冰。圖為迦太基人放置在墓葬中用以驅逐邪氣的赤陶面具。

迦太基銀質硬幣　約西元前230年

　　正面是迦太基人心中的神邁勒卡特，反面是迦太基人擁有的讓人望而生畏的戰爭工具——戰象。

心甘情願被少數人統治著，也是得到大多數人的認同的。當迦太基有足夠多的工作機會，商人給的薪水還算充足，大部分的市民生活並不艱難，由於生活上沒有任何的困難，因此，這個富人政權是沒有人質疑的，大眾不會提出一些讓人尷尬的問題來為難政府。可是，一旦當國家不能讓大眾滿意，船隻停運，熔爐中沒有足夠礦石來冶煉，碼頭工人和裝卸工人只能終日遊手好閒，家人已經陷入飢餓的困境之中，大眾對政府的不滿就表達出來了，這時遵循古代迦太基傳統，要求重開平民會議的呼聲就會日益高漲。

　　富人政權當然不願出現平民反抗的現象，因此，他們對整個城市的商業運轉總是竭盡所能，維持著良好的商業秩序。在長達500年的城市商貿擴張中，他們是成功的。但是，突然有一天，統治迦太基的富人得到了一個從義大利西海岸傳來的謠言，讓他們陷入了恐慌。謠言說，台伯河邊的一個毫不知名的小村子突然崛起，並且成為了義大利中部所有拉丁部落推舉的統領。這個村莊叫做羅馬，此時正在計畫建造船隻，想要和西西里及法國南部地區進行貿易往來。

　　義大利西海岸其實是一個文明地區，但是，在長期的歷史發展過程中卻被人們忽視了。在希臘，所有優良的港灣都面向著東方，關注著繁忙交易的愛琴海島嶼，感受著文明和貿易的優越感。但是此刻，在義大利的西海岸則是另外一番景象，幾乎可以用荒涼來形容。這裡沒有任何能夠讓人感到激動的事情，荒蕪的海岸被地中海冰冷的海浪拍打著。貧窮是這裡最恰當的描述，它幾乎不被人知道，也不會有外

國商人到此。土著居民們過著與世隔絕的生活，他們默默無聞地生活在連綿不絕的丘陵和沼澤遍布的平原之上。

在歷史上某個突如其來的日子裡，在歐洲大陸生活的一些印歐種族的遊牧部落開始向南方遷移，因此，這片寧靜的土地迎來了它的第一次嚴重入侵。侵略者在冰天雪地的阿爾卑斯群山中艱難跋涉，在行進中，他們發現了一個能夠翻越山脈的隘口，由此，他們順利進入亞平寧，他們猶如潮水一般湧入到這個形狀酷似長靴的半島。我們對這些早期的征服者知道的並不多。我們對他們的了解，也是從一個荷馬人對他們輝煌往昔的歌頌中得知的，否則我們將不會得知任何關於他們的戰功和遠征。直到800年之後，才有了他們自己關於建立羅馬城的記述。這些記述和真實的歷史是有很大差距的，充其量不過是一些神話故事，況且此時的羅馬已經成為了一個大帝國的心臟。我一直記不住，羅慕洛斯和勒莫斯跳過了對方城牆的事情中，究竟是誰跳過了誰的牆。如果在睡前閱讀，這些故事無疑是最佳的安撫孩子入睡的工具。關於羅馬城真實的建立過程，確實是一件非常無趣又單調的事情。

羅馬地處義大利中部平原的中心，它直接的出海口就是台伯河。在台伯河的沿途有著7座小山，恰好可以用作人民抵禦外敵的避難場所，當時他們的敵人主要是來自周圍的山地以及地平線外的濱海地區。羅馬優越的地理位置正是它真正聞名的原因，這和美國上千座城市的發跡是一樣的。當時，羅馬位於一條貫通半島南北的大道上面，交通便利，常年都可以使用。因此，這裡吸引了四面八方的人前來進行貿易，做馬匹的買賣，

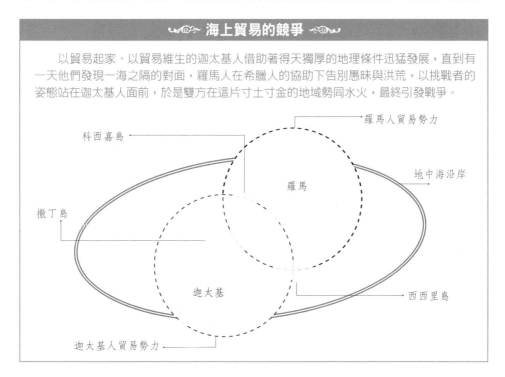

海上貿易的競爭

以貿易起家、以貿易維生的迦太基人借助著得天獨厚的地理條件迅猛發展，直到有一天他們發現一海之隔的對面，羅馬人在希臘人的協助下告別愚昧與洪荒，以挑戰者的姿態站在迦太基人面前，於是雙方在這片寸土寸金的地域勢同水火，最終引發戰爭。

科西嘉島
羅馬人貿易勢力
羅馬
地中海沿岸
撒丁島
迦太基
西西里島
迦太基人貿易勢力

而羅馬也可以為旅途勞累的人提供駐足的地方。

　　當時，羅馬敵人中的一個是住在山地的薩賓人，他們是一群野蠻的人，而且行為惡劣、品行不端，他們妄想要以掠奪來獲取生活所需的物品。雖然他們野蠻，但是他們也十分落後，使用的武器還是石斧和木盾牌，如此落後的武器自然對裝備先進的羅馬人來說不足掛齒了。因此，羅馬人最危險的敵人應當是濱海地區的人們，即伊特拉斯坎人。關於伊特拉斯坎人的信息，在歷史上依舊沒有人能夠給出一個答案，他們屬於哪個民族？他們何時來到義大利西部濱海地區定居？他們又是因何而離開自己的家鄉？這些我們都不知道。雖然他們給我們留下了大量的碑文，可是，這種對我們來說就像神秘圖案的伊特拉斯坎字母，還無人能夠破解。

　　伊特拉斯坎人最開始可能生活在小亞細亞，但是，或許由於戰爭或者瘟疫的原因，

迫使他們不得不離開家鄉，到他處尋找新的生存之地，這是關於伊特拉斯坎人最切實際的猜測了。但是，無論他們是因為什麼原因來到義大利，我們都不能否認是他們將古代文明從東方帶到了西方，教授給羅馬人最基本的文明生活，而且幾乎涵蓋了生活的各個方面，包括建築、戰術、藝術、烹飪、醫學、天文等，僅僅這一條我們就可以判定伊特拉斯坎人在歷史上的重要地位。

但是，歷史是如此的相似，希臘人對他們的導師愛琴海人並不喜歡，同樣的，羅馬人也是如此，他們也不喜歡伊特拉斯坎人。當希臘人發現了和義大利通商的優勢時，當第一艘希臘商船滿載貨物抵達羅馬城時，羅馬人就將伊特拉斯坎人甩在了後面。希臘人原本到義大利的目的是進行貿易，但當他們發現居住在羅馬鄉間（被稱為拉丁人）的部族對有價值的新事物接受能力很強的時候，他們就留了下來，成為了羅馬人新的導師。

羅馬人發現文字是個十分有用的東西，於是，他們根據希臘字母創造出了拉丁文；他們接著發現統一的貨幣和度量衡對商業發展有很大的好處，於是，他們立刻照辦。最後的結果是，希臘人僅想將蘋果扔給羅馬人，不料羅馬人卻將果肉和果核全都吞了下去。

未經確定的景物　木板油畫　現存於英國倫敦國家美術館

充滿著傳統與榮耀的羅馬城是當地人們的驕傲，正中背景處的鬥獸場與右側的天使城堡是羅馬城的重要標誌性建築，慷慨、熱情的羅馬人聚集在市井當中，或為生計而奔走，或為打發閒暇時光而彼此交流，執政官掌控和負責著這個城市的事務，務實的個性讓整個城市充滿著朝氣。

青銅母狼雕像 鑄造於西元前480年

以青銅雕塑著稱於世的伊特拉斯坎人崇尚自然，這座著名的伊特拉斯坎青銅母狼雕像的頭部與身體輪廓有著顯著的自然特徵。母狼的頸部有著如獅子般勇武、細軟的鬃毛，有神的眼睛中透露出悲憫與警覺，它的身後流傳著羅馬城「母狼哺嬰」的故事，相傳羅馬城的締造者學生兄弟羅慕洛斯和勒莫斯兒時落難中依靠狼奶獲救，而善良的母狼也成為了羅馬城的象徵。

　　不但如此，羅馬人還十分欣喜地將希臘諸神也全部接納過來，宙斯在羅馬的新名字為朱庇特。但是，羅馬的諸神們卻和那些陪伴希臘人度過一生、走完整個歷史過程的表兄妹們不一樣，並沒有表現出歡欣喜悅，反而保持著嚴肅的神態，小心翼翼地宣揚著正義。這些神屬於國家機構的一部分，每一個人都有著自己掌管的部門。追隨者們也因此被要求必須要嚴肅認真，沒有任何的違逆，羅馬人在他們的神面前也是絕對地服從。但是，羅馬人和他們的諸神之間的關係卻遠沒有達到親密無間的程度，這和希臘人同奧林匹斯山巔的諸神之間的關係是有很大差異的。

　　在政治制度方面，雖然羅馬人與希臘人都屬印歐人種，但羅馬人並沒有模仿希臘人。由於兩者的語言同出於印歐語系，羅馬最初的歷史有著很多雅典及其他希臘城邦歷史的影子。羅馬人輕而易舉地擺脫了從前古代部落酋長世襲的制度，沒有了國王的束縛，他們將貴族崛起的勢力竭力挾制住，並花費了漫長的時間，才最終建立起由一切羅馬自由民共同參與執政的政治制度。

　　因為羅馬人的想像力和表現欲遠遠不如希臘人活躍，因此，他們在治理國家的時候不會採用枯燥的言論和滔滔不絕的演講，他們喜歡現實的方法，認為行動力高過任何言論。平民大會（「Pleb」，即自由民的集會）在他們眼中不過是一種空談，是一種惡習。他們管理城市的方法則是選擇兩名執政官負責實際事務，再由一群老年人組成的「元老院」輔佐他們。這些元老則來自於貴族階層，這是對習俗尊重的表現，不過他們的權力也是有著嚴格的限制。

　　雅典曾經為了解決貧富矛盾，被迫制定了德拉古法典和梭倫法典，當羅馬發展到一定時期的時候，出現了同樣的情況。西元前5世紀，羅馬的富人和窮人之間出現了爭鬥，最終的結果是，羅馬出版了一部保護窮人的法典，法典中規定要設置一位「保民官」，以便保護窮人免遭貴族法官的迫害。保民官從窮人中選出，擔任城市的地方長官。如果一旦政府官員有不公正的行為對待市民，保民官有權力捍衛公民權利，對其行為進行阻止。根據羅馬的法律，當一個案子在沒有充分證據的時候，執政官要判處一個人死刑時，保民官可以保釋此人，使其不必丟掉性命。

「羅馬」，當我在提及這個詞語的時候，大家肯定會以為羅馬就是指一個僅有幾千人的小城市。其實，真正能夠顯示羅馬城實力的地方在於城市之外廣袤的城鄉地區。羅馬帝國在早期的時候，對管理這些境外省份所使用的殖民技巧，是很讓人吃驚的。

最初，義大利中部唯一的一座擁有高大城牆，防禦能力強大的城市就是羅馬城。但是，羅馬城並不因此而占據著高高在上的地位，反而十分友好和慷慨。當周圍的拉丁部落在遭受到敵人入侵的時候，羅馬城總是為其提供避難場所。逐漸地，大家認識到如果和羅馬城保持親密的關係，對自己的安全是非常有利的。所以，他們想方設法採用各種模式來和羅馬城達成了同盟。在這一點，羅馬依舊表現出了大度的姿態，並和每一個前來要求同盟的國家都保持著平等的關係，使他們成為「共和國」或共同體的一員。從這點上可以看出，羅馬人是相當聰明的，因為沒有像其他國家，例如埃及、巴比倫、腓尼基、希臘等，試圖讓這些和自己種族相異的人歸順於自己。

羅馬周邊的鄉村 　布面油畫 克勞德・洛蘭 現存於義大利洛代市安格爾西修道院

　　寬闊的平原與參天的大樹旁，古典神話中普賽克的父親向阿波羅祭獻，從而為他女兒終身的幸福祈求一個好的歸宿。宏偉壯闊的羅馬郊外鄉村沈浸在一種平和而充滿著希望的氛圍，熱情的羅馬人以分享自由與財富的誘惑匯集了大量平民，給予他們生活的希望與奮鬥的目標，這讓羅馬變得空前強大。

帝國的歷程

　　羅馬給予一切「外來者」平等的機會，並與其從情感上建立起穩固的攻守同盟，大量的外來者不僅用他們的智慧與雙手建立起羅馬的繁榮，更將其看做是永遠不離不棄的精神家園。從蠻荒中走出的羅馬逐步富庶發達，堅毅的個性與凌人的傲氣讓其走上通往強盛帝國的道路。

　　羅馬人是這樣說的：「你想要加入我們？好的，很歡迎！我們會將你們和羅馬公民同等對待，享受同等的權利。但是，作為回報，當我們的城市，我們共同生存的家園遭受到敵人入侵的時候，你們也要鼎力相助，為保衛家園而奮力迎戰。」這些外來人員當然是十分感激羅馬人的作法，因此，他們也將忠誠回報給了羅馬人。

　　在古希臘的時候，當一座城市有敵人入侵的時候，其中的外來居民第一個動作就是攜帶財產迅速逃走。之所以這樣做，是因為他們認為這裡不過是一個臨時避難所而已，並不是自己真正的家園。他們之所以能夠住在這裡是因為向主人繳納了稅款，如果沒有稅款主人是不歡迎他們的，所以城市對他們來說充其量僅是一個住的地方而已，他們當然不會為了保衛它而獻出生命。但是，當羅馬城遭受困難的時候，所有的拉丁人就會一起站起來保衛家園，即使很多人居住的地方距離這裡很遙遠，即使有些人根本就沒有目睹過羅馬城的面貌，但是，他們依舊認為那裡是自己的家園，他們有義務保衛，任何的失敗和災難都不會隔斷他們對羅馬城的熱愛。

　　西元前4世紀初，義大利遭到了野蠻的高盧人的入侵。羅馬軍隊在阿里亞河附近被高盧人打敗，使得羅馬城最終淪陷。高盧人進入羅馬城之後，就開始悠閒地等待羅馬人前來求和。但是，事實卻讓他們失望了，羅馬人沒有出現。此時，高盧人突然發現情況對自己很不利，因為羅馬城的四周布滿了仇視他們的人，他們已經被圍困在羅馬城，他們的糧食供給完全被切斷了。高盧人就這樣堅持了7個月的時間，在飢餓和身陷異鄉的恐懼中，他們最後不得不撤退了。羅馬人對外來公民的寬容不僅僅表現在戰爭的時候，羅馬城獲得了空前絕後的強盛，也和「平等政策」的成功有很大關係。

　　從上面這段對羅馬歷史簡單的描述中，我們可以看出羅馬人和迦太基人治理國家的思想是不一樣的，甚至說差別是非常之大的。迦太基人使用的是從前埃及和西亞慣用的模式，也就是壓迫屬民服從，讓他們完全聽命於自己，一旦這些人民有所反抗，抑或不能讓自己滿意，那麼，他們做出的反應就是利用軍隊來鎮壓，這也屬於典型的商人思維。羅馬人則不同，他們完全拋棄了這樣的思想，而是創造了「平等公民」的概念，使得所有的人都和平共處。

　　現在，你可能會明白迦太基對羅馬的憎恨了吧？迦太基知道羅馬是非常聰明而且強大的，一旦發展起來，必將威脅到自己，因此，迦太基總是想要找一些似是而非的藉口來出兵征討羅馬，目的就是想將其扼殺在萌芽之中。

　　迦太基具有多年的經商經驗，已經變得精明且老練，自然不會魯莽行事，於是，他們想了一個辦法來解決。迦太基向羅馬提出雙方各自劃出自己的勢力範圍，並且不能侵犯對方的利益。羅馬同意了這個建議，可是，協議沒過多久就被雙方打破了。當時，統治著富饒的西西里島的是一個非常無能的政府，這對入侵者無疑是一個很好的機會，而迦太基和羅馬同時看中了這塊肥沃的土地。

　　雙方分別派兵前往西西里島，由此，雙方展開了長達24年的戰爭，這場戰爭在歷史上被稱為第一次布匿戰爭。雙方首先是在海上展開了激烈的戰鬥。戰鬥初期，似乎迦太

基的勝算會更多一點，畢竟他們擁有一支訓練有素的海軍，而羅馬的海軍才剛剛建立而已。根據以往的海戰法，迦太基只要猛烈撞擊敵人的船隻，或者從側面發動總攻將對方的船槳折斷，然後，趁著對方驚慌失措的時候，再採用弓箭和火球進行攻擊，將敵人殺死即可。可是，事情並不是如預期的那樣進行。聰明的羅馬工程師發明了一種裝有吊橋的戰船，由此，羅馬士兵就可以通過吊橋來到敵人的船上，羅馬人是擅於肉搏的，他們擁有強壯有力的體魄，因此，迦太基的弓箭手很快就被羅馬人殺死了。很顯然，這場戰爭中，迦太基是處於劣勢的，因此，米拉戰役中迦太基的艦隊遭到了重創。戰爭的結果是，西西里島從此成為了羅馬帝國的一部分。

馬背上的羅馬人

大理石雕像

雄健的戰馬上一個英姿颯爽的年輕羅馬男子赤身端坐，濃密的短髮下一雙堅毅的眼睛注視著前方。羅馬人在他們的土地上建立起一個充滿朝氣的強盛國家，精於貼身近戰的他們勇猛而靈活，這使周邊其他弱小國家的軍隊或唯利是圖的雇用軍相形見絀，僅能以遠距離作戰或機動性強的游擊戰堪可應付。

　　和平維持了23年後，衝突又出現了。羅馬人占據了撒丁島來開採銅礦，迦太基則占領了整個西班牙南部來開採白銀，由此，兩國竟然成為了鄰居。羅馬人顯然是不喜歡迦太基人的，於是，他們派出軍隊到庇里牛斯山的那一邊，防備著迦太基軍隊。

　　雙方都已經做好了第二次對戰的準備，只是現在還缺少一個藉口，而海上一個孤立的希臘殖民地給了他們很好的藉口。迦太基人派兵入侵西班牙東海岸的薩貢特，薩貢特人無力對抗，於是，向羅馬人發出了求援。羅馬人當然滿口答應，不過將遠征軍組織起來是需要花費時間的，可是，就在這短短的時間內，迦太基占領了薩貢特，並將其焚毀。這樣的舉動讓羅馬人非常氣憤，於是，他們決定出兵迦太基。羅馬人派出一支軍隊直接來到了迦太基的本土附近，接著又派出一支軍隊前往迦太基占領的西班牙，以便阻止其前往本土救援。這個計畫看似是非常完美的，似乎羅馬人勝券在握，人們都已經可以想像到勝利的場景了。可是，羅馬人的如意算盤卻落空了，諸位神靈並沒有讓他們如願以償。

　　西元前218年的秋天，一支羅馬軍隊起程前往西班牙攻打迦太基軍隊，羅馬人民對他們抱著很大的希望，都在期盼一個勝利的消息傳來。可是，他們得到的卻是一個可怕的謠言，而且謠言迅速傳遍了整個台伯河平原。謠言是從一些粗野的山民口中傳出的，他們說，有一群大約幾十萬的棕色人帶著一種奇怪的野獸從庇里牛斯山的雲朵中突然出現了，那些野獸每一隻足足有房子那麼大。如今，他們位於古格瑞安山隘，這裡就是幾千年前赫爾克里斯趕著他的格爾揚公牛從西班牙前往希臘時路過的地方。沒過多久，羅馬城中便來了一群逃難的人，他們一個個面如死灰、衣衫襤褸，他們將具體的事情和細節

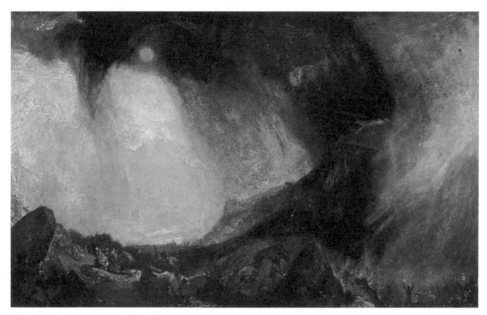

漢尼拔翻越阿爾卑斯山　畫布油畫 J.M.W.透納 1812年 146cm×237cm 現存於英國倫敦泰特美術館

　　暗淡的天空中，颶風夾雜著雨雪如巨大的橢圓形旋渦，將天空與太陽吞噬，狂風與雪崩將大自然的怒火傾瀉到阿爾卑斯山下奮力死戰的生靈。作為北非古國迦太基的著名統帥，漢尼拔率軍進攻西班牙，並以巨大的代價翻越阿爾卑斯山，入侵義大利北部，讓羅馬人寢食難安。

統統告訴了大家，這讓大家知道了真實的情況。原來，是哈米爾卡的傑出兒子漢尼拔率領著9萬步兵、9000騎兵及37頭高大威猛的戰象出現了，他們跨過庇里牛斯山，西皮奧將軍率領的羅馬軍隊在羅納河畔遇上了他們，結果被打敗了。然後，漢尼拔又翻越過冰天雪地的阿爾卑斯山，協助高盧人，在特拉比河將第二支前往的羅馬軍隊打敗了。現在，漢尼拔開始向普拉森西亞進攻，這裡是連接羅馬與阿爾卑斯山區行省大道上的一個北方重鎮。

　　當元老院得知這一消息的時候，雖然十分吃驚，但是表面卻裝作很鎮定的樣子，依舊像往日那樣一絲不苟地工作。他們向公眾隱瞞了羅馬軍隊失敗的消息，重新派遣出兩支軍隊前去攻打漢尼拔。漢尼拔對於用兵十分精通，當羅馬軍行走到特拉美諾湖邊的狹窄道路時，他出其不意率兵殺向羅馬軍。羅馬軍隊被突如其來的出擊弄得驚慌失措，雖然竭盡全力抵抗，依舊沒有挽回敗局，最後，所有的羅馬軍官和大部分士兵都在特拉美諾湖一戰中死去。這次的戰爭，除了元老院以外，所有的羅馬人再也無法鎮定了，他們開始感到驚恐和害怕。

　　費邊・馬克西墨斯被授予了全權的職責，「視拯救國家的必要」可以採取任何行動應對，然後，他帶領著第三支軍隊出發了。這第三支軍隊都是一些沒有經過訓練的新兵，戰鬥力可想而知，不過這也是羅馬可以召集到的最後一批士兵了。漢尼拔是一個非

常狡詐、聰明的人，而且率領的是身經百戰的老兵，雙方力量的懸殊是很明顯的。費邊對這些情況了然於心，因此，他為了不導致全軍覆沒，必須要時時刻刻小心應對。費邊盡量不和漢尼拔發生正面衝突，而是尾隨其後，將一切能吃的東西統統燒掉，將道路和橋梁毀掉，同時，還攻擊一下迦太基人的小股部隊。這是一種讓敵人困擾的游擊戰術，而費邊正是以此來削弱敵軍的士氣。

以這樣的方式來對抗敵人，顯然對於羅馬人來說是不夠的，他們心中的恐慌並沒有消除，反而躲在羅馬的城牆中整日恐慌著過日子。他們整天都要求採取行動，而且必須立刻執行。如此看來，必須要有一場勝利的戰役來撫慰他們弱小的心靈了。於是，一個名為瓦羅的大眾英雄橫空出世站了出來，他在羅馬城中到處進行演講，他十分激動地說著自己的聰明之處，並且批判行動遲緩的費邊，由此，大眾開始倒向他這一邊，而可憐的費邊則遭到了大家一致的反對，並且被大家稱為「行動緩慢者」。如此情況下，瓦羅就這樣自然而然地成為了羅馬軍隊的新任總司令。西元前216年，在瓦羅的指揮下，羅馬遇到了歷史上最慘重的失敗，在康奈戰役中，羅馬失去了7萬多人。

此時，漢尼拔掌控了整個義大利。他橫衝直撞地闖入義大利，橫掃整個亞平寧半島。他的軍隊每到一個地方都會這樣宣傳自己：我們是救世主，我們要將你們從羅馬的壓迫中解放出來。同時，他還極力規勸大家加入到對抗羅馬的戰爭中。雖然漢尼拔以一副朋友的姿態來對待大家，而且還聲稱自己是解放大家，可是，受到他恩惠的人們似乎並沒有感謝他，反而開始排斥他。羅馬對人心的多年經營收效顯著，境內城市僅有卡普亞和敘拉古兩地對侵略者有心歸附。這讓漢尼拔與義大利人化敵為友的虛情假意迎頭遭到一盆冷水。遠征的軍隊孤軍深入，同時又得不到當地人的支持，這讓漢尼拔的軍隊糧草頻頻告急。當漢尼拔認識到自己的處境時，就立刻派人給迦太基送信，要求給予援兵和糧草，不幸的是，迦太基根本沒有能力滿足他的要求。而憑藉著海戰中圍繞吊橋的近戰優勢，羅馬人確立了海上霸主的地位。漢尼拔想方設法憑一己之力扭轉局面，但麾下的迦太基軍隊在與羅馬軍隊的消耗中雖捷報連連，巨大的損失也讓人如鯁在喉。義大利

羅馬軍團士兵　　青銅雕像 高11.5cm

　　羅馬軍團士兵通常以皮革表面縫製相連鐵環結成的鎖子甲作為防護，青銅雕像上可以清楚地分辨出有著極強羅馬特徵的條狀皮質、鐵片結成的環甲，腿部有著堅固的青銅護脛，有著較開闊視野的頭盔頂部縱列的鬃毛暗示著士兵在軍團中的身分與地位，羅馬軍團通常有五、六千人之眾，加入軍團是羅馬人的榮譽。

的農民將這個所謂的「救世主」看做瘟疫一般遠遠躲開。

此時，漢尼拔發覺自己似乎已經陷入了被占領國軍民的重重包圍之中，他多年的征戰竟然換來了這樣一個結果。局勢在某一時刻似乎有了轉機，但是，卻很快讓他的希望覆滅了。哈士多路巴，漢尼拔的兄弟，也是一個驍勇善戰的人，他在西班牙打敗了羅馬軍隊，就要越過阿爾卑斯山前來增援漢尼拔。出發前，他派人送信給漢尼拔，並讓他派出軍隊在台伯河平原接應他。但是，此信卻不幸地被羅馬人拿到了，漢尼拔由此失去了兄弟的消息。漢尼拔只能在焦急中等待兄弟的到來，但是，他等來的卻是一個裝在籃子裡的頭顱，哈士多路巴已經被殺死了，也就是增援的軍隊已經全部陣亡了！

此刻，羅馬軍隊已經完全掌控了局面，他們殺死哈士多路巴後，在將軍小西皮奧的帶領下很快將西班牙占領了。四年後，羅馬人準備向迦太基發動最後一擊，漢尼拔渡過阿非利加海回到家鄉，展開了和羅馬之間的對抗。西元前202年，在扎馬戰爭中，羅馬大敗迦太基，漢尼拔逃亡到提爾，輾轉來到了小亞細亞。在這裡，他想要說服敘利亞人、馬其頓人和他一起對抗羅馬，但是，收效並不大。最終，這些卻成為了羅馬的一個藉口，由此戰爭蔓延到了東方和愛琴海周邊地區。

戰敗後，漢尼拔成為了一名逃亡者，無奈的他只能到處流亡，居無定所。在長期的流亡折磨中，他終於看清了事實，迦太基已經徹底被打敗了，他自己的夢想也已經破滅了，他的祖國想要得到和平就必須簽訂屈辱的條約。在戰爭中，迦太基的海軍已經全軍覆沒，如果想要重新建立必須要經過羅馬人的允許；羅馬還向其索要了數額巨大的戰爭賠款，全部償還完畢的日子遙遙無期。漢尼拔徹底絕望了，他認為生命已經失去了希望和意義，因此，西元前190年，他以服毒的方式結束了自己的生命。

40年後，羅馬人再次展開了對迦太基的戰爭，這也是最終的決戰。戰爭歷時30年，雖然這個曾經為古代腓尼基殖民地的國家進行了堅決地抵抗，但是，最後在飢餓難耐的情況下，他們還是投降了。羅馬人將倖存下來的少量男人和女人賣掉當奴隸，然後，將整個城市焚毀。這場大火整整燃燒了兩周，迦太基曾經輝煌的宮殿、倉庫、兵工廠被付之一炬。從此，整個城市消失了。羅馬軍隊終於發洩了心中的怨恨，班師回朝享受勝利的果實去了。

迦太基滅亡後的1000多年中，地中海一直以歐洲的內海存在著。但是，當羅馬帝國開始銷聲匿跡的時候，亞洲就開始了行動，試圖占有這個內陸海洋。至於具體的過程，我會在穆罕默德的故事中講給你聽。

最佳位置　布面油畫 勞倫斯·阿爾瑪·塔德瑪爵士 1895年作 64.2cm×45cm 私人收藏

　　三名羅馬年輕女子聚集在極高的建築物頂端一角，觀看著小如玩具般的凱旋戰船駛入港灣。隨著迦太基的覆滅，巨大的財富與隨之而來的奴隸又一次成為勝利者的玩物，驕傲的羅馬人沈浸在勝利的盛大慶典當中，暫時忘記了戰爭本身也同樣對其國民造成了難以磨滅的傷害。

第二十二章

羅馬帝國的興起

羅馬帝國是怎樣形成的？

羅馬帝國的形成，完全是一個偶然，是自然而然形成的，並沒有刻意去籌劃。在整個發展過程中，這裡沒有任何一位著名的將軍、政客或者刺客公開站出來對大家說：「朋友們，羅馬公民們，我們需要建立一個帝國。現在我將帶領大家從赫爾克里斯之門開始一直征服到托羅斯山，這些地方以後都將屬於我們！」當然了，我們必須承認，羅馬軍隊是驍勇善戰的，羅馬也出現過很多著名的將軍、政客、刺客等，但是羅馬帝國的建立確實並不是人為預先策劃出來的。

羅馬公眾有一個最大的共同特點，那就是務實。他們不喜歡任何關於政府的政論話題，當有人在他們面前說一些關於國家的理論時，大家會毫不客氣地立刻離開，各自去做自己現實中的事情。那麼，為何羅馬還會掠奪那麼多的土地呢？其實這也並非他們的本意，他們是不得已才掠奪他人土地的，而不是因為自己的貪

古羅馬軍團

古羅馬軍團中的中流砥柱非步兵莫屬，圖中位於戰陣前列的羅馬旗手與羅馬步兵站在一起。旗手通常由有著豐富戰場經歷、德高望重的老兵擔任，他懷中持著設有軍團級別、軍團標牌、軍團榮譽標牌、軍團人數、庇護神祇以及軍團裝備標牌的旗杖，以便於戰場指揮官隨時查看、調度；步兵則通常配備有標槍、盾牌和近身肉搏用的戰劍。

行省制度

「行省」一詞源自拉丁文「provincia」，意為「委託」，最初泛指羅馬境內外由羅馬官員管理的地域，而後則成為特指境外繳納貢賦屬地的代名詞。作為古羅馬對所征服之地制定的一系列管理制度，行省制度是羅馬管理境外屬地的重要基石。

古羅馬行省制度

起始於西元前3世紀，隨著羅馬所轄領土的不斷擴張，這種由羅馬元老院制定的管理制度遂不斷推廣、完善。

劃定所轄區域的行政法規，其中包括確定行省監管的領地範圍、城鎮數目、行省居民的權利與義務，並指定該行省應向羅馬繳納的貢賦品種與具體數量。	各地行省施行包稅制，多收多得讓所屬居民受盡剝削；所有土地、資源等均為羅馬國有資產，其經營、轉讓或者租賃的權力收歸國家。	每個行省由羅馬元老院指派總督、副總督和財務官，總督通常由有經驗的執政官擔任，全權執掌行省的各項事務，自由度較高，逐步形成一系列特權、貴族階層。

婪或者野心等原因。在羅馬人的思想中，他們寧願終生務農待在家中，但是，如果有人侵略他們的國家，他們也不會袖手旁觀、坐以待斃。那些侵略他們的國家如果來自遙遠的海外，他們也會立刻毫不猶豫地跋山涉水到其國家去戰鬥，以保護自己的利益。一旦敵人被征服了，他們就會留守在敵人的土地上妥善地管理它，因為他們不願意這些土地被其他的野蠻部落占領，更加不願意看見新的敵人出現。這樣的事情看起來似乎有點複雜，但是，我們對此還是比較容易理解的，因為，現在也有很多這樣的事情發生。

西元前203年，西皮奧帶領眾將士跨過阿非利加海，從此非洲也被捲入戰爭。迦太基頓時慌了神，漢尼拔則奉命返回國家進行抵抗。但是，由於漢尼拔所率領的是雇用軍，他們並不情願為其效勞，所以，戰場上的表現也是差強人意。在扎馬附近的戰鬥中，漢尼拔被打敗，但他不願意投降，而是逃到了亞洲的敘利亞和馬其頓，想要獲得支援。這些在前一章已經說過。

當時，敘利亞和馬其頓的統治者（他們都是由亞歷山大帝國分裂而成的）正在進行一場遠征埃及的謀劃，顯然平分富饒的尼羅河谷遠比得罪強勢的羅馬更有意義。埃及國王聽到這個消息後，第一時間向羅馬人求救。由此，我們可以想像到一場陰謀與反陰謀的大戲就要開始了。可是大家不要忘記了，羅馬人是務實的，他們不喜歡一切不切實際

的東西。因此，這場大戲還沒有開始就結束了。西元前197年，在色薩利中部的辛諾塞法利平原，即被稱為「狗頭山」的地方，羅馬軍隊在此打敗了馬其頓人抄襲希臘的重裝步兵方陣，大獲全勝。

接著，羅馬人準備進攻半島南部的阿提卡，他們對希臘人說要將其從馬其頓的奴役中解放出來。但是，希臘人的老毛病又開始了，他們像從前在光輝歲月中所做的一樣，開始了無休無止的爭吵，他們在獲得自由之後所做到的第一件事情竟然是爭吵！羅馬人對此當然是厭惡的了，他們對政治的理解還遠遠達不到這個程度。開始的時候，他們忍著性子不去打擾希臘人，但是，當謠言和攻訐如雪花般到處飛舞的時候，他們終於忍無可忍開始進攻希臘。羅馬人殺一儆百，焚毀了柯林斯城，最終希臘成為了羅馬的一個省。由此，馬其頓和希臘成為了羅馬東部的防衛緩衝區。

此時，敘利亞國王安蒂阿卡斯三世統治著赫勒斯蓬特海峽那邊的廣袤土地。漢尼拔則對他進行了十分具有煽動性的勸說，他將入侵義大利、攻占羅馬城說成是一件十分簡單的事情。於是，安蒂阿卡斯三世動搖了。

揮軍入侵非洲，並曾在扎馬打敗漢尼拔的西皮奧將軍的弟弟——盧修斯·西皮奧奉命來到了小亞細亞。西元前190年，他在瑪格尼西亞附近打敗了敘利亞軍隊，接著，安蒂阿卡斯被自己國家的人民處死。就此，小亞細亞也成為了羅馬的保護地。

到此為止，曾經小小的城市共和國變成了擁有地中海周圍大片土地的帝國。

第二十四章

羅馬帝國

在經歷幾個世紀的動盪與革新後，羅馬帝國取代了羅馬共和國。

羅馬軍隊在獲得了多次勝利後，就凱旋回國了，迎接他們的是盛大的遊行和狂歡，整個羅馬城都是沸騰的。但是，不幸的是，雖然有了這些榮譽，可是人民的生活依舊如此，並沒有因此而變得更加幸福。更加不幸的是，他們的生活似乎正在變得更加糟糕，農夫們因為要服兵役，所以很多土地都荒蕪了；而那些功勞卓著的將軍以及他們的親朋好友卻因為掌握著很大的權力，從中大撈了一筆。

古老的羅馬共和國以簡樸的生活為榮，即使是著名人物的生活也同樣樸素。但是，戰爭之後，奢侈浮華之風開始出現在人們的生活中，人們開始拋棄樸素的生活，轉而追求更多的金錢和物質享受。由此，羅馬成為了一個富人統治的國家，國家的一切政策都在為富人服務。但是，這樣的情形也正意味著衰退和滅亡。現在，讓我來告訴你。

在僅僅150年中，羅馬幾乎占領了地中海沿岸所有的土地，他們是這片區域真正的統治者。按照古代曾有的慣例，成為戰俘的人，結果就是終生失去自由，淪為奴隸。羅馬同樣如此，而且他們對於戰俘沒有任何的同情心，戰爭在他們眼中就是生殺掠奪。迦太基在覆滅後，當地的婦女和兒童以及他們的奴隸一起被羅馬人變賣，這些人統統都成為了奴隸。至於希臘人、馬其頓人、西班牙人和敘利亞人，他們反抗過羅馬的統治，同樣也會是這個下場。

在2000年前，奴隸是一個什麼概念？他不過是機器上的一個零件，就和現代工廠中的機器作用一樣，只要有錢就可以隨意購買。羅馬的富人們（即元老院成員、將軍、發戰爭財的商人）開始大量購買土地和奴隸。他們購買的土地一般都是被新占領的國家，也有直接掠奪，而不用花費任何錢財的土地。奴隸則從市場上可以隨意買到，奴隸是公開出售的，你可以任意挑選便宜的來買。在西元前3世紀和2世紀期間，多數時候的奴隸市場供應是很充足的。莊園主們對待奴隸也是相當苛刻，他們就像使喚牛馬一樣驅使奴隸，當奴隸們筋疲力盡、無法支撐而死在田邊的時候，主人可以隨意到最近的奴隸市場再購買一個，那裡隨時都有柯林斯或迦太基戰俘來報到。

下面，讓我們看一下羅馬普通農民的日子是怎樣的！

作為一個羅馬公民，為國家而戰是應當的，這是他的義務，他沒有任何的抱怨。

羅馬戰神

　　作為古羅馬的戰神，性情熾烈、崇尚殺戮的馬爾斯更是羅馬的保護神，圖片中心位置的戰神馬爾斯身披鎧甲，手持染血的圓盾與戰劍，被他的戀人美神維納斯由身後抱住，而周邊黑色的濃煙中身陷戰爭苦難的人們驚恐的眼神與無力的掙扎正暗示著戰爭的殘酷與災禍。戰爭讓羅馬人最終成為地中海沿岸的主人，而被征服的國家與人們則毫無倖免地陷入苦難。

當他經過漫長的服役期，可能是10年、15年或者20年之後，他退役回到家鄉。然而，他發現自己的房屋在戰火中已經完全毀掉，屬於自己的耕地早已是雜草叢生。作為一個男人，他沒有氣餒，他安慰自己即使這樣也沒有關係，生活可以重新開始。於是，他將土地重新修整，除掉雜草，他辛辛苦苦開始耕作，終於，他的勞動有了回報，他收穫了穀物、牲畜、家禽。接著，他來到市場，想將這些東西賣掉，但是，沒想到的是，農產品的價格如此低廉，都是因為大莊園使用奴隸耕種而降低成本的原因。無奈之下，他只好將東西低價售出。日子就這樣過了幾年，他終於熬不住了，於是，他來到遙遠的城市過著打工生活。可想而知，城市的生活並不好過，他時常餓肚子。在這裡，有著成百上千的人和他一樣，過著悲慘的生活，他們聚集在郊區骯髒不堪的棚子中，這裡的環境十分惡劣，不但如此，疾病也不斷騷擾他們，而如果是瘟疫，他們就只能等死。他們每個人心中都是憤憤不平的，他們感到不公平，他們曾經為了祖國捨生忘死，而如今祖國卻置他們於不顧。所以，當有一些野心家進行慷慨激昂的演講時，他們十分願意聽，很快，他們就和野心家站在了一起，成為了國家統治的威脅。

面對這樣的情況，富人階級沒有絲毫的恐懼，他們說：「我們擁有軍隊和警察，如

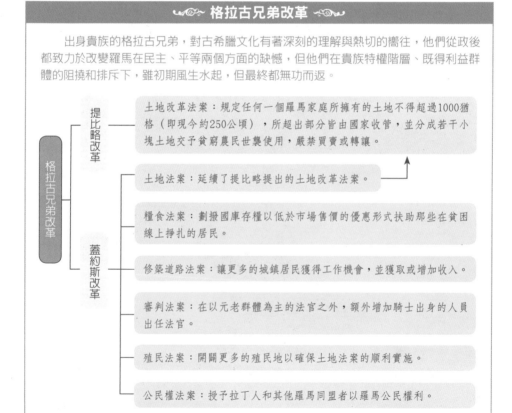

格拉古兄弟改革

出身貴族的格拉古兄弟，對古希臘文化有著深刻的理解與熱切的嚮往，他們從政後都致力於改變羅馬在民主、平等兩個方面的缺憾，但他們在貴族特權階層、既得利益群體的阻撓和排斥下，雖初期風生水起，但最終都無功而返。

格拉古兄弟改革

提比略改革
- 土地改革法案：規定任何一個羅馬家庭所擁有的土地不得超過1000猶格（即現今約250公頃），所超出部分皆由國家收管，並分成若干小塊土地交予貧窮農民世襲使用，嚴禁買賣或轉讓。

蓋約斯改革
- 土地法案：延續了提比略提出的土地改革法案。
- 糧食法案：劃撥國庫存糧以低於市場售價的優惠形式扶助那些在貧困線上掙扎的居民。
- 修築道路法案：讓更多的城鎮居民獲得工作機會，並獲取或增加收入。
- 審判法案：在以元老群體為主的法官之外，額外增加騎士出身的人員出任法官。
- 殖民法案：開闢更多的殖民地以確保土地法案的順利實施。
- 公民權法案：授予拉丁人和其他羅馬同盟者以羅馬公民權利。

土地與奴隸　浮雕

大量由戰爭收歸的奴隸從事著羅馬城鎮中絕大多數的勞作，這些處於社會底層的人們終年辛苦不輟，卻僅僅被當作與土地、牲畜一般的財產看待，他們供養著社會上層的富人生活在奢靡與消遣當中，社會的不平等為社會穩定埋下了隱患，圖中羅馬城的地主正給種他土地的佃戶交上來的物品一一登記。

果暴徒出現，很快就可以將他們解決掉。」然後，他們就待在自家舒適的別墅中，不是修剪花草，就是閱讀那些希臘奴隸為其翻譯成優美拉丁文的荷馬史詩。

但是，僅在少數幾家名門望族之間，他們依然保持著古老共和國時期的優秀品質和無私效忠精神。阿非利加將軍西皮奧的女兒科內莉亞，嫁給了一位名為格拉古的羅馬人。她有兩個兒子，分別叫提比略和蓋約斯。他們長大後，先後進入了政界，而且還盡自己的力量頒布了幾項社會所需的改革措施。在當時，2000戶貴族控制著義大利半島上絕大多數的土地，提比略·格拉古在當上保民官之後，為了幫助那些處境困難的自由民，將兩項古代的法律重新恢復了，法律對個人擁有土地的數量進行了限制。他希望藉此扶持那些小土地所有者階層，要知道對國家來說這些人舉足輕重。可是，富人們卻對此十分不滿，甚至稱他為「強盜」和「國家公敵」。他們雇用了一群暴徒，策動了一場街頭暴亂，想要殺死這個深受人民喜歡的人。當提比略步行前去參加公民大會的時候，他剛剛來到會場，就被一群暴徒們蜂擁上去，對其拳打腳踢，最後，他不幸被打死。10年過後，他的兄弟蓋約斯和他一樣，也試圖進行改革，來削弱那些勢力過於強大的特權階層。他頒布了一部「貧民法」，目的是幫助沒有土地、極度困難的農民，但是，最終的結果卻大相逕庭，反而使得大部分羅馬公民變成了乞丐。

蓋約斯為貧民在帝國的邊區建立了一片居留地，但是，那些應該來此居住的人卻並沒有留下。當蓋約斯·格拉古想做更多的事情來進行改革的時候，他也遭到了暗殺。追隨他的人不是被殺死，就是被流放。前面的兩個改革者都是貴族紳士，但是，下面的

兩位和他們不一樣，是職業軍人，他們是馬略和蘇拉。他們各自都有一些擁戴者和支持人。蘇拉的支持者是莊園主，馬略代表的則是自由民，後者曾經在阿爾卑斯山腳下打敗了條頓人和西姆賴特人，在自由民心中，他是一位大英雄。

西元前88年，元老院出現了不安的情緒，因為他們聽到了一些從亞洲傳來的消息。據說，黑海沿岸有一個國家的國王叫米特拉達特斯，他的母親是希臘人，此時，他正在積極策劃，想要建立第二個亞歷山大帝國。米特拉達特斯計畫的第一步，就是將居住在小亞細亞一帶的所有羅馬公民，包括老弱婦孺在內統統殺死。對於羅馬來說，這樣的舉動就是一種挑釁。於是，元老院決定立刻派出一支軍隊前去討伐這位國王。但是，問題出現了，這次戰爭由誰帶領呢？元老院認為應當由執政官蘇拉擔任；但是，民眾們擁護馬略，他們認為馬略不僅有著五次執政官的經驗，並且維護著民眾的利益。

最後，財產雄厚的一方占據了上風，蘇拉被正式任命為軍隊的管理者。馬略則被迫逃到了非洲，等待機會進行反擊。當蘇拉一到達亞洲，馬略就立刻返回了義大利，同時，他將一群對現實生活不滿的人集合到一起，開始向羅馬前進。馬略很容易就進入了羅馬城，然後，他用了五天五夜的時間將那些元老院中反對他的人通通清理掉了。馬略終於如願以償地坐上了執政官的位置，但是，不幸的是，他因為過度興奮而猝死了。

接下來的四年時間裡，羅馬一直都處於混亂狀態。當蘇拉打敗米特拉達特斯後，就打算返回羅馬為自己復仇。他說到做到，接連幾周，很多羅馬人死於內亂，只要有著同情民主改革嫌疑的人都在劫難逃。一天，一位名叫裘利斯・凱撒的年輕人，因為和馬略走得非常近，準備被施以絞刑。就在這時，周圍的人為他求情說：「他還是個孩子，放過他吧！」士兵動了惻隱之心，就饒了他一命。關於這個年輕人，下面會講到他。

蘇拉呢？他成為了「獨裁官」，所有的羅馬屬地上唯一的最高決策者與執行官。他在位4年，然後於退休後安然離世。他和很多一輩子殺害自己同胞的羅馬人一樣，晚年過得十分閒適，澆花種菜幾乎占據了他大多數的時間。

雖然蘇拉死去，但是，羅馬依舊沒有擺脫混亂，反而局勢開始出現下滑的趨勢。米特拉達特斯國王不斷騷擾帝國，於是，蘇拉的好友龐培將軍不得不經常率軍向東討伐他。最後，米特拉達特斯被羅馬人趕進了山區，陷入了無望的困守之中。米特拉達特斯知道自己的生命已經走到了盡頭，他不想成為羅馬人的俘虜而淪為奴隸，於是，他和當年的漢尼拔一樣，服毒自盡了。

蓋烏斯・馬略

作為古羅馬時期著名的政治家與統帥，馬略授命於日耳曼人侵入羅馬的危難時刻，他執政期間大刀闊斧的軍事改革與募兵制不僅推動戰爭勝利的天平傾向於羅馬，更維護了社會的穩定，鞏固了羅馬政權，但也最終將羅馬引向帝制與獨裁。

除掉米特拉達特斯這個心腹大患之後，龐培沒有停止征戰。他將敘利亞打敗，重新將其納入羅馬的版圖中；他將耶路撒冷摧毀，橫掃整個西亞，他想要創立一個由羅馬人締造的亞歷山大帝國傳奇。西元62年，他終於返回了羅馬，而且還帶回了整整12艘船那麼多的國王、王子和將軍，不過，他們此刻的身分都是俘虜。羅馬人為龐培舉行了盛大的凱旋儀式，這些俘虜們不管從前有著多麼高的地位，都不得不像戰利品一樣展示在公眾面前。此外，龐培還將高達4000多萬的戰利品獻給了羅馬。

蘇拉

現在，羅馬最迫切需要的是一位鐵血統治者。在幾個月以前，一位名叫卡梯林的毫無才能的年輕貴族，因為賭博將所有家產敗光了，所以，他想要發動一場政變，而他可以從中投機取巧獲得一筆錢財。但是，有一位叫做西塞羅的律師，他是一個具有公眾精神的人，發現了這其中的詭計，便向元老院揭發了卡梯林。卡梯林被迫逃走了。經過此事後，羅馬的危機還是沒有解除掉，野心勃勃的年輕人到處都有，他們隨時都有可能發起政變。

危機當前，獲得過巨大榮譽的龐培將軍站了出來，他組織起一個三人同盟，共同負責政府事務，他則搖身成為同盟的領袖。位列第二的就是裘利斯·凱撒，他之所以有這個資格，主要歸結於在西班牙擔任總督期間累積起不錯的聲望。第三個人是克拉蘇，他是因為擁有巨額的財富才上位的，並沒有太重要的地位。此人因為在羅馬軍隊出征時，為其提供物資裝備，因此發了橫財。但是，此人根本就沒有福氣享受自己的財富和地位。因為不久他就被派遣到了帕提亞出戰，結果很快就陣前殞命了。

三個人中能力最強者，當屬凱撒。他明白，如果要實現自己的宏偉目標，那麼，擁有一些輝煌的戰功是很有必要的，一個英雄總是可以更容易受到民眾的認可與歡迎。於是，凱撒出發了，他前去征服這個世界，他越過阿爾卑斯山，將歐洲的荒野，即現在的法國地區征服了。然後，他在萊茵河上修建了一座堅固的木橋，進入條頓人的領地。再然後，他利用船隻到達了英格蘭。如果不是因為國內局勢很需要他，他才迫不得已回國，否則沒有人知道凱撒的遠征會進行到何地。

在遠征中，凱撒突然得到了一個從國內傳過來的消息。龐培已經擔任了羅馬的「終身獨裁官」，這就代表著凱撒只能算作是一個「退休軍官」而已，這意味著他如果想要達到更加顯赫的地位顯然是不可能了。凱撒可是一個野心勃勃的傢伙，從馬略時期就已經投身到了軍事戰鬥中了。不甘心的他決定要做一個讓元老院和他們的「終身獨裁官」

馳騁西亞的羅馬軍團

　　出身貴族的羅馬統帥龐培，憑藉著武力掃平了羅馬的內憂外患，而後併吞敘利亞與巴勒斯坦，率羅馬軍團攻陷耶路撒冷，並以所向披靡之勢席捲了整個西亞，沿途掠奪了大量的財富與戰俘。凱旋羅馬後，龐培與凱撒、克拉蘇結成秘密的政治同盟，史稱「前三頭」。

後悔不已的事情。他帶領著軍隊，跨過阿爾卑斯高盧行省和義大利之間的魯比康河，開始向羅馬進軍。老百姓十分歡迎他的到來，稱其為「人民之友」。凱撒一鼓作氣攻破了羅馬城，龐培則被逼逃亡去了希臘。凱撒當然不會放過他，繼續派兵追擊，在法爾薩拉附近打敗龐培和他的追隨者，龐培有幸逃走，渡過地中海，來到了埃及。但是，他一上岸，就立刻被埃及國王托勒密暗殺了。幾天後，凱撒也來到了埃及，但是，他面對的卻是埃及人和龐培的羅馬駐軍聯合的攻擊，他發現自己處境變得很危險了。

　　凱撒是幸運的，他將埃及艦隊成功焚毀，削弱了敵人的力量。但是，位於碼頭邊的埃及著名的亞歷山大圖書館卻不幸遭殃，火花落在了屋頂上面，圖書館毀於一旦，要知道，這裡可是珍藏著不計其數的古代典籍。埃及海軍覆亡後，凱撒將矛頭對準了埃及陸軍。他將埃及那些誠惶誠恐的士兵趕入尼羅河，托勒密也不幸落水身亡。然後，埃及建立了一個新政府，由已故國王的姐姐克麗奧佩特拉執掌政權。此時，米特拉達特斯的兒子兼繼承人法那西斯為了給父親報仇，也準備發動戰爭。當凱撒得到此消息後，立刻率軍返回。在進行了五天五夜的戰鬥後，凱撒取得了勝利。他給元老院發去了捷報，同時，他還留下了一句名言流傳於世，即「Veni，vidi，vici」，意為「我來了，我看見了，我征服了！」

　　然後，凱撒回到了埃及，他被女王克麗奧佩特拉迷倒了，變得難以自拔。西元46年，凱撒帶著克麗奧佩特拉一同回到了羅馬，開始執掌政權。凱撒的一生中，總共贏得了四次重大戰爭的勝利，人們為其舉行了四次凱旋入城儀式，他則每次都是威風凜凜地走在隊列的最前面，他已經成為了羅馬人心中的英雄。

　　在羅馬元老院，凱撒對元老們講述了他所經歷過的輝煌的戰爭。元老們對他自然是感激不盡，感謝他保衛了國家，於是，他順理成章地成為了「獨裁官」，任期為10年。這導致凱撒跨出了人生中足以致命的第一步。

　　新上任的獨裁官為了改變國家混亂不堪的現狀，施行了很多強有力的措施，他為自由民成為元老院成員提

豔后克麗奧佩特拉

　　作為古埃及托勒密王朝的最後一任法老，克麗奧佩特拉用她的美貌與智慧維護了埃及短暫的繁榮與和平。

凱撒

　　「無冕之王」凱撒是羅馬著名的軍事統帥與政治家，出身名門，他征服了高盧全境，首次跨越萊茵河侵入日耳曼人的領地，甚至征討西班牙、不列顛、希臘、埃及，是羅馬帝國當仁不讓的奠基者。

供了機會。他恢復了古羅馬制度，讓邊疆地區的人民享有公民權。他特准「外國人」參與到政府事務，可以討論國家的政策。他也對邊遠省份進行了行政改革，而那裡多數都被權勢貴族視為他們各自的私有領地與財產。總之，凱撒所做的一切措施幾乎都是在為大多數人的利益著想，因此，特權階層出現了不滿，開始仇視他。50個年輕貴族聯合起來，策劃了一個「拯救共和國」的叛亂計畫。在3月15日，當時的羅馬曆法已參照了埃及的曆法，當凱撒進入元老院參加會議的時候，他被一群一擁而上的年輕人殺死了。羅馬再次陷入了沒有領導者的境地。

現在，有兩個人可以繼承凱撒的位置。一個是凱撒從前的秘書安東尼，另一個是凱撒的外甥孫兼其莊園繼承人屋大維。屋大維一直在羅馬待著，安東尼則去了埃及。可能喜歡美女是羅馬將軍的天性，安東尼很快就拜倒在了克麗奧佩特拉的石榴裙下，對軍政也不大管理了。

為了爭奪羅馬的統治權，兩人展開了激烈的鬥爭。經過阿克提翁一役，安東尼徹底失敗，然後自殺了。於是，克麗奧佩特拉就需要獨自和敵人對抗了，她想像從前那樣，用自己的美貌來征服這個羅馬人，但可惜的是，屋大維根本對她沒有任何興趣，反而是打算將其作為戰利品在凱旋儀式上展覽，克麗奧佩特拉不願意接受侮辱，於是選擇自殺了。隨著托勒密王朝最後一個繼承人的死去，埃及失去了獨立，成為羅馬的一個省。

凱撒之死

　　凱撒大帝以武力為羅馬征服了廣袤的疆土，他兵不血刃地攻占了羅馬，強勢壓倒了他的政敵龐培，為照顧到大多數人的利益推行了一系列改革，卻在元老院被眾多特權階級密謀暗殺。圖中的暗殺者們緩緩退去，然而等待著他們的不是平民對獨裁者死去的歡慶，而是一張張冷漠的面孔。

屋大維是一個非常睿智的人，他知道如果說出的語言比較過分的話，就會將他人給嚇到，他可不想再走他舅舅那樣的老路。於是，當他光榮地回到羅馬後，他提出的要求用語就變得十分謙虛誠懇。他不願意做「獨裁官」，只需要一個「光榮者」的稱號即可。但是，幾年之後，當元老院給予他「奧古斯都」（神聖、卓越、顯赫的意思）稱號的時候，他坦然接受了。又過了幾年，人們開始稱他為「凱撒」或「皇帝」，而那些士兵們則稱呼他們的統帥和總司令為「元首」。於是共和國悄然間變為了帝國，而普通的羅馬人甚至對此毫無知覺。

西元14年，屋大維統治的地位已經很牢固了，幾乎沒有任何的質疑。他就像是一個神一般被人們膜拜，儘管在此前只有諸神才能享此殊榮。他的繼承者順理成章地成為了真正意義上的「皇帝」，他們成為歷史上一個空前強大的帝國的掌控者。

其實，羅馬長期處於無政府的狀態和混亂政局早已讓普通老百姓無比厭煩了，他們希望擺脫這種生活，他們不想聽到有任何關於暴動的消息，因此，只要新的統治者能夠給他們一個安靜的生活，不論統治者是誰都無所謂。毫無繼續擴張領土打算的屋大維向羅馬人許以40年的平靜生活。在西元9年，他經過反覆權衡後曾攻打過在歐洲西北荒野定居的條頓人。但是，在條頓堡森林中，他派遣的將軍瓦祿和所有士兵都陣亡了。這讓此後的羅馬再沒有提起馴化這群蠻荒人的興致。

此時，羅馬人將全部的精力放在國內，要知道國內的問題可是非常嚴重的，但是，當他們想要挽回局面的時候，已經來不及了。

屋大維

屋大維是羅馬帝國的開國皇帝，元首政體的創始人，他獨攬政治、軍事、司法、宗教大權於一身，給羅馬人帶來了長久的穩定與繁榮，後被元老院賜封為「奧古斯都」，即「神聖的」、「高貴的」之意，作為凱撒大帝的外甥與合法繼承人，他繼承著凱撒的意志與榮耀。

在經歷了兩個世紀時間的內外戰爭之後，羅馬失去了大批優秀的年輕人。自由農民幾乎在戰爭中消失了。因為大量奴隸的存在，自由民根本沒有力量和莊園主抗衡。城市已經不是原來的城市，這裡聚集著大量貧困骯髒的破產農民。戰爭還導致國內出現了一個龐大的官僚階層，因為基層官員的薪水不足以養

聖誕　油畫 G・范・洪特霍斯特 現存於義大利佛羅倫斯烏菲奇美術館

濃濃夜色下的敘利亞小村莊，剛與木匠約瑟訂婚的瑪利亞奇蹟般由於聖靈的神奇能力而懷孕。臨產前夕為遵守羅馬政府申報戶籍的規定，夫妻倆前往指定的地點申報，途中借宿馬棚時降生了一個男嬰，並根據神的旨意取名耶穌。畫面中躺在馬槽亂草中的聖嬰周身籠罩在神聖、祥和的光輝之中。

家，他們不得不開始接受賄賂。更可怕的是人們思想的轉變，人們已經習慣了戰爭和流血，還出現了以他人痛苦為樂的心理。

西元1世紀的羅馬帝國，從外表上看的話，它的確是一個輝煌的政治體系，擁有遼闊的疆域，即便是曾經讓人側目的亞歷山大帝國都成為了它的一個行省而已。但是，在表面輝煌的遮掩之下，卻是一幅幅不堪入目的畫面。帝國中有著成千上萬窮困的人民，他們整日像螞蟻一樣勞碌著，但是，他們卻吃不飽穿不暖，吃的、住的和牲口沒有什麼兩樣。他們的生活毫無希望，並且這種狀態會一直持續到他們鬱鬱離世的那一天。

轉眼間，羅馬步入建國後的第753年。這個時候，裘利斯・凱撒・屋大維・奧古斯都還在帕拉坦山的宮殿中為處理國家政務而焦頭爛額。但是，在敘利亞一個小村莊中，木匠約瑟夫的妻子瑪利亞正在悉心照料她剛剛降生的孩子，一個在伯利恆馬槽中出生的男孩。

這個世界是多麼的奇妙啊！

最後，兩個看似不相干的東西——王宮和馬槽將會相遇，展開對抗。

而最後的勝利將屬於馬槽。

第 二十五 章

拿撒勒人約書亞

拿撒勒人約書亞，即希臘人口中的耶穌。

西元62年的秋天，也就是羅馬建成後的第815年，羅馬外科醫生埃斯庫拉庇俄司·卡爾蒂拉斯給在敘利亞步兵團服役的外甥寫了一封信，信的全部內容是這樣的：

我親愛的外甥：

前幾天，我被人請過去，給一位叫做保羅的病人出診。他似乎是一個猶太裔的羅馬公民，這個人給我的感覺十分有教養，舉止優雅。我聽說他來到這裡，是為了處理一起訴訟案，這個案件的具體情況我不太瞭解，只知道可能是由撒利亞或者地中海以東地區的某個法庭起訴的。我曾經聽到有人說起過他，說他是一個野蠻、凶狠的人，他到處發表演講，公開反對人民和羅馬法律。但是，我發現這個人卻是一個聰慧過人、誠實守信的人。

我有一位曾在小亞細亞的兵營中服役的朋友，他也對我說過一些關於保羅的事情，說他在傳播一個新的教義，那是一個讓人完全陌生的神祇。於是，我就問我的病人，是不是有這個事情，還問他是否號召過其他人反對我們可敬的皇帝陛下。保羅說他所宣傳的那個國度並不存在於現實的世界中，而且他還說了很多特別古怪的言論，我一點都不理解。當時，我心裡想，他可能是因為在發高燒，所以說了一堆亂七八糟的胡話吧！

可是，不管怎麼樣，他的高尚品德和優雅舉止已經給我留下了一個很深的印象。但是聽到他幾天前在奧斯提亞大道上被人殺害的消息，讓我非常難過。因此，我寫了這封信，如果你下次路過耶路撒冷，最好可以幫助舅舅打聽一下關於這個朋友保羅的一些事情，以及他所宣傳的那個猶太先知的情況，這個先知似乎是他的導師。我們的奴隸們聽到這個宣講中的彌賽亞（救世主）後，每個人都激動不已，其中竟還有人公開談論這個「新的國度」（暫且不管它的意思），結果被釘上了十字架。我很想搞清楚這些謠言的真相。

你忠誠的舅舅
埃斯庫拉庇俄司·卡爾蒂拉斯

六周後，這個羅馬外科醫生的外甥，即高盧第七步兵團上尉格拉丟斯‧恩薩回執如下：

我親愛的舅舅：

接到您的來信後，我已經按照您的吩咐將情況大致了解了一下。

我所在的部隊兩周前曾接到前往耶路撒冷的任務。在上個世紀，這個城市曾經歷過數次變革，戰爭讓老城區的建築基本都毀掉了。我們來到這裡已經將近一個月了，據說，佩德拉地區有一些阿拉伯部落在不斷活動，村莊都遭到了掠奪，所以明天我們就要趕赴該地區。今天晚上剛好我可以抽出時間來回您的信件，但是，關於您的問題，恐怕我不能給出過於詳細的回答，請您不要抱有太大希望。

在這座城市裡，我和大部分老人都交流過，但是，卻沒有人能夠將非常確切的信息告訴我。幾天前，軍營附近來了一個商販，我在他那裡買了一些橄欖，順便就和他聊了一會兒。我問他知不知道那個年紀輕輕就被殺死的著名彌賽亞。他回答說曾親眼所見，他的父親曾經將他帶到各各他（耶路撒冷城外的小山）去觀看了死刑的執行，並告誡他不要違反法律，如果成為猶太人的公敵就會遭到如此下場。他還給了我一個地址，讓我去找彌賽亞曾經的好朋友，一個叫做約瑟夫的人。他還特別囑咐我說，如果想要知道更多相關的東西，就一定要去找這個人。

今天上午，我去找了約瑟夫。他現在已經到了風燭殘年的年紀，但是他的思維依舊清晰，記憶力也不錯，從前是在淡水湖邊以打魚為生。他告訴

信仰者保羅

作為亞伯拉罕的後裔，保羅出生在羅馬帝國的直屬領地，是擁有著羅馬公民身分的猶太人。他是第一個去外邦傳播基督教的信仰者，足跡遍布土耳其、馬其頓、希臘及地中海東部各地，他對基督教的迅速傳播與蓬勃發展產生了重大的影響，後被羅馬帝國處死。

❧ 保羅的一生 ❧

　　作為《聖經》中重點提及過的著名人物，保羅為基督教的傳播與發展做出了極大的貢獻，他傳道的足跡遍布小亞細亞、馬其頓、希臘以及地中海以東地區，使基督教得以在希臘、羅馬迅速傳播，被認為是基督教首位神學家。

保羅的一生

保羅出生於羅馬重要學術中心——小亞細亞的西里西亞區大數城，家境寬裕。

猶太人的血統與出生地的國籍原則讓他擁有著猶太人和羅馬公民的雙重身分。

幼年時期，他在耶路撒冷求學，後成為製作帳篷的學徒，並以此為業。

青年時期，授命前往大馬士革肅清基督教散播的教義與影響，經歷了迫害、瞭解、質疑、信服的思想轉變。

皈依基督教之後，保羅在小亞細亞、馬其頓、希臘以及地中海以東地區四處傳道，使基督教義獲得了推廣。

保羅在逃亡中完成了他的傳道使命，返回耶路撒冷後被抓捕並押往羅馬城，在一場反基督教運動中被羅馬皇帝尼祿處死、殉道。

了我很多在我出生以前，在那個動盪歲月所發生的事情真相。

　　那時，羅馬在位的皇帝是傑出而榮耀的提庇留，在猶太與撒馬利亞地區擔任總督的人名叫彼拉多。關於彼拉多這個人，約瑟夫知道的並不多，但是可以肯定的是那是一個比較忠誠、正直的人，因爲他在任期間得到了大家一致的好評，是一位名聲不錯的官員。具體的時間約瑟夫也記不大清楚了，應該在783年或784年，彼拉多奉命前往耶路撒冷平定異常騷亂。聽說，有一位年輕人（拿撒勒木匠的兒子）準備密謀叛亂，目的是要推翻羅馬政府的統治。但是，那些通常消息十分靈通的情報官員，此時卻對其沒有任何的察覺。官員將這個事件調查過後，得出的結論是此人是一位遵紀守法的公民，沒有必要對其進行任何控告。但約瑟夫說，這一調查結論讓猶太教的老派領袖們大爲光火。這些平素高人一等的祭司們深深嫉妒著這位年輕人，皆因這位年輕人在希伯來貧窮大眾間的聲譽威脅到了他們的地位。這些祭司們對彼拉多揭發說，這個「拿撒勒人」曾經在公開場合說過這樣的言論：不管是希臘人、羅馬人，還是腓利士人，只要他想過上高尚、體面的生活，就能和那些終日研習摩西律法的猶太人一樣，具有著優秀的品質。彼拉多最開始並沒有對此過多在意，直到在廟宇集會的人們叫囂著要對耶穌處以私刑，並殺害其所有追隨者，彼拉多才將耶穌拘留起來，以保護他的安全。

　　對於這場鬥爭，彼拉多並不了解其中的深刻根源。他問猶太祭司們爲何對此人如

量己律人

相傳耶穌以悲憫和博愛之心看待世人，在貧苦大眾中有著與日俱增的支持率，這讓部分上層祭司嫉恨在心。他們讓耶穌評判一個按律應處以亂石砸死的行淫女子的罪行，在慈悲與律法之間，耶穌卻認為只有無罪的人才有資格用石頭砸她，眾多觀念上尖銳的分歧引起了上層祭司的強烈不滿。

此不滿，祭司們立刻情緒激動地大聲喊道：「異端！叛徒！」約瑟夫說，最後，彼拉多派人將約書亞（拿撒勒人的名字，在此地區的希臘人稱其為耶穌）帶了過來，當面質問他。他們單獨交談了幾個小時，彼拉多也問及了那些耶穌在加利海邊傳教時所宣講的思想，也就是祭司們口中的「危險教義」。耶穌面對問題，十分沈著地回答說他從來不干涉政治，他只在乎人的靈魂，而不是肉體。他所希望的是人們之間的相處能夠和兄弟姐們一般，大家共同敬奉一切生靈的父親，即獨一無二的上帝。

對於斯多葛學派和其他希臘哲學家的學說，彼拉多有過很深的研究，但是耶穌所說的言論讓他找不出哪裡有叛逆或者煽動性的傾向。約瑟夫說，彼拉多為了挽救仁慈先知的生命，再次動用了自己的力量，他拖延時間而不給耶穌判刑。這時，在祭司們不斷地煽動下，猶太人變得異常激動，甚至有點瘋狂。耶路撒冷是一個經常發生騷動的地方，但是其周圍駐紮的士兵卻很少。因此，人們直接向該撒亞的羅馬當局遞呈了報告，並在報告中指責彼拉多總督「已經陷入了拿撒勒人的危險教義中，他已經被異端同化了」。同時，城市中的遊行請願活動不斷，他們要求撤換掉已站在帝國皇帝對立面的彼拉多。要知道，每一個羅馬駐外總督都必須遵守一個原則，就是不能和當地居民有任何衝突，彼拉多也不會例外。事實上如果他堅持下去，很可能會引發戰爭和暴動。於是，約書亞的犧牲就成為了必然，而他也坦然接受了這個懲罰，並且寬恕了那些對他恨之入骨的人。他在耶路撒冷暴民的瘋狂嗤笑與譏諷謾罵中，被釘死在了十字架上。

約瑟夫給我講的就這麼多。他在給我講述的時候，一直淚流不止，看著他傷心的模

樣，實在讓人不忍。在離開的時候，我送給他一枚金幣，但是他沒有收下，而是請求我將金幣送給比他更窮的人。我也向他打聽了關於您的朋友保羅的事情，但是他知道的並不多。只知道他從前以製作帳篷謀生，後來他爲一心宣揚仁愛、寬容的上帝而放棄了自己的職業。上帝和我們從前所知道的耶和華在性情上有著極大的差別。保羅到過小亞細亞和希臘的許多地方，他告訴那裡的奴隸們，他們和其他人一樣都是仁慈天父的孩子，不論貧富，只要能誠實、善良地生活，一生盡力做善事，幫助那些境地悲慘的人，就都能擁有幸福的未來。

　　這就是我所了解到的全部情況，希望這些能夠讓您滿意。從這個故事中，我看不出任何可能威脅到帝國安全的地方。但是您清楚，對於生活在這一地區的人民，我們羅馬人是不可能真正了解他們的。對於您的朋友保羅的死，我也深表惋惜，真希望此刻的我能夠在家中懺悔曾經的過失。

您忠誠的外甥

格拉丟斯・恩薩

耶穌之死

　　曾經平靜的耶路撒冷在上層祭司們的操縱與煽動下發生了騷亂，歇斯底里的猶太人要求處死耶穌的聲浪給當地的羅馬政府施加了巨大的壓力，最終妥協民意的羅馬總督彼拉多無奈簽署了死刑的命令。而在猶太人近乎瘋狂的叫囂與嘲笑中，耶穌帶著平靜與寬恕走上十字架。

第二十六章

羅馬帝國的衰落

開始走向衰落的羅馬帝國。

在古代歷史教科書中,羅馬的滅亡時間是西元476年。也正是這一年,羅馬最後一個皇帝被趕下了他的王座。但是,我們知道羅馬的建立並不是一天完成的,因此它的滅亡過程也同樣如此。羅馬消亡的速度是非常緩慢的,這樣導致的結果是很多羅馬人根本感覺不到羅馬正在消亡,他們還依舊沈浸在昔日的榮耀之中。羅馬人看到了政局的動盪不安,也因物價高、收入低而對艱辛的生活抱怨不已。商人們將穀物、羊毛和金幣等資源囤集居奇,唯利是圖,這讓平民百姓叫苦連天。當有的總督十分貪婪,搜刮民脂民膏的時候,羅馬人也會站起來進行反抗。但是,這只是生活中的小插曲而已,多數的羅馬人在西元前4個世紀中,依舊過著安逸的生活。他們依舊吃喝無憂(由錢包中錢的數量決定),他們依舊愛恨分明(不同性格的人不一樣),他們也會去劇場看演出(有不少免費的角鬥士搏擊表演)。不過,也有一些可憐的人會餓死街頭,這類情況在任何時期都無法避免。羅馬人繼續

羅馬的消亡

儘管羅馬身陷動盪的泥潭,但並沒有多少羅馬人注意到滅亡的臨近,人們一邊喋喋不休地抱怨著身邊的不平與生活的維艱,一邊卻又在酒色、利益、愛恨編織起的慶典中麻木、沈湎。社會階層出現了嚴重且無法彌補的裂痕,人性的泯滅讓繁盛的羅馬岌岌可危。

過著自己的生活，根本沒有察覺到他們老邁的帝國已瀕臨覆滅。

看一下羅馬帝國，就會明白羅馬人為何意識不到迫在眉睫的危機了。羅馬帝國，它是如此強大，到處都可以看到輝煌繁榮的景象。連接各個省份之間的大道四通八達；盡職盡責的警察嚴厲地打擊著攔路盜賊；邊防穩固，那些歐洲北部荒蠻的民族根本不敢有任何侵犯；眾多的附屬國每年都向羅馬進貢稱臣。除此之外，還有一群聰明、睿智的人在徹夜為國操勞，他們不斷標正帝國前進的方向，為使其重現昔日的榮光而竭盡所能。

但是，羅馬帝國衰敗的原因在於其根基已經被破壞，這在上一章就提到過。這讓任何試圖扭轉局勢的改革都變得徒勞，不會有絲毫作用。

其實，羅馬只是一個城邦，從來都是，這和古希臘的雅典或科林斯沒有太大的差別，要統治整個義大利的話，它是有足夠資格的。但是，如果羅馬想要做一個統治全世

界的帝國，無論從政治上還是從實力上看，它都是沒有足夠能力的。因為常年的戰爭，讓羅馬的年輕人多數死在了戰火中，農民則因為承擔不了過於沈重的兵役和賦稅，不是做乞丐，就是依附於莊園主，最後成為所謂的「農奴」。這些身陷苦難的農民不是自由民也不是奴隸，他們只能終身成為土地的附屬品，如同牲口和樹木一般。

在這裡，國家就是一切，國家的榮譽更要大於一切，而那些普通的公民則微不足道。至於那些可憐的奴隸們，在聽取保羅宣講的思想後，他們很快就接受了謙恭的拿撒勒木匠兒子所散布的福音。他們不僅不再反抗了，反而變得更加溫順，一切都依照主人的吩咐去做。他們想著既然現在這個世界不過是一個暫時的寄居場所而已，自己也無力改變，所以奴隸們也就不再關注這個世界。他們是希望打仗的，以便可以更快地進入天堂，享受幸福的生活，不過，他們卻不願意為羅馬帝國戰鬥，因為羅馬帝國對努米底亞或帕提亞或蘇格蘭發動的戰爭，不過是他們野心勃勃的皇帝所期望獲得的輝煌成就罷了。

就這樣，當時光悄悄流逝，羅馬帝國的情況變得越來越壞了。剛開始的時候，羅馬皇帝還會做一下領袖的樣子，他將管理各地屬民的權力授予各個部族的首領。但是到了2世紀、3世紀，羅馬皇帝大多為軍人出身，他們表現的就完全是軍營的作風了，他們的安危依靠著手下禁衛軍的忠誠度。皇帝變換得很快，猶如走馬燈一般。當一個皇帝剛剛上台，就會被另一個野心勃勃且擁有足夠財富可以拉攏士兵的傢伙幹掉，他們依靠謀殺登上高高的皇位，然後又會成為被謀殺的目標而摔下王座。

同時，羅馬的北方邊境也不時被野蠻民族騷擾著。羅馬在自己的公民中已經招募不到士兵了，於是就只能借助外國雇用兵來阻擋侵略者的腳步。雇用兵雖然受雇於羅馬，但是，當他們在戰場上遇到自己同種族的敵人時，必然會產生惻隱之心，消極作戰。最後，羅馬皇帝想到了一個好辦法，那就是讓某些野蠻民族到帝國內部定居，而其他部族也紛至沓來。但是，沒過多久，他們就累積了一肚子的怨恨，埋怨羅馬稅官無情地掠走了他們全部的積蓄。如果沒有人回應他們的呼聲，他們就會衝到羅馬抗議，以便讓皇帝盡快答覆他們的請求。

這類事件時有發生，因此，帝國的首都羅馬成為了讓人感到不愉快的地方。所以，康士坦丁皇帝（西元312至337年在位）有了一個尋找新首都的想法。後來，他選擇了拜占廷，那裡是歐亞之間的通商要地，設立於此的新都後被改名為君士坦丁堡。康士坦丁去世後，他的兩個兒子繼承了皇位，為了更加方便地管理帝國，他們將羅馬帝國分為兩個部分。哥哥駐紮羅馬，統治西部地區；弟弟駐紮君士坦丁堡，統治東部地區，成為東部的一方霸主。

到了西元4世紀，歐洲迎來了一個非常可怕的民族——匈奴。這些來自亞洲的神秘騎兵在歐洲各地不斷流竄，並對羅馬發動攻擊。在長達兩個世紀的時間裡，他們依託歐洲北部的集結地，到處燒殺掠奪，直到西元451年匈奴人在法國沙隆的馬恩河被徹底打敗才得以終止。在匈奴進軍多瑙河的時候，當地的哥德人為了逃生不得不侵犯羅馬的領土。西元378年，為了阻止哥德人的入侵，瓦倫斯皇帝在亞特里亞堡附近戰死沙場。22年

東羅馬帝國的短暫崛起

　　飽受各地蠻族騷擾的羅馬帝國幅員遼闊，為了便於管轄遂將帝國分為東、西兩部分，其中西羅馬帝國在外族侵擾中逐步消亡，而東羅馬帝國則將純正的羅馬血統延續了下來，甚至一度國力強盛，重現了昔日羅馬帝國的盛況。圖中的查士丁尼大帝及其隨從正手捧聖器向基督獻祭，開創了拜占庭帝國的黃金時代。

　　後，在國王阿拉里克的帶領下，西哥德人向西進攻，攻破了羅馬，他們只是將幾座宮殿毀壞了，沒有更多的劫掠。接著，汪達爾人又來了，他們對羅馬這個歷史悠久的城市沒有絲毫的憐憫，他們幾乎將整個城市破壞殆盡。再後來，勃艮第人、東哥德人、阿拉曼尼人、法蘭克人……無休止的侵略讓羅馬人應接不暇。此時，只要一個強盜擁有野心，能夠召集一批追隨者，那麼，他就可以任意踐踏羅馬。

　　西元402年，西羅馬皇帝逃亡到了一個防禦堅固的海港城市——拉維納。西元475年，日爾曼雇用軍的指揮官鄂多薩在這個城市中，採用了溫柔的方式勸說最後一任西羅馬帝國皇帝羅慕洛·奧古斯塔斯讓出了皇位。然後，他宣布自己是羅馬的新統治者，將義大利的土地納為己有。此時，東羅馬帝國皇帝自顧不暇，只能默許了這一事實。於是，在長達十年的時間裡，西羅馬帝國剩下的省份都由鄂多薩統治著。

　　幾年後，東哥德國王西奧多里克帶領軍隊攻入了這個新成立的國家，一舉占領了拉

廢墟中的文明

　　多年的戰火將這座有著悠久歷史與榮耀的羅馬城剝落得面目全非，蠻族將曾經安然享樂的上層貴族驅逐出他們的安樂窩，貧窮、飢餓、暴力接踵而至，人們只能在斷壁殘垣之中哀嘆記憶中曾經無比繁榮昌盛的文明與城市，在歷史的舞台上蒙上一層悲壯的色彩。

　　維納，將鄂多薩殺死在餐桌上。在西羅馬帝國的廢墟上，西奧多里克又建立起一個短命的哥德王國。西元6世紀，一群由倫巴德人、撒克遜人、斯拉夫人、阿瓦人聯合起來的勢力入侵了義大利，推翻了哥德王國，重新建立國家，將首都定在帕維亞。

　　帝國的首都羅馬在連續不斷的戰爭中，已經變成了一片廢墟，毫無生氣。歷史悠久的宮殿遭到強盜們的數次洗劫，學校沒有了，老師們受餓而死。蓬頭垢面、滿身臭氣的野蠻人將別墅中的富人趕出家門，自己住了進去。帝國的街道、橋梁也因為年久失修而坍塌，不堪使用。曾經繁榮的商業也消失了，義大利變得死氣沈沈。在經過埃及人、巴比倫人、希臘人、羅馬人幾千年的努力，這塊遠古人類不敢奢望的文明之地面臨著在西

方大陸消亡的危險。

然而，位於遠東的君士坦丁堡仍將帝國中心的旗幟又扛了1000年。但是，這裡很難被人當作是歐洲大陸的組成部分，這裡的趣味和思想都偏向東方，他們似乎不記得自己曾是歐洲人的後裔了。隨著時間的流逝，希臘語代替了拉丁語，人們拋棄了羅馬字母，使用希臘文書寫羅馬的法律，讓希臘的法官來進行講解。東羅馬皇帝像神一般受到崇拜，這和尼羅河谷的底比斯一樣。當拜占廷的傳教士想要擴大傳教的領地時，他們會向東走到俄國，為那裡廣袤的荒野帶去拜占廷的文明。

此時的西方，已經被野蠻的民族牢牢占據。在將近12代人的時間裡，社會準則淪為殺戮、戰爭、縱火和劫掠，而歐洲文明竟然沒有被徹底毀滅。歐洲沒有退回到原始、荒蠻社會的重要因素只有、也僅有一個，那就是教會的存在。

教會，這個群體的組成者，恰是那些追隨拿撒勒木匠耶穌的人們。要知道，拿撒勒人死去的原因，僅是為了避免讓敘利亞邊境上一個小城市發生混亂而已。

羅馬帝國的衰亡

羅馬帝國所面臨的奴隸制危機與社會的衰退，悄然間將帝國的生命力侵蝕殆盡，而走向分裂的帝國在迎來周邊蠻族的遷徙與入侵時，深受最致命一擊的羅馬不得不低下了它高昂的頭，昔日偉昂的身軀轟然倒塌，淪為一堆瓦礫。

```
                  羅馬帝國的衰亡

        康士坦丁的統治之後，國家內部陷入王位之爭。

   西羅馬帝國  ←  分裂  →  東羅馬帝國

   哥哥在羅馬統治西部地        弟弟在君士坦丁堡統
   區，最終在蠻族入侵下    衰亡內外因素    治東部地區，最終迎
   而逐步消亡。                  來了短暫的繁榮。
```

1.羅馬帝國的奴隸制危機與社會衰退，無力抵禦外族入侵。
2.日耳曼民族的原始體制瓦解，部落首領需要掠奪新的土地與財富。
3.土地的稀缺、人口的增長迫使日耳曼人不得不走上暴力遷徙之路。

第 二十七 章

教會的興起

為何基督教世界的中心在羅馬？

帝國時期的羅馬普通知識分子，對於那些祖輩所崇拜的神明並沒有投入太多的關注。他們之所以每年還要定期幾次到神廟敬拜，只是為了遵從既有的習俗而已，並非出於信仰。在人們為了慶祝某個大型的宗教節日而進行列隊遊行的時候，他們幾乎不會參與其中，總是作為一個置身事外的旁觀者而存在。他們認為，羅馬人的崇拜是幼稚滑稽的事情，無論是朱庇特（眾神之王）、密涅瓦（智慧女神），還是尼普頓（海神）都一樣，不過是共和國創立之初的遺產罷了。對於一個研究斯多葛學派、伊比鳩魯學派和其他傑出雅典哲學家著述的智者來說，這些根本不登大雅之堂。

基於此，羅馬人對於宗教信仰採取了十分寬容的政策。政府規定，國家所有公民，包括羅馬人、居住在羅馬的外國人以及羅馬統治下的希臘人、巴比倫人、猶太人等，必須向神廟中設立的皇帝像表示應有的尊重。這樣的規定和美國人向郵局中懸掛著的總統畫像行注目禮是同樣的概念，沒有深層次的涵義，僅是一個形式而已。在羅馬，每一個公民都有權按其喜好去讚頌、崇敬、愛慕任何一個神，於是，羅馬建起各種各樣不同的廟宇和教堂，那裡供奉著來自世界各地的神明，甚至埃及的、非洲的、亞洲的神也可以隨處看見。

當首個耶穌的追隨者來到羅馬，四處宣揚「四海之內皆兄弟」的新鮮教義時，不僅沒有遭到大家的反對，而且還吸引了不少好奇

信仰的轉變

最早的耶穌追隨者們與其他派別的傳教士一樣，在信奉自由與宗教寬容的羅馬鍥而不捨地宣講著他們的信仰。那些相悖於羅馬崇尚武力的觀念吸引著人們的目光，而在進一步接觸後，基督教所彰顯的無私與博愛促使很多羅馬人放棄了原有的信仰，轉而投入基督教的懷抱。

的人前來聆聽。羅馬作為強盛帝國的中心，這裡不斷湧現出各種各樣的傳教士，他們每個人都在向羅馬公民傳述著他們的「神秘之道」。自封的傳道者們向人們大聲訴說新教義，他們說出了無限美好的未來和歡喜，告訴人們如果跟隨他所信仰的神即可以擁有這一切。

一段時間後，那些聆聽過「信仰基督教的人」（意為耶穌的追隨者或被上帝塗抹了膏油進行祝福的人）發現了一件奇怪的事情，他們所講的東西自己竟然從來沒有聽說過。這些人不關心擁有多少財富，不關心擁有多高的地位，他們卻大大讚頌貧窮、謙卑、順從的美德。但是，羅馬帝國成為世界最強的國家恰好不是借助這些品德。當帝國正處在欣欣向榮的時期，竟然有人跑過來告訴他們，世俗的擁有並不代表他們可以永遠幸福，確實有點不可思議。

　　此外，基督教傳教士們還說過更加恐怖的事情，如果一個人要拒絕聆聽真神的言論，那麼他未來的命運將是無比淒慘的。很明顯的，如果人們對此心存僥倖可不是什麼好主意。當然，在不遠處的神廟中，羅馬的舊神還依舊存在著，但是，他們的力量夠強大嗎？他們可以抵禦得了從遙遠亞洲傳播過來的新上帝的權威嗎？人們越想越害怕，心中的疑惑也就越來越多。然後，他們為了加深對教義條款的理解，紛紛來到信仰基督教的人傳教的場所。沒過多久，他們和傳播基督福音的男男女女們有了更深入的接觸，結果他們發現這些人和羅馬僧侶大相徑庭。這些人全都穿著破爛的衣服，他們關愛奴隸和動物，他們對錢財沒有任何的欲望，反而幫助更加窮苦的人們。羅馬人被這樣無私無畏的品質打動了，他們開始紛紛拋棄原有信仰，成為了信仰基督教的一員，羅馬的廟宇變得異常冷清，而私人住宅的密室或露天田野卻不斷有信仰基督教的人們的聚會召開。

　　時間一年年地悄然流逝，傳教工作在繼續進行著，信仰基督教的人的隊伍越來越壯大。他們推選出神父或長老（「Presbyters」，希臘語中的意思是「老年人」），來

衝突與慘劇

　　羽翼漸豐的基督教逐步確立了其在羅馬帝國的權威地位，促使羅馬政府不得不重視起基督教的規模與影響力。然而，基督教在與其他宗教的共存問題上毫不妥協，使其生存環境遭受到前所未有的挑戰，羅馬人不時以漫無邊際的指控與罪名懲罰、屠殺基督教信仰者，而溫順的後者寧願放棄生命依然堅持著。

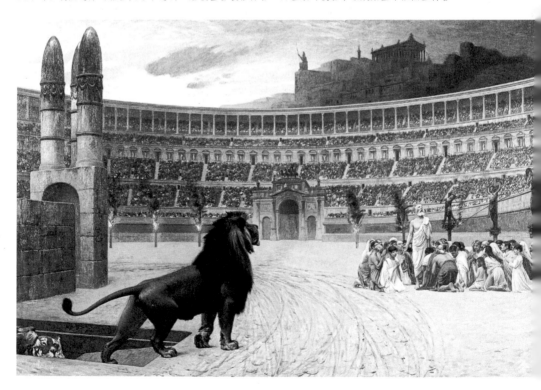

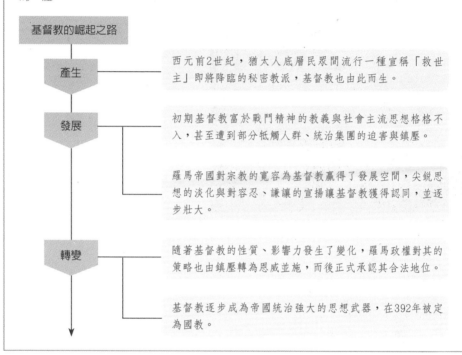

基督教的崛起之路

由猶太人底層民眾流行的秘密教派到羅馬帝國認可並推行的國教，基督教經歷了一場脫胎換骨般的蛻變。不斷擴大的影響力與對王權的靠攏，讓基督教最終與帝國政權結為一體。

基督教的崛起之路

產生　西元前2世紀，猶太人底層民眾間流行一種宣稱「救世主」即將降臨的秘密教派，基督教也由此而生。

發展　初期基督教富於戰鬥精神的教義與社會主流思想格格不入，甚至遭到部分牴觸人群、統治集團的迫害與鎮壓。

羅馬帝國對宗教的寬容為基督教贏得了發展空間，尖銳思想的淡化與對容忍、謙讓的宣揚讓基督教獲得認同，並逐步壯大。

轉變　隨著基督教的性質、影響力發生了變化，羅馬政權對其的策略也由鎮壓轉為恩威並施，而後正式承認其合法地位。

基督教逐步成為帝國統治強大的思想武器，在392年被定為國教。

擔任保護社團利益的負責人。每一個行省的所有社團還會推選出一位統領全區基督教事務的主教。彼得是繼保羅之後來羅馬傳教的基督教派信仰者，他很榮幸地成為了第一任羅馬主教。當發展到某個階段，彼得的繼任者（被追隨者尊敬地稱呼為「父親」或「爸爸」）進而開始被人們稱做「教皇」。

教會逐漸發展成為羅馬帝國中集影響力和權勢於一身的複雜機構。基督教義不僅對那些在現實世界中感到絕望的人有著感召力，同時，也吸引了那些在帝國政府中無法實現自己抱負和理想的有才能的人。這些人的能力在耶穌追隨者中得以充分地施展。基督教的逐步強大，讓帝國政府不得不對其格外重視。我們前面說過，羅馬對於宗教還是比較寬容的，它允許人們追求自己喜歡的宗教，但是，前提是一切宗教必須和平相處，「自己生存，也讓別人生存」是基本準則。

然而，基督教社團卻不能擁有寬容其他宗教的胸懷，他們認為自己信奉的上帝才是這個世界上唯一的真正主宰，其他的神都不過是招搖撞騙的騙子而已。而對於其他宗教來說，這樣的言論顯然是非常刺耳的，於是帝國警察出面要求禁止這樣的言行，但是信仰基督教的人們並沒有改正。

康士坦丁的夢境

　　羅馬附近的米爾維亞橋戰役一觸即發，愁苦難眠的康士坦丁大帝恍然間望見夜空中浮現的十字架，有天使暗示他依此可在即將爆發的大戰中獲得全勝。事實上，羅馬帝國已經意識到基督教背後的影響力以及賦予人精神上的慰藉與振作，而後有著巨大輔政潛力的基督教獲取了官方的認可，躋身羅馬社會的上層。

不久之後，更大的問題出現了。信仰基督教的人們不願意向羅馬皇帝施行表達敬意的禮儀，也不願意去服兵役。政府揚言要重重懲罰他們，但是，他們卻不以為然，他們說這個悲慘的世界不過是他們進入天堂樂土的「通道」而已，即使喪失現世的生命，也絕不背棄自己的信仰。對於這樣的言行，羅馬人顯然是無法充分理解的，他們只能任其所為，偶爾將出現的幾個敢於反抗的信仰基督教的人殺死。在基督教會成立的早期，有一些暴民對基督教追隨者施行過私刑，將其殺害了，但是政府卻沒有這樣做過。暴民們將一些子虛烏有的罪名加在順從的基督教信仰者身上，而且罪名五花八門，例如殺人、吃嬰兒、散布疾病和瘟疫、危難時刻出賣國家等。暴民們很容易就將信仰基督教的人處死了，他們壓根不怕有人報復自己，因為他們很了解這些信仰基督教的人，他們只會以德報怨。

　　此時，周邊蠻族對羅馬的騷擾不勝其煩。在羅馬軍隊動用武力也無法解決問題時，基督傳教士挺身而出，來到了野蠻的條頓人面前，開始對他們宣講和平福音。這些人是意志堅定的信仰者，他們不畏生死、沈著冷靜，他們將不知悔改的人在來世地獄中悲慘的情景描繪得有聲有色，因此，條頓人從內心深處感到了恐懼。這些野蠻人一直對古羅馬的智慧抱有敬畏之情，他們認為這些人來自羅馬，恐怕講的都是事實。因此，基督傳教團在條頓人和法蘭克人居住的蠻荒之地形成了強大的力量，六個傳教士相當於整整一個羅馬軍團的威力。此時，羅馬皇帝終於開始重視基督教，他覺得基督教對於帝國應當是大有裨益的。所以，在一些行省中，基督教信仰者擁有了和信仰古老宗教的人們一樣的權力。但是，在西元4世紀下半葉仍出現了本質上的顛覆。

　　康士坦丁是當時在位的皇帝，有的時候，大家也會稱呼他為康士坦丁大帝（沒人知道如此稱呼他的真正緣由）。此人可以說是一個非常恐怖的暴君，但是，話又說回來，一個仁慈的皇帝是很難在那個黑暗的時代存活下去的。康士坦丁的一生算是比較坎坷的，有著無數次的起起落落。有一次，強大的敵人幾乎就要將他打敗了。這時，他抱著

試一試的心態，想要借用一下這個亞洲的新上帝的威力。他發誓說，假如他能夠在下一場戰役中取得勝利，那麼，他就信仰基督教。結果，他真的大獲全勝。於是，康士坦丁開始相信上帝的權威，並且接受洗禮成為了一個信仰基督教的人。

從此，羅馬官方正式接受基督教，這使得基督教在羅馬的地位更加穩固了。

但是，相對於羅馬的總人數來說，信仰基督教的人員總數所占比例依舊是較少的，大約只有5％到6％而已。基督教的終極目標是使全民信仰上帝，所以，它絲毫不讓半步。他們認為基督教的上帝是這個世界的唯一主宰，所以，眾多其他的舊神都必須被毀掉。當朱利安擔任皇帝的時候，因為他是希臘智慧的熱衷者，所以極力保護異教的神祇免受摧毀。但是，不幸的是，他很快就在征討波斯的戰爭中陣亡了。接著，由朱維安繼任皇帝之位，他將基督教的權威重新豎起，於是那些古老的廟宇接二連三地關門閉戶。再後來，查士丁尼皇帝在君士坦丁堡修建了著名的聖索菲亞大教堂，將柏拉圖一手創立的雅典哲學學院徹底解散。

這一舉動意味著古希臘世界的徹底消亡，在新的世界裡，人們充分享受著思考的自由，按照自己的意志構建未來。當世界到處充滿著野蠻和愚昧的洪流，陳舊的秩序分崩離析。人生如在波濤起伏的大河中尋找航向的小船，古希臘哲學家微妙的準則似乎難以給人們指引一條明確的方向。拋掉這些不適用的東西，人們需要的是一個積極明確的指引，而教會恰好可以滿足這些要求。

這個時代，是一個萬事飄搖的時代，任何事情都存在著不確定性。但是，教會卻不

教皇格利高里

教會內部如同一個大家庭，教皇在拉丁語中有「父親」之意。作為某個城市或教區的神職管理者，主教意味著職責與榮光，他們經常衣著考究、莊重，深受人們的尊重與敬仰。有著優秀傳統的教會隨著不斷發展壯大，越來越多的國家認可羅馬主教的地位，進而被推為整個西歐的精神領袖。

是，它像岩石一般屹立不倒，它不會因為危險而退縮，也不會根據情況而改變，它總是堅持真理和神聖的準則。這樣的毅力不僅加深了群眾對其的敬仰，也使它從那些可導致羅馬帝國覆滅的災難中平穩度過。

當然，不得不說，基督教能夠取得最後的勝利也包含著一定的僥倖成分。西元5世紀時，當西奧多里克在羅馬建立的哥德王國滅亡後，義大利的外來侵擾相對緩和了許多。之後擔任義大利統治者的倫巴德人、撒克遜人和斯拉夫人則是一些沒有強橫實力的落後民族。羅馬主教之所以能夠維持城市的獨立自主，完全得益於寬鬆的政局。沒過多久，羅馬大公（既羅馬主教）就被義大利半島上分布的諸多殘餘小國奉為政治和精神上的絕對主宰。

萬事俱備只欠東風，此時，只需一位強大的王者出來統治即可。因此，格利高里橫空出世。格利高里出身於舊羅馬的貴族統治階層，在西元590年登上歷史舞台。他曾擔任「完美者」，即羅馬市的市長；然後成為了僧侶，最後當上了主教。儘管他本人想做一位傳教士，將基督的福音傳到蠻荒的英格蘭去，但還是被人強行帶到了聖彼得大教堂，成為了教皇。在短短的任職14年間，他成為了名副其實的基督教會領袖，直至他去世，整個西歐的基督教世界都已經正式承認了羅馬教皇的地位。

但是，羅馬教皇的權威也僅僅侷限在西歐，並未擴展到東羅馬帝國。位於君士坦丁堡的東羅馬帝國實行的依舊是舊傳統，政府的最高統治者和國教領袖還是奧古斯都和提庇留的繼任者（即東羅馬皇帝）。西元1453年，君士坦丁堡在土耳其人的長期圍困下最終淪陷，東羅馬最後一位皇帝康士坦丁·帕利奧洛格被土耳其士兵殺死在聖索菲亞大教堂的台階上。

在發生這一幕的幾年前，帕利奧洛格的弟弟托馬斯之女左伊公主同俄國的伊凡三世喜結良緣。由此，君士坦丁堡傳統的繼承人就名正言順地成為了莫斯科大公。現代俄羅斯的盾形徽章中就加入了古老的拜占廷雙鷹標誌（為了紀念羅馬被分為東西羅馬而設立的），而曾經僅僅為俄國第一貴族的大公有了一個新身分——沙皇。他開始居於所有臣民之上，擁有和羅馬皇帝一樣高高在上的權威，不管是貴族還是農奴，在他面前都變得微不足道。

沙皇建造的宮殿為東羅馬皇帝從亞洲和埃及引入的東方風格，外觀和亞歷山大大帝的王宮極其相似（依照他們對自我的奉承）。這個由行將入土的拜占廷帝國留下的奇特遺產，贈予了它完全不確定的世界，並且在前俄國寬廣無垠的大草原上蓬勃發展，延續了長達600年的時間。沙皇尼古拉二世是最後一個享受這份殊榮的人，也是最後一個佩戴拜占廷雙鷹標誌皇冠的人。確切地說，他在不久之前才和自己的兒子和女兒們一併被殺身亡，屍體被扔進了一口井中。隨著他一同殉葬的，還有那些古老的特權，教會的地位又重新回到了康士坦丁皇帝之前的樣子，與羅馬的教會地位毫無差別。

但是，在下一章我將說到，西方教會的命運則完全不同。一個來自阿拉伯放牧駱駝的先知，他所宣講的教義給整個基督教世界帶來了毀滅性的威脅。

第二十八章

穆罕默德

趕駱駝的穆罕默德成為了阿拉伯沙漠中的先知，他的追隨者
為了唯一真神阿拉的榮耀，幾乎將整個世界征服了。

講述過迦太基和漢尼拔之後，關於強盛的閃米特族的事情我就沒有再提及了。假如你還記得，你應當能想起前面章節中所敘述的關於他們在古代的事蹟。巴比倫人、亞述人、腓尼基人、猶太人、阿拉米爾人、迦勒底人都是閃米特族的一分子，他們曾經統治西亞長達三、四千年。後來，來自東邊的印歐語族波斯人和來自西面的印歐種族希臘人打敗了他們，從此他們失去了統領一切的權力和地位。在亞歷山大大帝去世100年後，非洲殖民地迦太基城的腓尼基人為爭奪地中海的霸主與羅馬人展開惡戰。最後，迦太基戰敗滅亡。羅馬人統領世界長達800年之久。

到了西元7世紀，閃米特的另一個部族再次出現在歷史的舞台上，並且對西方世界的權威造成了威脅。他們隸屬於阿拉伯沙漠中的遊牧部落，也就是天性溫順的阿拉伯人。起初，他們只是平靜地過著自己的日子，並沒有任何稱霸的企圖。後來，在默罕默德的帶領和感化下，他們開始跨上戰馬遠征他國。在不過一個世紀的時間裡，阿拉伯騎兵就已

大天使迦百列

大天使迦百列常以神的追隨者形象出現，亦被阿拉伯人看做是真理與司掌夢境的天使。相傳大天使迦百列向先知穆罕默德告知了神的啟示並預言未來，他賦予後者人間使者的神聖使命，將伊斯蘭教的種子撒滿阿拉伯的土地。而在阿拉伯人的追隨下，穆罕穆德也最終統一了阿拉伯境內的各個部落。

經深入到了歐洲的腹地，那些法蘭西的農民面對這些強悍的敵人，只能顫顫巍巍地聽著他們宣講「唯一的真神阿拉」的榮耀和「阿拉的先知」穆罕默德的教條。

阿哈默德是阿布達拉和阿米娜的兒子，人們稱其為「穆罕默德」，意為「應當讚美的人」。關於他的故事就和《一千零一夜》中的故事一樣充滿傳奇。他出生於麥加，原本是一個趕駱駝的行商者，他似乎還有癲癇病，每當發病的時候就會昏迷過去。這時，他總會做一些奇怪的夢，在夢裡他總是能聽到大天使迦百列的講話，這些話在《古蘭經》中都有記載。穆罕默德因為是商隊的首領，所以他幾乎到過阿拉伯的各個地方，和猶太人、信仰基督教的商人有過很多接觸。時間久了，穆罕默德發現僅崇拜唯一的上帝是有很多好處的。要知道，當時的阿拉伯人仍尊崇祖先的教誨，膜拜奇怪的石頭或樹幹。在伊斯蘭聖城麥加至今還有一座保存完好的方形神殿，其中就安置著受世人膜拜的偶像與伏都教供奉的奇特遺跡。

穆罕默德下定決心要當阿拉伯人的摩西，成為先知和領導者。一個趕駱駝的先知顯然是不合時宜的，於是他娶了一個有錢的寡婦為妻，也就是他的雇主查迪雅，由此他有了一定的經濟基礎得以開展傳教工作。他先是向自己的鄰居們宣稱，他是人們朝思暮想的由真主阿拉派遣來拯救世界的先知。對於他的言論，鄰居們非但不相信，反倒大聲諷刺他。即使這樣，穆罕默德也不灰心，繼續做著自己的傳道工作。終於，鄰居們不再容忍他了，並決定試圖殺死他，以擺脫這個讓人生厭的瘋子和異類。而得知消息的穆罕默德和他最忠誠的學生阿布·伯克爾連夜逃往麥地那。這次發生在西元622年的逃亡事件，成為了伊斯蘭教史上的大事，伊斯蘭教將那一年設為了穆斯林的紀元。

在麥加城裡，穆罕默德在人們心中就是一個趕駱駝的商人，但是在麥地那，沒有人知道他是誰，所以人們對於他的傳道事業並不反感，由此，傳道事業開始出現轉機。沒過多長時間，穆罕默德的身邊就圍繞了很多的追隨者，他們被稱為「穆斯林」，意為「順從神旨」的信仰者。在穆罕默德那裡，順從神旨就是人值得讚賞的最高品質。穆斯林的隊伍不斷壯大，穆罕默德已經有了足夠的力量來征討那些嘲笑過他的人了。他帶領一支麥地那軍隊，氣勢磅礴地穿過沙漠，麥加就這樣輕而易舉地被他占領了。他將當地的很多居民殺死，由此，其他人就對他先知的地位更加深信不疑了。

從此，直至穆罕默德死去，他都沒有遇到任何阻礙與困擾。

伊斯蘭教成功崛起的原因很簡單，主要有兩方面：一方面，穆罕默德提出的宗教教義簡單明瞭。凡是伊斯蘭的追隨者，都必須要熱愛世界的主宰，熱愛那位仁慈強大的神——阿拉。追隨者要尊敬父母，聽從父母的命令。在和鄰居相處的時候，不能隨意蒙騙鄰居。個人提倡謙虛溫和，對待窮人和病人要仁厚、有禮。此外，不允許飲酒，以簡樸為要，僅此而已，教義就這麼簡單。伊斯蘭教中沒有類似於基督教中「看守羊群的牧人」那樣的角色，也就沒有了需要人們慷慨解囊、始終供奉的主教。在清真寺，即穆斯林的教堂，建築風格也是極盡樸素，在石頭疊砌的大廳中，沒有長椅板凳，更沒有畫像。追隨者們可以隨意聚集在這裡（依照自己的意願），討論或者閱讀《古蘭經》。對

於伊斯蘭教的追隨者們來說，那些謹記的教條和戒律並沒有對他們有太過的束縛。每天，他們都會面對著聖城麥加的方向，做五次簡單的禮拜禱告。除此以外，他們任憑阿拉的意志來掌控這個世界，樂觀而順從，聽任命運的安排。

這種對生活的態度，可以讓他們的內心得到一定程度上的滿足，但也不會出現什麼發明電動機、修築鐵路或開發新航線等等的事情。它讓穆斯林們變得心態平和，友善地與他所處的世界相處，這固然也是件不錯的事情。

穆斯林取得勝利的第二個原因是：他們的戰士和信仰基督教的人展開對戰是為了實現信仰。先知穆罕默德曾經說過，只要是在戰場上勇敢抗擊敵人，戰死

阿拉伯王子的晚餐

優雅的池塘邊，衣飾華貴的王子倚坐在矮樹旁邊，侍女們有的在倒酒，有的在演奏優美的樂曲，通明的火把或火燭映照下，草地上籠罩著一層柔美的光。與基督教不同的是，伊斯蘭教更注重個體自身的修為。

沙場的人，就能夠直接進入天堂。和突然死於戰場相比，在這個悲慘的世界上痛苦地生存，似乎前者更讓人願意接受。穆斯林有了這種信念，在同十字軍對戰時，在心理上就占據了極強的優勢。十字軍們根本沒有這樣的境界，他們生活本身長期處於對黑暗來世的惶恐中，這讓他們對於今生的美好享受更在乎一些。從這一點中，我們也可以看出其中的端倪，為何時至今日穆斯林士兵依然可以毫不畏懼地奔向戰場，壓根對被殺死的危險毫不在意。也正是如此，對於歐洲來說，他們仍是危險而強大的敵人。

隨著伊斯蘭的發展，穆罕默德也被公認為眾多阿拉伯部落的領袖，同時，他也擁有

穆斯林聖戰

　　穆斯林將精神領袖穆罕默德奉為世界上最後一位先知，並在神的眷顧下發動了一系列戰爭，他們一路所向披靡，武力征服了波斯、中東、北非等大片區域，在西征的道路上甚至打敗了日耳曼人，揮戈衝入西班牙。

時間	歷史紀錄
西元630年至645年	穆斯林接連收服敘利亞、約旦、埃及等地。 636年，占領耶路撒冷。 641年，攻占巴比倫城。 642年，攻占亞歷山大城。
西元645年至656年	拜占廷帝國反攻亞歷山大城，並於652年敗退。 655年，穆斯林重創拜占廷艦隊。 656年，雙方議和。
西元668年至679年	668年，穆斯林揮軍侵入拜占廷帝國，達卡爾西頓陷落，穆斯林與君士坦丁堡隔海相望。 673年，穆斯林圍攻君士坦丁堡，遭遇守方「希臘火」（燃燒武器），七年攻城未果而敗退。
西元698年至718年	698年，穆斯林突襲拜占廷北非重鎮迦太基城，進而攻占西里西亞。 714年，穆斯林進犯君士坦丁堡，後在物資奇缺、疾病紛起、自然天氣不利等因素下，退守本土。

了極大的權力。當伊斯蘭教的根基穩固之後，他便可以行使這些權力，儘管這種成功時常成為從逆境走出的偉人無法逾越的泥潭。他為了得到富人階層的支持，還會特別制定一些為富人服務的規定，例如追隨者可以娶四房妻子。那時候，妻子一般都是男方從女子父母手中購買過來的。娶妻是一項昂貴的投資，而娶四房妻子的奢侈想法除了那些擁有單峰駝和椰棗園的富翁以外，普通人家基本連想都不敢想。伊斯蘭教創立的本意，是為了服務大漠中的勞苦牧人，但是如今卻為了迎合城市集貿中的富戶而不斷改變。可以說，這樣的改變對穆罕默德的宏偉事業沒有什麼益處，也有違初衷。先知本人則依舊辛苦工作，每天向他人傳道、頒布新規定等，直到西元632年6月7日，穆罕默德患上熱病突然離世為止。

　　繼承穆罕默德位置的人被稱為哈里發，意思為「穆斯林的領袖」。第一個繼任者是穆罕默德的岳父阿布‧艾克爾，他曾經和穆罕默德並肩作戰，共同經歷了最初最困難的

時期。兩年後，阿布·艾克爾去世，奧瑪爾接管重任。他繼承領袖位置之後不到十年，就率領軍隊相繼征服了埃及、波斯、腓尼基、敘利亞、巴勒斯坦等地方，並建立了第一個伊斯蘭帝國，定都於大馬士革。

奧瑪爾死後，哈里發的位置由穆罕默德的女兒法蒂瑪的丈夫阿里擔任，不久，阿里在一場關於伊斯蘭教義的爭吵中被人謀殺了。此後，伊斯蘭國家就成為了世襲制度，原先的宗教領袖不復存在，有的只是強盛帝國的統治者。他們將新的首都建立在幼發拉底河岸附近、距離巴比倫遺址不遠的地方，新城命名為巴格達。原先的阿拉伯牧民變成了無敵的騎兵兵團，出發到遠方，將穆罕默德的福音傳播給異教世界。西元700年，穆斯林將軍泰里克翻過赫爾克里斯門，抵達充滿峻峭山崖的歐洲海岸。他將那裡命名為直布爾——阿爾——塔里克，也就是泰里克山或直布羅陀。

羅馬皇帝之敗

　　穆斯林的信仰宣稱戰場上死去的勇敢士兵可以升入天堂，這遠比悲慘、渺無希望地苟且活著更具有吸引力；而歐洲人留戀世俗的享受，心裡久存的恐怖地獄陰影更是揮之不去，戰場上信仰的力量造成心理的落差，於是當兩者相遇，羅馬皇帝被波斯人打敗也就順理成章了。

　　11年後，在澤克勒斯戰役中，西哥德國王在和泰里克的對戰中失敗。接著，穆斯林繼續向北推進，他們沿著當年漢尼拔進攻羅馬的路線，翻越了庇里牛斯山的山隘。在波爾多附近，穆斯林軍隊遭到了阿奎塔尼亞大公的襲擊，不過，後者並未得手。穆斯林經此一役後繼續向北，他們下一步想要奪取巴黎。但是穆罕默德逝世100年的時候，即西元732年，歐亞雙方在圖爾和普瓦捷展開了大戰，穆斯林終嘗戰敗的苦果。法蘭克人的首領查理‧馬泰爾（綽號鐵錘查理）趕走了穆斯林，挽救了歐洲，徹底熄滅了穆斯林企圖征服整個基督教世界的夢想。但是，被趕出法蘭西的穆斯林仍控制著西班牙。阿布德‧艾爾‧拉赫曼在西班牙建立了爾多瓦哈里發國，後來這裡成為了中世紀歐洲科技與藝術的勝地。

　　這個掌控西班牙的摩爾王國延續了整整七個世紀，「摩爾王國」的名稱源自那裡的人來自於摩洛哥的毛里塔尼亞地區。直到1492年，歐洲最後一個穆斯林堡壘格拉納達淪陷，西班牙人才恢復了自由。然後，西班牙皇室才委派哥倫布出發航行探險，揭開了地理大發現的時代。沒過多久，穆斯林再次集合兵力，征服了亞洲和非洲的許多地區。迄今為止，世界上伊斯蘭教信仰者和基督教追隨者的數量並沒有太大的差別。

第 二十九 章

查理曼大帝

　　法蘭克查理曼大帝的稱帝之路，以及他做起的世界帝國的春秋大夢。

　　經過普瓦捷戰役，穆斯林被趕出了歐洲，歐洲獲得了獨立和自由。可是，歐洲內部的問題依舊存在，當羅馬警察消失以後，歐洲就處於極度混亂狀態，所以歐洲的危險還沒有解除。北歐那些剛剛開始信仰基督教的民族，對遙遠的歐洲主教充滿了崇敬之意。但是，主教大人在向北遠眺，看著那些連綿起伏的群山卻感到異常不安。誰能預料，在某個時刻突然有一支野蠻部落橫空出世，迅速跨過阿爾卑斯山，叩響那扇羅馬城的大門。全世界的精神領袖——教皇認為他們實在是有必要尋找一位力量強大的同盟者，這樣一旦出現危險，教皇陛下就可以得到保護。

　　因此，神聖的教皇們，那些既崇高又現實的人們開始精心挑選起盟友來，他們冥思苦想後，終於找到了合適的人選，即最具有希望的日爾曼部落，即歷史上的法蘭克人，他們從羅馬帝國滅亡之後就一直占據著歐洲的西北部。在日耳曼早期，曾經有一位名叫墨羅維西的國王，他曾經在西元451年的加泰羅尼亞戰役中幫助過羅馬人，將那些給歐洲人留下心裡陰影的匈奴人打敗了。隨後，他的子孫建立了墨羅溫王朝，然後，將羅馬帝國的土地一點一點地占為己有。西元486年，國王克洛維斯（古法語中為「路易」）認為自己的國家具備了一定的實力，所以開始和羅馬人公開敵對。但是，他的後代卻都是一些膽小無能的人，他們對於國家事務置之不理，而是依仗「宮廷管家」，即首相來處理。

　　矮子丕平就是其中一位首相，作為著名的查理·馬泰爾的兒子，他世襲了父親的爵位，擔任了首相。剛上任的他面對國家局勢感到束手無策。當時的國王是一位虔誠的神學家，他只會恭恭敬敬地侍奉上帝，對於政治則毫不過問。丕平於是前去徵求教皇大人的意見，結果得到了這樣的回答：「國家的權力屬於實際操控的人。」丕平聽了之後，領悟了其中的深意，於是，他鼓動墨羅溫王朝的最後一位國君蔡爾特里克出家為僧了。而丕平在其他日爾曼部落酋長的同意和支持下，自命為法蘭克國王。但是，丕平並沒有滿足於自己所擁有皇帝的權力，他想要的是比日爾曼部落酋長更大的榮光。於是，精明的他籌劃了一個加冕儀式，將西北歐的最著名的傳教士博尼費斯邀請過來，為其加冕

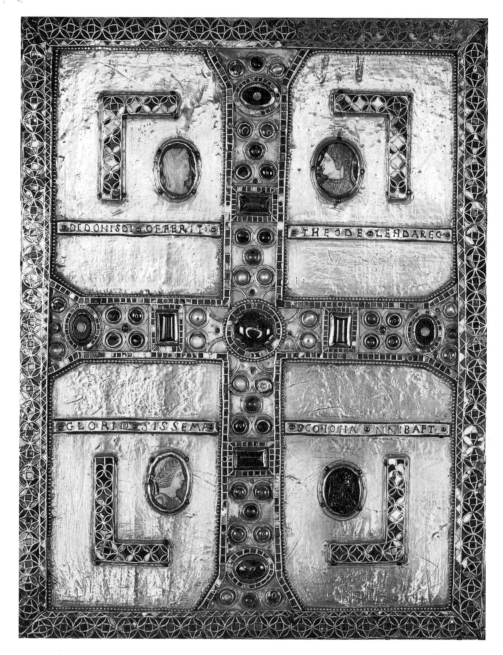

和平的代價

　　義大利北部巍峨的阿爾卑斯山脈並沒有給高貴的教皇帶來一絲一毫的安全感，歐洲精神領袖的寶座更讓他如坐針氈，於是示弱求和與尋找同盟成為當務之急。教皇格利高里一世更是將鑲滿珠寶的金福音書封面送與侵占義大利北部大片領土的倫巴德國王，但也僅能同好戰的日耳曼人換取短暫的和平。

時塗抹膏油，並將他封為「上帝恩准的國王」。於是，「上帝恩准」就順理成章地成為了加冕儀式中不可缺少的儀式之一，直到1500年之後才銷聲匿跡。

對於教會對他的幫助，丕平從心底裡感謝他們，也變得更加忠心。他為了和教皇的敵人戰鬥，曾經兩次遠征到義大利。他將拉維納及其他幾座城市從倫巴第人手中奪取了回來，然後獻給了尊敬的教皇陛下。教皇欣然接受了新領土，並且將其納入所謂的「教皇國」版圖中，直到50年前，它依然以一個獨立國家的名義存在著。

丕平去世後，羅馬教會和埃克斯·拉·夏佩勒或尼姆韋根或英格爾海姆（法蘭克國王的辦公地點是不固定的，他們會帶領著大臣們不斷遷移，從一個地方到另一個地方）總是保持著親密的關係。最後，教皇和國王做出了一個重大決定，從而影響到了整個歐洲的歷史。

西元768年，查理擔任法蘭克國王，一般稱呼其為卡羅勒斯·瑪格納斯或查理曼。查理曼將德國東部原本屬於撒克遜人的土地占領了，然後，他在歐洲北部大興土木，建立了許多城鎮和教堂。查理曼又得到了西班牙的求援，於是，他開始遠征，和摩爾人阿布·艾爾·拉赫曼展開了激戰。不幸的是，在庇里牛斯山區，野蠻的巴斯克人對其進行了猛烈地攻擊，他不得已帶兵撤回。在這個非常時期，布列塔尼亞侯爵羅蘭橫空出世，羅蘭以實際行動履行了早年不惜以生命效忠國王的誓言，為了讓皇家軍隊順利撤退，羅蘭不惜和自己的屬下戰死沙場，從他身上可以充分看到早期法蘭克貴族對國王竭智盡忠的高尚品質。

西元8世紀的最後10年，歐洲南部出現了很多糾紛，查理曼被迫將全部精力放在了那裡。教皇利奧八世遭到了一群羅馬暴徒的攻擊，他們以為他死了，就將其屍體隨手扔在了道路上。教皇被一些善良的路人救了起來，並將其送到了查理曼的軍營。然後，查理曼第一時間派遣了一支軍隊即刻前往羅馬，將騷動平定了下來。在法蘭克士兵的保護下，利奧八世順利回到拉特蘭宮，從康士坦丁時代起這裡就被設為教皇的居所。教皇被襲的第二年聖誕節，即西元799年12月，查理曼前往羅馬參加在古老的聖彼得教堂舉行的盛大祈禱儀式。當他禱告完畢準備離開的時候，教皇為他戴上了一頂預先準備好的皇冠，然後宣布他為羅馬皇帝，稱其為「奧古斯都」，並讓人們對他致以最熱烈的祝賀。要知道那個無與倫比的稱號可是有幾百年沒有使用了！

歐洲北部再次成為羅馬帝國的一分子，但是，帝國最高榮譽的獲得者，卻是一個日耳曼酋長，要知道他從來沒有學習過讀書寫字，僅認識幾個簡單的字而已。但是，他是一個勇武的戰士，可以維護歐洲地區在一定時間內保持和平穩定。不久後，就連君士坦丁堡的東羅馬皇帝，他曾經的對手，也給這位「親愛的兄弟」寫了一封信，藉此表示他們的友好和親密。

遺憾的是，西元814年，這位聰明能幹的皇帝去世了。

他死後，兒孫們為了能夠得到最多的帝國遺產，開始了爭奪之戰。卡羅林王朝的土地在西元843年通過凡爾登條約後被第一次瓜分。接著在西元870年，帝國土地再次被瓜

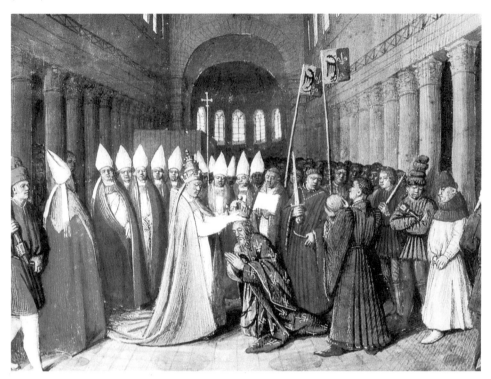

查理曼加冕稱帝

西元799年耶誕節，教皇在羅馬聖彼得大教堂將備好的皇冠戴在誦念完禱詞的查理曼頭上，將他加冕為羅馬皇帝的消息昭告天下。驍勇善戰的法蘭克王國國王控制著大半個歐洲的版圖，而這次加冕標誌著羅馬教皇與日耳曼蠻族國家征服者之間的強強聯盟，促成了掌控大半個歐洲政教實權的基督教帝國。

查理曼大帝

中世紀歐洲法蘭克王國加洛林王朝國王，勇敢正直，被後人尊稱為「歐洲之父」。

分，他們在繆士河畔簽訂了默森條約，將法蘭克王國一分為二。「勇敢的人」查理分得了包括舊羅馬時代的高盧行省在內的西半部分。此地區的居民語言已經被同化，完全使用拉丁語。這就是為什麼純種日耳曼民族國家的法蘭西使用的卻是拉丁語。

帝國的東半部分屬於查理曼的另一個孫子，也就是日耳曼族人稱做「日耳曼尼」的地區，這裡的土地從來就沒有被羅馬帝國占領過。奧古斯都大帝（即屋大維）曾經想要征服這塊位於「遙遠東方」的蠻荒之地，但是，在西元9年，當他的軍隊在條頓森林被敵人打得片甲不留後，他就將這個想法打消了。那裡的居民從未受到過較高層次的羅馬文化洗禮，條頓方言俚語在那裡大行其道。條頓語中，「人民」（People）被念做

「thiot」，所以，基督教傳教士將日爾曼民族所說的語言稱為「大眾方言」或「條頓人的語言」（lingua teutisca）。後來，「teutisca」一詞漸漸演變為「Deutsch」，「德意志」（Deutschland）的稱謂就來源於此。

此時，卡羅林王朝繼承者顯然是保不住那個人人注目的帝國皇冠了，於是，皇冠就這樣又滾回了義大利，從此成為了小君主、小權謀家爭相奪取的物件。他們為了得到皇冠，不惜大肆製造流血事件，當一個人戴在頭上後（根本不理睬教皇是否同意）不久，另一個更加強大的人就會將其搶走。教皇此時是四面楚歌，成為了爭鬥的中心，無奈之下，他向北方發出求援。但是，這次他找的是撒克遜親王奧托，而不是西法蘭克王國的統治者。他派人帶著信件跨過阿爾卑斯山，前去找當時這位日爾曼各部落公認的最卓越的領導人。

和其他日爾曼族人一樣，奧托對義大利半島湛藍的天空和淳樸的人民一直都有著一種莫名的尊敬。當他得到教皇陛下的信件後，就立刻派兵前去支援。教皇利奧八世為了酬謝他，將其封為「皇帝」。此後，「日爾曼民族的神聖羅馬帝國」成為了查理曼王國的東半部分的新署名。這個政治產物雖然讓人感到某種不舒服的感覺，但是，它卻具有頑強的生命力，一直存在了839年。西元1801年，也就是湯瑪斯·傑佛遜就任美國總統那年，它才終於壽終正寢，被淹沒在歷史的塵埃中。將舊日爾曼帝國徹底消滅的人，是一個中規中矩的公證員的兒子，他來自法國科西嘉島，因為在法蘭西共和國服役期間立下了不小的軍功，因而青雲直上，取得了不錯的成就。他的手下，有著一支以驍勇善戰而聞名於世的近衛軍團，在其協助下，此人實際上已經成為了整個歐洲的統治者。雖然如此，他也不能免俗，想要更多的東西。他將教皇從羅馬請了過來，參與其舉行的加冕儀式。儀式開始了，教皇很無奈地站在一邊，看著那個身材短小的人，宣稱著自己繼承了查理曼大帝的光榮傳統，然後將皇冠戴到了自己的頭上。此人不是別人，正是赫赫有名的將軍——拿破崙。歷史就好比是人生，雖然有著無窮的意外出現，但是，本質卻是極其相似。

奧托大帝加冕

在羅馬教皇的求援下，德意志國王奧托率軍翻越阿爾卑斯山侵入亞平寧，平定了羅馬內部的叛亂，在羅馬聖彼得大教堂被教皇加冕，成為神聖羅馬帝國皇帝，史稱奧托大帝。奧托大帝甚至與教皇簽訂了協議，前者不僅有保護教皇的義務，更能決定教皇的任命，致使皇權凌駕於宗教之上。

第三十章

北歐人

在10世紀，北歐人的野蠻為何使得人們不得不向上帝祈求保護？

　　西元3世紀和4世紀的時候，中歐的日耳曼人曾經時常入侵羅馬帝國，然後直接奔向羅馬搜刮財產，他們的生活幾乎就是以這樣的方式來維繫的。風水輪流轉，到西元8世紀，日耳曼人也得到了相同的待遇，他們也遭到了其他人的劫掠。對於這樣的情景，他們自然是痛恨不已，但是，這些掠奪者不是別人，正是那些住在丹麥、挪威和瑞典的斯堪的納維亞人，也就是日耳曼人的近親表兄。

　　這些從前勤勞、質樸的水手們怎麼會變成無惡不作的海盜呢？其中的原因我們並不知道。但是，可以肯定的是，當北歐人認識到了搶劫的好處以及海島生活的自由、樂趣之後，人們已經無法讓他們終止這樣的行為了。他們會在某天突然來到海岸附近的法蘭克人或弗里西亞人的小村子中，猶如從天而降的魔鬼一般，干擾著人們正常的生活。他們會將男人全部殺死，將婦女擄掠，然後揚長而去。當國王或者皇帝的軍隊趕到的時候，他們看到的只是一片瓦礫而已，那些劫掠者早已沒有了蹤影。

　　查理曼大帝去世以後，歐洲世界比較混亂，而北歐海盜們也更加大膽，他們的行動

海盜的藏身之地

　　北歐海盜的崛起讓歐陸濱海國家終日惶惶不安，出於對維京海盜羅洛家族的忌憚，法國國王冊封其為世代劃地而居的「諾曼第大公」。圖中是初期海盜們的藏身之地，城市凋敗的文明與廢墟中徒留的僅僅是無止境的貪婪與欲望。

諾曼人登陸英格蘭

　　窺視隔海相望的英格蘭多年的羅洛家族子孫積蓄力量，趁後者薄弱之際，率軍渡海征服了整個英格蘭，並自立為英格蘭國王。

也更加頻繁。歐洲所有沿海的國家都遭到過他們的欺凌，他們沿著荷蘭、法蘭西、英格蘭以及德國的海岸建立了一系列的獨立小國，最遠他們還到達過義大利。不得不說北歐人是非常聰明的，在征服其他民族後，他們能夠迅速學會其語言，同時改進自己的生活方式，將原先維京人所有的粗俗、野蠻統統丟掉了。

　　西元10世紀初期，法國海岸地區多次受到一個叫做羅洛的維京人的騷擾。那時的法國國王是一個膽小懦弱的人，根本沒有能力來抵禦這些凶悍的強盜，最後，他想出了一個賄賂的辦法，讓他們成為法國的「良民」。這位法國國王許諾說可以將諾曼第地區奉送給他們，條件是他們不能再騷擾其他地區。羅洛同意了這個交易，然後就在此定居下來，成為了「諾曼第大公」。但是，羅洛身體裡流淌著的征服他人的血液被他的子孫們繼承了下來。狹窄海峽的對面，在僅有幾小時航程的地方，就是英格蘭海岸上白色的岩壁和碧綠的田野，他們此刻就可以清楚地看到這一切。英格蘭，這個可憐的地方，曾經有多少辛酸痛苦的經歷啊！首先，他們被羅馬帝國占領，經歷了200年殖民地的生涯。然後，當他們終於擺脫了羅馬人，歐洲北部石勒蘇益格的兩個日爾曼部族，盎格魯人和撒克遜人又占領了這片土地。接著，丹麥人又來了，他們將英格蘭的大部分土地據為己有，成立了克努特王國。時間到了西元11世紀，丹麥人終於在長期的鬥爭中被驅趕了出去，一個被稱為懺悔者愛德華的撒克遜人做了國王。此人身體狀況不好，看上去似乎生命不會維持多久，同時，他也沒有任何的繼承人。諾曼第大公看到這樣的情景，自然是心動不已，於是，他開始暗地裡積蓄自己的力量，等待出擊的那一刻。

　　西元1066年，愛德華辭世，威塞克斯親王哈洛德繼承了王位。諾曼第大公認為這是一個好時機，於是，就帶領軍隊渡過海峽來到了英格蘭。在黑斯廷戰役中，哈洛德被打敗，諾曼第大公自封為英格蘭國王。

　　在上一章裡，我們說過，西元800年時，一個日爾曼酋長取代了原先的羅馬統治者，成為了著名的羅馬帝國皇帝。在西元1066年，一個北歐海盜的子孫竟然搖身變為了英格蘭國王。

　　看一下我們的歷史，是不是覺得趣味十足、妙不可言？是的，真實事情的美妙遠遠超過了神話，因此，我們大可以不再看那些神話，僅僅關注一下歷史就可以了。

第三十一章

封建制度

歐洲中部成為了名副其實的大兵營，受著三方敵人的包圍。
假如沒有職業士兵騎士和封建體制中行政官員的存在，那麼，歐
洲早已消亡。

下面，我要給大家說一下西元1000年時歐洲的概況。那時的歐洲，商業蕭條，農業
荒廢，人們的生活更是窮困潦倒，到處流傳著世界末日的傳言。人們感到十分恐慌，於
是，人們不斷湧向修道院當僧侶。要知道，在末日審判的時候，假如你正在虔誠地侍奉
上帝，那就再好不過了。

在一個很遙遠的時代中，日耳曼人離開中亞群山，開始向西遷移。他們人多勢眾地
強行侵入了羅馬帝國，然後，這個遼闊的西羅馬帝國就在日耳曼人的踐踏下消亡了。東
羅馬帝國沒有遭到入侵，完全是因為它並不在日耳曼民族遷移的路線上。但是，這個帝
國也好不到哪裡去，它已經失去了往日的輝煌，在西羅馬覆滅之後的動亂年代中苟且偷
生（歐洲歷史上最黑暗的年代當數西元6、7世紀）。

在傳教士們耐心的傳教中，日耳曼人皈依了基督教，開始接受那個世界的精神領
袖，即擔任教皇的羅馬主教。到西元9世紀時，查理曼大帝憑藉著個人能力將羅馬帝國
的光輝傳統再次復興，將歐洲大部分地區納入到一個國家中。但是，到10世紀，查理曼
苦心經營的碩果卻被破壞殆盡。帝國四分五裂，西半部分成為了一個獨立國家，即法蘭
西；東半部分則被稱為日爾曼民族的神聖羅馬帝國取代，帝國中各個國家的統治者為了
能夠獲得統治者的地位，紛紛宣稱自己是凱撒和奧古斯都的正統後裔。

但是，真實的情況是，法蘭西國王的權力僅僅侷限於皇家所居住的城堡一地而已，
而那些實力強大的大臣們則不斷對神聖羅馬帝國的皇帝發出挑釁。總之，他們只不過有
一個稱號罷了，並沒有多大的實權。

讓人們感到雪上加霜的是，有三個不同方向的敵人一直虎視眈眈地威脅著西歐。
南面是占領著西班牙的穆罕默德追隨者；西海岸則不斷有北歐海盜的侵擾；東面更加糟
糕，不但有匈奴人、匈牙利人、斯拉夫人和韃靼人的不斷入侵，而且除了一小段喀爾巴
阡山脈能夠保護一下百姓以外，其他地區幾乎沒有軍事防衛存在。

羅馬帝國那個繁榮和平的時代已經一去不復返了，人們只能在夢中偶爾回到那個遙遠的時代。如今，歐洲的局勢已經變成了「或者戰鬥，或者死。」當然，人們選擇前者的可能性更大一些。西元1000年後，因為環境的因素，歐洲成為了一個大兵營，人們急需一個強大而有能力的領導者。但是，山高皇帝遠，他們壓根不能解決迫在眉睫的事情。於是，邊疆居民（實際上，西元1000年的時候，大部分歐洲地區都可以算是邊疆）需要自我挽救。他們十分配合地服從國王派到此地的行政長官，因為只有後者才能幫助對抗外敵、保護百姓。

　　歐洲中部迅速地出現了大大小小的公國、侯國，每一個國家根據各自不同的情況自制，統治者由公爵、伯爵、男爵或主教大人來擔任。這些統治者們全部都宣誓效忠於「封邑」的國王（封邑的寫法為「feudum」，封建制（feudal）一詞就從此而來）。他們回報國王分封土地的方式就是戰爭時期全心全意地服役以及平時的納稅進貢。但是，那

蠻族稱霸的混亂

　　紛亂、強橫的蠻族肆意摧殘著昔日的帝國，將一切文明與繁榮頃刻間化為焦土，近乎野蠻的破壞與掠奪成為這幕鬧劇的主旋律。亂象叢生的蠻族內部也充斥著各種不和諧的聲音，每個人都岌岌可危，於是每個人都在傷害他人的同時祈求著被別人拯救，在渺無希望的怪圈中迷失自己。

個年代的交通和通訊是很閉塞的，皇帝和國王如果下達一個命令也很難迅速到達屬地的各個地方，所以，這些地方統治管理者的權力相對來說還是比較獨立的。也可以進一步說，在自己所屬的土地上，他們甚至取代了國王所擁有的大部分權力。

不要以為11世紀的普通人民是厭惡這種政治制度的，相反地，他們是贊同這種封建制度的，因為對於當時的時代來講，這個制度是一種行之有效且非常必要的制度。他們的大人或者領主通常居住在石頭城堡中，城堡或者位於陡峭的岩壁上，或者位於護城河之內。當人們看到這樣堅固、高大的城堡後，他們就會感到很安全，內心特別踏實，而且一旦有危險，他們就可以立刻躲進城堡中，保全自己的性命，所以他們的住所也建在位於能夠看見城堡的地方，距離城堡越近越好。也正因為如此，歐洲的大部分城市都是從城堡附近發展起來的。

這裡還需要強調一點，在早期的歐洲中世紀，騎士所擔任的職務並不僅僅限於職業

騎士之路

在歐洲中世紀的早期，騎士通常特指受過專業軍事訓練的騎兵，後來逐步演變為一種代表著身分、榮譽的稱號，作為貴族中的底層人群，騎士的晉升之路充滿艱辛，而他們肩上所承載的信仰與職責也不是常人所及的。

騎士之路

出身貴族的孩子，少年時作為騎士侍童來學習禮儀。

青年時晉身侍從修習游泳、投槍、劍術、騎術、狩獵、弈棋、詩歌以及騎士精神。

在獲取一定的認可與成績後可被受封為騎士。

騎士職責

- 法官：處理民間糾紛、刑事案件。
- 公務員：管理屬地，宣傳教育，記帳目與各類事件。
- 警察：負責治安，抓盜賊，保護商販。
- 警衛：值守水壩，保護家園與修道院。

戰士而已，他們還兼任著公務員的工作。他們是社區法官，民間糾紛、刑事案件都歸他們管理；他們是警察，負責治安、抓盜賊，保護遊走四方的小販（即11世紀的商人）；他們是水壩的值守者，防止發洪水（和4000年前，埃及法老在尼羅河谷所做的一樣），保護周圍的鄉村。他們還資助那些走街串巷的街頭詩人，讓他們可以向那些目不識丁的居民朗誦一些關於講述大遷徙時代戰爭英雄的詩歌。此外，轄區內的教堂與修道院也是他們保護的範圍。雖然他們不會讀書寫字（在當時，從事讀寫工作被認為是缺乏男子漢氣概的表現），可是卻有著一批教士被他們雇用前來紀錄帳目，紀錄那些本屬地中所發生的婚姻、死亡、出生等事件。

到了西元15世紀，國王們的權力再次回歸，他們開始充分行使自己被「上帝恩准」的特殊權力。由此，騎士們失去了那些獨立的王國，身分轉變為普通鄉紳，這個時代很快就

城堡與騎士

人們在滿目瘡痍的土地上尋找著他們新的安樂窩，而修建在岩壁上有著高牆壁壘的城堡則成為其最安全的去處，於是人們將新家修建在這些城堡的周圍，讓那裡重現生機與繁榮。少數人被冊封為高貴的騎士，他們恪守著最初的誓言，守護著這塊領地，甚至為了他們的榮譽不惜獻出生命。

不需要他們了，他們開始遭到他人的嘲笑和唾棄。但是，如果沒有封建制度的存在，那麼歐洲很可能會在黑暗時代中逐漸消亡。儘管同今天的世界有很多壞人一樣，騎士的群體中也不乏害群之馬。但是總體來看，12世紀、13世紀的男爵們還是為了歷史的進步做出了巨大貢獻，他們作為行政管理者，兢兢業業、勤奮刻苦，是他們維持著那個時代的運轉。那些歷經埃及人、希臘人、羅馬人世代承襲的文化與藝術，在那個時代已經非常微弱了，如果沒有騎士以及他們的好友僧侶的出現，可以說，歐洲的文明就會徹底消失，歐洲人甚至可能會回到遠古時代，一切從頭開始發展。

第 三十二 章
騎士制度

騎士制度。

　　騎士制度和騎士精神的產生，主要是因為歐洲中世紀的職業戰士之間可以相互幫助、相互團結，以試圖維護共同的利益。

　　關於騎士制度的起源，我們了解的並不多。但是，當時混亂無序的社會所缺少的東西，恰恰可以從這個制度中得到補充，那就是一套標準明確的行為準則。這個準則出現之後，那個時代的野蠻習俗就變得稍微文明一些了，這相對於500年的黑暗時代要好得太多了。這些野蠻的邊疆民眾，生活的大部分時間都是在和穆斯林、匈奴人或北歐海盜作戰，他們所處的環境可以說是很惡劣的，每天面對的就生死存亡，因此，想要教化他們也是有一定難度的。他們信奉基督教，對自己如此不堪的行為也感到羞恥，因此，他們在每天早晨都會發誓要改邪歸正，變得更加寬容和仁慈。但是，在黑暗還沒有來臨之前，他們就將自己的諾言統統拋棄，將所有俘虜一一殺死。但是，只要人們擁有堅韌的毅力，人類還是可以進步的。因此，那些桀傲不馴的騎士也擁有了自己的準則，否則他們的下場一定很悲慘。

　　在歐洲各地，不同地區的騎士準則或騎士精神是有點差別的，但是，總體來說，這些準則都會有「服務精神」和「忠於職守」的條款。「服務」這個概念，在中世紀是一項非常高尚、優雅的品德，如果你是一個工作勤勉、認真的僕人，那麼你也不會絲毫感到低人一等。忠誠對於騎士們來說是很重要的，那個時代必須要忠誠履行自己的職責，才有可能讓生活繼續下去。

　　所以，一個年輕騎士在起誓時會這樣說，他會永遠做上帝忠實的僕人，一生都會忠心服侍國王，對待比自己更窮苦的人們時會慷慨大方、毫不吝嗇。而且，他還保證自己言行得當、不卑不亢，不向他人炫耀自己的成就，他還願意和所有受苦的人們做朋友。當然，那些他們認為凶險的敵人——穆斯林是不包括在內的。

　　如果深究，騎士們的誓言不過是將十誡的內容，用通俗語言表達出來，以便中世紀時的人們可以理解透徹。在誓言基礎上，騎士們還創造出了一套複雜的禮儀，來約束人們的行為。亞瑟王的圓桌武士和查理曼大帝的宮廷貴族就是中世紀騎士的榜樣，這和普羅旺斯騎士的抒情詩或騎士英雄史詩中敘述的如出一轍。騎士們希望自己和朗斯洛特一

樣勇敢，和羅蘭伯爵一樣忠誠。無論他們的服飾多麼簡樸破舊，無論他們多麼貧窮、生活窘迫，他們也要保持嚴肅，極力約束自己的行為，談吐優雅，這關乎到騎士自身的聲譽。

由此，騎士團就彷彿成為了一個培養優雅舉止的學校一般，而想要保持社會在正常的軌道運行，這些東西反而是不可或缺的。騎士精神已經成為了謙虛有禮的代名詞，騎士們向他人展示著如何進行衣著搭配、如何更加優雅地進餐、邀女士共舞時該如何執行等數以千計的有關禮貌的問題。有了這些得當的禮儀，人們的生活似乎變得更加舒適，更加和諧，更加有趣了。

但是，這個制度和人類的其他制度一樣，如果一旦作用不存在，那麼迎接它的就是滅亡。

我後面將要講到的十字軍東征使得商業變得繁華，恢復了經濟活力，因此，歐洲原野上的城市猶如點點星光一般瞬間灑遍各地。當這些城鎮中的居民們逐漸累積起財富，並甘願花費金錢來聘用優秀的教師時，騎士精神的高貴舉止很快就被廣泛普及。火

騎士精神

騎士精神是中世紀以上層社會貴族文化精神為模板的道德、人格精神，既有著貴族的優雅，又有著平民的樸實，更有著武士的忠貞與血性。他們崇尚榮譽、謙卑、堅毅、摯誠、勇敢、忠誠，他們無私地堅守著內心與信仰，即便是窮途末路，也絲毫不能奪走他們高傲的氣節。

藥的出現，讓披堅執銳的勇猛戰士曾經擁有的優勢頓然全無。當雇用軍在作戰的時候不會像下棋那樣用精緻的步驟和富於美感的策劃來戰鬥，於是，騎士就顯得那麼多餘了。騎士們曾經的高尚情操幾乎沒有用武之地，所以，他們難免成為了社會的笑柄。尊貴的堂吉訶德先生或許是最後一位真正的騎士。他離世後，由於遺留下來許多個人債務，因此，那些和他相依為命的盔甲和寶劍被先後拍賣。

也不知道為什麼，這把寶劍好像經過很多人的手。比如華盛頓在福奇谷那個杳無希望的冬天配戴過它；戈登將軍在喀土穆城堡被包圍，等待死亡的時候，這把寶劍成為了他唯一的防身武器。

我不了解在剛剛過去的世界大戰中，這把寶劍究竟發揮過多大的作用，但是，可以認定的是，它有著難以估量的威力。

第 三十三 章

教皇與皇帝的權力之爭

中世紀人民古怪的雙重效忠體制，以及由此引發的教皇同羅馬帝國皇帝之間的無休止爭吵。

想要真正理解歷史上一個時期的人，將他們的行為、思想等統統理解透徹，是一件非常困難的事情。例如，你的祖父，一個你每天都可以看見的人，他在思想、行為、衣著上的選擇和傾向，都會讓你有一種生活在不同時代的感覺。當你想要深入他的思想，真正理解他的時候，即使你想破腦袋，也未必有任何成效。現在，我說的這些人要比你的祖父早25代，想要理解他們恐怕更是困難，所以，你可能要將這章讀上幾遍才可以理

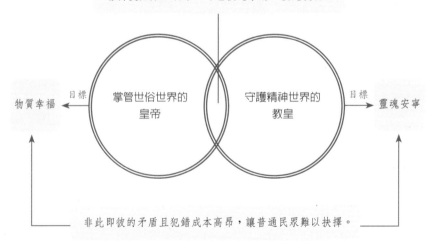

權力之爭

隨著國家的強盛、家園的復甦，人們不免又升起對羅馬強權時代的憧憬，然而兩個帝國權力的繼承者之間卻出現了巨大的分歧。這種權力之爭給普通的民眾帶來了難以抉擇的苦惱，也為國家的復興之路蒙上一層陰影。

權力雙方分工明確，卻也彼此掣肘、彼此侵犯。

物質幸福 ← 目標 — 掌管世俗世界的皇帝　　守護精神世界的教皇 — 目標 → 靈魂安寧

非此即彼的矛盾且犯錯成本高昂，讓普通民眾難以抉擇。

帝國的曙光

昔日的輝煌掩藏在僧侶們的紀錄中，深埋在城市的廢墟之下，曾經的歷史化作傳說在民間流傳，部分人見證了歷史，而絕大多數人對發生過的一切所知甚少，對於他們來說維繫生計遠比熱讀歷史更迫切且有意義。看著漸漸復興的家園，羅馬人又升起了對重回驕傲、榮耀時代的期待。

出頭緒。

在中世紀，普通民眾的生活是簡單樸素的，可以說是平淡無趣的，生活中也不會有特別的事情發生。即使是一個自由市民，可以到處遊蕩，他們的活動範圍也絕不會超過居住的鄰區，他們也總是這樣。那個時代是沒有什麼書籍的，更不要說印刷的書籍了，那根本不存在，他們能夠讀到的東西也僅是一些在很小範圍中流傳的手抄本。一些關於科學、歷史和地理的東西，隨著古希臘和古羅馬的滅亡，也早已不復存在。只是，在各地有一些勤奮的僧侶會教給人們一些認字、寫字的本領以及簡單的算術。

關於過去的歷史，他們的認識都來自於長輩們講述的故事和傳說。不過，在世代相傳的故事中，人們卻將歷史的完整性、準確性保存得很好，在人們的口述中幾乎沒有太大的出入。即使2000多年過去了，在印度，如果孩子淘氣的話，母親們依舊會說：「如果不聽話，伊斯坎達爾就會將你捉走！」伊斯坎達爾是誰？答案很簡單，他就是西元前330年率軍入侵並占領印度的亞歷山大大帝。即使幾千年過去了，依舊還在流傳著他的故事。

　　有關羅馬歷史的教科書，中世紀的人們是從來沒有讀過任何隻字片語的。真實的情況是，就連現在小學三年級兒童所耳熟能詳的起碼知識，他們可能都沒有聽說過。雖然如此，羅馬帝國這個在你們現代人看來僅是一個代名詞而已的東西，卻滲入到了他們生活的方面，他們的身心都能感受到它的存在。他們死心塌地地尊奉教皇是精神領袖，這是因為教皇住在羅馬城，他們代表的是羅馬帝國。當查理曼大帝和後來的奧托大帝冒出了想要復興「世界帝國」、創建神聖羅馬帝國的想法時，人們是無比雀躍的。中世紀早

期的人們認為那才是世界的本來面目。

在羅馬的統治中，存在著兩個不同的繼承人。這個政治制度其實很容易理解，兩個統治者有著明確的分工，世俗世界的統治者（皇帝）主要負責臣民們物質方面的幸福，精神世界的統治者（教皇）負責臣民們的靈魂。但是，當這樣的制度在真正實行的時候，卻有著很多的弊端，導致一些忠誠的自由民陷入十分尷尬的境地。皇帝總是想要介入教會的事務中，但是，教皇卻絲毫不領情，反而出面教導皇帝該如何去治理國家。因此，雙方逐漸發展成為相互的警告，希望對方不要插手自己的事情。如此下去的結果，雙方之間出現爭鬥也就無法避免了。

普通的民眾在面對這樣的情形時，該如何去做呢？作為一個優秀的信仰基督教的人，自然應當是既遵從於教皇又效忠於國王的。但是，如今這兩人成為了仇人，他們是虔誠的信仰者，也是善良的公民，他們該如何是好？

這讓普通民眾有些為難，想要給予一個明確的答案是很難的。如果當時在位的皇帝是一個精力旺盛的人，那麼，在資金充足的情況下，他會組建起一支軍隊，翻過阿爾卑斯山，進軍羅馬。他會將教皇的宮殿團團包圍，然後讓教皇屈從於自己的指令，否則結果可想而知。

但是，這樣的情況並不多見，反倒是教皇的力量更加強大一些。所以，結果就是這個沒有遵照教皇旨意的皇帝或國王以及他的全部無辜的臣民統統被開除了教

末日審判

強硬的教會通過精神世界掌控著人們的靈魂，宣稱著世界末日來臨之時，基督對世人施以最後的審判，信仰上帝並行善者升入天堂，反之則墮入地獄，百合花與寶劍預示著神的仁慈與力量。圖中被救贖的靈魂在聖彼得的迎接下踏上天堂的水晶台階，而罪惡的靈魂則在惡魔的奴役下忍受烈焰與黑暗。

籍。這代表什麼呢？這就表示國家中所有的教堂都將被關閉，人們不能接受洗禮，臨死的人也不會有神父為其舉行懺悔禱告，生前的罪行就無法被赦免。中世紀政府的一半職能就這樣被剝奪掉了。

更加可怕的事情還在後面，教皇可以赦免臣民對國王的效忠宣誓，他鼓動大家反抗皇帝的統治。但是，如果人們遵照教皇的旨意來執行，那麼國王自然也不會放過他們，必然會將他們處死，如此性命攸關豈能疏忽大意。

其實，教皇和皇帝之間的戰爭，受到最大牽連的當數普通的民眾，他們的生活會變得異常艱難。西元11世紀下半葉，是人們生活最困苦的時候。當時，德國國王亨利四世和教皇格利高里七世進行了兩場沒有勝負結果的戰爭，不但沒有什麼進展，反而導致歐洲在50年的時間裡混亂不堪。

11世紀中期，教會內部出現了紛爭，改革運動開始了。那時，教皇的產生還不是很規範，每一個神聖羅馬帝國的皇帝都希望上位的教皇是一個對帝國有利且平易近人的人。所以，當選舉教皇的時候，皇帝總是會親自來到羅馬，想方設法依靠自身的力量將對自己有利的人推上教皇之位。

直到西元1059年，形勢發生了轉變。在教皇尼古拉二世的指令下，羅馬附近教區的主教及執事們組織起一個紅衣主教選舉團，他們當中的首腦人物擁有著選舉未來教皇的特權。

西元1073年，格利高里七世被紅衣主教選舉團推選為教皇的繼任者。此人來自於托斯卡納地區的一個非常普通的家庭，名叫希爾布蘭德。他野心勃勃、精力旺盛，深信教皇神聖的無上權力建立在花崗石般堅定的信念與勇氣基礎上。在他的觀念中，他認為教皇不僅僅是教會的首領，也應該統治所有的世俗事務。既然教皇能夠決定讓一個普通的日爾曼王公做皇帝，讓他們享受前所未有的榮耀和尊嚴，那麼，教皇也有權隨意罷免他們。教皇可以將任何一個大公、國王或皇帝制定的法律廢掉，但是，對於教皇宣布的敕令，如果有人敢質疑，那麼，等待他的將是殘酷的懲罰。

爭執

皇權與教會之間對於世界的掌控權之爭從未停止，即便是顯得波瀾不驚，實則暗流湧動。他們彼此在各自的世界裡揮舞著自己賦予自己的權力威嚇著對方，矛盾、激化、衝突、平復……周而復始，渺小弱勢的平民與士兵卻深陷這幕鬧劇中苦不堪言。

歐洲所有的宮廷都迎來了格利高里派遣的大使，他們向君主們宣告了教皇最新頒布的法令，並且告訴他們要特別關注其內容。征服者威廉屈服了，他保證會遵守。但是，亨利四世，這個天生就具有反叛精神的傢伙，這個從6歲開始便經常和臣屬打架鬥毆的人，壓根就沒有屈服的意思，他打算反抗教皇的旨意。亨利四世為此召集了德意志主教會議，會議上他將格利高里無盡的罪行一一陳列，最後以沃爾姆斯宗教會議的名義得出結果，將格利高里的教皇地位廢黜了。

　　格利高里的回應是，將亨利四世這位不稱職的道德低下的國王逐出教會，同時還要求德意志的王公們與亨利四世劃清界限。日爾曼的貴族們中不乏一些野心家，他們爭相期待著取代亨利四世的位置，於是，他們開始極力要求教皇前來奧格斯堡，為他們挑選新的國王。為此，格利高里應邀離開了羅馬，開始動身前往北方。亨利四世自然也不是一個傻瓜，自己的處境多麼危險他是知道的。於是，他為了保全自己，要盡自己最大的力量來同教皇講和。雖然是在寒冷的冬天，但是，亨利依舊冒著嚴寒出發了，他馬不停蹄地翻過阿爾卑斯山，趕到了卡諾薩城堡，那是教皇途中暫時休息的所在地。西元1077年1月25日至28日，亨利穿著一件破爛不堪的僧侶裝（破衣服下藏著一件暖和的毛衣），將自己偽裝成一個虔誠的信仰者，然後，在城堡的大門前整整守候了三天時間，以請求教皇的原諒。三天後，格利高里讓他進入了城堡，並且親自原諒了他。

　　但是，亨利的懺悔是非常短暫的，剛安然度過危機，返回德國的他就原形畢露了。他故伎重施，又一次被教皇革除了教籍，而再度召集的德意志主教團會議又一次宣稱廢黜格利高里。不過，這次亨利四世率先發難，親率大軍翻越阿爾卑斯山，將羅馬城團團圍困。無奈之下的格利高里被迫讓出教皇之位，最後在流放地薩勒諾鬱鬱而終。雖然，表面上看國王似乎勝利了，但是，當亨利四世返回德意志後，教皇和國王之間的戰爭又開始了，所以，第一次的流血衝突其實沒有任何實際意義。

　　沒過多久，德意志帝國皇位由霍亨施陶芬家族奪取了，他們的作法更加猖狂、更加獨立，壓根就不把教皇當回事兒。格利高里曾經說過：教皇和所有世俗的君主相比，地位是在其之上的，因為到了末日審判的時候，他所照管的羊群裡每一隻羊的行為，都是由教皇來負責的。在上帝看來，每一個國王頂多只扮演著羊群之中忠厚、老實的牧羊人角色。

　　霍亨施陶芬家族中有一個叫做弗里德里希的人，也就是那個以紅鬍子巴巴羅薩遠近聞名的人，他提出了一個與教皇言論截然相反的觀點。他說，他的先祖之所以能夠掌管神聖羅馬帝國，是經過「上帝本人的恩准」。義大利和羅馬也是包含在帝國的領域中的，這些地方已成為帝國「失去的行省」，所以，他要用戰爭的手段將其奪回。但是在第二次十字軍東征時，弗里德里希在小亞細亞不幸溺水而死。他的兒子弗里德里希二世繼承了王位，此人極具才幹，從小就接受了西西里島穆斯林文化的薰陶，他依舊是一個反對教皇的人。

　　教皇自然不喜歡弗里德里希二世，對其冠以異教徒的罪名。事實上，對於粗俗愚

帝國與教廷之爭年表

　　德意志帝國的崛起，讓那裡的君主們試圖逐步強化對教會的控制。而隨著羅馬教廷勢力衰退以及神職人員的腐化墮落，更讓教皇的權威面臨艱巨的挑戰，也由此引發了漫長的帝國與教廷之爭。

時間	事件
1049年	由德國皇帝亨利三世推舉的教皇利奧九世推動教會內部改革。
1056年	亨利三世過世，年僅6歲的亨利四世繼承王位，德國王權衰微。
1059年	拉太朗宗教會議推行《教皇選舉法》，任命紅衣主教選舉教皇。
1073年	格利高里七世登頂教皇之位。
1075年	格利高里頒布《教皇敕令》，重申教皇對教會的獨立專權。
1066年	亨利四世在鞏固王權與教會改革中，與教皇格利高里產生衝突。
1077年	亨利四世前往義大利向教皇懺悔，格利高里重新恢復了亨利的教籍。
1083年	亨利四世舉兵發難，進逼義大利並圍困羅馬城；1085年，格利高里客死薩勒諾。
1088年	教皇烏爾班二世主持教會期間，繼續奉行格利高里政策，德國王權在內亂中不斷被削弱。
1106年	亨利五世即位，教皇帕斯卡爾二世拒絕為其加冕；亨利五世進軍羅馬，囚禁了教皇及樞機成員，雙方短暫和解後又重歸對立。
1116年	亨利五世再次率軍直逼羅馬，驅逐了教皇帕斯卡爾二世。
1122年	亨利五世與新任教皇達成一致，雙方在簽訂《沃爾姆斯宗教協定》後，聖職任命與授予的權力之爭最終平息。

笨的德國騎士和狡詐陰險的義大利教士，以及烏煙瘴氣的北方基督教界，弗里德里希二世發自內心地蔑視他們。但是，他並沒有發表任何言論，而是投身於十字軍東征，將耶路撒冷從異教徒手中奪了回來，而且還被封為了聖城之王。但是，即便他的豐功偉績無比輝煌，也絲毫不能改變教皇們的原有態度。弗里德里希二世仍然被逐出了教會，並且他的義大利屬地也被教皇授予了安如的查理，即著名的法王聖路易的弟弟。戰火因而又生，霍亨施陶芬家族中最後的繼承人，康拉德四世之子康拉德五世曾經想要將自己的義大利屬地奪回，但是失敗了。他的軍隊被敵人打敗，本人也在那不勒斯被砍了頭。但在20年後，在西西里晚禱事件中，當地居民將那些非常不受大家歡迎的法國人全部殺死

了，所以，流血和爭鬥依舊沒有消失。

看上去，教皇和國王之間的爭鬥似乎沒有盡頭，因為問題沒有解決的辦法。但是，一段時間後，雙方竟然漸漸消停了，他們之間學會了各自掌管各自的事務，他們不再涉足對方的管轄範圍。

西元1273年，德意志皇帝由哈布斯堡的魯道夫來擔任。新皇帝不願長途跋涉前往羅馬接受加冕，教皇也默許了這一情況，對德意志的事情也不願多做理會。雖然這樣平淡的和平來得晚了一些，但不可否認原本可以建設家園、發展國力的兩個世紀，被毫無任何意義的戰爭消耗殆盡。

不過，失之東隅，收之桑榆。在教皇和國家之間發生爭鬥的時候，義大利的諸多小城市則在小心謹慎地尋求平衡之間，悄無聲息地逐漸發展、壯大起來，並且擁有了獨立地位。當朝拜聖地的人流開始湧動，無以計數的朝聖者喧囂著、吵嚷著跨境奔往耶路撒冷的時候，這些小城市從容不迫地將他們的交通和飲食問題解決了，而且獲得了大量的金錢。當十字軍遠征將要落下帷幕

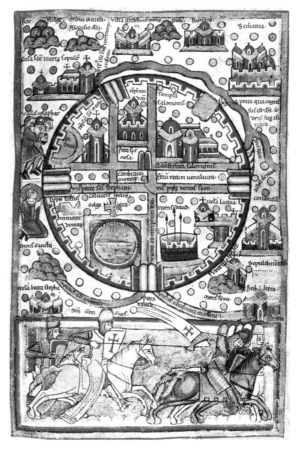

聖城之王

弗里德里希二世依然沿襲著德意志帝國霍亨施陶芬家族桀驁不馴的性格，即便是以十字軍的身分與榮耀從耶路撒冷成功趕走了異教徒，被封為聖城之王，其對教皇的懷疑與蔑視也絲毫不曾減退。致使後者將弗里德里希逐出教會，並收回了其所擁有的義大利屬地，皇帝與教皇變得勢同水火。圖為耶路撒冷。

時，他們已擁有了堅石、金錢修築起的高牆壁壘，這讓他們在直面教皇和國王時有了更多的底氣。

教會和國家之間的鬥爭，最終獲得最大利益的一方，卻是中世紀的城市，他們坐享其成，獲得了勝利的果實。

第三十四章

十字軍東征

當土耳其人占領了聖地，褻瀆了聖靈，東西方的貿易就此中斷，曾經的內部爭端被擱置一旁，十字軍的東征拉開了序幕。

在三個世紀之間，信仰基督教的人和穆斯林基本保持著和平相處的態勢，當然，西班牙和東羅馬帝國這兩個作為歐洲門戶的國家實屬例外。西元7世紀，穆罕默德的追隨者占領了基督教的聖地敘利亞。不過，他們並沒有敵視耶穌，也將他當作一位著名的先知看待（當然，肯定是比不上穆罕默德的），所以，如果有信仰基督教的人前來朝聖，他們從來都不阻攔。在康士坦丁大帝的母親聖海倫在聖墓之地建造起的大教堂裡，朝聖者可以隨便祈禱。但是，11世紀的時候，一支來自亞洲荒原被稱為塞爾柱人或土耳其人的韃靼部落，打敗了西亞的穆斯林國家，占領了基督教聖地。從此，容忍、善待的相處戛然而止。土耳其人還將小亞細亞的全部地區從東羅馬帝國那裡掠奪了過來，由此，東西方之間的貿易就中斷了。

在平常的時候，東羅馬皇帝阿歷克西斯很少理會西方的基督教鄰居，只是關注著東方，但是此刻他不得不向歐洲的兄弟們請求援助。他說了一些利害關係，他說如果君士

十字軍東征

在擠滿追隨者的大廳中，羅馬教皇烏爾班二世在神聖羅馬帝國皇帝的施壓下，為重振教皇的絕對權威，鼓動著人們加入針對伊斯蘭教國家的第一次十字軍東征，以奪回他們的聖城耶路撒冷。宗教的狂熱促使人們不顧一切地湧向耶路撒冷，並由此引發了近200年罪惡的宗教侵略戰爭。

十字軍東征歷程

西歐國家社會的困境與民生的悲慘，讓君主們不得不打起對外擴張、侵占掠奪的主意來轉嫁危機，獲得更多的財源。在尋求改變與宗教煽動的呼聲下，狂熱的人們紛紛踏上了奪取美好「聖地」的十字軍東征之路。

征討歷程	時間	大事記
第一次東征	1096～1099年	十字軍占領耶路撒冷，建立若干封建國家。
第二次東征	1147～1149年	圍困大馬士革失敗，未取得任何成果。
第三次東征	1189～1192年	攻占塞浦路斯，耶路撒冷仍在穆斯林手中。
第四次東征	1202～1204年	攻占君士坦丁堡，建立東方拉丁帝國。
第五次東征	1217～1221年	遠征埃及，沿途燒殺掠奪，以失敗告終。
第六次東征	1228～1229年	與埃及蘇丹締結十年合約，重拾耶路撒冷控制權。
第七次東征	1248～1254年	遠征埃及，法王路易九世兵敗被俘。
第八次東征	1270～1272年	法王為復仇遠征突尼斯，遭遇瘟疫，身死撤兵。

坦丁堡被土耳其占領，那麼也就意味著打開了通往歐洲的大門，歐洲各國立刻就會陷入危險之中。

義大利的一些城市有小塊的貿易殖民地散布在小亞細亞和巴勒斯坦沿岸，他們為了保全自己的財產，維護自己的利益，所以，他們便開始宣傳一些恐怖的故事。在他們的口中，土耳其被描述成了一群異常殘暴的人，他們對信仰基督教的人十分殘忍，不斷進行迫害和殘殺。當這些故事在歐洲傳播開來的時候，人們頓時陷入了恐慌。

當時，在位的教皇是出生於法國雷姆斯的烏爾班二世，他曾經在著名克呂厄修道院接受過教育，那裡也是格利高里七世曾經求學的地方。他認為展開行動的時機已經成熟。要知道，歐洲當時的情況很讓人頭痛，甚至說是極其地惡劣。那時歐洲現行的農耕方式依舊是最原始的方法（依舊延續羅馬時代的耕種方式），所以糧食匱乏一直是個問題。飢餓和失業在歐洲隨處可見，由此造成人們怨聲載道，最終釀成了動亂。西亞從古到今都是富裕的糧倉，這裡可以養活成百上千萬人，顯然，這裡是人們比較理想的生活場所，大量人開始湧向這裡。

西元1095年，教皇烏爾班二世在法國的克萊蒙特會議上，義憤填膺地控訴了那些踐踏聖地的異教徒各種惡劣行徑，然後，他又向大家描繪了從摩西時代開始，那塊流淌著牛奶與蜂蜜的富饒之地是如何的美妙。最後，他鼓動法國的騎士們和歐洲的普通人民勇敢站起來，不要被家庭的觀念所束縛，趕赴巴勒斯坦，將土耳其人趕走。

沒過多長時間，整個歐洲的人們都失去了正常的思維，人人為了宗教而變得十分

克萊蒙特

一世紀末期的羅馬主教，畢生致力於維護教皇至上的傳統與榮譽，圖為印有羅馬教皇克萊蒙特頭像的銀幣。

瘋狂。男人們將手中的鐵錘和鋸子扔掉，走出作坊，頭也不回地踏上通往東方最近的道路，奔赴巴勒斯坦屠殺土耳其人。甚至連孩子們也動了念頭，他們想要用自己的熱情和一個基督教信仰者的虔誠來說服土耳其人，讓他們改過自新。這些衝動的人們幾乎都是掙扎在困境生活邊緣的人，他們一路上為了填飽肚子只能不斷乞討或者偷盜，這不僅給遠征之路帶來了無盡的危險，也常引發沿途鄉民的痛恨而被截殺，所以這些人中大約有90%的人根本就不可能走到聖地。

充當十字軍的第一批人僅是一些烏合之眾，他們中間有虔誠的信仰基督教的人，有沒有能力償還債務的破產者，有沒落的貴族後裔，也有為遠避制裁而逃逸的罪犯，瘋癲的隱士彼得和「赤貧者」瓦特成為了他們的領導者。這群人根本沒有一點紀律觀念，就像散漫的羊群一樣浩浩蕩蕩向聖地進發了。他們懲罰異教徒的方法就是將遇到的所有穆斯林全部殺死。當他們走到匈牙利的時候，就不幸全軍覆沒了。

第一支遠征隊伍的失敗讓教會從中吸取了經驗，他們認識到如果僅依靠熱情是無法拯救聖地的，除了勇氣和意念之外，想要成功就必須要有明細的組織統籌。於是，他們用一年的時間，組織訓練了一支20萬人的軍隊，然後，讓布隆的戈德弗雷、諾曼第公爵羅伯特、弗蘭德斯伯爵羅伯特以及其他幾位具有豐富作戰經驗的貴族來做統帥。

西元1096年，第二支十字軍出發了。抵達君士坦丁堡後，這些士兵們向東羅馬皇帝進行了莊重的宣誓效忠儀式。（我前面已經說過，傳統是不會輕易消亡的，儘管現在的東羅馬皇帝是如此的無能，手中幾乎沒有任何權力，但是，他尊貴的地位依然是存在的。）然後，他們穿過海洋來到了亞洲，一路上他們把捉到的穆斯林俘虜盡數消滅。他們勢如破竹，一路殺到耶路撒冷，很快就占據了該城，並將城中的所有伊斯蘭教信仰者屠殺了。他們向聖墓進發，在那裡稱頌上帝之時，每個人都流下了虔誠和感恩的淚水。但是，好景不常，當土耳其人裝備精良的部隊湧入那裡，今非昔比的土耳其人憑藉著強大實力又重新奪回耶路撒冷，並且報復性地殺光了所有十字軍戰士。

接下來的200年中，歐洲人又接連進行了七次東征，在一次次的經驗教訓中，十字軍戰士們學會了如果更好地到達亞洲。他們發現從陸地上走危險太多，於是，他們選擇了水路。他們先是翻過阿爾卑斯山，再從義大利的威尼斯或熱那亞搭乘船隻前往亞洲。精明的熱那亞人和威尼斯人很快就發現這項運送十字軍戰士的業務有利可圖，並從中大賺了一筆。

凡是要渡海的十字軍戰士必須要支付高額的旅費，如果他們沒有錢支付，這些義大

利商人就會表現得非常大度，答應可以捎上他們，但條件是「一路上要為其工作」。十字軍戰士為了償還從威尼斯到阿卡的船費，他們不得不答應這些條件，然後他們會受命參與若干次戰鬥，並將所獲的土地交給那個船主。因此，威尼斯獲得了大量位於亞得里亞海沿岸、希臘半島、塞浦路斯、克里特島及羅得島的土地，甚至連雅典也沒有倖免於難，成為了威尼斯的殖民地。

　　十字軍所做的以上種種事蹟，其實對於聖地問題的真正解決毫無用處。隨著時間的推移，人們當初狂熱的宗教想法已經不復存在，而能夠參加一段十字軍旅程則成為了每一個出身良好的歐洲青年成長必修課程之一。所以，十字軍東征的人員從來沒有缺乏過。但是，當初出征的目的已經淡薄了很多。最初的時候，他們開始遠征的原因是出於對東羅馬帝國及亞美尼亞的信仰基督教的群眾的同情，出於對穆斯林的痛恨，但是，現在卻不是這樣的了。如今，他們仇視的對象變為了拜占廷的希臘人，這些人時常背棄十字架的信仰而蒙騙他們。連帶著，他們也仇視起亞美尼亞人以及所有東地中海地區的人們。對於名義上的敵人穆斯林，他們則從心中開始尊敬他們，對於他們表現出的寬厚、公正十分欣賞。

　　不過，即使有這樣的念頭，大家也是不會說出來的。如果十字軍戰士能夠返回家鄉，那麼，他或許就會不自覺地流露出一些從敵人那裡學到的優雅舉止，歐洲騎士們在優雅華貴的東方人面前，不過是一個鄉下的土包子而已。十字軍戰士還將東方的一些植

戰爭背後的機遇

　　在漫長的歲月中，歐洲人又發動了大規模的七次征討，十字軍將士們放棄了充滿艱險的陸路，轉而由海路乘船駛往東方。跨越地中海的航線給義大利精明的商人帶去了「商機」，他們以高昂的旅費作為交易籌碼，換取十字軍所到之處獲得的土地，從而使他們搖身成為新的殖民者。

東西方文明的交鋒

　　周而復始的攻占與淪陷，讓十字軍東征最終淪為一場徹徹底底的失敗。曾經的宗教狂熱在經年累月的打磨中漸歸平靜，東西方文明如此大規模、近距離的衝突與交鋒讓成百萬的歐洲年輕人獲得了難得的磨練、充實機會，東西方人民對於彼此不同的文化與戰爭的殘酷性也有了更為深刻的理解。

物種子帶了回來，在自家的菜園中種植培育，例如桃子、菠菜等，這樣不僅可以豐富食物種類，還可以到市場上出售換取金錢。在服飾上，他們對穆斯林和土耳其人穿著的絲綢或棉制的長袍也是相當欣賞，感覺十分瀟灑飄逸，於是，他們紛紛改變著裝，將笨重的鎧甲丟掉了。到了這個時候，十字軍東征已經成為了歐洲青年必上的一堂文化啟蒙課，而最初懲罰異教徒的目的已經漸漸被磨滅了。

　　用政治和軍事的眼光來看十字軍東征，它無疑失敗得很徹底。耶路撒冷及其他小亞細亞的諸多城市一直處於人們的爭奪之中。雖然在敘利亞、巴勒斯坦及小亞細亞等地，十字軍也曾經建立了一些很小的基督教國家，但是，最後的結果依舊是逐個淪為土耳其手中的屬地。到了西元1244年，耶路撒冷已經完全被土耳其同化了，穆斯林已經牢牢掌控了這裡，和西元1095年之前相比，聖地幾乎沒有什麼改變。

　　但是，十字軍運動卻給歐洲帶來了一次重大的變革，他們看到了東方絢爛的文明之後，就開始著手改變自己沈悶的古堡生活，為自己的生活注入了更多的活力，所以，他們必須要尋找更加合適的生活方式。顯然，教會和封建國家無法滿足他們的這種需求。

　　直到最後，他們在城市中才體驗到了這種生活。

第三十五章
中世紀的城市

「城市的空氣中充滿了自由」，為何中世紀的人會如此說。

中世紀初期，人們處於一個開拓荒野和定居的時期。中亞群山裡的日爾曼民族，他們本來生活在羅馬帝國東北部森林、高山與沼澤以外的荒野地帶，現在他們也開始大規模西遷了。他們穿越了這些充滿艱險的天然屏障，直接進入了西歐平原地區，並且占據了大部分土地。和歷史上所有的開拓者一樣，日耳曼人喜歡不斷地遷移，他們不願意一直待在一個地方，「在路上」的感覺讓他們興奮不已。他們擁有非常旺盛的精力，他們開拓森林原野，他們和敵人不斷爭鬥。這些人喜歡自由自在的生活，所以，他們不願意到城市裡面去居住。他們偏愛在草坡上吹著風放著羊，呼吸森林中的新鮮空氣會讓他們感到神清氣爽。當他們在一個地方待的時間太久了，感到了沈悶時，他們就會立刻將帳篷收起，踏上尋找新牧場的旅程。

遷移的過程是辛苦的，也是一個優勝劣汰的過程，因此，倖存下來的人都是一些頑強的戰士和勇敢的女人。在這樣的繁衍過程中，日耳曼民

日耳曼人的生活

穿行於森林、高地與荒野的日耳曼民族，質樸而務實，他們在自由的土地上精力充沛地開拓著生活的希望。即便是生活窘迫，性情堅韌的他們仍樂於安於現狀，平衡著與周邊鄰居們的複雜關係，逐步建起的村落改變了他們遊蕩的生活，以牛羊為主的畜牧業是他們主要的生計依靠。

族形成了一種堅韌、剛毅的性格，生命力極強。他們喜歡每天忙碌的日子，對生活中那些細緻美好的東西不太關注，同時，也沒有太大的興致去寫詩歌、玩樂器。他們總是務實的，不願意多說廢話，也不願意討論問題。村子中唯一「有學問的人」就是教士（13世紀中期以前，如果男人會讀書寫字會被認為是具有「女子氣的男人」），當人們有了什麼問題，當然無非也就是一些沒有太大實用性的問題時，就會去請教他。同一時期，那些具有頭銜的人或者貴族們，比如日爾曼酋長、法蘭克男爵、諾曼第大公們等，他們則問心無愧地占據著原本屬於羅馬帝國的土地，然後在那裡建立起自己的新國家。看上去，這個世界上很和諧、很完美，他們是稱心如意的。

生活中，他們竭盡全力將自己城堡和四周鄉村的事情處理得更加妥當，他們努力工作，不會有任何懈怠。但是，他們也和那些「凡人」是一樣的，虔誠地遵守著教會的紀律，他們對來世的天堂也是非常期待的。對於自己的國王或皇帝，他們也是忠誠的，雖然這些虛無縹緲的執政者遠隔萬水千山，但仍讓他們充滿敬畏。總之，他們總是將每件事情力求做到完美，公平地對待鄉居們而又不損害自己的利益。

不過，在某些時刻，他們也能感覺到生活的這個世界並不像理想中那樣美好。這裡，多數人已經淪為農奴或「長期雇工」，他們和牛羊無異，就連住的地方都在牛棚、羊圈中，他們僅是土地的附屬品而已。他們的生活還沒有到異常悲慘的程度，但也沒有太大的幸福。此外，他們還能夠怎麼做？上帝主宰著整個中世紀，他對於世界的安排自然是完美無缺的。上帝的智慧是無人能夠了解的，他安排了騎士和農奴同生在這個世界上，那麼，作為對其無限崇拜的兒女，又怎麼可以對這樣的安排心生疑慮呢？所以，即使作為農奴，他們也不會有太多怨言。如果他們勞動過度，也只是像牲口一般默默無聞地死去。他們死後，主人會因此稍稍改善一下他們的生活狀況，僅此而已，還能如何？假如農奴和封建地主主宰著這個世界的進步，那麼，可以想像一下我們今天的生活必然和12世紀沒有區別。當你牙痛的時候，也只能念一番「啊巴拉卡，達巴拉啊」的神秘咒語來緩解疼痛。如果此時出現了一位牙醫，想要用「科學」的方式解除我們的疼痛，那麼，他必然會招致我們的白眼。在他們心中，這些東西不僅沒有用處，還是惡毒的，因為這些很可能出自穆罕默德或異教徒之手。

隨著你們年齡的增長，你們會發現自己身邊有著很多對「進步」不相信的人。他們似乎很有頭腦，我敢打包票，他們會喋喋不休地將我們這個時代的某些惡性劣跡大肆渲染一番，並以此向你證明「世界從來一成不變」。但是，我希望你們不要被這些人動搖了。我們的祖先學習直立行走幾乎耗費了100萬年，然後，他們又耗費了很多世紀將動物的鳴叫聲發展成為語言。書寫術，一個對人類發明有著重大作用的東西，它可以將人類的思想紀錄下來，如果沒有它，人類是不可能有進步的，而它的出現也僅在4000年前。在你們祖父的時代，征服自然來為人類服務的新奇思想還飽受爭議。所以我認為，人類正在以一種前所未有的速度不斷前進。或許，我們的注意力更多地放在物質上，但是，我們不會一直這樣，在某個時刻我們終將把目光轉向那些除卻健康、福利、城市下水道

和機械製造等之外的其他問題上面。

在此，我要特別請你們注意一下，對於那些「古老的好時光」不要有著過多的惋惜和傷感。很多人只看到了中世紀時期富麗堂皇的教堂和優秀的藝術作品，然後將其和現在充滿噪音的喧囂和惡臭的汽車廢氣這些不文明現象放在一起，進行比較，然後說現在不如古代。這樣的說法實在是片面。中世紀時，每一個氣勢恢弘的教堂旁邊，髒亂的貧民窟都星羅棋布，相比起來，即使是現在最破舊的公寓對於那個時候來說也如豪華的宮殿一般。沒錯，當高尚的朗斯洛特和帕爾齊法爾英雄們前去尋找聖杯的時候，他們不用忍受汽油散發出來的臭氣。但是，他們不能避免其他的臭味，如穀倉牛棚的味道、大街上腐敗垃圾的味道、主教宮殿旁邊豬圈的味道，以及人們身上發出的味道，要知道很多人穿的都是祖父留下來的衣服，他們甚至一輩子沒有使用過香皂，而且極少洗澡。我不願意描述出

世界上最古老的文字——楔形文字

楔形文字是古代西亞地區刻錄在石板或者泥板上的楔狀文字，起源於亞美尼亞高原上繁衍生息的蘇美爾人。文字將遠古人的思想與記憶保存下來，成為人類文明得以延續的重要載體，而這種改變自然的發明創造正是人類得以生存、發展所仰仗的利器，更是人類擁有未來的基石。

一幅讓人看著興趣索然的景象，但是，你仔細閱讀一下古代史，當你看到法國國王站在富麗堂皇的宮殿中遠眺，卻被巴黎街道上搶食的豬群發出的惡臭熏昏的時候，如果你看到了一些手稿恰好紀錄了當時的天花和鼠疫等瘟疫慘狀，那麼你就會理解「進步」這個詞的真正涵義了，它並不僅僅是現代廣告商人的習慣用語而已。

假如，城市沒有出現，那麼，在過去的600年間是不可能出現進步的。所以，對於這個問題的討論我會使用稍微長一點的篇幅，它是如此的重要，我們不能像對其他單純的政治事件一樣用三、四頁文字就將其概述了。

古代的埃及、巴比倫、亞述都是以城市為中心進行統治，而古希臘則不是，它是由很多的小城邦組成的。腓尼基的歷史差不多也就是西頓和提爾這兩個城市的歷史。回顧強盛的羅馬帝國，即使它擁有遼闊的疆域，也全都是以羅馬為中心的。書寫、藝術、科學、天文學、建築學、文學等文明社會的產物，幾乎都屬於城市，都是從城市中誕生出的無限多的物質和精神文明。

在漫長的4000多年歷史中，我們的城市就好比是一個木製的蜂房一般，裡面居住著大量的人們，他們像工蜂一樣每天忙碌不停。城市在人們的忙碌中猶如一個大作坊，每天有著大量商品出產，推動文明進展，從而產生了文學和藝術。隨即，日耳曼人開始了大遷移，他們將輝煌的羅馬帝國毀滅，將城市這個文明的搖籃焚毀，歐洲的文明不復存在，又變成了草原和村莊的組合。由此，歐洲文明開始停滯不前，黑暗、愚昧的時刻到來了。

十字軍東征恰恰為播種文明提供了良好的條件。但是，當果實成熟的時候，收穫的人卻從十字軍戰士變成了自由城市的自由民。

我曾經講到過，那些城堡和修道院以及這類建築高大堅固的圍牆裡，居住的是騎士和他的朋友僧侶，他們守護著周邊鄉村平民的人身安全與靈魂安寧。後來，有一些像屠夫、麵包師、製蠟燭工人等手工業者也來到了城堡附近並居住下來，這樣在領主需要他們的時候，他們就可以及時趕到，同時，當危險來臨時，他們也可以在第一時間進入城堡尋求避難。如果在主人心情大好的時候，會特許這些人可以在房子周圍裝上柵欄，這樣一來他們的房子就好像是單獨一戶人家似的。但是，所有這些人的生活皆以他們對主

羅馬帝國版圖

羅馬帝國版圖中清晰地標注著每一個城市的地理位置、相通道路與實際距離，儘管稱不上嚴謹、精確，但人們不難找出地圖北岸波浪狀的萊茵河、中下部狹長的地中海以及地中海左端的馬賽、右端的科西嘉島，但這些羅馬帝國曾繁華一時的城市、港口都在日耳曼人的踐踏中毀於一旦。

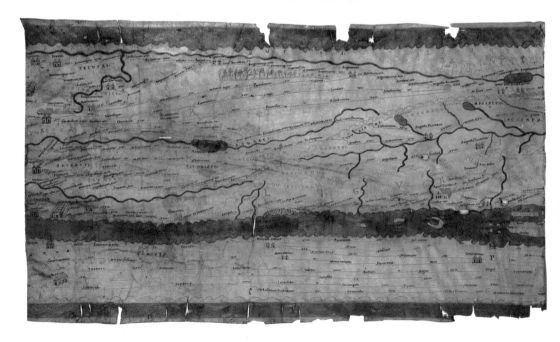

人的尊敬來換取，主人的施捨是他們生存的根本，如果在領主外出的時候，他們需要跪在路邊親吻他的手來表示感謝。

後來，十字軍東征開始了，世界在悄無聲息地改變著。從前大遷移的時候，人們是從歐洲東北部遷往西部，而這次卻使人們從蠻荒的西歐轉移到了高度文明的地中海東南地區，並在那裡接受新知識的薰陶。他們發現世界是如此寬廣，並不僅僅侷限在四壁之內的房子中。他們走出家園後，開始懂得欣賞精美的服飾、舒適宜居的房子、從未見過的美味佳餚以及其他出產於東方的讓人目不暇接的稀奇物件。雖然他們回到自己的故鄉，但是他們心中一直對這些東西念念不忘。於是，這些東西成為了那些走街串巷的小販們（中世紀唯一的商人）最新出賣的商品，他們背著各類暢銷貨物向人們兜售。這些物品很受歡迎，於是商販們的生意越做越大，顯然人力攜帶物品已經不能滿足市場的需求，於是賣貨車出現了。不但如此，商販們為了防止在戰爭頻頻之地出現一些違法行為，他們還雇用了昔日的十字軍戰士來保護自己。於是，商販們就開始在更加便利的條件下做起了更大的生意。但是，商人的生意也並不是那麼好做的，當進入一個領主的屬地時，他們必須繳納商品稅和過路費。雖然這樣的剝削讓人無奈，但總體來說商販們還是有利可圖的，因此，他們對這樣的經商方式還是可以接受的。

後來，商人中一些較精明的人發現，其實他們可以不必從遠處購進商品，完全可以自己生產。於是，他們立刻行動，在家中騰出一片空地，設立了作坊開始生產。於是，他們逐漸成為了產品製造商，結束了行商的生活。他們的商品不僅提供給城堡中的領主和修道院院長，也能賣給附近城鎮的居民。領主、院長們和他們進行物物交換，他們用農莊中的產品，比如雞蛋、葡萄酒、代替糖的蜂蜜等換取所需商品。但是，物物交換的方式不適合用在偏遠市鎮的居民，他們只能支付現金。於是，製造商和行商逐漸累積了部分碎小金塊，而這完全顛覆了貴金屬在中世紀初期的社會地位。

或許在你的腦海中無法呈現出一個沒有錢幣的世界。我們所生活的現代城市，如果離開錢幣，那麼你將舉步維艱，很難生活下去。我們必須一天到晚隨身攜帶一定的錢幣，方便隨時可能出現的支付情況。乘公共汽車你要花費1便士，餐廳吃晚餐你需要花費1美元，晚飯後供消遣的報紙還需要花費你3分錢。但是，在中世紀初期，很多人或許一輩子連一塊錢幣都沒有見過。在希臘和羅馬滅亡之後，他們的錢幣被廢墟掩埋在地下，接下來，經過大遷移的世界則完全成為了一個自給自足的農業社會，每一個農民都不需要依靠他人而生存，他們所種植的糧食，所飼養的綿羊和奶牛，讓他們完全可以衣食無憂。

中世紀騎士的另一個身分就是擁有田產的地主。他們自己的莊園中可以提供給他和他的家人所有吃穿用的物品。房屋的修建也是如此，磚塊從最近的河邊製造出來，大梁則從男爵的森林中出產。他們極少有用錢購買東西的機會，即使需要購買，也是用自家生產的蜂蜜、雞蛋、柴火去交換。

這樣古老的農業模式卻因為十字軍的東征而發生了巨大的轉變，甚至難以維持下

平民的悲哀

　　上層社會的領主們在被授予的土地上修建起高大堅固的城堡與塔樓，而從事著各種行業的平民在附近安頓下來，靠出賣勞動成果換取平穩的生活。領主們肆意剝奪著平民的權力與財富，甚至在平民維持生計的莊稼、魚塘中圍獵取樂，圖為日耳曼貴族在領地迫使平民在他們的莊稼、魚塘中協助圍獵。

去。你想像一下，如果希爾德海姆公爵打算前去聖地，那麼，他就必須走上數千英里的路才可以到達。路途中，他必須要吃飯、住宿，由此會產生費用支出，那麼，他怎麼去支付呢？像在家中一樣拿著自己的農產品去支付給某個威尼斯船主或布倫納山口旅店主嗎？顯然不可能，難道他要帶著一百打雞蛋和整車的火腿踏上旅程嗎？何況，這些先生們只收現金。所以，公爵無奈之下就只能帶著少量的金子出發了。

　　但他們根本沒有金子，於是，只好向老隆哥巴德人的後裔倫巴德人借一些。這些人早已經成為了專職的放債者，他們一個個悠然自得地坐在兌換的櫃台後面（櫃台寫法為「banco」，也是銀行「bank」的由來）。對於公爵大人借幾百個金幣的要求他們是很豪爽的，只是，他們要求公爵必須將莊園抵押給他。如此，公爵假如在東征期間出現意外的話，他們也不會因此損失一筆金錢。

　　顯然，這樣的交易對借錢的人來說是有一定風險的。最後的結果大多都是莊園歸倫巴德人所有，而騎士因此傾家蕩產，只能作為戰士受雇於另一個更強大、更精明的騎士

鄰居。

　　除此之外，公爵大人還可以到城鎮的猶太人居住區借款，不過他需要支付50%~60%的利息，顯然，這樣的交易也是很不公平的。難道就沒有其他的辦法來解決這件事情嗎？公爵想起了城堡附近小鎮中居住的一些有錢的人。公爵和他們從小就認識，他們的父輩也同樣是非常熟悉的人，這些人肯定不會提出非分的要求。因此，公爵就讓文書，也就是為公爵記帳的識字教士，寫了一張紙條給當地最著名的商人，請求借一筆小小的貸款。這件事可謂是轟動全城，大家相約聚集到了為教堂製作聖餐杯的珠寶商那裡，城裡所有稍具地位的人都來了，他們要慎重討論一下這件事。拒絕公爵他們認為有些不妥當，但是，那些微薄的「利息」對他們也沒有什麼意思。一來收取利息有違人們的宗教信仰，二來利息也不過是農產品而已，這些東西大家很充裕，沒有必要獲得更多。

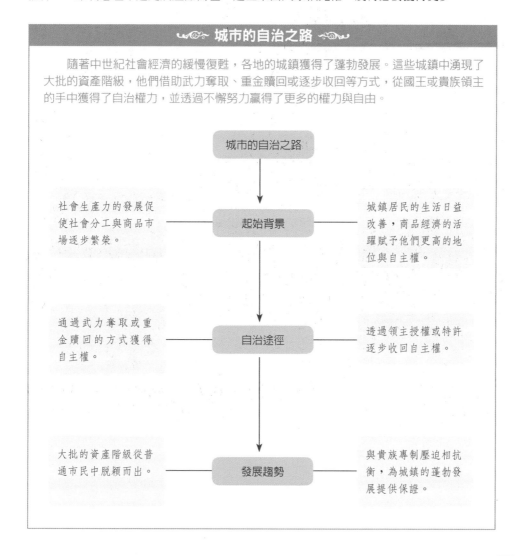

城市的自治之路

　　隨著中世紀社會經濟的緩慢復甦，各地的城鎮獲得了蓬勃發展。這些城鎮中湧現了大批的資產階級，他們借助武力奪取、重金贖回或逐步收回等方式，從國王或貴族領主的手中獲得了自治權力，並透過不懈努力贏得了更多的權力與自由。

城市的自治之路

社會生產力的發展促使社會分工與商品市場逐步繁榮。 ── 起始背景 ── 城鎮居民的生活日益改善，商品經濟的活躍賦予他們更高的地位與自主權。

通過武力奪取或重金贖回的方式獲得自主權。 ── 自治途徑 ── 透過領主授權或特許逐步收回自主權。

大批的資產階級從普通市民中脫穎而出。 ── 發展趨勢 ── 與貴族專制壓迫相抗衡，為城鎮的蓬勃發展提供保證。

　　這時，一位平時總是安靜專注於自己工作，貌似一個哲學家模樣的裁縫開口說話，他說：「其實，我們是不是可以要求公爵大人恩准我們一件事情，來作為借錢的回報呢？我們都非常喜歡釣魚，但是，公爵大人從來不允許我們到小河裡釣魚。假如我們讓其簽署一份協議，准許我們隨意在他所有的河流中釣魚，我們則借給他100元。怎麼樣呢？這樣的交易是不是很合理呢？他得到了金錢，我們則得到了釣魚的權利。」

放貸人的出現

　　商業的發展促生了擁有一定數量現金的放貸人的出現，在那些現代銀行前身的商鋪中，放貸人坐在櫃台後面認真地秤量著錢幣的重量，身後抵押品的貨架、角落裡閒談的人都變得不再重要，連他的妻子也停止了手中書頁的翻動，被這一刻吸引過去。只有桌面上凸起鏡子中映現的巨大十字窗、尖頂高聳的教堂以及窗前讀書的人，暗示著他們此刻內心的平靜與虔誠。

公爵大人欣然接受了這筆看似划算的交易，其實他簽署的協議實際上是一份有關自己權力存亡的證明（不過表面上看，公爵絲毫沒有損失地得到了100金幣）。他讓文書將協議書寫好，蓋上自己的印章（他不會寫自己的名字），然後，他就帶著金幣和滿腔熱血前往東方抗擊穆罕穆德的追隨者了。直到兩年之後，兩手空空的公爵回到家中。當他看見城堡池塘邊擺著一溜兒的魚竿，悠閒的鎮民們正在釣魚，他十分憤怒，立刻命令管家將他們趕走了。這些人當時沒有說什麼，只是很聽話地離開了。但是，到了晚上，城堡裡迎來了一個商人代表團。他們對公爵依舊是尊敬的，先是道賀其平安歸來，接著為今天因釣魚而讓大人生氣的行為進行了道歉。然後，他們矛頭一轉，提醒大人他們釣魚是合法的，這是得到大人恩准的。裁縫則將那個在珠寶商的保險箱中精心保管了兩年的協議書拿了出來。

公爵一看到特許狀，更是怒火中燒，更加生氣了。但是，他並沒有發火，他想起自己現在急需一筆金錢。此時，在著名的銀行家瓦斯特洛·德·梅迪奇手中，有著公爵親自簽下大名的文件，這些文件可都是那些可怕的「銀行期票」，這是他在義大利的時候欠下的債務，多達340磅佛蘭芒金幣，兩個月後就是最後期限了。公爵想到那筆錢後，就暫時忍住了怒火，盡力讓自己保持平靜，接著他向商人提出借錢的要求。商人們沒有立即答應，而是回答要回去商量一下。

三天後，商人來到城堡，答應了公爵的請求。他們說能夠幫助大人度過困境，他們感到很榮幸，不過，作為借錢的回報，公爵是不是可以再簽訂一張書面保證（也就是特許狀）。內容就是准許他們建立一個由商人和自由市民選舉出來的議會，城鎮內部的事務則由其管理，不再受到城堡的限制。

此次，公爵大人幾乎要跳起來了，他認為商人實在是得寸進尺，但是，他因為急需金錢，所以無奈之下只能答應了。僅簽訂協議一周而已，公爵就反悔了。他帶領自己的士兵，氣勢洶洶地來到了珠寶商家中，要求他拿出特許狀。公爵說這本非自己的本意，是這些狡猾的商人趁人之危，從他手中騙走了。公爵拿到特許狀後就將其燒掉了。市民們沒有任何的反抗，只是默默地接受了這一切。

公爵的女兒要出嫁了，但是，他卻拿不出嫁妝。他想要借錢，但是卻沒有一人願意借給他。在珠寶商家中發生過那件事情後，公爵大人已經給人留下了「信用不良」的印象。公爵只好屈尊求和，並且答應給予商人一些補償。這次市民不僅將前面所有的特許狀拿了出來，而且還重新加了一張，那就是建造一座「市政廳」和一座堅不可摧的塔樓。公爵在協議上簽字之後，他就拿到了合同上的第一筆借款。塔樓是幹什麼呢？就是為了更好地保管文件和特許狀，以防出現火災或者盜竊事件。其實，真正的目的是為了防止公爵再次反悔。

在十字軍東征開始以後的幾個世紀中，這類事件在歐洲各地都是很常見的。但是，權力從封建城堡轉移到城市的過程是漸進的，並不是一朝一夕就形成的。在這個過程中，也會出現爭鬥的現象，比如有幾個裁縫或者珠寶商被殺死了，比如有些孤立的城堡

被焚毀等。但是，此類事件發生的次數並不多。在悄無聲息中，城鎮變得越來越富裕，封建地主變得越來越窮困。封建地主雖然沒落了，但是，他們依舊堅持著自己應當有的場面，這樣才不失其身分，可是，如此大的開銷他們怎麼應付得了呢？所以，他們就不得不用授予公民特權的方式來換取自己所需的資金。城市的力量不斷擴大，甚至，有些逃跑的農奴也被他們收留了。在城牆後面居住若干年之後，他們重新獲得了自由和地位。不但如此，城市周圍的鄉村裡思想先進的人們也深受感染，將城堡的中心位置取代，他們十分高興自己能夠取得如此重要的地位。在古老的市場周圍，也就是那個維持了幾百年的進行物物交換的市場，一些新的教堂和公共建築拔地而起，城市居民則常常在此聚會，以商討、維護自己的權力。他們出錢請來了僧侶去傳授他們子女知識，因為他們想要自己孩子獲得更好的機會。他們在得知有個畫師可以在木板上畫出精美的圖畫，於是，他們不惜重金將其請來，讓他們畫上美輪美奐的聖經圖畫來妝點教堂和市政廳。

珠寶商的店鋪

　　商人們將精美、稀有且具有一定價值的寶石、首飾、工藝品以及其他收藏品作為商品進行銷售，不僅滿足了部分資產持有人對高檔生活的需求，更能作為財富儲藏，甚至作為交換媒介，承擔市場流通。圖中一對中世紀夫婦正在自己經營的珠寶行中接待顧客。

自由與權力

　　為了保護自身的權益不被侵犯，居民們自發成立由其自己推選成立的聯合組織，來管理城市或城鎮的
內部公共事務。居民們甚至通過各種方式要求、交換或購買封建統治者授予的特許狀，進而獲得諸如法律
許可、財政豁免等城鎮特殊權力與授權。

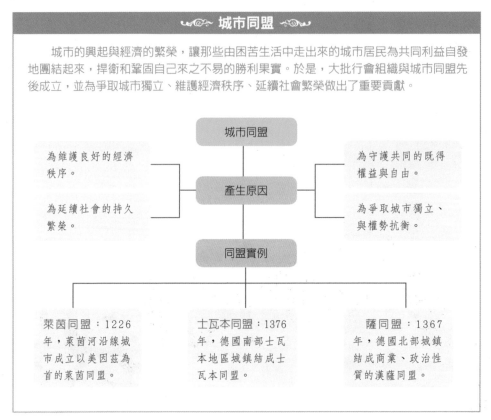

城市同盟

城市的興起與經濟的繁榮，讓那些由困苦生活中走出來的城市居民為共同利益自發地團結起來，捍衛和鞏固自己來之不易的勝利果實。於是，大批行會組織與城市同盟先後成立，並為爭取城市獨立、維護經濟秩序、延續社會繁榮做出了重要貢獻。

城市同盟

為維護良好的經濟秩序。

為延續社會的持久繁榮。

產生原因

為守護共同的既得權益與自由。

為爭取城市獨立、與權勢抗衡。

同盟實例

萊茵同盟：1226年，萊茵河沿線城市成立以美因茲為首的萊茵同盟。

士瓦本同盟：1376年，德國南部士瓦本地區城鎮結成士瓦本同盟。

薩同盟：1367年，德國北部城鎮結成商業、政治性質的漢薩同盟。

　　此時此刻，老態龍鍾的公爵大人神情淒涼地坐在自己潮溼、陰暗的城堡大廳中，他看著外面那和自己無關的繁榮景象，心中十分懊悔。他腦海中浮現出他人生中最倒霉的一天，那天，他在一張特許狀上簽上了自己的名字，就是那個糊塗的簽字，就是那個似乎沒有大礙的特許，讓他淪落到了今天的地步。這是為什麼呢？雖然公爵現在懊悔不已，但他已經無力回天了。要知道，那些鎮民們，已經得到了許多特許狀和文件，幾乎塞滿了保險櫃，他們現在壓根不把公爵大人放在眼裡，甚至還會對他指手畫腳。現在，他們的身分已經成為了自由人，這可是他們艱苦奮鬥了十幾代人才獲得的權利，現在是他們好好享受權力的時候了！

第 三十六 章

中世紀的自治

在本國的皇家議會中，城市的自由民是如何維護自己發言權的。

當人類的歷史還位於遊牧的階段，人們為了生存到處遷移尋找牧場的時候，每個人都是平等存在的，人們享受到的社會福利和安全都是一樣，每個人都有著一樣的權利和義務。

但是，當人類開始定居生活的時候，就開始發生變化了，社會有了窮人和富人之分。當然，管理的權力也都落在了富人手中，因為當窮人在為生計奔波的時候，富人卻有大量的空餘時間研究政治。

前面的章節中，我講述過發生在古埃及、古美索不達米亞、古希臘和古羅馬中，關於富人掌管統治權的具體過程。當羅馬帝國覆滅以後，歐洲逐漸恢復了元氣，正常的生活秩序被重新建立起來的時候，在遷移到西歐居住的日爾曼部族中再次上演了此類事件。西歐世界中，最高的統治者就是皇帝，他是從日爾曼民族大羅馬帝國中的7、8個最重要的國王中推舉出來的，他擁有的權力可以說是無人比擬的，但是真實的情況卻是皇帝的權力得不到落實，也就是說他僅有名義上的權力，而沒有實權。少數幾個身家堪憂的國王掌控著整個帝國，而成百上千個諸侯牢牢控制著城鎮日常的政務管理，他們的屬民就是那些自由農民或者農奴。當時，城市的數量是寥寥無幾的，更不會有中產階級的存在。在經過1000年的銷聲匿跡之後，在西元13世紀，中產階級的商人再次回到了歷史的舞台上。中產階級的崛起，其實就和上一章所說的一樣，這就意味著封建的統治正在走向衰敗。

到現在為止，那些國家的統治者——國王們依舊對貴族和主教們的需求十分關心，但是，當隨著十字軍東征而逐漸繁榮起來的貿易和商業已經不能讓人忽視的時候，他們也只能被迫承認中產階級的地位，要不然，等待他們的將是虧空的國庫。話又說回來，這些國王（如果當初他們硬著頭皮去做）即使向他們的豬和牛討論財政問題，也不願意求助城市的自由民。但是，這些已經成為了既定事實，他們即使逃避也是沒有用的，因此他們不得不吞下自種的苦果，它鍍金的外表如此亮麗，但暗地裡的爭鬥也是無法避免的。

在英格蘭，當獅心王查理沒有在國內的時候（他前往聖地對抗異教徒，儘管實際上

他在奧地利的監獄中耗費掉了十字軍東征的絕大多數光陰），他的兄弟約翰接手管理著國家的事務。在作戰方面，約翰確實要比查理差很多，但是，在治理國家的才能上，兩個人倒不相上下，都是一樣的無能。約翰剛剛開始管理國家不久，諾曼第和大部分的法國屬地就被其他國家占領了，由此，他開始了他倒霉的政治生涯。然後，他又和教皇英諾森三世陷入無盡的爭執中。這位教皇是霍亨施陶芬家族出了名的敵人，在和約翰的爭鬥中，他毫不留情

獅心王查理

以勇猛、剛毅聞名於世的獅心王查理是歐洲最著名的騎士國王之一，他對國內民眾不屑一顧、橫徵暴斂，與他國關係僵化甚至敵視，一生雄心壯志、縱橫馳騁，將畢生的精力傾注在十字軍東征與歐陸戰場上，終歸無功而返，卻留給後世無盡的騎士精神與濃烈的傳奇色彩。

約翰王與《大憲章》

查理一世時期的窮兵黷武、橫徵暴斂，不僅削弱了王權，更讓其弟約翰王在執政時期遭遇了空前的政治危機與經濟困境，而後者對王權的肆意濫用更招致貴族們的反對，最終不得不在改革呼聲與武力逼迫下簽訂了《大憲章》。

憲章確認了各等級的權利不容侵犯，迫使皇室放棄部分特權、尊重司法。

在大主教蘭頓和輿論呼聲下，貴族以武力迫使國王簽訂《大憲章》。

為募集軍費前任國王出賣了大量特許狀；地方自治團體以新生力量的身分登場。

約翰王在執政時期奉行高壓政策，長期征戰卻接連失敗，國內上下皆不得人心。

地將後者趕出了教會，就像兩百年前格利高里七世對付德意志國王亨利四世一樣。最後雙方議和的方式也和兩百年前雷同，西元1213年，約翰委曲求全，到教皇面前懺悔，從而達成了和解。

約翰幾乎沒有任何的政績，反而屢遭失敗，但是，他卻沒有一絲著急的跡象，反倒大肆濫用王權。這讓他的那些大臣們十分憤怒，最後忍無可忍將其囚禁起來。然後，迫使他答應不再侵犯大臣們自古就存在的權力，好好治理這個國家。此事件發生在西元1215年，在泰晤士河靠近倫尼米德村的一個小島上，約翰簽署了一份被稱為「大憲章」的協議。這個協議內容並沒有什麼突破，其中規定了國王本來就應該擁有的責任，還將

《約翰王大憲章》

為了平衡教皇、英王、貴族三方對於皇室特權的分歧，人們以憲法的形式對英國國王約翰絕對王權的範圍、力度加以挾制與約束，憲章迫使皇室放棄或受限於部分特權，賦予貴族更多的政治權力與自由，畫定了平民的某些權力與法律限制，成為處於空白狀態的英國成文憲法的重要基石，也稱《自由大憲章》。

大臣們應當享有的權利列舉了出來。此外，該憲章中規定了一些屬於新興商人階級的權利，至於農民的權利（如果存在的話）幾乎沒有涉及，儘管農民的人口占據著國家人口的絕大部分。這份憲章相對來說還是很重要的，它是第一次以明確的書面語言將國王的權力進行了嚴格的限制。但是，總體而言，它依舊擺脫不了中世紀文件的影子。這個憲章中對於老百姓的權利沒有任何的規定，除非他們屬於某個大臣的財產，他們才可能得到保護，而不受到他人的壓迫，就好比男爵的森林和牛必然會受到加倍看管，皇家林務官不能過度插手一樣。

但是，在幾年後，人們卻在陛下的議會上聽到了截然不同的言論。

本性陰險、玩世不恭的約翰曾言之鑿鑿地向大臣們許諾，但就在大憲章剛剛簽訂不久，餘音未消，他就將其中的每一個條款都打破了。不過讓人欣慰的是，不久後他就離開了這個世界。他的兒子亨利三世繼承王位，後者迫於壓力重新認可了大憲章。此時，亨利的查理舅舅，那個忠誠的十字軍戰士早已將國家的大筆金錢投入到了戰爭中，甚至國家還欠著睿智的猶太人一筆不菲的錢財。為了能夠還上欠款，他只能想辦法去借錢籌款。但是，那些擁有大量土地的皇家顧問和權力無上的大主教們卻不能拿出這筆救命錢，幫助亨利度過難關。在這樣的情況下，亨利迫不得已下令，准許城市代表前來參加他的大議會例會。

英國議會印章

貴族、主教與城市代表逐步走上了政治的前台，他們結成的國家議會左右著國家重大事務的取捨、安排，一躍成為國家的主人。社會第三等級及底層平民的聲音終於有機會出現在決定國家未來方向的辯論中，圖中是刻著英國議會進行場景的印章。

西元1265年，新興階級的代表初次走到了公眾的面前，參與到了國家的政務中。但是，他們被限制在只能發表財政稅收方面的建議，他們的身分被定位為財政專家，不能參加國家事務的一般性討論。

但是，這些「平民」代表們的影響力並不能忽視，而且隨著時間的推移，他們的影響力逐步擴大，很多事情都要徵求他們的意見。最後，這個由貴族、主教和城市代表組成的會議發展成為了一個固定的國會，也就法語說的「ou l'on parlait」，意為「人民說話的場所」，國家在做重大的決定之前，必須通過議會的討論。

或許你會認為，這種擁有一定執行權力的議會形式是英國人發明的，其實，並不是這樣的，這並不是英國人的專利。這類「國王加國會」的政府決策結構不僅出現於不列顛諸島，甚至在歐洲已經遍地開花，幾乎每個國家採取的都是這樣的形式。例如法國，

中世紀以後迅猛膨脹的王權已將國會的勢力逼至了牆角，其影響力大大降低。西元1302年，城市的代表已經被允許可以出席法國議會，但是，直到五個世紀以後，國會的權力才逐步強大起來，足以維護中產階級，也就是「第三等級」的權力。接著，他們開始努力工作，將以往浪費的時間追回來。在法國大革命**轟轟**烈烈的進程中，國王、神職人員及貴族的特權被完全取消掉了，這片土地的真正統治者成為了普通的人民代表。例如西班牙，在西元12世紀的前半期就已經開放了「cortes」（即國王的議會），允許普通民眾參與其中。例如德意志帝國，一些比較重要的城市躋身於「帝國城市」的行列，這讓他們代表的意見在帝國議會必須得到尊重。

在瑞典，早在1359年的時候，民眾代表就已經開始出席全國議會了，而且還是第一屆。在丹麥，傳統的全國大會在西元1314年重新恢復，即便是貴族階層為掌控國家政權不惜犧牲國王和人民的利益，那些城市代表的權力也依然沒有被完全剝奪。

而在那些斯堪的納維亞半島國家，那些關於議會制度的事情會更加有趣一些。例如冰島，從9世紀開始，他們就開始召開大會，參與會議的成員由所有自由土地的擁有者組成，他們共同來處理國家事務，而且這個形式延續了一千多年。

在瑞士，各地的自由市民們一直為保衛自己的議會而不遺餘力，確保其不會被封建主肆意踐踏，最後也獲得了成功。

最後，看一下低地國家的情況。在荷蘭，13世紀的時候，很多公國和州郡的議會大門就已經為新興階級敞開。西元16世紀，一些小省份開始聯合反抗國王的統治，他們通過一次「三級會議」協商後將國王正式罷黜，將神職人員趕出議會，由此，貴族特權被徹底消滅。然後，由七個地區共同組建的尼德蘭聯合省共和國獨立掌管國家及行政事務。在兩個世紀的時間中，城市議會的代表們管理著國家，這裡沒有國王、主教、貴族，有的只是純樸的自由民，他們自己就是國家的主人，城市的地位被推上頂峰。

第三十七章

中世紀的世界

對於這個中世紀的人們所意外降生的世界，他們有何看法呢？

中世紀時人們的生活狀態

與現代人擅於從對現實世界的思考與質疑中改善、甚至改變命運不同，中世紀的人們則完全沒有爭取自由與權力的意識，他們將自己看做社會中萬年不變的一份子，理所應當接受既有秩序的限制與規劃，神學中的地獄與天堂如此真實且觸手可及，安分守己、勤苦不懈地抵達天堂才是他們唯一最好的歸宿。

對於我們現代人來說，日期無疑是一個非常重要且實用的發明，很難想像沒有日期會怎麼樣，我們必然會感到很難適應，甚至做任何事情都無從說起。但是，在使用日期的時候我們也要注意，否則很有可能被日期玩弄。歷史其實沒有太多明顯的時間限制，而日期卻讓歷史過分精確。比如說，關於中世紀人們的思想和觀念，並不就是說在西元476年12月31日的時候，所有的歐洲人忽然意識到這個重要時刻來臨了，他們大聲高呼：「羅馬帝國滅亡了，我們來到中世紀了，真是奇妙啊！」

在查理曼大帝的法蘭克宮殿中，你可以發現有些人的生活習慣、行為舉止，甚至思想和一個羅馬人幾乎沒有差別。此外，隨著你年齡的增長，你也會發現如今也有些人的思想還停留在遠古時代。任何的時間和年代都是相互重疊在一起的，思想是一代接著一代發展，渾然一體、難分難

❧❧ 黑暗時代 ❧❧

約在西元476年至西元1453年間，即西羅馬帝國滅亡後至15世紀地理大發現時代，歐洲經歷了一段漫長的戰亂頻繁、經濟停滯時期，封建制度占據著統治地位，人們終日生活在渺無希望的黑暗之中，這段時期就是中世紀，也被稱作「黑暗時代」。

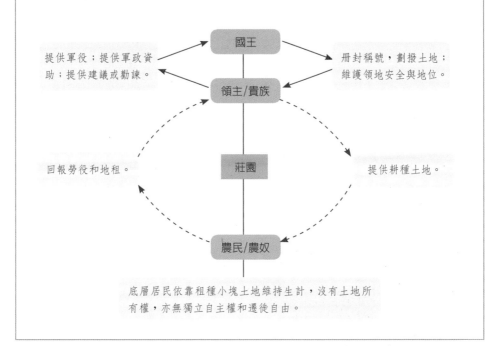

提供軍役；提供軍政資助；提供建議或勸諫。

國王

冊封稱號，劃撥土地；維護領地安全與地位。

領主/貴族

回報勞役和地租。

莊園

提供耕種土地。

農民/農奴

底層居民依靠租種小塊土地維持生計，沒有土地所有權，亦無獨立自主權和遷徙自由。

解。但是，讓我們對中世紀許多代表人物的思想做一番研究，讓我們了解他們的生活，了解他們對遇到的難題所最常持有的態度，這些都還是可以實現的。

前提是，你需要明白，在中世紀人們的思想中，天生自由的公民對於他們來說是不存在的，他們不懂得依憑自己的意志行事，不懂得依靠自己的才能或者經歷或者運氣是能夠改變命運的。相反的，他們認為自己是整體的一部分，這裡本就應該有皇帝和農奴、教皇和異教徒、英雄和流氓、窮人和富人、乞丐和盜賊。和現代人本質的區別在於，他們從來不會懷疑這個看上去至高無上的秩序，只會坦然接受一切而已。而這些放在現代人面前，人們對於一切事情總想弄清楚原因，更會想方設法改善自己的政治和經濟條件。

天堂是一個神奇且充滿幸福美好的地方，地獄是一個恐怖且到處充斥著苦難、惡臭的場所，這些晦澀難懂、甚至有些離奇的神學言論，對於13世紀的善男信女們來說，都是無可辯駁的真實存在。在中世紀，不管是騎士還是自由民，今生的所作所為幾乎都是在為來世做準備。而現代人的一生在經歷過忙碌和享受之後，會以古羅馬人和古希臘人特有的平靜、安詳來有尊嚴地死去。當死亡來臨的時候，我們會在回憶自己六十年的工

作和勤奮中，伴隨著一切安好的心情悄然離開這個世界。

而在中世紀，陰森恐怖、面帶微笑的死神總是會出現在人們生活的各個角落：人們在沈睡時，死神會用恐怖的琴聲將他們驚醒；他也會悄然無聲出現在溫馨的餐桌邊；當人們和女伴一起外出散步時，他會尾隨其後，藏在樹林或者灌木叢陰影中對著人們陰險詭異地微笑。假如，你的童年不是在安徒生和格林的美麗童話中成長，而是每天耳邊都充斥著讓人毛骨悚然的鬼故事，那麼，恐怕你的人生也會陷入對世界末日和最後審判的畏懼中。要知道，中世紀的兒童就是這樣，他們的世界中天使是稍縱即逝的東西，而世界裡充滿了妖魔鬼怪。恐懼有的時候讓他們的靈魂變得虔誠和謙遜，但更多時候，恐懼會引導他們走入殘酷、傷感的另一個極端。在占領一座城市後，他們會將所有婦女兒童殺掉，接著他們帶著沾滿可憐人鮮血的手前去聖地懺悔。他們在上帝面前祈禱、流淚，訴說著自己的罪行，請求仁慈上帝的寬恕。可是，轉過頭，他們的憐憫之心會消失得無影無蹤，將更多的伊斯蘭教信仰者統統殺死。

福音書首頁

《聖經》共分66卷，其中舊約全書39卷，新約全書27卷，而後者包括福音書、史書、信仰者書信以及啟示錄。當古老的文明連同古蹟一起被野蠻人埋葬，肩負著延續歷史與文明的後來者唯有在《聖經》中找尋人類那些曾經美好的東西與殘破的記憶。

不過，作為騎士，十字軍所奉行的準則和普通人的行為標準是有差別的。但是，普通人在這一點和其主人是相同的。他們好比是一匹天生敏感的野馬，即使一個影子、一張紙片也會讓他們受到驚嚇。他們可以毫無怨言地忠心為主人服務，並成績斐然，但當其在迷亂的想像中與鬼怪對視，他們也會嚇得四散奔逃，並做出一系列恐怖的事情來。

在對這些性情敦厚的人進行品評之前，我們最好先體諒一下他們糟糕的生活環境。他們不過是一些毫無知識涵養的粗魯之人，只是非要裝出一副溫文爾雅的樣子罷了。查理曼大帝和奧托皇帝從名義上來說都是「羅馬皇帝」，但是，如果他們站在真正的羅馬皇帝奧古斯都或馬塞斯‧奧瑞留斯面前，卻有著天壤之別。這就和剛果皇帝旺巴‧旺巴和受過高度教養的瑞典或丹麥統治者之間具有的差別是一樣的。古老的文明在他們的祖父和父親時期就已經銷毀殆盡，他們根本沒有機會接受文明的薰陶，他們現在僅是一群生活在羅馬帝國輝煌古蹟上的蠻族而已。他們一個

《聖經》與聖哲羅姆

相傳以博學和雄辯著稱的聖哲羅姆在天使的協助下，聚精會神地研究神學，並將《聖經》翻譯成拉丁文。

個胸無點墨，甚至連現在12歲孩子所熟知的事實都毫不了解。而他們所有的知識都來自於一本書，即《聖經》。《聖經》中可以將人向好方向指引的部分也不過是《新約全書》中教育人們愛心、仁慈和寬恕道理的幾個章節而已。而《聖經》中那些關於天文學、動物學、植物學、幾何學和其他所有學科的指引幾乎全是不可信的。

12世紀，除了《聖經》以外，中世紀的文庫中還有著一本比較重要的書籍，那就是西元前4世紀希臘哲學家亞里斯多德親自編著的匯集著各類實用知識的大百科全書。基督教會向來視希臘哲學家為妖言惑眾的傢伙，但是，作為亞歷山大大帝老師的亞里斯多德為何會受到他們如此高的待遇呢？究竟原因是什麼，我確實也搞不清楚。但是，在除《聖經》以外，亞里斯多德是唯一一個值得信賴的導師，信仰基督教的人們可以隨意閱讀其作品。

上帝與幾何

幾經輾轉，亞里斯多德的《百科全書》與《聖經》攜手成為中世紀傑出人士解釋現實世界天地間的奧秘與精神世界神蹟的權威參照。出於對權威的篤信與依賴，人們在既有的知識與解釋中止步不前，失去獨立思考、實踐、創新的欲望，讓人類對知識的累積與探求變得機械而毫無生氣。

亞里斯多德的著作是繞了一個大圈子才傳到歐洲的。它們首先從希臘傳至埃及的亞歷山大城。西元7世紀時，穆斯林在占領埃及以後，穆罕默德的追隨者將其翻譯成了阿拉伯文，然後，穆斯林將其帶到了西班牙。這位傑出的斯塔吉拉人（亞里斯多德出生於馬其頓的斯塔吉拉地區）的哲學思想，最先在科爾多瓦的摩爾人的大學中被認真講授。然後，從庇里牛斯山那邊過來接受自由教育的基督教學生們又將亞里斯多德的著作從阿拉伯文譯成了拉丁文。最後這部有名的哲學名著幾經周折，終於作為教材在歐洲西北部的學校中普及開來。到現在還不太清楚具體的過

程，但是這樣就更加有趣了。

　　依靠著《聖經》和亞里斯多德的大百科全書，中世紀有著傑出思想與才能的人們開始對世間的萬事萬物進行分析、解釋，並且還將它們與神的旨意之間的關聯分析得頭頭是道。那些被稱作學者或導師的人，不得不說確實才智非凡。但是，他們的知識全都是來自於書本，對現實的情況卻沒有一點點的考察。假如說，他們要對學生做一個關於鱒魚或者毛毛蟲的講解，那麼，他們將會事先看一下《聖經》或者亞里斯多德的著作，找到關於這類知識的記載，然後自信滿滿地將其轉述給學生。他們從來不會將書籍放在一邊，到附近的河流中捉一條鱒魚觀察一下，他們也不會從圖書館走到後院去捉一條毛毛蟲，觀察一下這個小蟲子是如何在巢穴中生存的。即使是一流學者，像艾伯塔斯·瑪格納斯或托馬斯·阿奎之類的，他們也從來不會產生巴勒斯坦的鱒魚和馬其頓的毛毛蟲，與歐洲的鱒魚和毛毛蟲有沒有區別這樣的疑問。

　　偶爾，也會有一些特別的人物出現，比如羅傑·培根那樣的人物會突然出現在一個學者討論會上。他拿著一個奇怪的放大鏡，還有可笑的顯微鏡，更讓人不可思議的是他竟然真的捉了幾條鱒魚和毛毛蟲進行觀察。他用自己的工具來觀察這些生物，同時他興高采烈地邀請其他人也來看一下，而且滔滔不絕地指出這些動物和《聖經》或亞里斯多德著作中的描述在哪裡有些不一樣。學者們聽到他的言論之後，都用怪異的眼光看著他，認為他膽子實在是太大了，是不是走火入魔了？倘若這時的培根竟敢提出，一個小時認真地觀察比十年研究亞里斯多德的著述更有意義；他還說，雖然希臘人的著作是很好的，但是還是不要翻譯了。於是，學者們誠惶誠恐地找到警察，說：「這個人正在威脅著國家的安全。他說讓我們閱讀亞里斯多德的希臘文原著，他為何對我們的拉丁——阿拉伯譯本百般侮辱呢？要知道，這個譯本被我們這麼多善良虔誠的追隨者已經閱讀了幾百年，也沒人提出異議。此外，他居然十分喜歡魚和昆蟲的內臟，他可能是一個陰險的巫師，他肯定想迷惑眾人，搞亂世界的秩序。」維護和平安全的警察在聽到這些人的話後，也感到了恐懼，因此，他們對培根下了禁令：十年內禁止再寫一個字。此事對培根的打擊很大，當他再次擁有了寫書的權利後，就開始用古怪的密碼來編寫，這讓同時代的人不知道他在寫什麼。在當時，密碼字是非常流行的，這是在教會嚴控人們發表擾亂秩序言論的背景下，人們經常使用的一種手段。

不和諧的聲音

　　新思維與質疑聲讓中世紀的靈魂捍衛者們如履薄冰，他們一方面不斷開拓、探尋著新的領域，另一方面又不得不以近乎殘酷的手段禁錮人們蠢蠢欲動的思想。空洞而盲目的權威崇拜讓社會中的多數人沈迷於此，但仍有少數篤信真理的先驅脫穎而出，即便是為此將面臨殘酷的打壓與漫長的監禁。

　　不要認為這樣愚民的作法有著險惡的用意，在那個時代中，促使這些教會人士揭發異端思想者的行為多是出於善良的目的。在他們的思想中，他們認為且毫無疑慮地堅信，現實中的生命與生活都不過是為來世所做的一種準備。他們認為如果一個人了解了太多的知識，只會讓人更加不安，如果心中都是危險的念頭，腦子中都是懷疑的想法，那麼，那個人的結果很可能非常悲慘。如果中世紀的經院哲學家看到自己的學生遠離了《聖經》和亞里斯多德著作中的正統思想，獨自觀察、研究這個世界，他會變得惶恐不安，就彷彿一個偉大的母親看到自己的孩子走向燃燒著的火爐。母親知道，如果孩子一

旦碰觸到火爐就會被燙傷，所以，她會想方設法阻止他，如果實在危急，她不排除會使用強橫的辦法。她如此做，完全是因為出於對孩子的愛，假如他們能夠很順從自己，那麼，她會竭盡全力為其付出。中世紀的靈魂保衛者們的感情和作法其實和這位母親如出一轍。他們一方面在有關信仰的所有事情上嚴格管束，另一方面他們也會竭盡全力、日夜不休地為他們的教友忠心效命。只要有人需要幫助，他們就會立刻出現。那時，數以千計的善男信女們為改善世人的命運而努力著，他們對社會的影響也是到處存在的。

農奴就是農奴，他們永遠無法改變自己的命運和地位。但是，中世紀的上帝是善良

中世紀繁榮的街景

中世紀的政府、市場與個體通過各種方式消除人們的不安與壓力，政府掌控著大批商品流通與定價權在安全、合理的範圍內波動，致使精明的投機商人毫無空間可鑽，市場與行會平衡、協調著每一個區域與個體的所得，即便是身分卑微的農奴也能找到棲身之所，不會陷入孤苦無依、缺衣少食的境地。

的，雖然農奴一生辛苦勞作，可是卻擁有一個永不磨滅的靈魂。他們的權利也是需要被保護的，以便讓他們也可以和信仰基督教的人一樣的生活和死去。當他們老得不能再從事勞動的時候，他服務了將近一輩子的封建領主必須照顧他。所以，雖然農奴的生活簡單、平凡、沈悶，但他至少不用操心未來。他們永遠是「安全的」，工作永遠都有，他們也永遠都有依靠。他們的頭上始終有著一片屋頂（即便有時也會漏雨，但畢竟比沒有強）為其遮風避雨，他們不會缺乏吃的東西，至少不會餓死街頭。

中世紀時期，每一個階層都有著這樣的「穩定」和「安全」思想。城市中，成立了保護商人和工匠的行會，行會成員中每一個都可以獲得一份穩定的收入。對於那些有野心想要超越其他同行的人，行會是不喜歡的。相反，對於那些抱著「得過且過」思想的「懶漢」卻十分寬容。行會在勞動階層中普遍營造出一種適當滿足與安穩無憂的氛圍，在我們這個競爭時代是不可能有那樣的感覺的。如果某個富人將能買到的全部穀物、肥皂或腌鯡魚控制了，然後人們不得不按商人制定的高價購買，這樣的行為在現代人看來就是「囤積居奇」。在中世紀，人們會認為這樣做很危險，所以政府會主動限制這樣的行為，將商品價格規定好，商人則必須依照此價格交易。

競爭是中世紀最不喜歡的字眼。競爭能夠帶來什麼呢？無非會讓世界充斥著勾心鬥角，培養出一堆雄心勃勃的投機份子罷了。既然末日審判就要來到了，那時，世界上的財富會變得沒有任何意義，那些壞騎士將會受到地獄深處烈火的炙烤，淳樸的農奴則會進入金碧輝煌的天堂。既然如此，為什麼要去競爭呢？

總之，中世紀的人們在思想和行動上無法享受充分的自由，否則他們將無法從極度貧瘠的身體與靈魂中找到些許安全感。

大部分人對這樣的要求是沒有意見的，可是也有一小撮不認同的人存在。中世紀的人對自己是這個世界的過客的思想深信不疑，他們之所以到這裡來，是為了給更加幸福的來世做準備。為了不讓自己的靈魂受到干擾，他們故意不去看世界上到處存在的醜惡、痛苦和邪惡。他們將百葉窗拉下，不讓太陽耀眼的光芒干擾自己專心致志閱讀《啟示錄》中的文章。從這些文字中，他們得知只有天堂的光亮可以照亮他們永久的幸福。他們將眼睛合上，不看、不想這些塵世的快樂，以免受到誘惑，只是等待來世即將到來的快樂。現世的生命對他們來說就是一種罪惡而已，死亡才是幸福生活的開始，為此他們甚至會大肆慶祝。

古希臘人和古羅馬人從來不擔心自己的未來，他們關心現在的生活，他們對待生活是努力的，他們將今生裝扮得就像一個天堂一般美好、快樂。他們是成功的，也是快樂的，他們的生命就是一個享受愉悅的過程。當然，奴隸們除外，他們以外的自由人才能夠享受到這樣的快樂。到了中世紀，人們將思想發展到了另一個極端，他們的天堂在那高不可攀的雲端之外，眼前的世界不過是一個暫時的避難所，不管你是高貴的、卑賤的、富裕的、貧窮的、聰明的、愚昧的，大家都一樣。現在，歷史的轉折點即將出現，下一章我會將具體的情況告訴你們。

第三十八章

中世紀的貿易

地中海地區是如何在十字軍東征中再次變成了繁榮的貿易中心？義大利半島上的每個城市又如何成為亞非貿易的聚集地？

中世紀的時候，義大利半島的眾多城市之所以可以興旺起來，獲得了獨一無二的重要地位，主要有三個原因。首先，在很久以前，羅馬帝國的中心地區就是義大利，因此，和歐洲其他地區相比，這裡有著數量更多的公路、學校和城鎮。

當野蠻人入侵歐洲的時候，他們同樣沒有放過義大利，這裡也有過大肆的掠奪和焚燒。但是，羅馬帝國時期在這裡留下了太多的東西，野蠻人竟然沒有那麼多精力去破壞，所以義大利還是有幸留下了相對更多的歷史古蹟。其次，義大利是教皇陛下居住的地方。他們是一個巨大政治機構的統領者，所以他們擁有土地、農奴、城堡、森林、河流以及最高法庭的管理權。為表達對教皇崇高的敬意，人們要不時供奉金銀，就如同支付威尼斯、熱那亞的船主和商人一樣，必須使用現金，這讓教皇有著大量的金錢。歐洲北部和西部的人們如果想要向遙遠的羅馬教皇聊表心意，也必須要將他們的農產品、乳牛、雞蛋、馬匹兌換成更加實用的現金。由此，義大利就成為了歐洲擁有金銀比較多的國家。在十字軍東征時期，義大利的城市是十字軍戰士輸送至東方的中繼站，期間運費的高昂與暴利的累積確實讓人咋舌。

在十字軍去東方參戰時，他們又開始迷戀東方的商品了，所以，當東征結束之後，義大利的城市就很自然地成為了東方向歐洲輸送商品的集散地。

其中，水城威尼斯是比較著名的商品中轉站之一。威尼斯是一個在泥濘河岸上建立起來的小城邦。在4世紀的時候，因為遭到了野蠻人的不斷侵略，所以，他們的祖先為了躲避戰亂而從半島大陸逃到了這裡安家落戶。人們利用該地四周臨海的優越地理位置，開始了大量生產食鹽。要知道，中世紀的歐洲，食鹽是一種很緊缺的商品，售價特別高，利潤豐厚。幾百年來，這種我們餐桌上必不可少的調味品（之所以這樣說，是因為人的食物中如果缺乏食鹽，那麼就很容易生病）就一直被威尼斯人壟斷著，威尼斯城的力量也因此得以不斷強大起來。甚至，有些時候，他們對於教皇的權威也不屑一顧。當財富累積到一定程度的時候，他們就建造了自己的船隻，開始了和東方的貿易來往。十字軍東征期間，他們又利用這些船隻進行十字軍戰士的往返運輸

崛起的城市與勢力

　　繁榮的海上貿易使「水城」威尼斯成為東西方商品貨物的集散與轉運地，大量聚集的人口與財富讓這座城市在十字軍東征後躍居為中世紀歐洲最大的城市。少數高貴、富有的家族掌控著這座城市，嚴密的組織體系維持著這裡的持久穩定，而對城市構成威脅的人與聲音都被毫無痕跡地抹去。

行當。當戰士們無法用現金支付高額差旅費的時候，他們就會將獲取的土地作為報酬支付給威尼斯人。如此下去，在愛琴海、小亞細亞、埃及等地，威尼斯人獲得土地越來越多，殖民擴張不斷加大。

　　西元14世紀末，威尼斯成為中世紀歐洲最大的城市，人口總數高達20萬。但是，這個城市的主要管理者為極少數的富人家族，貧民百姓根本無力染指城市政務。雖然，這裡有公選的參議院和一位公爵，但是，他們也不過僅僅有一個好聽的名稱罷了，壓根沒有任何權力。著名的十人委員會才是這個城市真正的統治者，他們維持政權的手腕主要依靠一個組織極度嚴格的私人密探和職業刺客體系。這些特務和殺手們注意著城市居民的一舉一動，如果出現一些不配合的人，如果有人對專權蠻橫的公共安全委員會造成了威脅，那麼，他就會被悄無聲息地暗殺掉。

　　我們再看一下義大利的另一個城市──佛羅倫斯，然後你就會在這裡看到一個和威尼斯完全不同的政府體制，他們則走向了另一個極端。這裡雖然採取的是民主政治，可是，卻到處充斥著不安和動盪。佛羅倫斯擁有很重要的地理位置，是歐洲北部通往羅馬的交通要道，所以它也很幸運地獲得了大量的金錢，然後開始發展自己的商品製造業。佛羅倫斯人在統治思想上面，想要學習雅典人的作法，他們予以全體城市人員權利，包括貴族、教士、行會成員等在內的人們全都可以參與到城市事務中來，他們可以隨意熱烈地討論國家政務。結果，這卻導致了國家出現了無盡的騷亂。在佛羅倫斯，人們分裂

成幾個不同的政治流派，政黨之間的爭鬥相當激烈。如果某個黨派取得了議會的勝利，他們就會立刻將自己曾經的競爭對手流放，然後將其財產沒收。這樣有組織的粗暴統治在進行了幾個世紀以後，一個意料之中的情形發生了。佛羅倫斯出現了一個權傾朝野的家族，控制了該地區，而且他們按照古代雅典的「專制暴君」方式統治著這裡。此家族就是美第奇家族，他們的祖輩原本是外科醫生（在拉丁語中的「medicus」也就是醫生的意思，美第奇家族因此得名），結果後來成了銀行家。幾乎所有的重要的商貿中心城市都有他們的銀行和當舖，至今，你在美國當舖的招牌上面看到的三個金球，它們就出自龐大的美第奇家族族徽上的圖案。他們不僅控制了佛羅倫斯，而且還積極和王室聯姻，將他們的女兒嫁給了幾個法國王。他們華貴的陵墓，氣勢甚至足以和羅馬凱撒大帝相比。

熱那亞，這個城市一直是威尼斯的對手。這裡的商人從事的一般都是和非洲突尼斯及黑海沿岸幾個穀倉之間的交易。義大利半島上除了這幾個較著名的城市以外，還有200多個大大小小的城市分布其間，各個都有著設施完備的商業機構。它們之間有著彼此糾纏不清的仇恨與明爭暗鬥，時刻惦記著奪取對方的利益，取而代之。

東方與非洲的貨物到達義大利之後，下一步就是要準備轉運往歐洲西部和北部地區。

熱那亞通常會經由海路將貨物運到法國馬賽，然後在此重新整裝，運往羅納河沿

聖羅馬諾之戰

　　頭戴紅色金紋頭飾的佛羅倫斯軍隊首領尼克羅騎著矯健的白馬，在戰場中心指揮若定，這幅曾懸掛於義大利佛羅倫斯豪門美第奇家族建築中的名畫描繪了1432年聖羅馬諾戰役的場景，以紀念佛羅倫斯擊敗錫耶納的歷史性大捷。作為歐洲文藝復興鼎盛時期最著名的贊助者，美第奇家族開創過無比榮耀的黃金時代。

鯡魚通道

　　歐洲西北沿海的小鎮上，人們用鹽將鯡魚加工、裝桶，然後通過海路、陸路運往遙遠的地區。長期、規模化的發展打通了連接各地的貿易通道，讓各地的商品能夠快速、有效地互通有無。

岸的城市。然後，這些城市也變為了法國北部和西部地區的零售中心。

　　威尼斯運往北歐的商品通常是採用陸路運輸方式。這條古老的大道途經當年野蠻人入侵義大利的門戶——阿爾卑斯山的布倫納山口，然後再經過因斯布魯克，接著會來到巴塞爾。在此，會改為水路，經由萊茵河，直抵北海地區和英格蘭。另一條路是，把貨物運到由富格爾家族控制的奧格斯堡（此家族不僅是銀行家，也參與製造業，他們之所以暴富是因為克扣工人工資）。貨物自此交由他們，轉送至紐倫堡、萊比錫、波羅的海沿岸城市及哥特蘭島上的威斯比。威斯比則還需要滿足波羅的海北部地區對

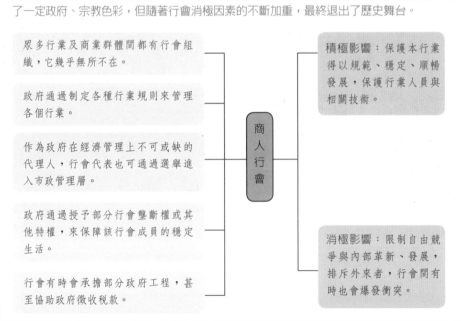

商人行會

　　為了確保同行商人的利益不受外來競爭對手或強勢群體侵犯，最大限度地限制行業內外競爭，歐洲商人們建立了一種組織，被稱為「行會」。經過不斷發展，行會逐漸帶有了一定政府、宗教色彩，但隨著行會消極因素的不斷加重，最終退出了歷史舞台。

眾多行業及商業群體間都有行會組織，它幾乎無所不在。

政府通過制定各種行業規則來管理各個行業。

作為政府在經濟管理上不可或缺的代理人，行會代表也可通過選舉進入市政管理層。

政府通過授予部分行會壟斷權或其他特權，來保障該行會成員的穩定生活。

行會有時會承擔部分政府工程，甚至協助政府徵收稅款。

商人行會

積極影響：保護本行業得以規範、穩定、順暢發展，保護行業人員與相關技術。

消極影響：限制自由競爭與內部革新、發展，排斥外來者，行會間有時也會爆發衝突。

鯡魚

鯡魚，也稱青魚，體長側扁呈流線形，有著豐富的脂肪，營養價值高，是重要的北方出口魚類之一。

商品的需求，同時，它還直接和俄國古老的商業中心諾夫哥羅德城市共和國進行貿易來往，而後者於16世紀中葉被伊凡雷帝消滅。

有意思的事情並不是僅發生在大城市，在歐洲西北沿海的小城市也同樣存在著。在中世紀的時候，人們對魚的需求量相當大。在眾多的宗教齋戒日裡，當遇到齋戒不能吃肉的時候，人們就會用魚代替。如果人們居住的地方距離海岸和河流比較遠，就只好吃雞蛋，否則他們就沒有吃的東西了。但是，13世紀初的時候，一位荷蘭漁民發明出了一種加工鯡魚的方法，由此使得距離海邊很遠的地方也可以在齋戒日吃到鯡魚。此事也促進了北海地區鯡魚捕撈業的蓬勃發展，商業地位也顯著提高。但是，好機會稍縱即逝，在13世紀某個時期，這個價值可觀的小魚竟然從北海轉移到了波羅的海（這是自然的原因），這樣，內海地區的人又獲得了一個發財機會。於是，波羅的海吸引來全歐洲的捕魚船到此，大肆捕撈鯡魚。因為這種魚每年僅有短短幾個月的捕撈期（其餘時間牠們會藏在深海，繁殖後代），在其他時間裡，那些捕撈船就都無事可做了，除非它們有了別的新用途可做。於是，這些船在販運俄國中部和北部出產的小麥至西歐及南歐時找到了用武之地。然後在回來的路上，它們再將威尼斯的香料、絲綢、地毯和東方掛毯販運到布魯日、漢堡和不來梅等地。

雖然看似簡單的商品運轉活動，但是，卻在歐洲建立了一個極其重要的國際貿易體系，這個體系從製造業城市布魯日、根特（因為這裡強勢的行會和法國國王、英格蘭君主之間發生了激烈衝突，結果最後建立了勞工專制制度，導致了雇主和工人們紛紛破產），延伸至俄國北部的諾夫哥羅德共和國。該城市原本商業繁榮、勢力強大，但是，伊凡沙皇因為仇視商人，所以他派兵攻打該城，僅一個月時間，城市中就有6萬居民死於炮火之下，倖存者也全部淪為乞丐。

北方城市的商人們為了消除海盜、苛捐雜稅和各種法律的騷擾，他們自己成立了具有保護性質的聯盟，人們稱其為「漢薩同盟」。同盟總部設在呂貝克，由自願加入的100多個城市組成。漢薩同盟擁有獨立的海軍部隊，他們經常在海上進行巡邏，以防止海盜的騷擾、侵襲。在英格蘭和丹麥國王想要對其進行干涉的時候，他們立刻勇敢地站了出來，與之對抗，並且大獲全勝。

我多麼希望可以擁有更多的篇幅，將關於這個特殊的貿易旅程中發生的種種奇聞妙

恐怖伊凡

　　有著「恐怖伊凡」之稱的沙皇伊凡生性多疑，時刻警惕著那些對他絕對權威有可能造成威脅的些許力量，為了應對諾夫哥羅德可能背叛沙皇的謠言，這座城市幾乎被沙皇野蠻的軍隊摧毀。

事統統講述給你們聽。每進行一單貿易，他們都需要翻越崇山峻嶺，漂洋過海，漫長的旅程中四處潛藏著危機，這讓每次的旅程無異於一次充滿刺激與榮耀的冒險。如果要將這些故事講完，那麼，恐怕需要寫上幾卷書。此外，希望我講述的關於中世紀的內容能夠給你們做一個很好的引導，將你們的好奇心發掘出來，促使你們去研讀一些層次更深的著作。

　　中世紀是一個進程極其緩慢的時代，我已經不止一次說過了。那些高高在上的統治者們認為，「進步」是一件可怕、恐怖的事情，是別有用心的想法，自然應當受到嚴厲打擊。而他們統治者的身分，也使他們要將自己的意識，強加在那些善良的農奴與粗陋的騎士身上沒有絲毫困難。偶爾，也會有一些勇敢的人以冒險的姿態想要進入科學的領域，但是，等待他們的結果幾乎都很凄慘，能夠生存下來或者免去20年的牢獄懲罰就已經十分走運了。

　　在12世紀、13世紀，整個西歐大陸到處都充斥著國際貿易的潮水，就好比是4000年前尼羅河水沖進了古埃及的山谷一樣。它給人們留下了肥沃的土壤，然後，前所未有的繁榮和財富就在這片土地上縱情滋長。繁榮與財富意味著人們在忙碌過後擁有了更多的空閒時間，由此，那些男男女女們有了更多的時間和精力來閱讀書籍和手稿，由此人們對文學、藝術、音樂的興趣也不斷膨脹。

　　接著，偉大的好奇心自此再次萌生於人類的世界。而在幾萬年前，人類就是依靠好奇心使得自己超越了同類遠親，獲得了突飛猛進的發展。人類用好奇心創造了文明的時候，那些動物還依舊過著野蠻、麻木的生活。除此以外，城市的繁榮發展（前一章我已經將其成長和發展說得很詳盡了），也為勇敢者們提供了優良的發展空間，那裡將為那些敢於打破陳規、敢於乘風破浪的人提供庇護。

　　勇敢者們不再沈默了，他們開始了行動。他們對於在昏暗書房苦讀的日子厭煩了，他們將書房的窗戶打開，讓那滿是塵埃的房子接受著陽光的洗禮，太陽的光芒將那些在黑暗時代所結下的蛛網徹底照亮。

❦ 漢薩同盟 ❦

　　漢薩（Hanse）一詞，德文意為「集團」或「商人工會」。漢薩同盟的中心設在北歐商貿重鎮呂貝克城，壟斷著波羅的海沿岸的商貿活動，鼎盛時期同盟的加盟城市高達160多個。

漢薩同盟			
文德商圈	薩克森商圈	普魯士及立窩尼亞商圈	萊茵河商圈
包括波羅的海沿岸文德人的商貿活躍區及波美拉尼亞。	包括德國薩克森、下薩克森和圖林根商貿活躍區。	包括普魯士、波羅的海東岸、波蘭及瑞典地區。	包括下萊茵河流域、尼德蘭及威斯特伐利亞商貿活躍區。
呂貝克、漢堡、羅斯托克、哥本哈根等地。	不倫瑞克、柏林、勃蘭登堡、不來梅等地。	但澤、柯尼斯堡、庫爾姆、菲林等地。	科隆、多特蒙德、明斯特、杜伊斯堡等地。

備註：漢薩同盟在外埠設立的商站城市有倫敦、布魯日、卑爾根、諾夫哥羅德、波士頓、愛丁堡、紐卡斯爾、安特衛普、斯德哥爾摩等地。

　　他們打掃了房間，然後又去修整了花園。

　　他們踏出房門，走過即將坍塌的城牆，走向寬廣的原野。他們充滿感慨地高呼：「這個世界多麼美好！我們生活在這個世界是多麼的幸福！」

　　此時，中世紀已經接近尾聲，一個全新的時代正悄然臨近。

漢薩同盟版圖

　　為了免遭海盜、法律、雜稅等因素的困擾，德意志北部城鎮在商業、政治領域達成彼此廣泛協助、扶持的協議，成立了類似於現今歐盟特徵的保護性聯盟——漢薩同盟。漢薩同盟擁有著獨立的金庫與武裝，財力與武力為其贏得了廣泛的認可與尊重，鼎盛時期160個加盟城市共同控制著歐陸與海上的貿易幹線。

第 三十九 章

文藝復興

人們為他們依然活著而再度充滿喜悅。他們努力去恢復古老而和諧的古埃及、古希臘和古羅馬的文明,並對自己的所作所為充滿了成就感,他們稱之為文藝復興或者文明再現。

文藝復興這場運動並不帶有政治或者宗教色彩，說到底，它僅是一種精神狀態。

雖然文藝復興時期的人們仍順從著教會母親，仍對皇帝、國王和公爵的統治俯首帖耳，沒有絲毫怨言，但是他們對待生活的態度已經發生了改變。他們開始喜歡穿色彩絢麗的衣服，說新奇有趣的話，或者在全新的房間裡過著一種全新的生活。

他們不再嚮往上帝的天國，不再將「靈魂拯救」作為他們需要付出所有思想和精力的事業。他們開始喜歡現在生活的世界，並嘗試在這個世界建立他們理想的天國。他們為之努力了，也取得了非凡的成就。

我常說，不要盲目崇拜歷史日期的界限。如果只從表面上看歷史日期，那麼劃分出來的中世紀必定會被人們認為是一個黑暗且無知的時代。時鐘在滴滴答答中紀錄著歷史，新時代的文藝復興拉開了序幕。城市和宮殿籠罩在對知識無限嚮往與渴求的燦爛陽光之中。

不過實際上，要在中世紀和文藝復興時期之間劃出一條涇渭分明的界線絕不是一件

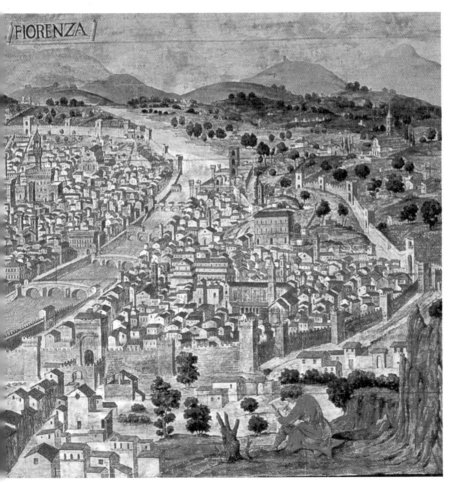

FIORENZA

文藝復興的搖籃——佛羅倫斯

聞名遐邇的世界藝術之都佛羅倫斯是歐洲文藝復興的發源地。人們在城區鱗次櫛比的紅色屋頂下滿懷喜悅地憧憬著美好的未來，在有著纖細塔尖的哥德式大教堂中虔誠地祈禱，在有著恢弘的圓形穹頂市政廳裡為爭得更多的權力喧鬧不息，整個世界都充滿著燦爛的色彩與無限的生機。

容易的事。13世紀屬於中世紀，大概所有的歷史學家都不會對此有什麼疑問，然而你們是否就此認為，13世紀僅僅是一個黑暗無知的時代呢？答案是否定的！當時人們的熱情高漲，積極參與國家建設中，許多商業中心由此形成並呈蓬勃發展之勢。在市政廳和城堡塔樓旁邊，新建的高高聳立的帶著纖細塔尖的哥德式大教堂代表了那個時代最輝煌的成就。整個歐洲大陸風起雲湧，一片生機勃勃。市政廳裡坐滿了身家顯赫的紳士們，他們在活躍的商業浪潮中累積了大量的財富，從而使他們有機會步入政治舞台，因此他們表露出對權力的野心，並為此與市政廳的封建領主開展了一場殊死爭鬥。市政廳的傳統會員自然感受到了新生勢力的威脅，不過他們後來想明白了「少數服從多數」的道理，因此他們聯合起來，以市政廳為主戰場，與對面高傲的暴發戶來一場成王敗寇的博弈。高高在上的國王自然也不會坐視不管，然而他的私心更重，他帶著親信們趁著鷸蚌相爭，坐收漁利，不僅兩面獲利，而且還當著那些或吃驚、或失望、或憤怒的封建領主和紳士們面前，將鷸蚌入鍋熬煮，加上佐料，大吃大喝起來。

當夜幕落下時，昏暗的燈光慘照著疲乏的街道，辯論了一整天政治和經濟問題的雄辯家也不覺倦意連連。在他們回家入睡後，世界便成了普羅旺斯抒情歌手和德國吟遊詩人的舞台，他們是黑夜中活躍氣氛、點綴夜景的主角。他們深情款款地訴說著自己的故事，用美妙的歌聲來讚美浪漫愛情、冒險精神、英雄主義和對美麗佳人的愛慕。

在這個新思想暗湧的時代，充滿理想的年輕人難以忍受慢吞吞的進步，他們成群結隊地湧入大學，於是引發了另一段佳話。

在我看來，中世紀的人們具有著「國際精神」。也許這聽起來令人難以置信，其實並不難理解。我們作為現代人，都有著一種根深蒂固的民族情結，我們將自己劃歸為美國人、法國人、義大利人或者英國人，我們說的也是英語、法語或者義大利語，我們就讀的也是美國、法國、義大利或者英國的學校，只有當我們想研究一項外國才有的專門學科，才會去羅馬、巴黎或者莫斯科上大學，學習另外一國的語言。不過在13世紀和14世紀，很少有人會特意說明自己是英國人、法國人或者義大利人，他們通常會說自己是謝菲爾德人、波爾多人或者熱那亞人。由於他們有著同樣的宗教信仰，因此他們彼此之間自然而然會形成一種親密的情誼。還有，當時有修養、受教育程度較高的人都會說拉丁語，也就是說他們擁有共同的語言，這也消除了人們交流時語言上的硬性障礙。而在現代工業時代的歐洲，世界到處彌漫著民族主義的情緒，強勢國家強勢推廣本國語言，這讓處於弱勢群體的民族處境尷尬，以致造成了普遍存在的語言交流障礙。

有一個很明顯的例子——伊拉斯謨。他是一位提倡寬容和微笑的著名導師，生於荷蘭的一個小村莊。他在16世紀著手著書撰文，他使用拉丁文寫作，當時暢銷歐洲大陸，歐洲人沒有幾個不讀他的著作的。若是他生於我們這個時代，恐怕就只能用荷蘭語寫作了。如此一來，他的讀者群體就僅限於五、六百萬荷蘭人和通曉荷蘭語的人。如果他想讓其他歐洲國家的人和美國人閱讀他的著作，那麼出版商就要將他的書翻譯成二十餘種語言版本，這絕對是一筆不小的開支。倘若出版商擔心風險太大收不回投資，很可能拒

絕翻譯他的著作。

但在600年以前，絕不會出現這種情況。當時大多數的歐洲人都目不識丁，因此那些少數能執筆寫作的人都被劃歸入一個國際文壇。這個國際文壇涵蓋整個歐洲大陸，沒有國界和語言的限制，歐洲的大學則是這個國際文壇的堅實後盾。當時的大學是沒有圍牆的，不像現在的城堡或者莊園要在其周圍築以高大厚實的牆壁圍起來。只要有一位老師和一群學生，他們到了哪兒，哪兒就是大學所在地。這就是中世紀和文藝復興時期的學校與我們現代的學校最大的不同。現在若是想建立一所學校，必須無一例外地遵循這樣的程序：先是某個特定的宗教團體出於使孩子們有一個良好的教學環境這樣的善意考量，或者某個富人為回報社會想在他所居住的地區做點善事，再或者是國家當局出於對醫生、律師、教士這一類專業人才的需求而決定建立一所大學，然後就專門籌措了一筆辦學基金，這是大學建立的先決條件。接著，這筆基金被交付建築公司，建築公司便開

三個哲學家

在相同的教會信仰庇蔭下，人與人之間兄弟般的情誼締結成前所未有的大國際精神。不同膚色、不同國籍、不同語言都不可能對學術與技藝的交流產生任何不利影響，自由開放的學術氛圍空前繁榮，畫面中的三個哲學家或沈浸在思考當中，或彼此交流，同時也暗示著人類探索知識的老、中、青三個階段的各異特徵。

始動工修建教室、宿舍、實驗室等教育和生活設施。最後,再面向社會發布公告,招聘職業教師,招收適齡學生,等一切準備就緒後,這所大學才算是正式開始運作了。

但在中世紀,大學的興起與現代是完全相異的。一位富有智慧的人某天突然頓悟,驚叫道:「天吶,我發現了一個偉大的真理,我必須將它告訴所有人!」於是每當他召集到聽眾,他便不辭勞苦地向人們宣傳他的真理,其形其神就如一個站在肥皂箱上伶牙俐齒的街頭演說家。倘若他真是一位才思敏捷、口若懸河的宣傳家,聽眾們自然會願意聽他究竟在說些什麼;若是他的演說味同嚼蠟,無比沈悶,聽眾們就只會稍停片刻,然後聳聳肩,各自散去。假如幸好他對於演講還是比較在行,後來就有一批青年人每日都來聽這位學者的精妙言辭,他們還帶了筆和紙,若聽到一些覺得重要的話,就趕緊記下來。然而風雨難測,有一次學者正講得興起,突然不巧雨從天降。學者和青年學生們又興致正濃、不願散去,於是他們便轉移到一處空置的地下室或者這位學者的家中,繼續演說和傾聽。演說者坐在椅子上,傾聽者席地而坐。這就是最初的大學。

在中世紀,「Unibersetas(大學)」一詞本意就是指由老師和學生組合而成的一個團體。老師是這個團體的核心骨架,只要老師不變,不論在什麼地方什麼環境下教學,都不重要。

在這裡我要說一件9世紀發生的一件事情。在那不勒斯的薩萊諾小城有很多醫術高超的醫生,他們在歐洲享有盛譽,因此有很多有志學醫的人慕名前來拜師,於是歷史中延續千年不衰的薩萊諾大學(直到1817年)就建立起來了。這所學校的主要課程就是希波克拉底留給後人的醫學思想,這位傑出希臘醫生曾是西元前5世紀希臘半島上遠近馳名的名醫。

還有出生於布列塔尼半島的年輕神父阿貝拉德。早在12世紀初,他就已在巴黎教授邏輯學和神學,他的淵博學識吸引了幾千名熱情的年輕學生湧入巴黎這座歷史悠久的法國首都來聆聽受教。然後,就有一些與阿貝拉德思想相左的神父站出來闡述他們的觀點。沒過多久,巴黎城到處擁擠著成群結隊熙攘吵鬧的英國人、義大利人、瑞典人、匈牙利人以及本土的法國人。又過了不

大學的出現

　　隨著人們隨時隨地地共享、發表自己的嶄新見解,無味、無趣的探討多被人們丟棄在風中,而那些新穎、充滿睿智的言辭則引發人們的興致,認真聆聽甚至隨手做筆記,當聆聽這位導師教誨成為固定的習慣且有了固定的時間和場所,大學就應運而生了。圖為義大利波倫那大學的學生在認真聽課。

久，在塞納河小島的老教堂附近，著名的巴黎大學誕生了。

在義大利的波隆那，一位叫格雷西恩的神父編纂了一本宗教教科書以幫助那些想瞭解宗教律法的人們，後來許多年輕教士和平民百姓自發從歐洲各地趕來，聆聽格雷西恩闡述他的理論。為了不受波隆那城的封建領主、旅社老闆和酒店掌櫃的剝削，他們聯合起來組成了一個團體，這就是波隆那大學的前身。

後來，巴黎大學發生了內訌，具體原因我們不瞭解，只知道一些老師和學生義憤填膺地選擇了出走。他們渡過海峽，來到了泰晤士河畔附近一個叫牛津的小鎮，由於被這裡人們的熱情好客所吸引，所以在這裡落腳了，從此著名的牛津大學也誕生了。同一年，波隆那大學的內部也出現了分歧，同樣有一些心存不滿的老師帶著他們的學生出走，最後在帕多瓦另立山頭，於是這座義大利的小城鎮也有了自己的大學。這類情況四處蔓延，從西班牙的巴利亞多里德到波蘭的克拉科夫，從法國的普瓦捷到德國的羅斯托克，一座座嶄新的大學如雨後春筍般相繼而起。

當然，對於自幼學習牛頓力學和幾何原理的現代人來說，那個時代的教授所講的思想學說未免荒誕可笑。然而有一點需要指明，也是我前面所強調的，中世紀——尤其是13世紀——並不是一個停滯不前的時代。年輕的一代人骨子裡散發著蓬勃的生機和熱情，即便他們所處的時代存在著諸多侷限和不合理，然而他們的內心卻仍有著對知識和

❧❧ 中世紀的文化 ❧❧

隨著中世紀的歐洲陷入一片蒙昧與混亂，人們滿懷著飢渴與熱情去重新看待自己的生活、看待這個世界。基督教文化的研究與探討一度成為人們關注的核心區域，由此大量有關古典文化、文學詩歌、建築藝術的成果得以不斷湧現。

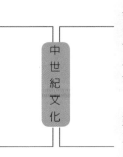

教會方面：人們將更多的精力集中在對《聖經》的繁瑣考證上，拉丁教父聖·哲羅姆編定《通俗拉丁文本聖經》被重新修訂。

哲學方面：中世紀西歐哲學與神學二位一體、互為表裡的「經院哲學」大行其道，代表人物為托馬斯·阿奎那，並形成了唯名論與實在論兩大派別。

文學方面：除了以教會修士領銜創作的拉丁詩歌以外，教師與學生也嘗試著從事創作，以英雄史詩、騎士抒情詩、騎士傳奇和寓言為題材的方言文學作品層出不窮。

建築方面：哥德式教堂建築成為中世紀歐洲藝術的集大成之作，充斥著大量雕刻、繪畫精品的教堂成為神權統治、民眾聚集的聖地。

中世紀文化

真理的迫切渴望。正是在這種迫切的衝動中，文藝復興嘩然登場。

然而，就在中世紀的舞台即將謝幕時，又有一個身影孤獨地從舞台上走過，他就是但丁。對於他，我們需要有足夠充分的了解。但丁生於1265年，是頗有名望的阿里基爾家族的成員，他的父親是佛羅倫斯的一位律師。但丁的童年是在佛羅倫斯度過的，在他童年時期，喬托正在將阿西西的聖方濟各的生平事蹟繪製在聖十字教堂的四壁上。然而，少年但丁在上學途中，經常會看到一灘使他驚恐的血跡。佛羅倫斯在當時分成了追隨教皇的奎爾夫派和支持皇帝的吉伯林派兩個派別，兩派針鋒相對、兵戈相向，最終導致了殘酷的殺戮。而這些恐怖慘事留下來的血跡給少年但丁留下了噩夢般的記憶。

長大成人後的但丁追隨他的父親，加入了奎爾夫派，同他的父親一樣成為奎爾夫派的一員。就如同今天一個美國孩子因為他父親是共和黨或者民主黨人，而最終選擇成為共和黨或者民主黨人一樣。只是多年後，但丁發現若處於分裂中的義大利再不推舉出一個統一的強勢領袖，那麼義大利的所有城鎮將會因為由妒生恨的互相爭鬥而走向滅亡。因此，有志於改變現狀的但丁轉身投入了支持皇帝的吉伯林派陣營。

但丁希望能得到阿爾卑斯山以北的力量的支持，希望能有一位強勢的君主來整頓義大利混亂不堪的局面，建立和諧統一的新秩序。然而他的幻想終究還是破滅了，沒有任何外來力量來干涉義大利。1302年，吉伯林派在佛羅倫斯的權力之爭中落敗，其成員皆被趕出了佛羅倫斯。從此，但丁成為了一名貧窮沒落的流浪漢，只能依靠許多好心人接濟的麵包過活，直到1321年他在拉維納城的古老廢墟中咽下最後一口氣。這些好心人本來對於歷史是沒有任何貢獻的，然而他們因對一位落魄的偉大詩人所付出的微不足道的善心而被後

米蘭大公之子的家庭教學

義大利的貴族們常邀請聲譽上佳的導師單獨輔導自己子女宗教、語法、修辭、寫作、禮儀等方面的知識，以便於後代能踏上從政、經商的道路。這種奢侈的教學是普通人家不敢奢望的，更多的年輕人在各地大學充實自己，但所有的年輕人對於知識與未來所持有的巨大熱情與迫切嚮往卻如出一轍。

但丁和他的精神世界

　　但丁作為中世紀的最後一位詩人，也是拉開新時代序幕的第一位詩人，他在被流放期間歷時十四年完成了他的長篇巨作《神曲》。這部可以和古希臘、古羅馬經典之作相媲美的作品，由《地獄》《煉獄》《天堂》三部分組成，以幻遊三界為主線，展現了人們對天堂與光明的嚮往。圖為手持《神曲》的但丁。

人銘記。長期的流亡生涯，使但丁覺得有必要作為家鄉的一名政治領袖而對過去發生的一切辯解一番。

　　當時吉伯林派還沒有遭受沈重的災難，但丁還可以在阿爾諾河的河堤上隨心漫步，期待著有一天能再見到初戀情人貝阿特麗採。雖然她嫁為人妻，並早已香消玉殞，然而當但丁抬起頭來，仍能在迷離的晨霧中看到她那美麗的倩影。

　　但丁的政治抱負最終失敗了。雖然他懷著赤誠之心，想為生他養他的佛羅倫斯做些貢獻，然而在那黑暗的法庭上，他被指控為竊取公款，被判以終身流放。若是他敢回到佛羅倫斯，就會被投入火爐中燒死。為了對自己的良心負責，為了給同時代的人洗冤，但丁爆發出了作為偉大詩人的驚人才華。他創造了一個虛幻的世界，透過對這個虛幻世

但丁之舟

漆黑、陰冷的夜幕之下，沖天的地獄之火映紅著天空與水面，深受折磨的靈魂扭曲著肢體聚攏在船舷邊，驚恐的詩人但丁高舉著手出於本能地向後退避，而淡定的維吉爾僅僅是輕輕扶住但丁，引導著這個忐忑不安的凡人駕船穿越通往地獄之城的湖泊。

界的描繪詳細，他講述了導致他政治抱負失敗的各種原因，並形象刻畫了人們病入膏肓的自私、貪婪和嫉妒是怎樣將他熱愛的美麗家園變成了一個殘暴、冷血的諸侯爭權奪利的戰場。

但丁講述了這樣一個故事：在1300年復活節前的星期四，他在一片陰沈可怖的森林裡迷了路，來路已經找不到了，正當他向前探路時，突然不知哪裡蹦出來一隻豹子、一隻狼和一頭獅子，擋在他的面前。他由於驚恐而茫然失措，就在絕望之際，從叢林深處飄然走來一個白衣人，他就是古羅馬哲學家、詩人維吉爾。但丁相信，一定是聖母瑪利亞和他的初戀情人貝阿特麗採在天堂看到了他的厄境，所以派維吉爾來救他脫困。維吉爾驅散了野獸，引著但丁踏上了穿越地獄和煉獄的歷程。他們所走的通向地心的道路越來越曲折，越來越深，最終他們到達了地獄的最深處，在這裡，但丁看到了凍成永恆冰柱的魔鬼撒旦。撒旦身邊還有無數冰柱，裡面冷凍的有歷史的罪人，有叛徒，有說謊者，還有欺世盜名之輩。實際上，但丁在到達地獄最深層之前，也遇見過許多對佛羅倫

斯的歷史產生過重要影響的人物，有專橫的皇帝和教皇，有驍勇善戰的騎士，還有精於算計的高利貸商人，罪孽深重者要在地獄中接受懲罰，罪孽較輕者則要苦苦等待著離開地獄、升入天國的赦免日。

這個故事充滿了神秘色彩，但丁將它寫成一本手冊，手冊上對13世紀人們所有的言行、希望和畏懼都做了詳細的描述，而貫穿手冊始終的，就是那個佛羅倫斯流放者孤獨而絕望的身影。

當這位憂鬱的中世紀詩人慢慢地走下了歷史舞台後，一個日後將成為文藝復興先驅的呱呱哭泣的嬰兒成為了新的主角。他就是著名學者法蘭西斯科·彼特拉克，義大利阿雷佐小鎮上一位公證員的兒子。

彼特拉克的父親和但丁一樣，是吉伯林派的成員，在吉伯林派失敗後他也遭到了流放，所以彼特拉克出生於義大利的邊遠小鎮。彼特拉克十五歲那年，被送到了法國的蒙彼利埃就讀，他父親為他選的專業是法律，希望兒子將來能成為一名律師。然而彼特拉克有自己的想法，他討厭法律，壓根就沒想過當律師，他的理想是當一名詩人。他對詩人這一理想追求不懈，就和許多意志堅強的人們一樣，他終於實現了夙願。然後他開始了一次長途旅行，先後到達了弗蘭德斯、萊茵河沿岸的修道院、巴黎、列日、羅馬，並將那裡保存的古人書稿抄錄下來。後來他隱居在沃克魯茲山區的一個僻靜山谷裡，在那裡潛心於學問研究和著書立說。沒過多久，當他寫的詩歌和學術著作流傳於世時，立即引起了人們的爭相傳閱，他的名字也傳遍了整個歐洲。那不勒斯國王和巴黎大學都發函邀請，請他去給市民和學生講授他的思想。彼特拉克欣然接受，羅馬城成為了他趕赴新任的必經之路。而早在這以前，彼特拉克對古代羅馬學者那些被人遺忘的書稿進行編輯紀錄時，他的名字在羅馬就已經盡人皆知。因此羅馬市民們留住了彼特拉克，決定授予他榮譽。人們在羅馬城歷史悠久的

DOMINVS FRANCISCHVS PETRARCHA

法蘭西斯科·彼特拉克

有著「文藝復興之父」之稱的法蘭西斯科·彼特拉克以其極具抒情魅力的十四行詩聞名於世。其在古典文化的基礎上，更加註重文藝、學術思想，引發了與舊有「神學」相對應的人文思想的萌生，歷時四年創作的敘事史詩《阿非利加》在社會中引起強烈的反響，後也因此在羅馬城加冕桂冠。

廣場上將詩人的桂冠鄭重戴到了彼特拉克的頭上。

從那時起，彼特拉克的周圍就少不了讚譽和掌聲了。當時的人們已經厭倦了乏味的神學理論，他們渴望生活能豐富有趣，而彼特拉克所描繪的世界正是人們所希望得到的。但丁一廂情願地在地獄和煉獄中穿行，由他去，沒人願意同行，人們更願意聽彼特拉克對愛、對大自然、對美麗新生活的歌頌。彼特拉克從不提那些陰暗的事物，認為它們不過是些毫無意義的陳詞濫調。他每到一座城市，幾乎全城的百姓都趕去歡迎他，就像是迎接一位凱旋而歸的統帥。若是他和另一位大作家薄伽丘一起，那麼歡迎的場面肯定會更熱烈。這兩人都是文藝復興時期的傑出代表，他們充滿熱情，對任何新鮮事物都有興趣，經常鑽入那座處於人類記憶外的圖書館認真鑽研，試圖發現一些維吉爾、盧克修斯、奧維德或者其他古代詩人所留下的手稿。他們兩人都是虔誠的信仰基督教的人，當然，其實所有人都是虔誠的信仰基督教的人。人們不需要出於對「人終有一死」說法的敬畏，而整日板著張臉，或者表現得過於憂鬱陰沈，再或者穿著髒兮兮的破衣服上街示眾。生命如此美妙，生活如此快樂，人生在世，就是為了追求幸福。這還需要證明嗎？好吧，我們先拿一把鐵鍬，掘地三尺，會發現什麼？精美的古代雕塑、優雅的古代花瓶，還有古代建築的遺跡，所有這些美好的東西都是曾經統治整個世界的羅馬帝國留給後人的。他們在長達1000年的時間裡主宰著這個世界，他們勇武有力、慷慨富有、英俊瀟灑，若是你看過奧古斯都大帝的半身像，就知我所言非虛。不過他們不是信仰基督教的人，因此無法進入天國，他們也沒有被禁錮在地獄深層受折磨，而是在刑罰較輕的煉獄中消磨時光。但丁曾在那裡見過他們。

當然，沒人關心他們在煉獄中的情形，更多人反倒對強盛羅馬帝國時期人們的生活充滿了憧憬。對他們來說，那個時期的羅馬就是人間的天堂。不管怎

薄伽丘《論傑出的女人》

嶄新的時代精神讓人們對嚴謹、枯燥的神學失去了曾有的狂熱與沈迷，戰爭的洗禮與生活的艱辛讓人對生命與幸福有著更為深刻的理解。人們歌頌愛情、歌頌自然、歌頌生活、歌頌一切美好的事物，對知識與閱讀如飢似渴，期待著擁有更多的幸福與快樂。圖為薄伽丘的暢銷書《論傑出的女人》。

麼說，人的生命只有一次，既然我們回不到過去，那就從現實中尋求生命的樂趣，我們有充足的理由應使自己變得更幸福一些。

總而言之，在眾多義大利小鎮昏暗、狹窄的市井街頭，到處洋溢著這種追求新生的時代精神。

何謂自行車狂？何謂汽車狂？當自行車被發明出來後，人類終於可以放棄幾十萬年來都一直使用的緩慢而費力的步行，因此所有人都高興得發瘋。人們騎著自行車，一踏腳蹬，便可以輕鬆地翻山越嶺，快速而方便。再後來，世界上第一部汽車被一個絕頂聰明的機械師製造出來，它不僅不需要沒完沒了地踩腳蹬，而且速度相比自行車更快。人們只要舒舒服服地坐在車內，掌握好方向盤，汽油將替代人力，讓你隨心所欲去往任何一個想去的地方。因此，現代人都想擁有一輛汽車。人們對汽車充滿了熱情，張口閉口都是羅伊斯、福特、化油器、里程表、汽油等。探險隊長途跋涉到危險的陌生地帶，希望能找到新的石油開採地。蘇門答臘和剛果的熱帶雨林能為人類提供橡膠資源。石油和橡膠突然變得如此珍貴，以致人類為了爭奪它們不惜自相殘殺，這原來是汽車的緣故。全人類為了汽車而瘋狂不已，就連孩子在牙牙學語時，所學的第一個詞彙也成了「汽車」，而不是「爸爸」、「媽媽」。

到14世紀，古羅馬世界那些深埋於塵埃下的美麗被重新發掘出來，這讓所有義大利人都陷入了瘋狂之中，當時的情形與今天我們對汽車的瘋狂崇拜一樣，別無二致。沒過多久，義大利對於古羅馬文明的熱情傳播到歐洲其他國家。在那時，僅僅是一部古人手稿的發現，就足以值得人們狂歡慶了。若有人寫了一本語法書，那他肯定會受到廣泛的歡迎和讚美，這比現在發明了新火星塞的發明家還要榮耀許多。那些致力於研究人類和人性的人文主義者，他們受歡迎的程度，相比剛剛征服世界歸來的戰爭英雄也絕不遜色。

文藝復興時期發生了一件重要的事情，這對於研究古代哲學家和作家非常有利。土耳其帝國的軍隊再次入侵歐洲各國，並將古羅馬帝國的最後遺跡——君士坦丁堡圍困住了。1393年，東羅馬帝國的皇帝曼紐爾·帕萊奧洛古斯派遣使者伊曼紐爾·克里索羅拉斯前往西歐各國，向那裡的君主陳述東羅馬帝國的處境，請求他們派兵支援，然而一無所獲。

羅馬的天主教信仰者並不喜歡希臘的天主教信仰者，因此當他們看到希臘天主教信仰者遭受邪惡異教徒的迫害時，從來就漠然視之。但是，儘管西歐各國對東羅馬帝國的厄運冷淡相待，他們對古希臘人卻表現出極人的興趣。要知道，古希臘人在特洛伊戰爭的500年後在博斯普魯斯海峽邊上建起了這座拜占廷城市。西歐人想要學習希臘語，以便於閱讀亞里斯多德、荷馬和柏拉圖的著作。他們有著迫切的學習願望，只是沒有希臘語教材，也沒有老師教學。當佛羅倫斯人聽說克里索羅拉斯到訪的事，不禁欣喜若狂，立刻就發函邀請他。函件的內容是這樣說的：市民們想學希臘語都想瘋了，閣下是否願意來做我們的老師？答案是肯定的，克里索羅拉斯成為了佛羅倫斯的第一位希臘語教師，他每天帶領著數百個渴望求知的學生學習希臘字母，「阿法」、「貝塔」、「伽馬」，一

文藝復興

隨著文藝復興的浪潮在義大利各個城市湧起，清新的人文風氣一掃籠罩在整個歐洲上空的陰霾，人們透過研究古希臘、古羅馬藝術文化，從事大量優秀的文藝創作，掀起了一場轟轟烈烈的思想文化變革。

文藝之巔	文學	義大利文學	但丁（1265-1321），代表作《新生》、《神曲》。 彼得拉克（1304-1374），人文主義之父，代表作《歌集》。 薄伽丘（1313-1375），義大利民族文學奠基人，代表作《十日談》。
		法國文學	杜·貝萊（1522-1560），代表作《悔恨集》。 拉伯雷（1494-1553），人文主義作家，代表作《巨人傳》。
		英國文學	托馬斯·莫爾（1478-1535），空想社會主義奠基人，代表作《烏托邦》。 莎士比亞（1564-1616），天才戲劇家、作家，代表作《哈姆雷特》。
		西班牙文學	塞萬提斯（1547-1616），現實主義作家，代表作《堂·吉訶德》。 維加（1562-1635），西班牙戲劇之父，代表作《羊泉村》。
		荷蘭文學	伊拉斯謨（1466-1536），代表作《愚人頌》。
	繪畫	義大利繪畫	喬托（1266-1336），歐洲繪畫之父，代表作《猶大之吻》。 馬薩喬（1401-1428），首位引入透視法的繪畫大師，代表作《失樂園》。 達文西（1452-1519），博學多才的大師，代表作《蒙娜麗莎的微笑》。 米開朗基羅（1475-1564），代表作《大衛》。 拉斐爾（1483-1520），代表作《西斯廷的聖母》。

遍又一遍重覆著字母的讀音。這些學生大部分都是熱血青年，他們歷經千辛萬苦來到佛羅倫斯，情願住在骯髒的馬棚或者陰暗的旅社裡，只為學習希臘語，以便能與索福克里斯、荷馬站得更近一些。

　　與此同時，一些大學裡的神學教授還在不厭其煩地講授著他們所崇拜的古老神學和邏輯學。他們專注於闡述《聖經·舊約》中所隱藏的神秘思想，卻也沒有忘記對亞里斯多德的希臘——阿拉伯——西班牙——拉丁文著作中的古怪科學大肆批判。他們本來對

事態的發展冷眼旁觀，後來就有些驚慌了，繼而惱羞成怒，大罵那些人離經叛道！然而，最終充滿理想的年輕學生們還是接二連三地離開了正統大學的教室，跑去聽一個極端的人文主義者講所謂的「文明重現」的新理論。

於是他們將怨言發洩到政府那裡，請求當權者裁決。然而，沒有人能強迫一匹不渴的野馬低頭喝水，更沒有人能強迫學生們對興趣索然的說辭熱情聆聽。這些老學究們步步緊逼，卻經常敗北，即便他們偶而小勝一次，也是與那些自己得不到幸福也不想讓別人得到幸福的宗教極端分子聯手。

佛羅倫斯是文藝復興的中心，在這裡舊秩序和新生活你爭我奪，爭鬥十分慘烈。一個西班牙多明我會派教士對「美好的新生活」充滿了憎恨，於是組織了一個維護舊秩序的陣營，並發動了一場波瀾壯闊的戰爭。他每天都在費奧里瑪利亞大廳內展現他那雷霆般的怒吼，向世人表示上帝的憤怒！他高聲大喊：「懺悔吧！懺悔你們忘了上帝！懺悔

君士坦丁堡的陷落

當古羅馬曾被人們遺忘的美重現歐洲，處在遙遠東方的君士坦丁堡卻孤立地站在它命運的邊緣。在重型火炮與重重圍困之下，號稱世界最堅不可摧的城防工事也無法阻擋又一次徹徹底底的洗劫。連日的戰火讓防守方給養匱乏、人心浮動、待援無望，慘烈的大戰以城破人亡的陷落畫上了最終的休止符。

你們追求幸福！你們的要求是不純潔的，你們是有罪的，向上帝懺悔吧！」他宣稱聽到了上帝的聲音，看到了那把烈焰之劍在天空中舞動。他對小孩子們循循善誘，希望能引導這些未被「玷汙」的靈魂步入「正途」，避免他們重蹈父輩走向毀滅的覆轍。他將這些孩子們組成一支童子軍，為仁慈的上帝歌功頌德，並將他奉為先知。在他這種狂熱的感召下，佛羅倫斯的市民們竟然產生了恐慌，他們答應誠心懺悔對幸福和快樂的罪惡追求。他們將家中的書籍、油畫和雕塑全部拿出來，堆放在市中心的廣場上，唱著聖歌，跳著邪惡的舞蹈，狂熱地歡慶一場「虛榮的狂歡節」。而薩佛納羅拉則將那堆放著的無

數藝術珍品付之一炬。

當一切化為灰燼時，人們的頭腦也清醒下來了。他們發現失去了什麼，他們意識到自己被這個狂熱極端的教士所蠱惑，親手毀了剛剛懂得珍惜的新事物。於是他們立刻倒戈，將薩佛納羅拉關進大牢。不過薩佛納羅拉即使受到重刑折磨，他也拒不認錯。他秉性忠誠，對於聖潔的生活忠貞不渝，因此他千方百計想毀滅那些與他信仰相左的事物。只要他發現了「罪惡」，就認為自己必須要消滅它。在他看來，不論是閱讀異教的書還

歐洲文藝復興的成果

在文藝復興的影響下，自然科學逐步從中世紀的神學桎梏中解脫出來，天文學、醫學、數學、物理學、哲學等方面所取得的理論與進展有力地推動了人類思想啟蒙的延伸，人們終於開始學會用自己的雙眼去全面、真實地看待這個世界。

文藝復興成果	自然科學	天文學	哥白尼（1473-1543），提出了「日心」說，代表作《天體運行論》。 喬爾丹諾‧布魯諾（1548-1600），代表作《論無限性、宇宙和諸世界》。 伽利略（1564-1642），代表作《關於托勒密和哥白尼兩大世界體系的對話》。 約翰‧開普勒（1571-1630），代表作《新天文學和天體物理學》。
		醫學	維薩留斯（1515-1564），代表作《人體結構圖》。 塞爾維特（1511-1553），代表作《基督教會的復興》。 哈維（1578-1657），代表作《心血管運動論》。
		數學	卡爾達諾（1501-1576），研究出解三次方程的公式。 韋達（1540-1603），代表作《數學公式和三角法及附錄》。
		物理學	威廉‧吉爾伯特（1544-1603），代表作《論磁石》。 伽利略（1564-1642），代表作《論兩種科學》。
	新哲學	英國「經驗論」哲學	法蘭西斯‧培根（1561-1626），代表作《新工具》。 托馬斯‧霍布斯（1588-1679），代表作《利維坦》。
		大陸「唯理論」哲學	勒奈‧笛卡爾（1596-1650），代表作《哲學原理》。 斯賓諾莎（1632-1677），代表作《倫理學》。

聖安東尼的誘惑

　　對於依舊沈浸在舊有傳統與歷史中的人們來說，幸福與快樂的誘惑如同邪惡的幽靈時刻潛伏在生活中的每個角落，它使人變得貪婪、醜惡，它是人們背離聖潔、墮入深淵的罪魁禍首。於是虔誠的神學者試圖說服、改變人們對新生活的憧憬與追逐，新舊觀念的衝突讓人們付出高昂的代價，甚至失去生命。

是追求異教的天國，都是不可饒恕的罪惡。然而薩佛納羅拉最後得不到任何人的支持，當中世紀正不可避免地走向沒落，他卻還在絕望中苦苦支撐著，就連羅馬教皇也沒有對他有過絲毫憐憫。相反，當薩佛納羅拉被送上絞刑架時，當市民們為焚燒薩佛納羅拉的屍體而歡呼時，教皇卻默許了。

　　薩佛納羅拉注定是一個悲劇性的人物，若是他生於11世紀，他會成就一番事業，可惜他錯生在了一個完全不同的時代。在15世紀，他那「重整宗教河山」的鴻鵠之志是注定要失敗的。當教皇也成為了人文主義的追隨者時，當梵蒂岡也成為了收藏古希臘和羅馬藝術品的博物館時，中世紀真的已經結束了。

第四十章

表現的時代

人們的內心開始渴望著將生活的樂趣和幸福表達出來，於是，
詩歌、雕塑、建築、油畫及書籍都成為他們宣示快樂的載體。

　　西元1471年，一位91歲高齡的虔誠老人離開了這個世界。古老的荷蘭漢撒市茲沃勒小鎮附近有一座名為聖阿格尼斯山的修道院，這裡緊鄰著風景秀麗的伊色爾河，看上去幽靜且美好，顯然這裡是一個非常適合修行的地方。那位剛剛離世的老人就在這裡度過了72年的人生時光。人們稱這位老人為托馬斯兄弟，也稱他為坎彭的托馬斯，坎彭村是他的出生之地。12歲時，托馬斯被送到了德文特。在這裡，他與著名的遊歷佈道者——巴黎、科隆及布拉格大學的高材生格哈特·格魯特創立了「共同生活兄弟會」。兄弟會的成員都是一些平凡普通的人，他們的願望是可以一邊從事自己的工作，例如木匠、油漆工、石匠等，一邊還可以像早期基督十二使徒一樣過著樸素簡單的日子。他們為了讓貧困農家的孩子可以接觸到更多的基督教義和智慧，所以，就設立了一所著名的學校。小托馬斯前來的就是這所學校。在這裡，他學會如何書寫拉丁動詞的變位形式，怎樣抄寫古代的手稿。學有所成後，托馬斯立下了誓言，然後將自己的一包書籍背在肩上，翻越崇山峻嶺，來到了茲沃勒這座小鎮。接著，他終於深感釋然地長出一口氣，關起房門，就此遠離了那讓他索然無味的喧囂世界。

　　托馬斯所生活的時代，到處都是瘟疫和死亡，而且社會動盪不斷。在中歐的波西米亞，正是處於暴風雨來臨時期，英國宗教改革者約翰·威克利夫的朋友以及其追隨者約翰尼斯·胡斯的忠實追隨者們，為了給自己的領袖報仇，正在緊鑼密鼓地籌劃一場戰爭。胡斯之所以被燒死在火刑柱上，是根據康斯坦茨會議的決定做出的。但是，在不久以前，這個會議還曾讓他前往瑞士講解他的教義，並且信誓旦旦說會保護他的人身安全。可是，當胡斯來到目的地，來到了齊聚一堂正在商討教會改革的教皇、皇帝、23名紅衣主教、33名大主教和主教、150名修道院院長以及100名以上的王公貴族的面前時，等待他的卻是上述結果。

　　在西歐，法國人為了將占領自己土地的英國人趕走，已經堅持了大約100年的反抗鬥爭，若不是前不久聖女貞德的及時出現，此時的法國早已面臨全線潰敗的窘地。但是，百年戰爭剛剛塵埃落定，法蘭西王國和勃艮第就為了搶奪西歐的統治權，彼此之間又開

始了新一輪的殘酷征討。

在南方，看一下羅馬的教皇，他正在對上天祈禱，禱告的內容卻是請求將災難降臨到法國南方阿維尼翁的另一位教皇頭上。而阿維尼翁的那位教皇則也在心中默默叨念，祈禱上天將同樣的災難降臨在羅馬教皇身上。在遠東，君士坦丁堡被土耳其人占領，羅馬帝國的最後堡壘徹底淪陷。俄國人則準備背水一戰，做最後的遠征討伐，將統治他們的韃靼人徹底打敗。

儘管外面的世界熱鬧非凡、你爭我奪，可是，托馬斯兄弟卻充耳不聞，只是待在自己簡單、安靜的隱修室中，他已經完全沈醉在古代手稿和沈思冥想中了。現在，他全部的注意力都集中在一本小冊子中，那裡深藏著他對上帝滿腔的熱情，這本小冊子就是《效法基督》。這本書是除了《聖經》以外，被翻譯的語種最多的書籍，它的閱讀者絲毫不比《聖經》的閱讀者少。這本書改變了成千上萬人的世界觀，影響著他們的生活習慣和思想，寫作這本書的人，他最理想的生活方式就是「可以安靜地坐在小房間的一角，捧著一本小書，安逸地度過一生的時光。」這是他人生最高、也是最淳樸的願望。

好兄弟托馬斯就是中世紀最純淨的理想的代表人物。當四面紛紛湧現起文藝復興的浪潮，當人文主義者大聲高呼新時代到來的時候，中世紀並不想退出舞台，而是暗中積蓄力量，做著最後的掙扎。修道院也進行了革新，追求財富與享樂的惡習被僧侶

胡斯之死

佈道者約翰尼斯·胡斯因以言論抨擊腐朽的羅馬教會與教權，在教會與權勢統治者召集的康斯坦茨會議中被判處異端邪教罪，燒死在火刑柱上。在教會分裂與互爭之中，神職人員逐漸偏離了樸素的信仰與操守，陷入拜金、專權的漩渦，而胡斯的反對之音則讓其淪為當權者的犧牲品。

思想的獨立

　　人們厭倦了長期以來宗教與權勢彼此的口蜜腹劍、征討傾軋，思想日漸獨立的人們已不滿足於在台下做個安分守己的聽眾，他們沒有興趣欣賞皇帝與教皇之間的拙劣演技，更沒有人可以對他們指手畫腳，他們迫切地期待著成為舞台上的表演者，成為書寫自己歷史的主人。

～✿～ 表現的時代 ～✿～

　　中世紀沈澱下來的陳規舊習逐漸消失殆盡，人們的思想不再受困於強權的束縛，也不再安守於自我的救贖，而是更多尋求理想與自我表達，通過自我價值的實現與他人認同來最大限度引導、改變自己的世界。

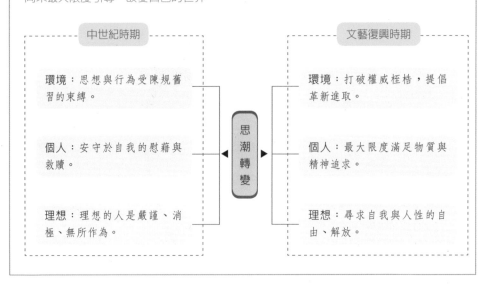

中世紀時期	思潮轉變	文藝復興時期
環境：思想與行為受陳規舊習的束縛。		環境：打破權威桎梏，提倡革新進取。
個人：安守於自我的慰藉與救贖。		個人：最大限度滿足物質與精神追求。
理想：理想的人是嚴謹、消極、無所作為。		理想：尋求自我與人性的自由、解放。

們拋棄。淳樸誠實的人們正在努力學習最完美的虔誠生活,他們想讓人類重新回到正義的時代,重新歸順上帝的意志。可是,新時代以著強大的動力,從這些淳樸的人們身邊飛馳而過。不要想了,一切都是徒勞,那種靜心冥想的時光永不存在,一個新的偉大的「表現」時代來臨了。

我還需要在這裡說明一下,很抱歉,我必須要用更多的「繁詞冗句」來說明這一切。從內心講,我很希望可以使用一個音節的單詞,將這部歷史全部呈現在大家面前,但是,顯然這是不可能的事情。就好像你所著的一部關於幾何的教科書,你必然會用到「弦」、「三角」和「平行六面體」等專有名詞。如果你想學會幾何,那麼,你就必須要理解這些詞。學習歷史(包括生活的各方面),你必須要理解很多起源於拉丁文和希臘文的深奧字眼。假如這是一個必須的條件,從現在開始學習又何妨呢?

我說的文藝復興時期為「表現的時代」,意思就是說:人們已經不甘於做一個旁觀者的角色,他們不再滿足於聽從教皇或者皇帝的指示。現在,他們想要登上舞台表演,他們想要「表現」出自己的想法。

假如有一個人對政治抱有極大的興趣,而他又像佛羅倫斯的尼科‧馬基維利一樣喜歡「表現」,那麼他就會寫上一本書來表達自己對成功國家和有成就的統治者的看法。又假如,他如果喜歡畫畫,他可能就會在繪畫創作中用線條和色彩來表達自己的看法。因此,這個時代就出現了像喬托、拉斐爾、安吉利科那樣的傑出人物。

假如此人不僅對色彩和線條感興趣,對於機械和水利也是興趣盎然,那麼,他就是李奧納多‧達‧文西。他不僅會有精絕的畫作《蒙娜麗莎》,還不時主持測試著熱氣球和飛行器的實驗,甚至不停思考著如何才能將倫巴德平原沼澤的積水排完。從天下的所有事件中他們都可以感到無限的樂趣,然後這些都會在他的散文、繪畫,甚至是奇特的

蒙娜麗莎

空間的錯覺、充滿魔力的眼神與神秘的微笑讓這幅驚世之作成為世界上知名度最高的作品。這幅享有盛譽的人物肖像畫名作讓無數世人為之傾倒,各種傳說與猜測層出不窮。李奧納多‧達‧文西試圖將優美的風景與端莊的人物融合在一起,進而展現出人物複雜的內心世界。

持花女子的半身雕像 大理石雕像 約1480
年作 高60cm 現存於義大利佛羅倫斯巴吉羅國
家博物館

　　精緻的頭飾、柔美的線條，這座神采奕奕的女性
雕像出自大雕刻家韋羅基奧之手。作為藝術大師李奧
納多·達·文西的師傅，韋羅基奧同樣有著多才多藝
的一面，不僅精於雕刻，更擅長繪畫與金飾的加工製
作，更是文藝復興時期聞名遐邇的繪圖員。

發動機中——「表現」出來。如果有一
個如米開朗基羅那般強壯的人，那些畫
筆和調色板無法讓他感到滿足，那麼，
他就會用大理石塊堆砌、雕鑿出建築或
雕像，還可以繪製出聖彼得大教堂的藍
圖。這是讓這座大教堂獲得無盡讚譽與
殊榮的最基本「表現」。

　　如此這樣，連續不斷地「表現」
下去，很快，整個義大利（很快蔓延到
全部歐洲）就出現了很多勇於「表現」
的男女。他們將自己薄弱的力量投入到
工作中，為的是不斷累積人類的知識、
美與智慧。在德國的梅因茨城，約翰·
古騰堡發明了一種簡單的出版書籍的方
法。他在古代的木刻法的基礎上，完善
現有的方法，然後使用單獨的字母製成
軟鉛，可以排列出單詞及整篇的文字。
不幸的是，不久後，他就在一個關於印
刷術發明權問題的官司中傾家蕩產、潦
倒終生。但是，印刷術卻流傳了下來，
成為了一個非常重要的發明。

　　不久後，威尼斯的埃爾達斯、巴黎
的埃提安、安特衛普的普拉丁、巴塞爾
的伏羅本，他們均使用印刷術將精美的古典著作印刷出版，有的使用哥德字母印刷，有
的用義大利體，有的用希臘字母，還有的用希伯來字母，讓整個世界為之傾倒。

　　此時，整個世界的人們都成為了那些想要講話的人的忠實聽眾。那個少數特權階層
壟斷知識的時代一去不返。昂貴的書價已經不能作為無知和愚昧的最終理由了，哈勒姆
的厄爾澤維大量印刷的廉價通俗讀物開始給人們帶來了無盡的知識。如今，你只需花費
幾個小錢就可以換來亞里斯多德、柏拉圖、維吉爾、賀拉斯及普利尼這些偉大的古代作
家、哲學家的作品。在印刷文字的普及下，人文主義使每個人都處於一個自由平等的位
置上。

第四十一章

偉大的發現

　　人們既然已經打破了中世紀的束縛，就必然需要更廣闊的空間去馳騁。狹小的歐洲明顯無法承載他們的雄心壯志，偉大的航海大發現時代終於要到來了。

　　十字軍東征，對歐洲人來說就像是講授旅行基礎知識和技巧的一門課程。不過在那時，對於那條從威尼斯到雅法盡人皆知的古老路線，人們還是從不敢稍有偏差。威尼斯商人波羅兄弟曾在西元13世紀，經過長途跋涉穿越了遼闊的蒙古大沙漠，翻過那高聳的山嶺，來到了正在統治著中國領土的蒙古大汗的皇宮。波羅兄弟當中有一個人的兒子叫做馬可·波羅，他寫了一本遊記，詳細地描述了他們在東方長達20年的漫遊和冒險旅程。這本書在歐洲引起了極大的迴響。馬可·波羅在遊記中有一段對奇特島國「吉潘古」（日本的義大利念法）金塔的描述很是迷人，在讀到這一段描述時，全世界的人都驚呆了。有很多人都想到東方來尋找這片富饒的土地，期望能一夜暴富。但最終因為路途過於艱辛、遙遠，人們頂多只能在家中幻想一下。

　　當然，他們可以走海路去東方，不過航海在中世紀還沒有普及，人們也很少去關注它。其實之所以出現這種情況也是有原因的。首先是因為當時的船隻都很小。麥哲倫在進行那場持續好幾年的環球航行時，他所使用的船隻很小，遠沒有現代的一隻普通渡船大。而且當時船艙狹窄，只

馬可·波羅

　　13世紀的義大利著名旅行家、商人馬可·波羅，跟隨父親與叔叔從威尼斯出發，途經中東，歷時4年最終抵達中國。遊歷多年讓他到訪過中國眾多的古都、名城，返回家鄉後根據他的講述而集成的《馬可·波羅遊記》將中國看作是富饒、美麗、神奇的東方古國，激發了歐洲人濃烈的興趣。

瓷器

　　淨白光潤的瓷器被歐洲人看作是中國偉大的奇蹟之一，典雅的花卉圖案讓人愛不釋手。義大利旅行家馬可‧波羅曾細緻描述了瓷器的製作以及市場中的低廉價格、精雅品質。這些瓷器被商人通過海陸運輸販賣到歐洲，成為王室貴族們摯愛的奢侈品，也誘發歐洲人嘗試著揭開東方瓷器的製作之謎。

星盤

　　15世紀用於航海的星盤儀器，這種由阿拉伯人慣用的星盤改進而成的科學工，具能夠根據星體位置確定日期與時間，通常能協助人們測算時間、勘測緯度、觀測星座、繪製星圖，從而在茫茫大海上為舵手提供相對準確的位置與導航數據。

能承載20到50個人，艙頂很低，人們都無法站直身體。其次是船隻所能提供的飲食條件不好，廚房設施極盡簡陋，天氣稍有變化水手們就無法生火，而不得不以冷硬的食物裹腹。儘管中世紀的人們掌握了醃製鱈魚和魚乾的技術，但還沒有出現罐頭食品，食物的保鮮問題仍是遠洋航行的掣肘之處。而當時的淡水也是用木桶來裝的，存放時間不長。時間一長它就會變質，孳生很多細菌，飲用起來有一種爛木頭加鐵鏽的味道。而當時的人們對細菌並不了解（13世紀，羅傑‧培根才對細菌的存在進行了檢測，不過他很明智地選擇了守住這個秘密，並沒有對外界宣布），所以他們會經常飲用那些不乾淨的淡水，導致全體船員患急症而死。由於以上這些客觀條件的存在，早期航海出行會有很高的死亡率。例如，1519年，麥哲倫從塞維利亞出發開始他著名的環球航行，當時他帶了200名船員，可是航行結束後，活著回到歐洲的只有18個人。就算17世紀時，西歐和印度間的海上交易已經很活躍了，可是要完成從阿姆斯特丹到巴達維亞的一次來回航行，還經常會有40%的死亡率。這些人多是因為缺乏新鮮的蔬菜而死於壞血症，這種疾病通常會對患者的牙齦產生影響，使血液中的毒素濃度增加，最終導致他們因精力衰竭而亡。

　　通過對上面這些惡劣環境的描述，現在你可以很容易理解為什麼當時歐洲那些優秀的人們對航海沒有興趣。而麥哲倫、哥倫布、達‧伽馬等偉大探險者，他們的艱難航程所帶領的人，通常都是那些刑滿釋放人員、無業的小偷、未來的殺人犯等。

這些航海者是一群勇敢的人，我們應當敬佩他們。因為當他們面對重重困難，毅然決然地開始了好像沒有任何希望的冒險航行，而那些困難是我們這些習慣了現代舒適生活的人所無法想像的。他們所依靠的船隻裝備極差，船艙常有漏水現象，索具又十分的沈重，操作起來十分不便。雖然自13世紀中期起，他們就有了一種和羅盤相似的儀器（從中國經阿拉伯人和十字軍之手帶到了歐洲），可以協助在海上分辨方向，但是他們的航海地圖卻糟糕得一塌糊塗，他們更多時候僅能依靠運氣和猜測來選擇航行路線。如果運氣好，他們會在一兩年後風塵僕僕、兩手空空地回到歐洲；如果運氣不好，他們就會死在某個荒涼的海灘上，無人知曉。不過，他們都是真正的開拓者和冒險家，敢於直面命運，將生命看作是一場冒險歷程，充滿了光輝色彩。當他們看到了一處新海岸線的輪廓，或者是船隻駛進了一處人類從未涉足的新水域時，他們就會把以前所遭受的一切苦難、病痛與飢渴統統忘得一乾二淨。

　　此時我真希望可以把這本書寫到1000頁那麼多，因為早期地理大發現這一話題，要講的東西實在是太多、太吸引人了。遺憾的是，我們描寫歷史就是要把過去那些時代的真實概況展現在你們面前。它所採取的手法應該和倫伯朗的蝕刻畫創作手法相類似，將濃麗的色彩與光線聚集在最重要的事件、最偉大的人物、最有意義的時刻，而那些相對次要的部分，用陰影或幾根線條一筆帶過就可以了。所以在這個章節中，我只能給你們

中世紀的海圖

　　14世紀阿拉伯旅行家伊本·白圖泰遊歷時繪製的海圖，從中人們可以分辨出地中海、北非的輪廓以及河流，人們甚至可以找出通往中國的貿易路線。

繁盛的貿易之路

中世紀的黑暗時代並未阻礙商人們累積財富的腳步，那些依靠優越地理位置的地中海城市不斷探索和延伸出眾多貿易線路，其中的威尼斯人和熱那亞人不僅打通了東西方之間商貿、文化的互惠通道，更逐漸確立了自己無可取代的中心地位。

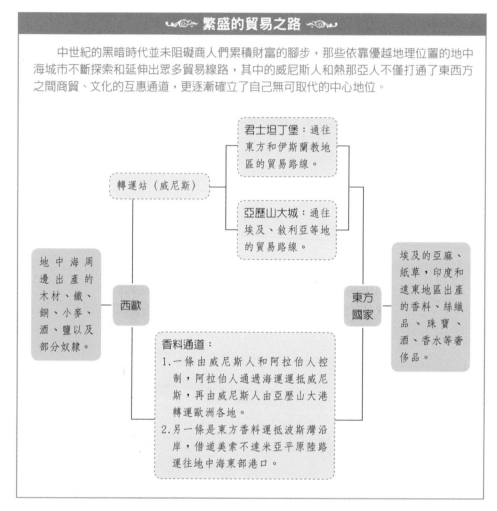

君士坦丁堡：通往東方和伊斯蘭教地區的貿易路線。

轉運站（威尼斯）

亞歷山大城：通往埃及、敘利亞等地的貿易路線。

地中海周邊出產的木材、鐵、銅、小麥、酒、鹽以及部分奴隸。

西歐

東方國家

埃及的亞麻、紙草，印度和遠東地區出產的香料、絲織品、珠寶、酒、香水等奢侈品。

香料通道：
1. 一條由威尼斯人和阿拉伯人控制，阿拉伯人通過海運運抵威尼斯，再由威尼斯人由亞歷山大港轉運歐洲各地。
2. 另一條是東方香料運抵波斯灣沿岸，借道美索不達米亞平原陸路運往地中海東部港口。

羅列一個關於最重要航海發現的簡略清單。

在14世紀和15世紀，所有的航海家腦中只有一個想法，那就是盡快找到一條舒適而又安全的航線，然後向他們夢想中的中國、吉潘古海島和那些盛產香料的神秘東方群島進發。其實，自十字軍東征之日起，歐洲人就開始喜歡使用香料了，而香料也因此成為了一種不可缺少的商品。因為當歐洲人還沒有開始大規模地使用冷藏以前，他們都是必須在容易變質的肉類和魚上撒一把胡椒或豆蔻後再食用的。

威尼斯人和熱那亞人雖然是地中海的偉大航行者，但是在後來獲得探索大西洋海岸榮譽的卻是葡萄牙人。這得從一場戰爭說起。常年來，西班牙人和葡萄牙人都在不斷地與摩爾入侵者進行鬥爭，在這場長久的鬥爭中，他們產生了強烈的愛國情懷。這種情懷一旦存在，就很容易在其他新的領域生根發芽。於是在13世紀，葡萄牙國王阿爾方索三世就攻占了位於西班牙半島西南角的阿爾加維王國，然後把它納入自己的領土。在

此後的一百年間，葡萄牙人逐漸扭轉了在與穆罕默德追隨者抗爭中的劣勢，並逐漸占得上風。他們橫渡直布羅陀海峽，拿下了阿拉伯人的城市泰里夫（阿拉伯語意為「庫存品」，後通過西班牙人的傳遞，成為我們口中的「tariff」，即「關稅」）對面的休達和丹吉爾兩地，而丹吉爾則成為了阿爾加維王國在非洲的重要戰略據點。

自此，葡萄牙人就做好了充分的準備，展開了他們的探險事業。

葡萄牙的約翰一世與岡特的約翰的女兒菲利巴結婚，後來生下了亨利王子。在西元1415年，素有「航海家亨利」之稱的亨利王子開始了周密的準備工作，打算對非洲西北部地區進行大規模的探索。在亨利對非洲西北部地區展開探索之前，腓尼基人和古代北歐人就曾到過這片炎熱、多沙的海岸。他們描述說這裡時常有長毛「野人」出沒，不過我們現在已經知道，這所謂的「野人」其實就是非洲大猩猩。葡萄牙人也展開了對這

沙漠之舟

　　位於非洲北部的撒哈拉沙漠人跡罕至，是地球上最不適合生物生存的地區之一。借助有著「沙漠之舟」之稱的駱駝組成的大批駝隊，人們才能有機會躲避風沙、尋找水源甚至穿越撒哈拉沙漠。而航海家亨利王子的探險之旅不僅僅限於凶險遼闊的海洋，他還帶領著遠征隊深入過撒哈拉沙漠的腹地。

裡的探險，而且工作進展得十分順利，亨利王子和船長們首先發現的是加那利群島，然後，亨利他們又再次找到了馬德拉島。之所以說是再次找到，是因為在一個世紀前，熱那亞商船曾在這裡做過短暫的停留，此外這些熱那亞商人還登上了亞速爾群島，並繪有詳細的地圖。而在他們之前，西班牙人和葡萄牙人對亞速爾群島只有一個模糊的認知，只是大致地看了一眼非洲西海岸的塞內加爾河河口，就把它看作了尼羅河的對外入海口。在15世紀中期，他們還發現了佛得角（也叫綠角）和佛得角群島，事實上這些地點已經深入到巴西通往非洲路途將近一半的位置上。

但亨利的探險活動並不是只侷限於海洋。他還是基督騎士團的領袖，這個騎士團是1312年教皇克萊門特五世裁撤聖殿騎士團後，葡萄牙人自己保留的十字軍騎士團。法國國王菲利普四世呼吁裁撤掉聖殿騎士團並獲得批准，在採取取締行動時，美男子菲利普把聖殿騎士全都燒死在火刑柱上，然後掠奪了騎士們的財產和領土。酷愛冒險的亨利王子，利用他的騎士團所屬領地的收入，組建了幾支遠征隊，開始對幾內亞海岸的撒哈拉沙漠進行探索。

總的來講，亨利的思想仍舊屬於中世紀，他耗費大量的時間和金錢來探尋神秘人物普勒斯特·約翰。而關於這個約翰的故事，最先盛行於12世紀的歐洲。相傳，約翰是一名教士，他建立了一個大帝國，自己做了國王。對於這個神秘國度的具體所在地，人們並不知曉，只知道是位於東方的某個地方。300年來，人們一直在嘗試著尋找普勒斯特·約翰和他的後裔，亨利王子也位列其中，但最終都是一無所獲。直到亨利死後的30年，人們才揭開這個謎底。

西元1486年，探險家瑟洛繆·迪亞茲想出海路出發，去尋找普勒斯特·約翰所建立的那個大帝國，為此，他到達了非洲的最南端。迪亞茲因這片海域上的強風阻礙了他的航行，於是就把此處命名為風暴角。而他的手下，里斯本海員要比他有遠見得多，他們知道此地的發現，對於他們繼續向東航行，尋找前往印度的航線極為關鍵，於是就把它命名為「好望角」。

一年後，佩德羅·德·科維漢姆也開始了尋找普勒斯特·約翰的神秘國度的行程。他拿著熱那亞美第奇家族的委託書，從陸路出發開始尋找。他渡過地中海，穿越了埃及國土後，向南方行進。不久，他就到達了亞丁港，並由此處改陸路為海路穿過波斯灣。自從1800年前亞歷山大大帝的勢力曾擴張至此以來，歐洲人已經極少涉足這裡。接著，科維漢姆就來到了印度沿岸的果阿及卡利卡特，並在當地蒐集到很多關於月亮島（馬達加斯加）的傳說，據說該島位於印度和非洲的中間。後來，科維漢姆就離開了印度，重新回到了波斯灣，他還偷偷地到訪過麥加和麥地那這兩個穆斯林的大本營。接著，他又一次渡過紅海，終於在1490年發現了傳說中普勒斯特·約翰所建立的神秘國度。而這個國度其實就是黑人國王尼格斯所統治的阿比尼西亞（埃塞俄比亞），早在西元4世紀，他們的祖先就皈依了基督教，比基督教教士到達斯堪的那維亞還要早上700年的時間。

通過這些航行，葡萄牙的地理學家和地圖繪製者們認為，雖然向東航行可以抵達印

葡萄牙人的諾斯船

　　葡萄牙人的諾斯船是14世紀至15世紀葡萄牙人遠航探險的主力用船，這種巨型的武裝商船有著堅固的甲板和船頭，足以抵禦大洋中常見的風浪，單獨粗壯的桅桿可以撐起巨大的帆，不僅堅固耐用、易於控制，也可以為船隻帶來足夠的推動力。

度，但是實際執行起來卻很困難。於是，這就引發了一場爭論。一部分人認為應該從好望角出發繼續向東探索，去尋找那條通往印度的航線；另外一部分人卻說：「那只是在浪費時間，我們要向西航行越過大西洋，這樣才能找到中國。」

　　在此我想說明一點，當時最富學識的人並不是把地球看作扁平的烙餅，他們始終深信地球是圓的。在西元2世紀，著名的埃及地理學家克勞丟斯‧托勒密發明並論述了一個關於宇宙構成的托勒密體系，因這一觀點可以滿足中世紀人們的簡單需求，於是它就被人們廣泛的接受。但在文藝復興時期，科學家們拋棄了托勒密體系，轉而接受了波蘭數學家哥白尼的日心說。尼古拉斯‧哥白尼經過研究發現，有一系列的圓形的行星在圍繞太陽轉動，而地球就是這些行星中的一個。不過，當時有宗教法庭的存在。它最初建立

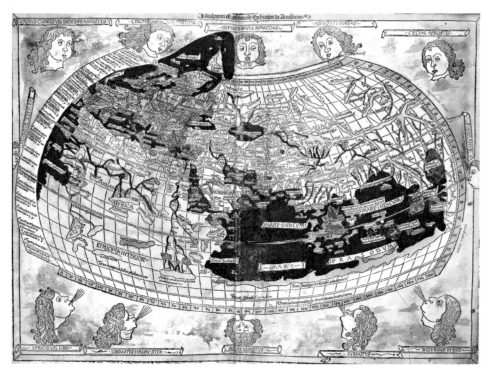

托勒密的世界

古希臘地理學家、天文學家、數學家克勞丟斯・托勒密研究多年，提出了著名的「地心說」與《地理學指南》，向人們展示了一幅他眼中的「真實」世界。在他的觀念中地球是方的，他對經度範圍的計算誤差使歐亞大陸看起來大很多，從而誤導了哥倫布得出選取西行航線前往中國最近的錯誤判斷。

於13世紀，是為了防止法國阿爾比教派和義大利華爾德教派的異端者對羅馬教皇的絕對權威產生威脅而建立。其實這些異端者性情溫和、信仰虔誠，寧願像基督那樣過著貧困的生活，也不相信私有財產。哥白尼因害怕受到宗教法庭的迫害，就把這一偉大發現隱藏了36年，直到1534年他去世，才公開發表了這一觀點。而不管當時的宗教法庭有多大的權力，那些航海家們都相信地球是圓的，不管是向東還是向西，最終都能到達印度和中國，他們所爭論的只不過是從哪個方向航行會更好，更加容易。

在那些主張向西航行的人們中，有一個熱那亞水手，名叫克里斯托弗・哥倫布。哥倫布的父親是一位羊毛商人，哥倫布曾在帕維亞大學讀過一段時間的書，主要攻讀數學和幾何學。後來，他子承父業，但接手父親的生意不久，他就開始在東地中海的希俄斯島上做商務旅行。接著，他又從此地乘船去了英格蘭，而他到底是以羊毛商的身分開始了此次航行，還是以商船船長的身分展開航行，我們就不得而知了。西元1477年2月，哥倫布說他到達了冰島，可實際情況可能是他只到達了法羅群島。因為在每年的2月份，這裡就會變成冰天雪地，人們很容易把它誤認為是冰島。在這裡，哥倫布見到了那些勇猛

強悍的北歐人的後代，他們自10世紀起就在格陵蘭島定居了。直到11世紀，他們才第一次見到美洲。事實上，當時利夫船長的船隻被狂風刮到了美洲的瓦恩蘭島，即現在的拉布拉多沿岸。

沒有人知道那些遠在西陲的殖民地後來是如何發展的。利夫船長的兄弟托爾斯坦因的遺孀嫁給了托爾芬‧卡爾斯夫內，而後者在1003年建立了一個美洲殖民地，並用自己的名字命名。但這個殖民地在愛斯基摩人的敵意和反抗中只維持了3年。至於格陵蘭島，自1440年起就再也沒有收到當地居民的任何消息，那些定居在格陵蘭的北歐人很可能全部死於黑死病，那時歐洲黑死病的夢魘奪去了挪威的半數人口。不管真實的情況是怎樣的，關於「遠西地區的大片土地」這一傳言，一直在法羅群島和冰島的居民中流傳，而哥倫布也必定在他們口中獲得了不少這樣的消息。然後，哥倫布進一步從北蘇格蘭群島的漁民那些蒐集了更多的相關信息。接著，他就到了葡萄牙，並在當地娶了一位姑娘，這個姑娘是曾為亨利王子工作的船長的女兒。

自1478年起，哥倫布就把全部的精力都放在尋找前往印度的西面航線上。他分別向葡萄牙皇室和西班牙皇室呈遞了自己的探索航行計畫。但當時葡萄牙人十分有信心能夠壟斷向東的航線，對哥倫布的計畫根本不感興趣，而西班牙皇室也無力資助哥倫布的冒險計畫。自從1469年阿拉貢的斐迪南大公和卡斯蒂爾的伊莎貝拉結婚後，阿拉貢和卡斯蒂拉因聯姻而合併為一個統一的西班牙王國。他們將全部注意力集中在攻打摩爾人在西班牙半島建立的最後一個城堡格拉納塔上，維持戰爭的大筆資金花費已讓他們囊中羞澀，因此在考慮哥倫布的宏偉計畫時不得不反覆權衡。

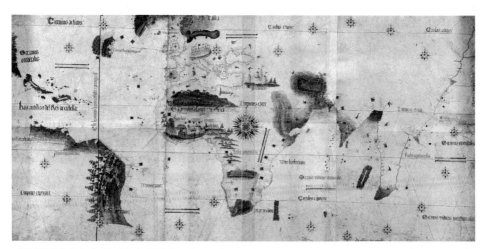

葡萄牙探險者的絕密版圖

　　航海家哥倫布對於美洲大陸的新發現開闊了大航海時代的開端，促使歐洲窺視財富的人們將海上貿易由地中海轉移到大西洋沿岸，進而改變了舊有大陸的文明與格局。這幅藏於葡萄牙里斯本的絕密版圖不僅詳細紀錄了葡萄牙人的探索發現，更將非洲、巴西海岸、西印度群島精確地標注出來。

　　很少有人能夠像哥倫布那麼勇敢，他為了實現自己的理想而不懈努力，雖多次陷入絕境卻從不放棄。其實，相信大家對於哥倫布的故事已經知道得很詳細了，我也就不再多說了。1492年1月2日，被圍困於格拉納達的摩爾人投降。4月，哥倫布和西班牙國王和王后簽署了協議。在8月3日星期五這天，哥倫布就率領三隻小船從帕洛斯起航，開始了他向西尋找印度和中國的偉大航行。當時隨行的船員共有88人，大多是為了獲取免刑而選擇參加遠征隊的在押犯人。10月12日，星期五的凌晨兩點鐘，哥倫布終於看到了陸地。1493年1月4日，哥倫布讓44名船員留守在拉‧納維戴德要塞（後來沒有人能證實留守者中有人倖存下來），與他們告別後，他就踏上了返航歐洲之路。2月中旬他抵達了亞速爾群島，但那裡的葡萄牙人卻揚言要把他送進監獄。3月15日，哥倫布重回航行的始發點——帕洛斯島，然後他就即刻帶著他的印第安人（哥倫布相信自己發現的那些島嶼是從印度群島延伸出來的，並把他帶回來的那些土著居民稱為紅色印第安人）前往巴塞羅那。他要把自己這次航行所獲得的巨大成功呈報給寬宏的國王和王后，告訴他們，那條通往金銀之國——中國和吉潘古的航線已經找到，他們隨時都可以任意地使用。

航海家哥倫布

　　航海家哥倫布為達成他兒時航海冒險的夢想，托著他探尋通往東亞的海上航線計畫四處尋求資助，最終在西班牙統治者費迪南及其妻子伊莎貝拉的資助下，踏上足以載入史冊的航程。然而，歷盡苦難的哥倫布錯將大洋另一頭巴哈馬群島的土著人當成東方人，也許直到離開人世他仍沒發覺那是一片全新的大陸。小圖是西班牙皇室為表彰哥倫布的事蹟而賜予他的徽記。

但是，哥倫布一生都沒有發現事情的真相。直到他步入暮年，他開始了第四次航行，當他踏上南美大陸的瞬間，也許對自己曾經的發現有過一點點的懷疑。但是他始終堅定地認為，歐洲和亞洲之間並不存在另一塊大陸，他已經發現了通往中國的航路。

此時，葡萄牙人也在為他們的東方航線而努力，不過他們要比西班牙人幸運得多。達‧伽馬在1498年成功地抵達了達馬拉巴爾海岸，同時還帶著一船香料平安地返回了里斯本，這在全歐洲產生了極大的轟動。1502年，達‧伽馬再次前往那裡時已經十分熟悉這一航線了。但相比之下，西航線的探索工作卻不盡如人意。約翰‧卡波特和塞巴斯蒂安‧卡波特這兩兄弟分別於1497年和1498年，試圖找到通往日本的航路，可是他們滿眼看到的只有紐芬蘭島上冰天雪地的海岸與山岩。事實上，這塊地域早在5個世紀以前，斯堪的納維亞人就已經發現了。後來，西班牙委派佛羅倫斯人亞美利哥‧維斯普奇擔任首席領航員，我們身處的美洲大陸就是以他的名字命名的。他找遍了整個巴西海岸，卻根本找不到印度群島。

直到1513年，也就是哥倫布去世7年後，歐洲的地理學家們才終於發現了新大陸的真相。華斯哥‧努涅茨‧德‧巴爾波沃穿越了巴拿馬海峽，登頂了著名的達里安山峰，臨高而望，眼前煙波浩渺、無邊無際的大海讓他驚呆了。因為事實告訴他面前還有另外一個大洋。

達‧伽馬

哥倫布率領西班牙船隊發現新大陸的消息傳來，讓意圖稱霸海上的葡萄牙人加緊了對東方航線的探索，葡萄牙航海家達‧伽馬授命從里斯本出發，繞道好望角，打通了歐洲通往印度的海上航線。然而，出身貴族的達‧伽馬驕橫跋扈，新航路的開通同時也意味著血腥掠奪的大幕被拉開了。

1519年，葡萄牙航海家斐迪南德‧麥哲倫帶領一支由5艘西班牙船隻組成的船隊，開始向西尋找香料群島（向東的航路已成葡萄牙人的囊中之物，由於不允許競爭，他們只能向西）。在穿過非洲和巴西之間的大西洋後，麥哲倫帶領著船隊繼續向南航行，駛入一塊位於巴塔戈尼亞的最南端和「火島」之間的狹窄海域。巴塔戈尼亞意思是「大腳人的領地」，「火島」因水手們在夜裡發現島上有土著人燃起的火光而得名。而整整5個星期的狂風和暴風雪襲擊，讓麥哲倫的船隊深陷覆滅的危機，水手們出現了叛變。最終麥哲倫以鐵腕平息了這場叛亂，並留兩名船員在荒涼的海岸上，懺悔自己的罪行。

最後，風暴漸歇，海峽也變得寬闊了。麥哲倫就帶領船隊駛進了一個新的大洋，那裡風平浪靜，麥哲倫把它命名為平穩、安寧的海洋，即太平洋。然後他們繼續向西航行，這期間整整有98天的時間，他們連陸地的影子都沒有見到，大多數船員因為飢餓和乾渴而死去。後來他們開始吃船裡的老鼠，老鼠吃沒了，他們就開始吃船帆，以解腹中飢餓之苦。

1521年3月，他們終於重見期待已久的陸地。因為這片陸地上的土著居民遇到什麼就偷什麼，麥哲倫就把它命名為「盜匪之地」。然後，他們繼續向西航行，距離他們夢想的香料群島越來越近。

後來，他們又發現了一片陸地，這片陸地是由一群孤島組合而成的群島。麥哲倫就把它命名為菲律賓群島，這也是其主人查理五世之子菲利普二世的名字。不過，歷史

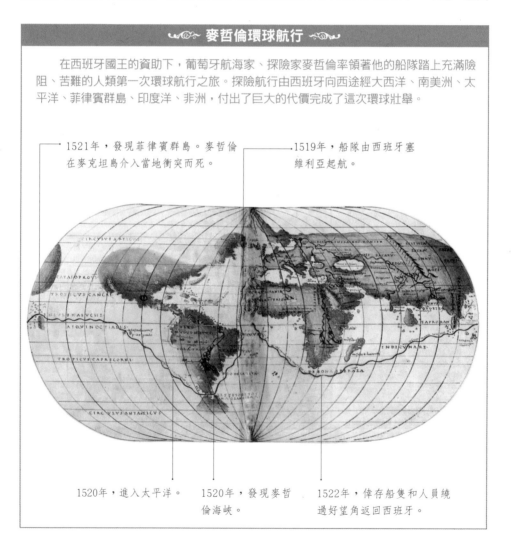

麥哲倫環球航行

在西班牙國王的資助下，葡萄牙航海家、探險家麥哲倫率領著他的船隊踏上充滿險阻、苦難的人類第一次環球航行之旅。探險航行由西班牙向西途經大西洋、南美洲、太平洋、菲律賓群島、印度洋、非洲，付出了巨大的代價完成了這次環球壯舉。

1521年，發現菲律賓群島。麥哲倫在麥克坦島介入當地衝突而死。

1519年，船隊由西班牙塞維利亞起航。

1520年，進入太平洋。

1520年，發現麥哲倫海峽。

1522年，倖存船隻和人員繞過好望角返回西班牙。

恐怖的航線

　　偉大的探險航行不僅需要卓越的航海技術與經驗，也耗費了歐洲大量的財力、物力與人力。探險者挑戰著自然與人類的極限，更要隨時直面毒蟲猛獸以及土著人的威脅與攻擊，恐懼、飢渴、死亡成為家常便飯，故參與者多為亡命之徒，巨大的代價換取來的高昂回報也是促使他們對航海探險趨之若鶩的原因之一。

上關於菲利普二世的紀錄都是些不光彩的紀錄，他就是致使西班牙「無敵艦隊」全軍覆沒的罪魁禍首。在菲律賓，那些當地居民一開始還熱情地接待麥哲倫，但是在他準備動用武力強迫當地居民信奉基督教時，人們就展開了猛烈的反擊，他們殺死了麥哲倫和眾多船長、水手。那些倖存的海員們就把剩餘三艘船中的一艘給燒毀了，然後接著向西航行。他們最終發現了著名的香料群島──摩鹿加群島。此外，他們還發現了婆羅洲（現

在的印尼加里曼丹島），登上了蒂多雷島。在那裡，僅剩的兩艘船中因為一艘船嚴重漏水，所以只好把船和船員一起留在當地。在船長塞巴斯蒂安·德爾·卡諾的帶領下，依然完好的「維多利亞」號獨自橫穿印度洋，他們沒能發現澳大利亞北部海岸（直到17世紀初期，這片荒無人跡的平原地帶才被荷蘭東印度公司的探險船隊無意發現）。最後，他們歷盡艱辛，終於回到了西班牙。

麥哲倫的這次環球航行是以往所有的航行中最受人矚目的一次。這次航行歷時3年，耗費了難以估量的人力和財力，最終勉強取得了成功。它充分證明了地球是圓的這一真理，同時還證明了哥倫布所發現的新土地並非是印度的一部分，而是一塊獨立的新大陸。自此，西班牙和葡萄牙人就開始把全部的精力放在對印度和美洲的貿易開發上。而教皇亞歷山大六世（唯一被公眾認可、推選為最高聖職的異教徒）為了防止這兩個國家用武力來解決競爭衝突，被迫以格林威治以西的50度經線為分界線，把世界等分為兩個部分，這就是1494年的托爾德西亞條約。在這條經線以東的地區，葡萄牙人獨享著建立

嶄新的時代

波瀾壯闊的大航海時代帶給人們更廣闊、更真切的世界，各國彼此之間的紛爭蜂擁聚集到對海洋、對航線、對新大陸的爭奪上來。人們興高采烈地製造更堅固、更龐大的戰艦，卸下由其他大陸源源不斷掠奪而來的財富與物產，裝上更多、更具破壞力的火炮，又開始了新一輪的掠奪。

殖民地的權力，而在這條經線以西的地區，建立殖民地的特權則歸屬於西班牙。這也就能解釋為什麼在17和18世紀英國和荷蘭殖民者（他們極度藐視教皇的旨意）將葡萄牙人、西班牙人從殖民地趕走之前，西班牙人占據著除去巴西以外的整個南美大陸，而葡萄牙人占據著東西印度群島的全部和非洲大陸的絕大多數土地。

作為中世紀的「華爾街」，威尼斯的利奧爾托島開始出現哥倫布發現中國和印度的消息時，恐慌一度四處蔓延。

股票和債券一度下挫了40%至50%。直到有確鑿消息表明，哥倫布並沒有發現通往中國的正確航線，威尼斯的那些商人才從慌亂中恢復過來。可是緊接著，達·伽馬和麥哲倫的航行又證明了可以通過海路向東航行到印度群島。這時，威尼斯和熱那亞的統治者們開始後悔自己沒能聽取哥倫布的建議，但是為時已晚。威尼斯和熱那亞曾是中世紀和文藝復興時期的兩大商業中心，可是那片能夠讓他們發財、讓他們感到驕傲的地中海如今已經變成了內海，而從那裡通往中國和印度的陸路也因海路的發現而變得不再重要。義大利往日的光輝就此褪盡，商貿與文明中心的新王冠轉嫁到了大西洋的頭上，並且至今仍然經久不衰。

回顧歷史進程，你會發現自人類文明出現開始，它就以十分奇異的方式在前進！5000年前，尼羅河谷的居民用文字紀錄歷史，開始出現文明。後來，文明從尼羅河流域，向幼發拉底河和底格里斯河之間的美索不達米亞轉移。然後，克里特島、希臘和羅馬開始接過接力棒。作為內陸海洋，地中海成為了世界的貿易中心，沿岸城市促生了藝術、科學、哲學和其他的學術的蓬勃發展。而轉到16世紀，文明再次西遷，大西洋沿岸的國家開始主宰這個世界。

不過也有人說，世界大戰和歐洲各主要國家之間的自相殘殺已經使大西洋的重要地位大大降低。他們希望文明能夠穿越美洲大陸，在太平洋上找到新的落腳點。我對此暫時持有懷疑的態度。

隨著向西航線的不斷開發，船隻越來越大，航海家們的知識和視野也越發的開闊。腓尼基人、愛琴海人、希臘人、迦太基人和羅馬人用老式帆船，取代了尼羅河和幼發拉底河的平底船。而隨後，葡萄牙人和西班牙人又用橫帆帆船取代了那些老式帆船。當英國人和荷蘭人在太平洋上駕駛滿帆帆船時，他們又把葡萄牙人和西班牙人的橫帆帆船給取代了。

現在，文明的進展已經不再只是依靠船隻了。飛機已經開始取代並將逐步淘汰掉帆船和蒸汽輪船。不久將來的文明中心將依賴航空和水力的發展。人們將不再打擾海洋，讓它成為小魚們安靜的家園，就像當初這些魚兒和人類最早的祖先共同在深海生活的情況一樣。

第 四十二 章

佛陀與孔子

關於佛陀與孔子。

　　自從有了葡萄牙人和西班牙人的地理發現之後，西歐那些信仰基督教的人就和印度人、中國人之間增加了進一步的交流機會。世界上並不只有基督教一個宗教，這是歐洲人早就知道的了，因為在此之前，他們早就看到過穆罕默德的追隨者穆斯林們和非洲北部以木柱、岩頭和枯樹幹為崇拜對象的異教部落。此外，在印度和中國，基督教征服者們發現印度人和中國人竟然從來沒有聽說過耶穌的故事，也從來沒有想過要皈依基督教，因為這些人認為自己傳承數千年的宗教遠比西方基督教好了不知多少倍。他們有點不相信，世界上竟然還有這樣的人，而且數量還不少。這本書講述的是關於人類的故事，所以，我們不該片面地在歐洲人和西半球人的故事中坐井觀天。這裡，我認為有兩個人的故事——佛陀與孔子，你們也是很有必要知道的。迄今為止，世界上絕大多數繁衍生息、思考創造的人類仍然深受其影響。

　　在印度，佛陀是人們心目中頂禮膜拜的宗教導師。關於他的生平有著很多有趣的故事。西元前6世紀，佛佗出生於距離喜馬拉雅山不遠的地方，在那裡出門便可以看見冰天雪地、氣勢磅礴的山脈。在400年前，雅利安民族（即印歐語系的一個東方分支自稱）第一位傑出領袖查拉斯圖特拉（瑣羅亞斯德）就曾在那裡宣講、解惑，他認為生命就是凶神阿里曼與善神奧爾穆茲德之間的一場無休無止的戰爭。佛陀出生於一個地位頗高的家庭，其父蘇多達那是薩基亞斯部落著名的首領，其母瑪哈瑪亞則是附近王國的公主。他的母親在還是少女的時候就嫁給了他父親。但是，春去秋來，很多年過去了，瑪哈瑪亞依舊沒有為丈夫生下一個兒子，王位的繼承人還沒有出現。終於，在瑪哈瑪亞50歲時，她懷孕了，她終於可以揚眉吐氣了，於是，她帶著身孕返回家鄉，她想要在自己的族人旁邊生下這個孩子。

　　想要回到童年生活過的地方柯利揚，瑪哈瑪亞需要徒步走上一段相當漫長的路。一天晚上，當她在藍毗尼一個花園的樹蔭下休息時，一個男孩降生了。人們叫他悉達多，不過他更大名鼎鼎的稱呼叫做佛陀，意思為「大徹大悟的人」。

　　悉達多不斷長大，變成了高大英俊的王子。19歲時，他將自己的表妹雅蘇達拉娶了過來。接下來的10年時間裡，他就和妻子一直居住在豪華、安全的皇宮之中，對於人世

佛陀出世

　　佛陀簡稱之為「佛」，意為「覺者」，這塊佛塔上的雕刻左上部分是佛陀的父親淨飯王，右上部分是佛陀的母親摩柯摩耶，而下面則分別鐫刻著佛陀出世及人們慶祝時的情景。相傳，古印度迦毗羅衛國王子悉達多在菩提樹下修成有著無上智慧的徹悟者，告誡人們即便是凡人通過修行也可達成無上的佛果。

間的痛苦他絲毫沒有感知，按照事情的發展，在某一天他會繼承父親的王位，成為薩基亞斯國王。

但是，世事難料，當悉達多30歲的時候，有一次他乘車出遊，看見一位風燭殘年的老人，老人看上去那麼虛弱，似乎已經支撐不了自己的身體了。悉達多以前從來沒有看見過這樣的人，於是，他問自己的車夫查納，為什麼這個人會這麼窮困。查納說，這個世界上窮人多得是，不必去想太多。年輕的王子感到十分悲傷，但是他沒有表現出來，回到皇宮，他盡力讓自己快樂地和家人生活。不久後，他再次離開皇宮，這次他看到一個被疾病折磨得痛苦不堪的人。他再次問車夫，這個人為什麼會這樣的痛苦。車夫說，這個世界上病人多得是，人們對此也無能為力，不要太在意。悉達多這次更加傷心了，但是，他依舊回到了家人身邊，裝作若無其事的樣子。

佛的醒悟

善良的悉達多王子隔絕在人世的苦難之外，欣然、恬靜地等待著成為王國繼承者的那一刻。然而數次出行目睹人世間的窮困、悲苦與死亡，改變了悉達多對人世與命運的看法。為解開心中的謎團，解救世人於水火，悉達多踏上了成佛之路，雕刻中展現的即是悉達多王子出行時的情景。

幾周的時間悄然而過，有一天傍晚，悉達多讓馬車夫帶他去河邊沐浴。在去河邊的途中，他的馬因看到一具屍體而受驚。那是一具四肢攤開，橫臥在路邊水渠中的腐爛屍體。少不經事的王子在父母的小心呵護下從來沒有見過如此恐怖、悲慘的情景，他感到十分駭然。車夫查納安慰他說，這個世界上隨時隨地都有人死去，不必感傷。萬物有始必有終，生老病死是生命的規律。沒有什麼東西可以永恆，每個人生命的終點都是墳墓，沒有人可以逃脫。

晚上回到家，悉達多聽到了一陣陣動聽的音樂，原來，當他出去的時候，他的妻子給他生下了一個男嬰。很多人為了慶祝這件喜事而擊鼓狂歡，為這個未來王位繼承者的到來感到歡欣鼓舞。但是，孩子的父親——悉達多卻無法高興起來，最近，他看到了很多生命的真相，他知道了人生存在著那麼多的痛苦和淒涼。他的腦海中到處都是死亡和苦楚，反反覆覆，無法擺脫。

在一個月朗星稀的夜晚，悉達多從睡夢中醒來，開始思考關於人生的事情。他現在根本無法感受到快樂，他認為他必須要找到一個方法來破解人生的困境。於是，他做了一個大膽的決定，他離開了自己的親人，決

定外出尋找答案。他悄無聲息地來到妻子的臥房，看了看美夢中的妻子和兒子。然後，他便和忠實的僕人查納一起離開了。

於是，這兩個人一同走入無邊無際的黑夜之中，一個是要尋找救贖靈魂的方法，另一個是為了忠心侍奉自己的主人。

從此，悉達多就開始了在民間的流浪生涯，而且持續了許多年。當時，印度社會正處於一個劇烈的動盪時期。在多年以前，印度人的祖先，即印度土著居民就被爭強好勝的雅利安人（我們的遠親）很輕鬆地征服了。此後，這些溫順、瘦弱的棕色肌膚的人們就被雅利安人統治著、奴役著。雅利安人將人口區分為不同的等級，而且逐步在土著居民身上強制實行了殘酷而又僵化的「種姓」制度，並以此來鞏固自己的統治地位。雅利安征服者的後代是最高的「種姓」，即武士和貴族階級。接下來是祭司，然後是農民和商賈。最底下的階級則是屬於「賤民」的土著居民，這些人永遠不可能進入高一層的階級，他們只能做任人踐踏的奴隸。

不僅如此，這種「種姓」甚至與人們信仰的宗教掛勾。幾千年的浪跡天涯讓這些古老的印歐人有著豐富的冒險經歷，他們將自己的經歷編纂成名為《吠陀》的書籍。這本書用梵文寫成，這種梵文與暢行於歐洲大陸的各類語言，如希臘語、拉丁語、俄語、德語及其他幾十種語言之間有著緊密關聯。這部神聖的典籍只有三個高等的種姓有資格閱讀，賤民階級是不被獲准了解它的內容的，假如某個貴族或是僧侶將此書的內容傳授給了賤民，那麼，他也會受到十分嚴厲的懲罰。

那個時期，大部分的印度人所過的生活都是異常淒慘的。他們生活在這個世界上，從中獲得的快樂實在是屈指可數，所以，他們必然要從他處尋求解脫的方式。他們總是試圖從冥想來世的快樂與幸福來尋求些許慰藉。

婆羅西摩是印度人的神話中一切生命的創造者、最高統治者，掌管著生和死。印度人對其十分崇拜，認為他是至高的理想典範。所以婆羅西摩就成為了人們的榜樣和效仿對象，人們以摒棄世間一切財產、權力的欲望作為人生的最高意義。他們認為擁有聖潔的思想遠比擁有聖潔的行為重要許多，所以，很多人放棄現有生活，遠涉荒漠，食樹葉為生，以冥想婆羅西摩的智慧、善良、光芒、仁慈來供養自己的靈魂。

悉達多對這些淒苦的流浪者進行觀察之後，決定要以他們為楷模，到沒有城市和鄉村干擾的地方找尋真理。他將身上穿戴的珠寶脫下，然後寫了一封訣別信，讓跟隨他多年的忠實僕人查納交給自己的家人。隨後，丁了就孑然一身前往沙漠進行冥想了。

沒過多長時間，山區的人們就將悉達多高尚的行為傳播開了。因此，有五個年輕人來到他面前，要求他給予教導。他答應了他們的請求，收他們為學生，但是要求他們必須依照他為榜樣來做。年輕人答應後，悉達多將他們帶到了自己修行的群山之間。用了6年時間，悉達多在溫迪亞山脈聳立的山峰上將自己的智慧傳授給學生。就在快要結束的時候，悉達多認為自己和完美的境界還有相當大的差距，因為他的思想依舊不堅定，他還在受著遙遠世界的誘惑。於是，他命令學生們離開此地，他一個人坐在一棵菩提樹

佛陀說法

　　大徹大悟、悲天憫人的佛陀盤腿而坐，為座下的侍從、凡人講經傳道。

的樹根上整整49個晝夜滴水未進，進行冥思。終於，在第50天的黃昏時刻，他的精誠打動了婆羅西摩，向他顯靈了。從此，悉達多就被人尊稱為「佛陀」，他就是「大徹大悟者」，他來到人間，為的是將人們從受苦受難的人生中解救出來。

　　佛陀人生的最後45年，他一直行走於恆河流域的群山秀水之間，向人們傳播自己謙恭、溫順的教義。西元前488年，佛陀的生命走到了終點，他圓滿的一生結束了。成道涅槃的他有著上百萬的追隨者，他的教義也已經滲入到了印度的每個角落。佛陀的教義針對的是所有的人，他並不是為了某個階級而服務的，就連最下層的賤民也可以自由成為佛陀的追隨者。

　　不過，貴族、祭司和商人們對這樣的教義當然是深惡痛絕的，這個教義中宣傳的是人人平等思想，這個教義給了人們一個更加幸福的來世（即投胎轉世），無疑是在挑戰他們，所以，他們想盡辦法來詆毀此教義。只要在合適的時機，

孔子

　　作為儒家學說的創始人，孔子一生精於研習學問，奔走於民間私塾、社稷廟堂之間，曾修訂國學經典《詩》、《書》、《禮》、《樂》，序《周易》，作《春秋》，致力於傳道、授業、解惑，被中國人尊稱為「至聖先師，萬世師表」。

孔子生平速覽		
年齡	時間	事件
1歲	西元前551年	生於「禮樂之邦」魯國，自幼聰慧好學。
15歲	西元前537年	有志於研習做人與謀生之術。
27歲	西元前525年	致力從政，後開辦私人學校，廣招弟子。
30歲	西元前522年	聲名遠播，深受世人敬仰。
48歲	西元前504年	修訂《詩》、《書》、《禮》、《樂》。
55歲	西元前497年	攜諸多弟子周遊列國十四年。
73歲	西元前479年	患病不癒，死於魯國。

涅槃

　　苦修冥想的「徹悟
者」悉達多將樸素、謙
恭的教誨傳達至人們的
心中，甚至傳入中國、
日本地區，他讓最低等
的賤民也看到了通入幸
福的希望——經過修習
以獲得幸福的來世。圖
中涅槃的佛陀側臥在娑
羅雙樹旁呈入滅狀，眾
多前來弔唁的佛門弟
子、道家神仙、誌怪鬼
異及凡界男女簇擁在他
身旁。

他們就會勸說印度人重新回去信仰古老的婆羅門教教義，堅持禁食或者懲罰自己罪孽深重的肉體。但是，佛教不僅沒有消失，而且流傳得更加廣泛了。「大徹大悟者」的追隨者逐漸翻越了喜馬拉雅山，將其傳播到了中國。他們漂洋過海來到日本，堅持不懈宣傳佛陀的思想。他們嚴格遵守神聖導師的教義，從來不會使用暴力。現在，世界上信奉佛教的人在數量上已經遠遠超越了信仰基督教的人和穆斯林的總和，比歷史上任何時候都鼎盛。

相對來說，中國的古老智者孔子的故事要簡單很多。孔子生於西元前550年，那個時期雖然社會動盪得十分厲害，可是，他的一生卻過得寧靜、淡泊、受人尊敬。那時，中國社會還沒有一個擁有強權的中央政府，人們的生活很悲慘，隨意讓盜賊和封建主踐踏欺凌。他們不斷遷徙，從這個城市到那個城市，到處充滿著劫掠、偷盜、謀殺，原本富裕的北方平原和中部地區幾乎成了荒原，餓殍遍地。

孔子是一個具有仁人之心的人，他想要將處於水火之中的人民解救出來。他是一個崇尚仁愛的人，他反對暴力治國，同時也不喜歡用一些法律條文來約束人民。他明白，拯救人們的方法在於對人心的改變。這件事情看起來沒有一點希望，但是，孔子依舊開始行動了，他想要努力改變居住在東亞平原上數百萬同胞的本性。對於宗教，中國人並不熱衷，和很多原始人一樣，他們信奉一些鬼怪神靈。中國人也沒有先知，他們不相信「天道真理」的說法。孔子是世界上所有著名道德領袖中，唯一沒有說自己是神的使者的人，他從來不會說自己是遵從了上天的旨意前來的，他也沒有像其他人一樣總能看見「幻象」。

孔子不過是一個普通人，但是他具有良好的品德，他通情達理、關愛他人，他從來不要求其他人必須承認他，他也沒有要求人們追隨他或者崇拜他，他可以一個人獨自流浪，用笛子吹出悠揚的樂聲。這樣的作法顯然讓我想到了古希臘的智者，尤其是斯多葛學派的哲學家。他們也是這樣的，他們對靈魂的平靜和良心的安寧有著莫大的追求，他們過著正直而不要求回報的生活。

孔子還是一個心胸寬廣的人，他曾經主動前去拜訪另一個著名道德領袖老子。老子是中國「道教」哲學思想的創始人，道教所奉行的哲學更像是早期中文版的「金律」。

孔子不會仇恨任何人，他教育人們要擁有溫文爾雅的高尚品德。根據孔子的學說，一個真正值得人們景仰的聖者不應被任何怨氣與憤怒而打亂自身的平和，進而接受命運的安排，並坦然面對。任何一個智慧的聖賢都知道，世間的任何事情都只會以某種方式變得於人有利。

剛開始，孔子的學生寥寥無幾，但隨著時間的推移，跟隨他學習的人變得越來越多。甚至在孔子離世的西元前478年，還有不少王公貴族公開承認自己是孔子的追隨者。當基督還是伯利恆一個馬槽中剛剛降生的嬰兒時，孔子的哲學就已經成為了多數中國人精神生活的一部分，時至今日雖然它最初的面目不再，但仍影響著中國人生活的方方面面。宗教永遠都是隨著時代的更替而不斷變化著的，基督最初教導人們要謙卑、寬厚，

不被世俗中的功名利祿所煩擾，但是當耶穌被釘死在十字架的日子過去了15個世紀，基督教會的領袖卻極其奢靡地修建了一座豪華的宮殿，這與最初伯利恆破落的馬槽有著雲泥之別！

老子使用類似於「金律」的思想來教化世人。但是，還不到三百年，他就被那些愚昧的大眾形容為一個非常恐怖的上帝，他那充滿智慧的思想只能被掩埋在迷信的廢紙堆裡，進而使普通中國人的生活長期處於惶恐不安之中。

孔子曾經教育他的學生要具有孝順父母的高尚情操，但是，不久後，這樣的思想被人們過度曲解，他們對逝去先輩的憑吊大大超越了他們對膝下子孫的關心。他們故意無視未來，而將目光投到無盡黑暗的過去。對祖先的祭祀轉而成為正統的宗教儀式。他們的祖先通常會被埋葬在陽光充足、土地肥沃、背山面水的地方，然後，他們就只能將莊稼種植在土地貧瘠的背陰處，他們認為驚擾祖先的墳墓是大不敬的行為，所以，他們寧願餓著肚子。

同時，越來越多的東亞人民對孔子的各種名言警句有著發自內心的尊崇。儒家思想中的深刻格言和精闢觀察，讓每一個中國人的心靈都深受哲學思想的影響，這些思想使人終生受益良多，無論他是在地下室昏暗煙霧中勞動的平凡洗衣工，還是在高牆內院裡掌管遼闊疆土的統治者。

16世紀的時候，西方世界那些瘋狂但卻沒有足夠文明的基督教信仰者第一次見識了東方的古老教義。起初，那些西班牙人和葡萄牙人在看見祥和平靜的佛陀塑像和仁慈高尚的孔子畫像時，他們並不知道如何敬仰這些聖賢，只有茫然一笑置之。如此怠慢也是因為他們覺得這些奇怪的神明可能是鬼怪的化身，是偶像崇拜和異教的歪理邪說，壓根不值得基督真正信奉者的尊重。而當這些聖賢的思想對西方的香料與絲綢貿易造成了困擾，甚至成為障礙時，他們就毫不猶豫地拿起長槍短炮，對抗這些「萬惡的勢力」。這樣的後果必然是造成東西方文化之間出現裂痕，它留給雙方彼此厭惡、罪惡的最初印象，這對於未來是百害而無一利的。

中國的「聖人」孔子

孔子是儒家學說的創始人，相傳其座下弟子三千，賢者七十有餘，其「中庸」、「禮治」的思想對後世影響頗深。孔子開創的儒家學說影響了中國兩千多年，稱為封建社會的官方學說，也構成了傳統國學的主體，因此後世尊孔子為「聖人」。

第 四十三 章

宗教改革

　　人類是不斷進步的，而這個進步就如同一個鐘擺，在不停地前後擺動。文藝復興時期，人們狂熱地迷戀著文學與藝術，卻忽視了宗教；在接下來的宗教變革中，人們又對宗教表現出了極大的狂熱，而又忽視了文學與藝術。

聖巴瑟洛繆之夜

　　在法國狂歡節的前夜，即將到來的盛大慶典與徹夜狂歡絲毫沒有覺察到空氣中夾雜的火藥味。這一夜法國國王查理九世展開了一場歷史上對新教徒充滿血腥與恐怖的屠殺，由此擴展至全國的混亂讓法國政局陷入分崩離析的邊緣。畫中武裝後的天主教貴族以白色臂章為標識，神情冷峻、決絕，手中冰冷的長劍下藤蔓與鮮花如同即將逝去的生命般，如此柔弱不堪。

　　對於宗教改革，想必大家都不陌生，這個名詞肯定能讓大家想到那些人數雖少，卻勇敢堅毅的清教徒形象。為了追求信仰自由這一目標，他們越過大海，在一塊嶄新的陸地上開闢了一片全新的天地。伴隨著時光的流逝，尤其是在那些信仰基督教的國度中，宗教改革慢慢地成了「獲取宗教信仰自由」的代名詞，馬丁·路德也成了這次改革的領軍人物。然而，歷史並不是為了阿諛、讚美那些先祖而書寫的。正如德國歷史家朗克說的，我們要努力追尋的是歷史中「到底發生了什麼」。若我們以這種眼光來看待以前那些曾理所當然的歷史定論的話，似乎多數歷史會有很大的不同。

　　漫長的歷史長河中，極少有一些肯定好或肯定壞的事件，世界也不是非此即彼。對於一個忠誠的歷史編寫者來說，他的責任就是客觀地評價每次歷史事件，無論優劣。不過，任何一個人都有他的個人喜好與厭惡，因而真正實施起來就困難重重。但是，我們至少要竭盡全力，盡可能理智、公允地評判事件，讓自己的判斷不被自己的偏好所左右。

　　現在就以我的親身經歷為例說明這一點。我成長在一個充滿新教氛圍的新教國家中的新教中心，我11歲

之前根本就不知道天主教信奉者長的什麼模樣。因此，在我見到他們的時候，與他們交往的時候，我感到特別緊張。嚴格地講，我有些害怕。我十分清楚那些無數個被西班牙宗教法庭處以絞刑、火燒乃至分屍的刑罰。當時，阿爾巴公爵為了處置那些荷蘭異端分子（信奉路德和加爾文等人的教義）才實施了這種異常殘酷的手段。這些可怕的事件是那麼清晰地存在於我的腦海中，好像是昨天剛剛發生過一樣，而且隨時都有再次發生的可能！想著記憶中法國天主教徒大肆殘殺新教徒的聖巴瑟洛繆之夜的同時，我也想像著在另一可怕而類似的夜晚，精瘦的我身上披著睡衣被殺死，與崇高的柯利尼將軍境遇相似，我的屍體也被拋到窗戶外面。

許多年之後，我在一個信奉天主教的國家待了許久。在我看來，那裡的民眾十分親切，都有一顆包容的心，他們的智慧並不比我先前的那些新教同鄉們差。最讓我不可思議的是，我認為天主教信仰者在宗教改革中的表現也是有理有據的，且這理由與新教的理由可謂旗鼓相當。

但生活在16和17世紀的那些友善平民們，的的確確是處於動盪的宗教運動中，並不能像我一樣這麼理智地分析事件。他們永遠都認為自己沒錯，而始終認為敵人是惡魔。不是你絞死敵人，就是敵人絞死你。顯然誰都想絞死敵人，對此，他們並不認為這是泯滅人性的事，他們心中自然也不會覺得自己罪孽深重。

現在，我們來看一下西元1500年的世界是什麼樣子，這個日期相對來說比較容易記住。這一年，查理五世出生了！此時，中世紀正在逐漸變化著，幾個高度中央集權的王國正在慢慢取代封建割據的混亂局面。查理大帝是其中最有勢力的君主，那時，他還不過是一個搖籃中的小嬰兒。查理是西班牙的斐迪南與伊莎貝拉的外孫，同時，他的祖母還是哈布斯堡王朝最後一位中世紀騎士馬克西米安的妻子，亦是

查理五世

依仗著身後哈布斯堡王朝複雜聯姻的背景，查理五世年輕時便繼承了大片的領地與巨額的財富，並以此為依託成功當上了神聖羅馬帝國的皇帝。紛亂的利益關係與衝突讓查理五世忙於各處協調、征戰，作為忠誠而狂熱的天主教信仰者，他不能容忍任何「異端邪說」破壞社會秩序，動搖他的國家政權。

少年時的查理五世

查理五世生於根特，在低地國家長大，他的母語是法語，但他的血管中卻流淌著奧地利哈布斯堡王朝
與西班牙王室的血液。

勇敢者查理的女兒。勇敢者查理也就是勃艮第大公，他是一個非常有野心的人，在順利
擊敗法國後，他被獲得自由的瑞士農民殺死了。由此，小小年紀的查理未來將繼承著世
界版圖上的遼闊土地。這些土地來自於擁有德國、奧地利、荷蘭、比利時、義大利及西
班牙的父母、祖父母、外祖父母、叔叔、堂兄、姑媽們的遺產，同時，還包括他們在亞
洲、非洲、美洲的所有殖民地。查理出生在根特的弗蘭得斯城堡，那裡是不久前德國在
入侵比利時當作監獄的地方。所以，雖然查理是德意志和西班牙的皇帝，但是，他卻接
受著弗蘭芒人的教育。這或許就是命運弄人的結果吧！

小查理從小是在姑媽瑪格麗特的嚴厲教育下長大的，因為他的父親早就去世了（有
傳言說他是被人毒死的，但並沒有確鑿的證據），他的母親瘋掉了（她攜帶著裝有丈夫
屍體的棺材，在領土上到處遊走）。查理長大後就成為了一個標準的弗蘭芒人，但是他
卻不得不統治著德國、義大利、西班牙以及100多個大大小小的古怪的其他民族。他對宗
教的不寬容非常厭惡，雖然他是天主教會虔誠的兒子。查理是一個非常懶惰懈怠的人，
從小到大都是這樣，可是，他的命運卻偏偏和他作對，他統治的世界到處充滿著宗教的
狂熱和騷亂。他根本得不到片刻的寧靜，他幾乎每天都在來回奔波，從馬德里前往因斯

布魯克，再從布魯日趕往維也納。他是一個熱衷和平與安寧的人，但是，他的一生幾乎沒有停止過參與戰爭。在他55歲的時候，他終於忍無可忍，用厭惡的方式將人類拋棄了。三年後，他獨自死去，滿懷著落寞和絕望離開了人世。

查理皇帝的故事我們就到此為止，我們來看一下當時世界上第二大勢力——教會的情況如何。中世紀早期，教會喜歡到處說服異教徒，告訴他們信仰基督的好處，告訴他們要過虔誠而正直的生活。此刻，教會已開始逐漸轉變。首先，教會聚集了大量的財富，富可敵國。教皇已不是當初看守那些窮苦卑微的基督教信仰者的牧羊人了，他住在富麗堂皇的宮殿之中，有一群藝術家、音樂家和著名文人在身邊為其服務。他的教堂中，無論大教堂還是小教堂，都掛滿了嶄新的聖像，似乎和過去希臘的神明沒有任何區別。他用了大約10%的時間來處理教廷事務，剩餘90%的時間則全都用在欣賞古羅馬雕塑或者剛出土的古希臘花瓶、設計新的夏日別墅、出席某個新劇的首演等，顯然國事和玩樂的時間分配是非常不均勻的。教皇成為了大主教和紅衣主教們的學習榜樣，而主教們則又盡力向大主教學習、靠攏。此時，僅剩下那些鄉村地區的教士對自己的職責嚴格恪守，他們遠離世間的邪惡和異教徒享樂的生活，謹小慎微地不去接近已經腐敗的修道院。那裡的僧侶們也忘記了曾經的古老誓言，將淳樸和貧苦的東西徹底甩開，只要不致於成為公眾醜聞中的主角，他們就大膽追求聲色的享受。

最後要提及的是普通老百姓，他們的生活和過去相比要好得太多了。他們不再拮据，富裕了起來，房子也比從前舒適寬敞多了，他們的孩子可以接受到更好的教育，他們居住的城市擺脫了骯髒，他們不再畏懼強盜諸侯，因為他們的手中也有了火槍，他們有了力量去反抗他們，不必再給他們繳納沈重的賦稅。

關於宗教改革主角們的介紹，到此為止。

為什麼在學術與文藝的復興浪潮之後，宗教又掀起了新的高潮呢？現在，我給你們說一下文藝復興對歐洲所造成的具體影響，你們自然就會明白了。義大利是文藝復興的最初發源地，後來文藝復興又蔓延至法國。但是，當它擴展到西班牙的時候，卻遭到了前所未有的漠視。這是因為那裡的人經歷了500年抗擊摩爾人的戰爭，所以他們變得不僅狹隘自私，而且對宗教有著偏執的狂熱。文藝復興雖然波及面很廣，但是，當它來到阿爾卑斯山另一面的時候，它的情形卻發生了某種變化。

北部歐洲和南部歐洲的生活方式以及生活態度大相徑庭，不同的氣候條件造就了那裡人截然相反的性格與價值取向。義大利人喜愛大自然，他們喜歡自然界燦爛的陽光和寬廣的天空，他們對生活熱情，喜歡享受生活的美好與樂趣，他們會放聲高歌、縱情大笑和開懷飲酒。但是德國人、荷蘭人、英國人、瑞典人卻截然相反，他們喜歡安靜地待在室內，然後聆聽著雨水拍打他們安逸小屋緊閉的窗櫺。他們認真嚴肅，對待生活中的事情總是謹小慎微。他們不苟言笑，喜歡思考永存的靈魂，他們永遠不會拿他們認為是聖潔和神聖的事情開玩笑。對於文藝復興中的「人文主義」，他們僅對書籍、關於古代作者的研究、語法、教材等內容感興趣，至於那些重回古希臘與古羅

羔羊的禮贊　祭壇畫 揚‧凡‧愛克 1432年 135cm×235cm 現存於荷蘭根特的聖巴夫大教堂

　　同各國皇權多年的機巧博弈與異教徒征討中，掌控人們精神世界的教會幾乎重現了當年的繁榮，聚斂的大批財富也讓教皇與主教們萌生了更多的憧憬與力量。畫中充滿生機與希望的田野上，生命之泉噴湧不息，教皇與眾多主教、追隨者、朝聖者、騎士神情莊重地圍觀著羔羊的祭拜，表達著心中的虔誠與禮贊。

馬的異教文明，也就是文藝復興運動在義大利的主要成果之一，卻讓他們感到深深的畏懼和恐慌。

　　但是，教皇和紅衣主教團的成員幾乎都是義大利人，所以教會看上去似乎更像是一個快樂的俱樂部，他們在這裡很少談及有關信仰的東西，而是滔滔不絕地討論著藝術、音樂和戲劇。嚴肅沈悶的北方與較為文明卻虛榮貪樂、腐朽麻木的南方之間逐漸出現了裂痕，並且有日益加劇的趨勢，然而，這道裂痕在教會內部埋下的巨大隱患卻

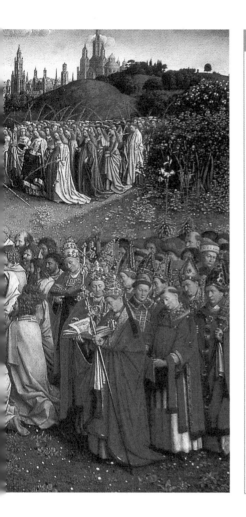

宗教改革的爆發

　　隨著德國經濟的顯著發展，國內長期分裂割據的局面成為經濟發展的關鍵阻力，殘酷的剝削與壓制也讓德國國內階級矛盾尖銳、民怨沸騰，從而讓羅馬教會與德意志民族的宿怨成為了各種社會矛盾的集中爆發點。

宗教改革爆發因素

> 北歐人嚴肅沈悶，南歐人貪圖享樂，性情上的鮮明差別讓德意志民族與羅馬人宿怨已久。

> 羅馬教會貪婪腐敗，德國各地割據勢力與民怨四起讓羸弱的王權無力強行控制和改變。

> 印刷術的出現與推廣也為改革者的思想傳播及輿論聲勢推波助瀾。

沒有人發覺。

　　為何宗教改革運動會發生在德國，而不是在荷蘭或者英國呢？或許會是下面的原因。一直以來，德國人與羅馬教會之間就有很大的宿仇。日爾曼皇帝和教皇之間無盡的爭吵和戰爭，對雙方來說都造成了極大的損害。歐洲的其他國家，都有一個強大的國王，他們可以將政權握在手中，不致於讓自己的臣民遭到腐敗教士的欺凌。但是，德國卻沒有，名義上的皇帝自身難保，手下還有一大批躍躍欲試的封建領主，由此，受到最大傷害的就是那些淳樸的自由民，他們只能默默忍受主教和教士們的肆意欺壓。文藝復興時期，教皇們有一個共同的嗜好，就是他們都喜歡華麗雄偉的大教堂。下面的僧侶們為了討好巴結教皇，就會千方百計搜刮人民的財產，而德國則是他們最佳的斂財對象。德國人總是遭到他們的欺負，心中自然會產生不滿。

不安的靈魂

　　北歐寒冷的空氣幾乎將歐洲文藝復興的熱浪凍結在阿爾卑斯山北麓的山坡上，常年的戰爭讓那裡的人們樸素而內斂，他們一絲不苟地打理著他們平凡的生活且熱衷於此，任何有悖於傳統或時代「倒退」對於他們來說都難以接受。熱鬧的港灣市集中，北歐人對於任何陌生的東西都有著一種發自內心的警惕與不安。

　　此外，其實還有一個鮮為人知的原因，那就是德國是印刷術的發源地①。在北歐，圖書的價格非常低廉，《聖經》也被大肆印刷出品。《聖經》不再被教士們壟斷和解釋，它的神秘面紗被普通人揭開。幾乎每個普通家庭都會拿起閱讀它，父親和孩子都能明白這本拉丁文的讀物。原本，《聖經》是不允許普通人閱讀的，這是違反教會法律的行為，但是如今幾乎每個人都在讀它。當他們讀過之後，他們就發現了一個問題，他們發現教士們告訴他們的和《聖經》中的原文有著諸多的差別，因此大家的心中產生了質疑。問題就一個接著一個出現了，如果存在的問題不能得到一個滿意、合理的答案，那麼，麻煩自然會接踵而來。

　　北方的人文主義者開始了襲擊行動，他們第一個攻擊的對象就是僧侶。他們之所以這麼做是因為在其內心中，教皇依舊是最神聖的人，還是存在著一定的威儀的，所以他們還不敢將攻擊直接對準他們。僧侶呢？他們不僅懶惰，而且無知，就像寄生蟲一般生活在富得流油的修道院中，此時，沒有比他們更好的靶子了。

　　注①：印刷術是由中國人發明的，德國是中國印刷術由阿拉伯人傳至歐洲後的第二故鄉。

　　不過讓人吃驚的是，這場鬥爭的領導者——傑拉德‧傑拉德佐，也被人們常稱為「伊拉斯謨」，竟然會是基督教會的忠實追隨者。他生於荷蘭的羅特丹姆，出身窮苦人家。然後在德文特的一家拉丁語學校接受的教育，他的好兄弟托馬斯也來自於這所學校。後來，伊拉斯謨成了一名教士，在一家修道院中修行過。他到歐洲各地旅行，然後將自己的所見所聞寫成了書籍出版。再然後，伊拉斯謨開始了暢銷小手冊作家（假如在今天，或許會被稱為社論作家）的生活。他出版的一本名為《一個無名小輩的來

空前的信任危機

　　印刷業的興起與繁榮讓大量低廉的圖書湧入北歐家庭，曾被追隨者們奉為至寶的《聖經》手抄本已普及為家庭常見讀物，那叫書糟原式閱讀讓民眾對教士不盡一致的解釋產生質疑，從而導致民眾與宗教產生了空前的信任危機。圖中北歐繁忙的印刷作坊裡，工人們正在不停地排字、運紙、印刷。

信》受到了全世界人的歡迎，書中有著一系列詼諧幽默的匿名書信，帶給了大家無盡的歡樂。書信採用打油詩形式寫成，在德語中混入了拉丁語，和現代的五行打油詩有點相似，內容揭露的是中世紀晚期僧侶中間普遍存在的愚蠢和自大。伊拉斯謨精通拉丁語和希臘語，本身是一位知識淵博而且態度認真的學者。他先是對《聖經・新約》的希臘原文進行了修訂，然後，將其翻譯成拉丁文，由此我們第一本可靠的拉丁文才得以誕生。和古羅馬詩人賀拉斯相同，他深信任何事情都不能阻止我們「面帶笑容地解說真理」。

1500年，伊拉斯謨前往英國拜訪托馬斯・摩爾爵士。在英國滯留的幾周中，他寫出一本名為《愚人的讚美》的幽默小冊子，結果成為了16世紀的暢銷書。這本書中他極盡幽默手法書寫，將僧侶和他們愚昧的追隨者抨擊得體無完膚。此書當時受到了社會人士極大的追捧，幾乎每個國家都將其翻譯成為了自己的語言並出版。這本書的成功，讓伊拉斯謨的其他關於宣傳宗教改革的著作也受到了大家的關注。他要求教會禁止濫用職權，號召其他人文主義者參與到其中，完成復興基督信仰的神聖使命。

但是，這些僅僅是一個美好的籌畫而已，並沒有能開花結果。伊拉斯謨的這種方式過於理性和寬厚，那些想要急於懲治教會的人們對此根本不欣賞。他們需要的是一位勇敢、強悍、果斷的新領袖。

這個人出現了，他就是馬丁・路德！

路德來自北日爾曼的一個農民家庭，他具有聰明睿智的頭腦以及過人的勇敢和強悍。他曾經是奧古斯丁宗教團的成員，後來，發展成為薩克森地區奧古斯丁宗教團的重要人物。再然後，他來到了維滕堡神學院，擔任講解《聖經》道理的大學教授，他的學生大多是一些漫不經心的農民子弟。教授的工作很輕鬆，路德獲得了大量的空余之間，因此，他開始潛心鑽研《聖經・舊約》和《聖經・新約》的原文。很快，他就發現了重大問題，教皇和主教們所講的東西和基督本人的訓示有著不小的偏差。

1511年，路德因為公事而有幸來到了羅馬。當時，曾經為子女而大量斂財的教皇——波吉亞家族的亞歷山大六世已經去世了。繼任的教皇是朱利葉斯二世。他擁有良好的道德品質，但是，

伊拉斯謨的發難

對舊有體制心存不滿且有一定革新思想的人文主義者率先站了出來，人們以充滿諷刺意味的文字化作幽默與調侃去揭露中世紀晚期教士們的愚蠢與自負。荷蘭人伊拉斯謨成為其中最具影響力的一員，他以譏諷、幽默的文字抨擊藏汙納垢的政府、教會中的腐敗與荒淫，為宗教改革的爆發埋下了火種。

卻有著極端不好的嗜好，那就是發動戰爭和大肆修建教堂與宮殿。這讓認真嚴謹的日爾曼神學家路德對朱利葉斯二世沒有絲毫的好感。路德失望而歸，可是，沒想到的是後面的事情更加糟糕。

朱利葉斯教皇在臨終的時候，將修建氣勢雄偉的聖彼得大教堂的宏願交給了他的繼任者亞歷山大六世，不幸的是，這個偉大的建築沒有開工多久就需要重新維修。但是，亞歷山大六世在1513年上任的時候，教廷的財政幾乎處於赤字狀態。無奈之下，為了籌得金錢，他將一個非常古老的作法再次推出，那就是出售「贖罪券」。所謂「贖罪券」，其實就是一張羊皮紙，購買的人需要用一定的現金換取，由此購買者可以縮短他在煉獄中贖罪的時間。這樣的作法，按照中世紀晚期的教義來說，並沒有哪裡是不合理或者不合法的。既然罪人們臨死前通過真心懺悔，教會就可以赦免其罪行，那麼，教會自然可以用替人祈禱的方式，將他們在煉獄中贖罪的時間縮短。

不過，遺憾的是，人們只能用現金來購買贖罪券。如此可以輕鬆增加教會的財政收入的好事，教士們當然樂意執行。進一步說，如果是生活實在太貧窮的人，也可以免費領取到贖罪券。

1517年，一個名叫約翰·特茲爾的僧侶取得了薩克森地區贖罪券全權的銷售權力。強買強賣是約翰的拿手好戲，其實不過是斂財心理在作祟罷了。如此的作法，讓日爾曼小公國的虔誠追隨者們極其憤怒。路德是一個十分忠厚的人，一怒之下他做了一件很衝動的事情。1517年10月31日，路德將自己寫好的95條宣言（或論點）貼在了薩克森宮廷教堂的大門之上，說出了自己對銷售贖罪券的不滿和看法。路德的宣言是以拉丁文寫的，對於普通的老百姓來說是看不明白的，因為路德也不想引起事端，讓世俗百姓對教會產生偏見。他只是想讓他的神職同事們知道他對贖罪券的看法，表明自己對此事的反對意見，也就是說，這些也不過是神職人員與教授階層的內部事務。

但是，要知道那是一個對宗教事務特別敏感的時期，幾乎全世界對它們都產生了濃厚的興趣。如果你不願意引起過多的思想騷動，而是願意平心靜氣地討論宗教問題，這顯然在那個時期似乎是一個奢侈的想法。薩克森僧侶的95條宣言，在不到兩個月的時間裡，就已經成為了整個歐洲到處討論的話題。每一個人都要表明自己立場，支持或者反對路德，即使是一名最底層的神學人員也要對此發表自己的意見。對此事頗為震驚的教廷趕緊下達命令讓路德前往羅馬，對他的言論和行動作出一個合理的解釋。路德很清楚

馬丁·路德

出身優越的改革者馬丁·路德對羅馬教會的貪汙腐化與銷售贖罪券的作法提出了強烈的質疑與抨擊，並將其付諸拉丁文字寫成「九十五條論綱」貼在薩克森宮廷教堂的大門上。路德原本無意在教會與不懂拉丁文的平民之間挑起事端，但這些文字卻被譯成其他語言傳遍了歐洲，激起了民眾強烈的反響。

贖罪券的兜售

囊中羞澀的教會以售賣「贖罪券」的方式由民間籌募資金，在民眾以現金購買的羊皮紙上印著教會赦免或減輕人罪孽的許諾，讓對地獄心存恐懼的追隨者們如獲至寶。愈演愈烈的搜刮讓教會大撈一筆，少數被利益蒙蔽的教士不惜變本加厲，這種有悖於信仰初衷的作法讓不少虔誠的追隨者心生反感。

自己前往的後果難測，或許就會和胡斯一樣被處以火刑，所以他拒絕前往。羅馬教會盛怒之下，將其趕出教會。路德則是當著一群支持和崇拜自己的人的面，將教皇的敕令焚燒掉了。從此，路德和教皇就形同敵人，他們永遠不可能和平共處。

儘管這不是路德的本意，但是，他卻陰差陽錯地成為了那些反對羅馬教會的基督教信仰者的領頭人。很多像烏利奇‧馮‧胡頓一樣的德意志愛國者紛紛前去保護路德的安全。維滕堡、厄爾福特、萊比錫大學的學生們也紛紛發表聲明，如果政府想要試圖抓捕路德，那麼，他們一定會誓死保護他。薩克森領導人適時出現，在群情激奮的學生們面前反復表態，只要路德在薩克森的地域內，就一定不會有任何危險。

此事發生在1520年，那時，查理五世已經20歲了，他統治著半個世界，所以和教皇保持著良好的關係是必然的。他下令，在萊茵河畔的沃爾姆斯召開宗教大會，路德必須出席解釋自己獨具一格的行為和言論。這個時候，路德毫無畏懼，坦然赴會，因為他已經成為了日爾曼的民族英雄。大會中，路德不同意收回自己所說過或寫過的任何言論，沒有任何商量的餘地。他說他依照自己的良心做事，只有上帝的旨意才能支配他的良心，不管活著或死去都是如此。

路德支持者的回應

　　洗禮是天主教中喻示洗淨罪惡、接受救主以獲得嶄新生命的重大儀式，只有教士持有為他人洗禮的權力。圖中路德的支持者正在代替教士為一個孩子洗禮，微微的笑意充滿著挑戰權威的意味，這不僅明示了改革派的態度，更讓教會中的主教們坐立不安。

᥈᥈᥈ᥤ 德國宗教改革 ᥤᥩᥩᥩ

　　德國宗教改革在國內外大環境的促使下激發了民眾的熱情，並在資產階級改革思潮的帶動下引發了短暫的暴力衝突，孕育了新教派的產生，在一定程度上限制了天主教的權力與影響力。

德國宗教改革過程	
時間	事件
1517年	羅馬教廷肆意兜售的贖罪券成為導火線，馬丁·路德的「九十五條論綱」激發了民眾的爭論與聲討。
1520年	馬丁·路德在薩克森諸侯的庇護下公開發起了聲勢浩大的宗教改革。
1524-1525年	德國爆發了大規模的農民戰爭，但最終被鎮壓。
1555年	神聖羅馬帝國查理五世與德意志新教諸侯簽訂《奧格斯堡和約》，宣布路德新教的合法化，但也促使德國封建割據越發嚴重。

宗教改革者的庇護人

宗教改革的聲討最終淪為一場浩劫，這些心懷悲憫、堅毅果敢的宗教改革者們簇擁在薩克森選帝侯約翰·弗雷德里克的身後，混亂、動盪的年代中，正是後者為他們提供了可以依賴的庇護，包括最左面的馬丁·路德以及最右面的菲利普·梅蘭克森都在他的羽翼之下，為整個宗教改革推波助瀾。

在經過慎重的討論後，沃爾姆斯會議宣布路德是上帝和人民的罪人，任何德國人都不可以收留他，不能給他提供任何食物，所有人禁止閱讀任何關於這個異端人物所寫的書籍，即使是一個字也不可以。沃爾姆斯敕令在大部分德國北方的人民眼中，不過是一個極其不公正、讓人氣憤的文件而已，是應當遭到鄙視的。所以，路德並沒有受到太大的影響，他暫時安身在維滕堡的薩克森選帝侯的一座城堡中。在這裡，路德依舊堅持己見，挑戰著教廷的權威，為了讓更多的人可以親自閱讀和理解聖書，他將《聖經·舊約》和《聖經·新約》譯成了德文。

發展到這個程度，宗教改革就不僅僅是一個簡單的關於信仰和宗教的問題了。很多人開始利用這個動盪不安的時期，最大可能地謀取自己的利益。那些因為不理解大教堂的美麗從而心生厭惡的人們，開始破壞那些教堂建築。一貧如洗的騎士們將原本屬於修道院的土地據為己有，並以此作為對自

己過去損失的補償。當皇帝不在的時候，那些野心昭昭的王公貴族們就會乘機將自己的勢力進一步擴大。貧困交加的農民們經不住那些煽動家熱情的鼓舞，開始攻擊領主的城堡，他們燒殺搶奪，猶如舊時瘋狂的十字軍一般。

帝國的大地上，上演了一場猶如洪水般猛烈的騷亂。甚至有一些王公都開始信仰新教，成為了新教徒（新教徒其實就是跟從路德的「抗議者」），然後，本轄區中的天主教屬民就遭到了殘忍的迫害。還有一些王公沒有叛變，堅守著自己的天主教信仰，於是，那裡的新教徒就遭到了大肆捕殺。1526年，斯貝雅會議召開，為了解決宗教的歸順問題，宣布了一個新法令：領主信奉哪個教派，其屬下臣民也必須跟從。此命令一出，德國大地上出現了數以千計信仰不同的小公國、小侯國，德國被分得七零八落，這些小國之間還相互仇視，互相展開攻擊，由此，德國政治的發展延緩了數百年之久。

1546年2月，路德去世。他的遺體安葬在薩克森宮廷教堂，也就是29年前他張貼宣言的那間教堂。僅僅不到30年的時間，文藝復興時期對宗教淡漠的態度，與人們對美好世界的不懈追求徹底消失不見，取而代之的是一個宗教改

《聖經‧舊約》插圖 馬丁‧路德譯

穿著巨大紅色長袍的上帝俯瞰著人類最初的伊甸園，這是一幅馬丁‧路德1534年翻譯出版的德文版《聖經‧舊約》的卷首插圖。書中通俗而力求準確的文字讓更多的人看到了《聖經》的真面目，儘管這與羅馬教會認定、宣揚的聖傑羅姆翻譯的拉丁文版《聖經》有著巨大的出入。

革時期四處彌漫著討論、爭吵、辱罵、爭執的狂熱世界。西歐再次成為一個充斥著刀光劍影的大戰場，長久以來由教皇們掌控著精神世界的帝國瞬間坍塌。你無法想像，天主教信仰者和新教徒之間進行的異常血腥的大征戰，而他們只是為了讓自己支持的神學教義發揚光大而已。從我們現代人的角度來看，那些晦澀難懂的神學教義，和伊特拉斯坎人留下的神秘碑文如出一轍。

第 四十四 章

宗教戰爭

在那個宗教信仰激烈衝突的年代，天主教追隨者和新教徒們
展開了長達兩個世紀的敵對紛爭。

亨利八世

出於個人因素與國家政治的考慮，亨利八世先後
擁有過六位妻子，為了解除婚約、另娶新後，亨利八
世不惜脫離羅馬天主教會，在英國推行宗教改革，建
立由國家意志掌控、以國王為最高統治者的英國國教
會，他收回原有教會的大量土地、財產，並以各種鐵
腕強權讓英國皇室的權力達到空前的巔峰。

宗教紛爭頻繁是16世紀和17世紀的重要特色。

現在，仔細觀察一下，我們就會發現差不多所有人都熱衷於討論生意，比如薪水的多少、工時的長短以及罷工等話題。究其原因，主要是這些話題和我們的生活有著十分緊密的關係，而且它們也是當今社會的焦點問題。

不過，生活在西元1600年或1650年的少年就沒有這麼幸運了。他們極少能聽到我們今天所享受的各種知識以及樂趣，他們聽到的除了宗教之外，別無其他。他們稚嫩的頭腦中塞滿了「宿命說」、「自由意志力」、「化體說」及其他類似的幾百個生僻字詞，口中談論著他們全然不懂的那些所謂的「真正信仰」的理念（不管是天主教，還是新教的）。為了遵從大人們的意志，他們紛紛成為了天主教、再洗禮派、加爾文派、路德派、茨溫利派等派系的信仰者。隨後，他們就要被迫學習那些所謂的象徵著「真正信仰」的論著，或學習路德編寫的《奧古斯堡教理問答》，或識記加爾文編著的《基督教規》，或默

兩個特使 橡木板油畫 小漢斯‧荷爾拜因 1533年 207cm×210cm 現存於英國倫敦國家美術館

在被派往覲見英王的前夕，兩位年輕的法國特使在綠色的帷幕前面色凝重，他們肩負著確保本國利益不被損害以及竭盡所能阻止英國從羅馬教會脫離出去的艱難使命。天文、航海、科學的不斷發現改變了基督教牢不可破的知識體系，政治、文化的雙重危機註定了羅馬教會的這次使命終將無功而返。

念英國出版的《公眾祈禱書》中的那些「信仰三十九條」。

對於結過數次婚的英格蘭君王亨利八世的人生事蹟，他們是瞭如指掌的。亨利八世占有了所有本應屬於教會的財產，自稱英國教會的最高統治者，並掌控了原屬於教皇的對主教和教士任免的權力。那時，只要提及令人恐怖的宗教式法庭，尤其是那可怕的監獄以及各種駭人聽聞的刑具，人們都會在噩夢中重見這些景象。而且，那些聳人聽聞的事件也非常多。如一幫發瘋的荷蘭新教信仰者合力抓住十多個毫無還手之力的老教士之類的故事，僅僅因為殺死這些信仰不同的老教士是他們最開心的事，他們就要吊死這些

人。不幸的是，敵對的天主教的情形也差不多如此，否則雙方的敵對很快就會因為其中一方的徹底勝利而宣告結束。雙方的無盡爭鬥耗費了將近八代人的生命和精力，持續了近兩百年。由於這場衝突的詳情太過繁複，且每一本關於宗教變革的書都會有詳細的闡述，因此這裡我只是講述其中的重點內容。

緊隨著新教聲勢浩大的宗教變革之後，天主教也開始了如火如荼的變革。於是，那些曾經涉足於文藝復興以及希臘羅馬古董事業的教皇們漸漸退出了歷史舞台，而同時每天都耗盡20個小時，廢寢忘食地解決手頭上神聖職責的嚴厲教皇們卻粉墨登場了。

受此影響，曾經歡樂無比的修道院也結束了充滿趣味的生活。所有的教士和修女都需要很早就爬起來默念早課，細心鑽研天主教的規定，呵護病人，慰藉將死的人。而宗教法庭也瞪大雙眼，日日夜夜地監察周圍的一切，謹防違背教義的書籍出現。說到這兒，我們就會想到令人同情的伽利略。他有些大意了，竟然可笑到企圖用那小小的望遠鏡來闡釋宇宙，而且還說出與教會理念相悖謬的行星運行規律。因此，他必然要坐牢的。但本著對教皇、主教和宗教法庭的公平原則，這裡還要說明一點，新教徒也是極力抵制科學及醫學的。新教徒所表現出的荒謬、仇視態度必然也不遜於天主教信仰者，他們同樣認為那些自由地研究事物的人是人類最危險的敵人。

那時法國著名的宗教改革家加爾文，也從政治上和精神上完全控制了日內瓦地區。當時西班牙有名的邁克爾‧塞維圖斯因為曾是傑出的解剖學家貝塞留斯的助手而聞名，他也是有名的神學家和外科醫生，結果不小心觸怒了教會，被法國教會下令絞死。而且，加爾文也極力支持教會。在塞維圖斯逃出法國監牢來到日內瓦暫避以後，加爾文馬上派人逮捕了塞維圖斯。在一番曠日持久的逼問之後，加爾文竟然強加了個邪妄異端的罪名，下令燒死塞維圖斯，根本不管他是不是有名的外科醫生。

異己者的扼殺

宗教之爭如同席捲歐洲大陸的巨浪，將一切異己者連同人們的良知與寬容無情吞沒。深陷天主教與新教的重重矛盾之中，漫長的鬥爭讓所有人的精神變得極度脆弱起來，他們以充滿懷疑與焦慮的目光看著異己者，甚至是自己的同儕，在他們中間眾多誠實善良的普通人淪為狂熱信仰的犧牲品。

就這樣，宗教爭鬥越來越激烈。儘管我們不知道與此相關的事實和數據資料，而大致地講，與天主教信仰者相比，新教徒較早地厭煩了這場無意義的鬥爭。究其原因，或許是因為那些被燒死、殺頭、吊死的人們，都是誠實的平凡人，僅僅因為持不同信仰就悲慘地成了精力充沛而教規嚴酷的羅馬教會的犧牲品。

　　要知道，寬容這一品質此時還未出現，你們以後一定要牢牢記住寬容。即便是所謂的現代人，很多人也只是在面對與自己關係不大的事物時才會表現寬容。例如，有些人會寬容地對待非洲本地居民，根本不在意他是信仰佛教還是伊斯蘭教。然而，如果他們覺察到周圍有鄰居本屬共和黨並贊成徵收巨額保護性質的關稅，如今居然成了美國社會黨（成立於1901年）人並支持取消與關稅有關的一切法律法規時，他們就不再寬容了。17世紀的時候，慈悲的新教徒（或天主教信仰者）在發現自己的好友墮落為邪妄異端的一員時，他就會用善良的口吻痛責這位好友。而現在，與那些信仰者一樣，他們也會用相似的口吻教訓這位鄰居。

　　就在前不久，邪妄異端還被人們看做一種可怕的現象。現在，如果我們周圍有人極其不注重個人和居室衛生，而導致自身以及孩子面臨感染傷寒或者其他具有可預防性的疾病威脅的話，我們就會將這情況反映給衛生部門。這樣，衛生部連同警察一起，就會以妨礙小區安全的罪名帶走這個人。而在16到17世紀之間，一個異端分子（不分男女），也就是公開質疑自己所信仰的、新教徒或天主教信仰者奉為神明的教義的人，常常會被認為是比傷風感冒更讓人恐怖的敵人。在信仰者們看來，傷寒雖極有可能摧垮人的身體，而邪妄異端摧毀的卻是人們認為能長存不朽的靈魂。這樣，暗示警務人員去監督那些擾亂既有秩序的異端者，就成為每一個慈悲而又理智的人們的職責所在。若一個現代人知道自己的租客感染了天花或霍亂之類的疾病，卻沒有及時告知附近的醫生，那這個人就犯罪了。同樣，那時一個置邪妄異端於不顧，未盡早向執政者反映情況的人也是有罪的。

　　等你們成年後，你們就會知道那些與預防性藥物有關的知識。而預防性藥物，則是指醫生在人們真正發病之前用於治療的用品。醫生們主要研究人們沒有疾病時的身體狀況和人們賴以生存的環境，如教人們及時清理垃圾，哪些東西能吃，哪些不能吃，哪些習慣應改掉，怎樣保持個人衛生等等，這樣就可能避免誘發疾病的各種情況。不僅如此，醫生們還會到學校中，教孩子們如何正確刷牙以及如何預防感冒等知識。

　　本書一直努力闡述的一點內容是，對於16世紀的人來說，對危及靈魂的疾病顯然要比身體上的疾病更加嚴重。為此，一套嚴格、細密的預防靈魂疾病的體系就這樣形成了。在孩子們到了可以念書認字的年齡之後，孩子們就要被迫接受所謂的真正而且是唯一真正的各種原則。不過，歷史表明，這一舉措也是有益的，它起了間接促進歐洲進步的作用。就這樣，大小不一的學校紛紛在歐洲國家興起了。儘管這類學校讓孩子們花費大量的時間闡釋教義、教理，但也讓孩子們學到了神學之外的東西。此外，學校也提倡人們多讀書，這還帶動了印刷業的發展。

眾多的分歧

為了改變現有的混亂局面，神聖羅馬帝國皇帝查理五世正努力尋求解決新舊教之間分歧的途徑。圖中左下角的查理五世正同薩克森選侯就新教呈遞的文書進行認真磋商，這些新舊教互不相同的各類聖禮儀式是兩者達成一致的最大障礙，包括洗禮、聖餐禮、婚禮、懺悔等。

當然，天主教也並不甘居於新教之後，因而也在教育事業上耗費了很多的時間、精力。同時，天主教還聯合了當時很有影響力的耶穌會作為朋友和同盟。此時的耶穌會成立沒有多久，其創立者是一個西班牙士兵。在歷經了種種罪惡、放任的生活以後，這位西班牙士兵信仰了天主教，他要為教會貢獻自己的力量。不少以前曾犯過罪而現在受到救世軍感召的人，覺悟到自己罪孽深重，因而決定奉獻餘生來救助與撫慰那些比自己還要悲慘的人們。

　　這位西班牙士兵名叫伊格納提斯·德·洛約拉，生於西元1491年（美洲大陸被發現的前一年），他因在戰爭中受傷而導致腿部終身殘廢。在醫院接受治療的時候，他見到了顯靈的聖母與聖子，後者囑咐他要忘記以前的罪孽生涯，要重新做人。就這樣，洛約拉決定到聖地履行十字軍的神聖使命。然而，他的這次耶路撒冷之行證明他現在根本沒有能力完成這項使命。因此，他返回歐洲，加入到反對路德派的陣營中。西元1534年，洛約拉進入巴黎大學中的索邦神學院學習。在這裡，他和另外七個學生共同組建了一個兄弟會。他們約定，要一直保持生活的聖潔，絕不愛慕虛榮，以追求正義為目標，立志要為教會奉獻自己的肉體和靈魂。若干年以後，這個小小的兄弟會逐漸發展成了一個很有體系的組織，還被教皇保羅三世正式封為「耶穌會」。

　　洛約拉曾經是一名軍人，他堅信絕對服從上級和紀律是非常重要的，結果證明這兩

洛約拉

軍旅出身的伊格納提斯‧德‧洛
約拉，經歷過戰火與傷痛的洗禮，對過
去罪惡的厭惡讓他最終踏上追尋聖光之
路。他四處給人講授教義與神學，將志
同道合的小型兄弟會逐步發展壯大為組
織嚴密的耶穌會，耶穌會在教育方面的
巨大影響力使他們獲得了教皇的認可，
並最終與羅馬教會結成同盟。

點也是耶穌會之所以能成功的重要原因。耶穌會
的特長就是教育，而且學校的老師如果想與學生
進行單獨交談，就必須先接受嚴格的訓練。老師
不僅和學生一起吃、一起睡，還一起活動，精心
呵護著學生們的思想與靈魂。這種教育方式非常
奏效，耶穌會培養出了對天主教虔敬不二的忠實
追隨者，而這些追隨者們也和中世紀早期的追隨
者一樣謹慎地履行著自己的使命。

然而，聰明的耶穌會並非把全部的精力都
耗費在教育窮人上，他們也更多地涉足達官貴人
的社會，教授那些在將來能成為皇帝以及國王的
人。如果我向你們講述三十年戰爭的話，你們就
能懂得耶穌會為何要這麼做了。可是，在這場恐
怖的宗教動盪爆發以前，又出現了一些更為有意
義的事需要我們關注。

查理五世逝世以後，他的兄弟費迪南德掌控
了德國與奧地利，而他的兒子菲利普則統治著他
的西班牙、荷蘭、美洲和印度群島等屬地。菲利
普是查理五世與一位葡萄牙公主所生，他的母親
是查理五世的親表妹。通常，近親結合後生出的
孩子極易出現怪異行為且精神異常。而菲利普之
子唐‧卡洛斯就不幸成為了一個瘋瘋傻傻的人，
不久被菲利普授意賜死。但菲利普自身卻很正
常，只是對於教會有著一種近乎狂熱的感情，始
終堅信自己是上帝派來挽救人類的救星。所以，
只要有人持不同政見，不認同國王對上帝的絕對
狂熱之情，這個人就會被視為人類的公敵。為了
不讓這個人的惡行腐蝕到其他忠誠的追隨者，菲
利普就會將這個人處死。

的確，西班牙那時非常富裕，卡斯蒂爾和阿拉貢的金庫中收納著由於發現新世界而
獲得的所有金銀。然而，西班牙卻在不停自殘本國國力的怪圈中病入膏肓。農民們辛勤
地勞作著，而婦女們則更加勤勞地勞動著。不過，西班牙的上流社會卻向來都瞧不起所
有的勞動，並且只想為陸海軍或政府部門工作。而那些始終勤勤懇懇地工作著的摩爾手
工勞動者，卻在很久之前就被驅趕出西班牙了。這一經濟病產生了非常嚴重的後果，西
班牙人要耗費幾乎全部的金錢同海外交換小麥和其他生活必需品（本國人們所不屑於生

黃金壁雕

　　自從哥倫布發現美洲新大陸之後，鼎盛時期的塞維亞是西班牙海外貿易的重地，由新世界掠奪而來的金銀礦從這裡源源不斷地流入西班牙。從這面塞維利亞大教堂的祭壇後壁的黃金雕刻即可見當時的富庶程度。然而，一夜暴富讓西班牙人對勞動無比輕蔑，大量金幣用以交換他國的社會基礎資源，高昂的剝削反而讓這個金庫之國異常貧窮。

產的），這就使得被稱為世界金庫的西班牙實際上卻特別窮困。

作為16世紀最強盛的國家的統治者，菲利普的收入大部分來源於商業發達的荷蘭所上繳的稅額。而這些盲目自大的荷蘭人和弗蘭芒人卻是路德派和加爾文派最虔誠的信仰者。他們廢除了當地教堂中的一切神像和畫像，並告訴教皇，他們不會再把他看作是自己的守護神。從此，他們只會依照剛剛翻譯的《聖經》以及自己的良知來處事。

這件事讓菲利普左右為難。他既不能縱容荷蘭子民的異端舉動，又不想失去荷蘭這個財源。而假如他同意荷蘭人自主地信奉新教，且不做出任何應對之舉來救贖他們的靈魂，那麼這就是對上帝的失職。而假如他派遣宗教法庭去荷蘭審問並燒死那些竟敢有異端行為的臣民，這樣又會損失大量的財富。

萊頓之圍

西班牙人將起義軍重重圍困在圍海造田的萊頓城，那裡周邊盡是肥沃的草原，而占盡優勢的西班牙人無意攻城，只圖困死這股反叛力量。與意志、飢餓、瘟疫的漫長較量讓城中的人苦不堪言，直到威廉決海潦地，帶著「海上乞丐」擊退不擅水戰的西班牙人，瀕臨崩潰的絕望之城才迎來了生的希望。

～⁓ 尼德蘭革命 ⁓～

「尼德蘭」一詞意為「低地」，泛指萊茵河、斯海爾德河下游以及北海沿岸地勢低窪的地區。西班牙的殘暴統治、經濟遏制、宗教迫害讓在那裡生活的人們背負著無盡的苦難，直到一場漫長的革命戰爭之火將西班牙人驅逐出他們的家園。

尼德蘭革命	
時間	事件
1566年	弗蘭德爾市爆發針對天主教會的「破壞聖像運動」，終因貴族背叛而陷入低潮。
1568年	西班牙國王派遣軍隊血腥鎮壓，奧蘭治親王威廉組織雇用軍以及尼德蘭北方「森林乞丐」、「海上乞丐」游擊組織進行有限抵抗。
1572年	哈勒姆保衛戰，全城居民奮起自衛，堅守8個月，終因彈盡糧絕而陷落。
1573年	阿爾克馬爾保衛戰，西班牙人死傷慘重；萊頓保衛戰，全城居民困守數月、拒不投降，直至「海上乞丐」決海潦地，西班牙人望風而逃。
1581年	北方成立共和國。
1609年	西班牙與共和國簽訂12年休戰協定，承認共和國的獨立。

　　菲利普向來善變，遇事猶豫不決，這次在處理荷蘭人的問題上，就十分猶豫。菲利普有時慈悲有時嚴酷，有許諾也有恐嚇，總之試盡了種種方法。而荷蘭人依舊我行我素，仍然吟誦著詩篇，專心致志地恭聽路德派與加爾文派的教義。菲利普惱羞成怒，就派手下有著「鋼鐵大將」之稱且手段殘忍的阿爾巴公爵前往荷蘭，企圖使那些冥頑不化的罪民們棄暗投明。於是，一些不夠精明的宗教領袖沒有在阿爾巴到來之前逃走，就被阿爾巴砍了頭。後來在1572年，阿爾巴侵襲了荷蘭的多座城市，殺死了城中所有民眾，以起到殺一儆百的作用。也是在這一年，巴瑟洛繆發生了一幕慘劇，法國的新教領袖在這裡全部被殺死。第二年，阿爾巴隨即帶兵包圍了萊頓城——荷蘭的製造業中心。

　　就在這時，烏德勒支聯盟成立了，這個聯盟集合了北尼德蘭7個小省的力量，組成了一個防禦西班牙人的同盟。奧蘭治的威廉將軍（也是德國王子）被推舉為這個同盟的軍事領導者以及海盜水手總司令，他曾作為貼身秘書跟隨查理五世多年。這幫魚龍混雜的人曾經以「海上乞丐」之名著稱。在決定拯救萊頓城後，有著「沈默者」之稱的威廉下令把防海大堤挖開，以便讓海水倒流進城中，這樣萊頓的四周就被一個淺淺的內海包圍了。接著，威廉帶領一支奇特海軍（由敞口駁船和平底貨船組成），一邊划，一邊連推帶拉地越過了沼澤，直逼萊頓城下。但是，這種奇異的方法竟然讓西班牙軍隊望風而逃。

乞丐黨的標誌

對異教徒的壓迫與宗教審判讓底層貴族們提出抗議，並聚集在布魯塞爾向攝政王請願，反被朝內寵臣稱做「乞丐」。政府偏袒多數貴族利益的態度讓這些人大失所望，遂以「乞丐」自稱，以木製的要飯碗為標誌，圖為那一時期貴族們使用的鑲銀木碗。

　　這次失敗是西班牙國王手下的無敵軍團史無前例的奇恥大辱，讓全世界為之震驚。這種令人吃驚的程度，絕不亞於我們這代人聽聞日俄之戰中日本人奪得瀋陽的消息後的瞠目結舌。經過了這次獲勝，萊頓城中的新教徒更加堅定了反抗西班牙陛下的信心。無奈之下，菲利普只能祕密地用陰謀來鎮壓叛亂的子民。於是，他派了一個瘋子式的宗教狂徒刺殺了威廉。然而，這非但沒有讓北尼德蘭的七省臣民服從，卻激發了民眾們更為強烈的憤怒。西元1581年，這七省代表們在海牙召開了議會，鄭重宣告廢除惡魔般的陛下菲利普，還說要自己掌控自古以來只能由上帝指派的國王的權力。

　　這次事件堪稱開創了歷史上人們爭取政治自由權的先河，這較之前英國貴族率領的宮廷起義，後以簽訂《大憲章》為終結的史實更向前邁出了一大步。這些自由民天真地說，國王和臣民之間應保持一種契約的關係，都必須履行一定的職責和義務。一旦一方背棄了這個契約，另一方同樣有權力不再履行這份契約。在西元1776年，北美民眾（當時在英國喬治三世統治之下）也制定了相似的協議，不過他們與喬治三世之間終究相隔著3000英里浩瀚的大西洋。而這七省同盟做出這個慎重決議，卻是在能夠聽見西班牙軍隊的槍聲以及一直以來對西班牙無敵軍團的恐懼中做出的，因為他們一旦失敗就將只有面臨死亡，因此這讓我們不得不對他們的勇氣表示欽佩與讚賞。

　　很早之前，民間就傳說將有一支西班牙艦隊要征伐英國和荷蘭。後來，新教徒女王伊麗莎白接管了天主教追隨者「血腥瑪麗」的權杖，並執掌了英國。此時，這個傳說早已塵封許久。碼頭的水手們每年都在充滿畏懼地議論著這件事，猜測著大廈將傾的日子。進入16世紀80年代後，曾經的傳說被證實所言非虛。凡是到過里斯本的水手都宣稱，他們見到西班牙和葡萄牙的全部船塢都在大量地建造用於戰爭的船隻。而且在尼德蘭南部（今屬比利時），帕爾馬公爵正在召集一支浩浩蕩蕩的征伐隊伍，只要西班牙艦隊來了，他就會從奧斯坦德直接殺向阿姆斯特丹和倫敦城。

西元1586年，目空一切的西班牙無敵艦隊決定出海，漸漸地直逼北方。而此時荷蘭艦隊正固守著弗蘭芒海岸的各個港口，英國不列顛艦隊也派重兵把守著英吉利海峽。況且西班牙軍隊一直以來都是在南方平靜的海上征戰，實在不懂怎樣在充滿暴風的北方海港中戰鬥。當然，對於無敵艦隊先是怎樣被敵艦襲擊，而後又遭遇暴風重創的事實，相信大家都很清楚。總之，這場海戰之後，只有幾艘西班牙戰船繞過愛爾蘭驚魂未定地逃回西班牙，其他大多數船隻都沈寂於北海暗流湧動的海底。

　　這次海戰扭轉了整個戰局，荷蘭與英國的新教徒將要將戰火燒到西班牙了。16世紀末期，通過一個曾服役於葡萄牙船塢的荷蘭人林斯柯頓所著的一本書，霍特曼最終找到了去印度以及印度群島的海上航線。也正因如此，荷蘭東印度公司才得以建立。同時，葡萄牙和西班牙之間一場聲勢浩大的爭奪亞非殖民地的戰爭終於爆發。

　　在最初爭奪海外附屬殖民地時，荷蘭法庭接到了一樁頗為有趣的訴訟案件。17世紀之初，一名荷蘭籍船長範·希姆斯克爾克在馬六甲海峽截獲了葡萄牙所屬的一艘船。

無敵艦隊的覆滅

　　英國與西班牙的海上摩擦迭起，這讓老謀深算的西班牙著手斥巨資組建海軍以確保其海上利益。但這支擁有100多艘戰艦、數千門火炮、數萬之眾的龐大艦隊卻在英吉利海峽遭遇實力懸殊的英國艦隊毀滅性的打擊，拱手讓出了海上霸主的地位。圖中西班牙「無敵艦隊」被乘風而來的英國無人火船打亂了陣腳，伺機而上的英國艦隊則獲得了壓倒性的優勢。

這位船長曾經帶領一支冒險隊，企圖尋找出前往印度群島的東北方向的航線。然而，這個計畫最終因船隊整個冬天都被困在新澤波拉島附近冰封已久的海面上而宣告失敗，但船長卻因此聲名鵲起。不過，最近他惹上了官司。大家都知道，整個世界被教皇一分為二，一半歸西班牙，另一半歸葡萄牙。因此，葡萄牙人就很自然地認為，圍繞在他們所屬的印度群島附近的海域也是屬於他們的領地。而那時葡萄牙也沒有與七省同盟作戰，所以他們控訴範‧希姆斯克爾克僅僅是一名私家貿易公司的船長，不能未經允許就駛入

航海權的爭執

隨著新航道的開闢，各國對海外殖民地的爭奪逐步升級到對專屬航道的爭奪。直到年輕律師格魯西斯提出越出陸地火炮射程之外的海域皆可作為任何國家或個人自由出入、航行的公海，這一論調引發了航海界的一致反對，掠奪與貪婪讓這條鋪滿黃金與血淚的航線充滿著擠壓與爭執。

《威斯特伐利亞和約》

　　隨著神聖羅馬帝國與西班牙的衰落，法國、瑞典、荷蘭以及勃蘭登堡迅速崛起。由執掌西班牙、神聖羅馬帝國、奧地利帝國的哈布斯堡王室，法國、瑞典以及神聖羅馬帝國內的勃蘭登堡、薩克森、巴伐利亞等諸侯邦國一同簽訂的《威斯特伐利亞和約》，意味著三十年戰爭的偃旗息鼓，也暗示著歐洲新霸主的誕生。

項目	《威斯特伐利亞和約》內容
1	重申1555年的《奧格斯堡宗教和約》和1635年的《布拉格和約》依然有效。
2	哈布斯堡皇室承認新教在神聖羅馬帝國內的合法地位，神聖羅馬帝國內各諸侯邦國可自訂官方宗教。
3	神聖羅馬帝國內各諸侯邦國擁有外交自主權，但不得對皇室宣戰。
4	聯省共和國（荷蘭）和瑞士的獨立國家地位被正式認可。
5	哈布斯堡皇室被迫割讓出部分外奧地利領地。
6	神聖羅馬帝國皇帝在任時不得進行繼任者選舉。
7	法國和瑞典擁有神聖羅馬帝國議會的代表權。

葡萄牙的領海，竊取他們的船，並認為這是赤裸裸的犯罪行為。就這樣，葡萄牙人向荷蘭法庭遞交了訴狀。而同時，荷蘭東印度公司也聘任了一名優秀的年輕律師德‧格西斯（也稱格魯特）為這位船長申辯。在申辯時，格魯西斯坦陳了一套任何人都有權毫無阻礙地進出海洋之說。他說，只要遠洋位置超出了陸地大炮的射程，這片海洋就成為了一個任由每一個國家的每一艘船隻自由進出的公共海域。法庭上第一次出現了這種驚世駭俗的言論，當然也就不可避免地遭到了每個航海人士的大力斥責。而當時英國的約翰‧塞爾登還專門寫了一篇比較有名的與「領海」以及「密閉海洋」相關的文章，以此來抨擊格魯西斯的公海論或海洋開放論。塞爾登宣稱，圍繞在某個國家四周的海域毫無疑問地應歸這個國家管轄，而且應被看做該國家領土和主權中不可分割的一部分。本書在這兒談及這段爭論，主要是由於其中涉及的爭論點仍沒有得到圓滿解決，而且這一點也在前一次的世界大戰中引發了各種紛雜的問題。

　　接下來，我們把視線收回到英國、荷蘭與西班牙的爭鬥上來。西班牙所屬的絕大多數殖民地，包括印度群島、好望角、中國沿海一些島嶼、錫蘭，甚至日本都成了新教徒的領地，而這些僅僅發生在20年不到的時間內。西元1621年，西印度公司開張運營，並很快占領了巴西。而這個公司在北美哈德遜河口處還修築起一個要塞（西元1609年，亨利‧哈德遜首次發現該地），並取名為新阿姆斯特丹（今屬紐約市）。

　　西元1618年爆發了一場持續30年的戰爭，並最終以1648年聞名遐邇的《威斯特伐利亞條約》的簽訂而宣告終結。由於長達一個世紀的宗教仇怨的存在，這場戰爭也就在所難免了。前面我就說過，這是一次異常可怕而又沾滿血腥的戰爭，每個人都被殃及其中，他們拚命地廝殺著，直至所有的人都毫無力氣作戰才算結束。

　　僅在三十多年的時間中，這場戰爭就使中歐的很多地方淪為了屍橫遍地的荒蕪之地。為了奪取一具馬的屍體來填飽肚子，餓極了的農民只能與更多的餓狼相搏。戰前，德國人口為1800萬，而戰後則銳減至400萬。同時，西德地區的帕拉丁奈特則不幸地連續被洗劫了28次還多，德國境內差不多所有的城鎮、村落都在這場戰爭中毀於一旦。

　　這場戰爭的仇怨，起於原為哈布斯堡王朝的斐迪南德二世登頂德意志皇帝的寶座。斐迪南德曾受過耶穌會的嚴謹教育，是一個最忠誠也最馴服的天主教信仰者。在青年時期，他就立誓一定要肅清本國中的每一名異端分子以及每個異端教會。執掌政權以後，斐迪南德窮盡了自己的所能來兌現這個承諾。在距離他稱帝還有兩天時，他最主要的勁敵弗雷德里克（英王詹姆斯一世和帕拉丁奈特的新教徒選帝侯的女婿）當上了波西米亞國國王，這是斐迪南德最不願意看到的事。

　　不久之後，波西米亞就遭到了哈布斯堡王國的入侵。眼見敵人的強大，年紀輕輕的弗雷德里克不得不求救於荷蘭與英國。荷蘭共和國有意拔刀相助，但荷蘭那時也正陷入與西班牙的另一支哈布斯堡王族軍隊的征戰中，尚無法脫身，因而難以施以援手。而英國的斯圖亞特王朝除了對壯大本身的絕對強權感興趣外，並不想勞師以遠在波西米亞的這場毫無勝算的戰爭中浪費一兵一卒。硬生生地堅持了數月後，弗雷德里克被趕出了自

Israel ex. Curi Priuil. Reg.

人間地獄

　　三十年戰爭是由神聖羅馬帝國內戰演變成為席捲全歐洲的混戰，歐洲各國為宗教糾紛或各自利益皆捲入其中。大片的城鎮與農田淪為廢墟，大量的平民淪為難民或乞丐，現實逼迫善良的人們只有放下鋤頭、拿起武器加入這場充斥著仇視、殺戮、血腥的掠奪，才能讓他們獲得些許的安全感。

己的國家，他的領土盡數落入信奉天主教的巴伐利亞王族之手。不過，這也只是三十年征戰的開端而已。

隨後，蒂利與沃倫斯坦將軍帶領哈布斯堡軍隊，大肆侵占德國新教徒的居住地，長驅直入，直至波羅的海邊緣。而和一個異常強盛的天主教國家做鄰居，讓信奉新教的丹麥國王也意識到了潛在的致命危險。因此，克里斯廷二世企圖在鄰居站穩腳跟之前，率先發難。丹麥軍隊衝入了德國，卻不幸地戰敗了。德國的沃倫斯坦趁機追趕丹麥軍，丹麥被迫請求議和。最終，波羅的海地區內僅存施特拉爾松城，仍然屬於新教徒管轄。

西元1630年夏初，瑞典王瓦薩王國的古斯塔夫·阿道爾豐斯登陸了新教徒的唯一堡壘施特拉爾松。這位國王曾經帶領民眾打敗了前來入侵的俄軍，並因此名聲大噪。他是一個征服欲極強的新教信仰者，始終幻想著有朝一日能把瑞典變為強大的北部王國核心。他受到了歐洲新教徒中王族們的熱烈歡迎，被看作是路德事業的救星。不久，古斯塔夫首戰告捷，打敗之前曾殘殺馬格德堡新教教眾的蒂利。隨後，他率軍橫穿德國腹地，試圖攻打哈布斯堡王國的義大利領地。在前後夾擊的情況下，古斯塔夫立馬轉過陣腳，將哈布斯堡的核心力量消滅在呂茨恩戰役中。此外，不幸的古斯塔夫卻因在亂戰中與麾下部隊走散而死於陣前，就此哈布斯堡的實力也遭受了重創。

而斐迪南德是一個喜歡猜忌的人，每當戰爭失利，他就會想自己的部下是否用盡全力。由於他的懷疑和私下授意，部隊司令沃倫斯坦被人刺殺了。事情傳出後，向來與哈布斯王國不和的法國波旁王國儘管信仰天主教，卻與信仰新教的瑞典結盟了。於是，路易十三率軍攻打德國東部地區，而瑞典將領巴納和威爾瑪的部隊、法國的圖倫和康帶將軍的部隊，這幾支部隊聯合起來，競相瘋狂殺掠及焚燒哈布斯堡王國的財產。趁機大發橫財的瑞典人聲名鵲起，這讓瑞典的鄰居丹麥豔羨不已，於是同為新教信仰者的丹麥人也宣稱對瑞典作戰。當時，法國新教徒胡格諾剛剛被法國政治領軍人物紅衣主教黎塞留剝奪了曾於1598年南特敕令中允予的公開做禮拜的權利，而瑞典卻與信仰天主教的法國結盟，這就是丹麥出兵的理由。

戰火四起，直到參戰各方在1648年簽訂了《威斯特伐利亞條約》才宣告戰爭結束，但不幸的是加入戰團的各方仍兩手空空。信仰新教的國家依然只是信奉路德、加爾文、茨溫利等人，而信仰天主教的國家依舊只是忠誠於天主教。歐洲其他國家認可了瑞士與荷蘭等新教共和國的獨立性，而法國仍掌控著梅茨、圖爾、凡爾登等城市和阿爾薩斯城的一部分地區。儘管神聖羅馬帝國依舊被認為是一個統一的國家，但已經名不副實了，不但人財匱乏，連最後一絲期望與信心也消失殆盡。

這場持續30年的戰爭僅有的一個積極意義就是，歐洲各國都接受了一個深刻的教訓，天主教與新教根本不想再挑起任何爭端了。若誰也吞併不了誰，那麼大家只好握手言和，各掃門前雪了。不過，這個世界中所潛在的宗教迷狂以及信仰不同的派別之間的紛爭並未從此間斷。新教與天主教之間的紛爭剛剛告一段落，新教內部不同派系之間的爭鬥就開始了。「宿命論」的真正內涵向來都屬於含糊不清的神學問題，而在你們曾祖

升級的戰爭

　　火槍與大炮成為了戰場上的主角，炮兵轟擊、騎兵突破、步兵清掃的梯次進攻順序成為後來戰爭的標準戰法。大量的戰爭消耗與人員傷亡讓各國都元氣大傷，這場沒有真正勝利者的戰爭最終在制衡各方的《威斯特伐利亞條約》落筆簽字後畫上了句號，而飽經戰亂的人們只能在廢墟中重建他們的家園。

輩時，這個問題卻需要議論得明明白白。當時，對於宿命論，荷蘭國內的人們分為截然不同的兩派。雙方的爭鬥愈演愈烈，最終導致奧登巴維爾特的約翰被砍頭。在荷蘭剛剛獨立的前20年內，著名政治家約翰為共和國的成就貢獻了很大力量，而且也為推動東印度公司的擴張展現了優秀的管理才能。而在英國，新教內部的爭論逐漸發展成了內戰。

　　這場衝突直接導致了歐洲史上君主首次被通過法律程序而處決，不過在講述這場衝突以前，我們有必要了解一下有關英國的歷史概況。本書主要講述的是，歷史中那些對我們認識當今世界概況有幫助的事件。對於本書未曾詳細介紹的國家，如挪威、中國、瑞士或者塞爾維亞等，這也不是由於我個人喜好。我也特別想為大家講述這些國家的精彩故事，但是這些國家並沒有對16世紀和17世紀的歐洲進展產生過重要影響，因而我只能對這些國家表示敬意，並且跳過這些國家。但是，英國卻與這些國家有著極大的不同。在過去的半個世紀的時間裡，這個國家的民眾的所作所為極大地影響著整個世界歷史的走向，這一影響甚至蔓延至世界的每一個角落。如果不清楚英國的歷史概況，那麼我們也無法明白當今報刊上記載的重大事項。有一點大家需要特別注意的是，在歐洲其他國家仍實行君主專制的時候，為什麼惟獨英國偏偏能走上議會制的道路呢？

第 四十五 章

英國革命

在君權神授的王權和更合情理的議會權力的相峙中，王權以失敗而告終。

西元前55年，凱撒率領著羅馬的軍隊橫渡英吉利海峽，將還未開化的英國變成了他的屬地，被稱為西北歐最早的發現者。之後的400年間，英國一直僅作為一個羅馬的海外行省而存在，後來日耳曼人開始進攻羅馬，駐守在英國的羅馬士兵才被調遣回國，守衛本土。這樣，英國就成為了一座無人統轄、毫無防禦能力的孤島。

貧窮的撒克遜人得知這個消息之後，馬上漂洋過海來到了英國定居。對於經常忍受飢餓的撒克遜人來說，英國氣候溫暖、土壤肥沃，簡直是一個人間天堂。最早來到英國落戶的不僅僅只有撒克遜部落，還有盎格魯人，所以他們建立了一系列獨立的盎格魯·撒克遜王國。這些部族之間的實力相當，紛爭不斷，沒有一個實力雄厚的國王來結束他們之間的爭執，進而來統一整個英國。他們的防禦能力空虛，所以在5個世紀的時間內，默西亞、諾森伯里亞、威塞克斯、蘇塞克斯、肯特、東英吉利以及任何一個默默無聞的小地方都頻繁遭到斯堪的納維亞海盜的光顧。到了中世紀，挪威、北日耳曼和英國都被丹麥吞併，淪為了一個徹底的殖民地，沒有一點自主權。

物轉星移，丹麥在英國的統治終於被推翻了，但是還沒等英國人充分享受自由的空氣，他們的祖國就再一次成為了諾曼第公國的殖民地。諾曼第公國是斯堪的納維亞人於西元10世紀在法國建立的政權。政權建立之初，諾曼第公國的統治者威廉就盯上了和他們隔海相望的英國，在他貪婪的眼中那是一塊肥沃而富饒的土地。他於1066年10月率兵橫渡英吉利海峽進攻英國，並於10月14日在黑斯廷戰役中，將英國的最後一支羸弱之師——盎格魯·撒克遜國王威塞克斯的哈洛德麾下的軍隊打敗，最終自封為英格蘭之王，在英國建立了自己的安如王朝，也就是金雀花王朝。但是王朝歷代的統治者們並未將英國視為自己真正的家園。他們認為，這個曾駐紮著野蠻落後民族的島國只是他們大陸上財產的衍生品。所以在統治的過程中，他們逐漸將原來諾曼第公國的語言和文明強行植入到英國本土。但是讓統治者沒有預料到的是，這個野蠻的殖民地在發展的過程中後來者居上，甚至遠遠超越了他們在法國統治的諾曼第公國。當威廉在英國建立自己的殖民地時，法國的統治者認為諾曼第公國只是一個不聽話的奴隸，因而正全力計畫著將諾曼

最初的不列顛

　　最初氣候溫和、土地肥沃的不列顛諸島僅僅作為野蠻殖民地而蔭庇在帝國的羽翼之下，被無情剝奪著獨立的主權與財富，缺乏強有力的統轄與防禦讓這片土地內鬥不息、外擾不斷。直到斯堪的那維亞海盜的後裔率領近700條船運載著至少7000諾曼第士兵及大量輜重在英格蘭東南沿海登陸，一舉成為英格蘭的主人。

鳳凰珠寶

　　玫瑰戰爭也稱作薔薇戰爭，為了爭奪英格蘭的王位，有著「金雀花王朝」血脈的兩個皇族分支蘭開斯特家族和約克家族彼此征戰不休，前者的家徽是紅玫瑰，後者的家徽是白玫瑰。貴族之間廝殺導致的雙輸局面讓都鐸王朝輕易地掌控了全局。圖中是紅白玫瑰環繞下，烈焰中重生的鳳凰正飛向王冠的珠寶吊墜。

第及其殖民地英國，永遠地驅逐出法國版圖。經過了近100年殘酷的鬥爭，法國出現了一個名叫貞德的年輕姑娘，她率領著法國人民將這些「外國人」徹底地趕出了法國。但聖女貞德本人卻於1430年在貢比涅戰役中不幸被俘，俘獲她的勃艮第人將其轉賣給英國軍隊，而後者將其當作女巫燒死。到了15世紀末期，亨利七世統治下的英國已經變成了一個高度中央集權的國家，稱為都鐸王朝。統治者們之所以能夠將王權牢牢地掌握在自己手中，得益於兩方面的原因。一是他們在歐洲的大本營被摧毀之後，只能全心地經營這個島國。二是這個島國上有很多愛慕虛榮的封建貴族，他們長期因為各種各樣的家族恩怨糾纏不休，這類情況就如同中世紀的麻疹和天花一樣常見，很多英國本地的貴族就在這些所謂的「玫瑰戰爭」中撒手歸天。這讓坐收漁翁之利的威廉和他的繼承者們少了很多麻煩與壓力，輕易地掃清了王權獨攬的眾多障礙。在亨利七世建立都鐸王朝之後，設立了舉世聞名的「星法院」，很多企圖恢復本土統治的老貴族都被其以殘酷的手段鎮壓、扼殺了，這讓很多英國人事後想起來仍心有餘悸。

　　1509年，英國迎來了亨利八世的統治。這是英國發展史上一個非常特殊的重要時期，英國在他的統治下逐漸從一個古老的島國發展成為了現代的國度。

　　亨利八世的婚姻生活並不幸福，經歷了幾段失敗的婚姻，他的多次離婚致使他與教皇彼此之間心存芥蒂，他本人對宗教也興趣索然。1534年，亨利再次離婚，趁此機會他宣布英國不再受到羅馬教廷的統治，讓英國教會成為了第一個當之無愧的「國教」，而他也成為了第一個集政治統治和宗教統治大權於一身的國王。這一次的宗教變革獲得了長期受到路德新教派狂熱者攻訐的英國教士的鼎力支持。亨利更透過這次改革，將之前修道院的財產全部充公，進一步鞏固了王室的財力與實權。同時，他的這一舉動也受到了廣大商人和手工業者的擁護，可謂一舉多得。英格蘭島與歐洲大陸隔海相望，寬闊幽深的英吉利海峽為島上居民提供了一個使他們隔絕世外的天然屏障，再加上富足的生活，讓他們產生了一種優越感。這種優越感讓他們排斥所有的外來品，更不願意讓一位義大利的主教來統治他們的忠誠、崇高的靈魂。

　　西元1547年，統治英國38年的亨利八世去世，由他年僅10歲的兒子繼承王位。小國王執政期間，他的監護人對路德教義推崇備至，全力支持新教的發展，但是這位小國王在位不到六年就去世了。在他去世後，他的姐姐，也就是西班牙國王菲利普二世的妻子

——瑪麗登上了英國的王位。她上台之後的第一件事情就是將弟弟在位期間所有新國教的教主全部燒死。瑪麗是一個忠實的天主教信仰者，而且行事風格也非常像她的西班牙丈夫，因此有人將她稱之為「血腥瑪麗」。

1558年，「血腥瑪麗」去世，著名的伊麗莎白女王登上王位。伊麗莎白是亨利八世和他的第二任妻子安娜所生的女兒，安娜後來因為失寵而被斬首。伊麗莎白曾經被瑪麗多次關進監獄，因為羅馬皇帝的親自請求才被釋放出來。所以後來在她當政期間，她仇視屬於天主教和西班牙的一切。伊麗莎白和她的父親很像，對宗教缺少興趣，但同時卻具有驚人的觀察力和判斷力。在她執政期間，英國的王權得到不斷地鞏固，政府的財政收入大大增加，整體實力逐步提高。雖然有一部分得益於她本身的能力，但是和那些傾慕她的男性的輔佐也密不可分。這些男人不遺餘力地輔佐也使得伊麗莎白的統治時代，成為了英國歷史上的關鍵時期。

兩代女王

華麗高貴的宮殿中，英國國王亨利八世端坐在中央的王座上，右手扶著愛子兼王位繼承人愛德華，他左側著坐著的愛德華之母珍妮·西摩，事實上只是一個影像（因其在生下王子時就過世了），大廳的左邊站著瑪麗，右邊站著伊麗莎白，都鐸王朝未來的兩代女王對面而立暗示著兩個人宗教態度的截然不同。

然而，就在伊麗莎白女王不斷取得重大成就的同時，她也時刻感受到王位所面臨的威脅。她有著一個競爭者，一個實力強大且相當危險的競爭者。這個極具挑戰性的競爭者就是斯圖亞特王朝的瑪麗。瑪麗出身高貴，父親是蘇格蘭貴族，母親是法蘭西王國的公爵夫人。在嫁給法蘭西國王法郎西斯二世後她不幸淪為寡婦，而那個義大利佛羅倫斯美第奇家族中，陰險策劃聖巴瑟洛繆之夜大屠殺的凱瑟琳就是她的公婆。瑪麗的兒子就是後來斯圖亞特王朝的第一位國王。和伊麗莎白不同的是，瑪麗是一個狂熱的天主教信仰者，只要是反對伊麗莎白的勢力，她都願意和他們成為朋友。但是她缺少政治頭腦，做事風格極端暴力，她對蘇格蘭加爾文教信仰者的叛亂採取了殘酷的鎮壓方式，由此引發了蘇格蘭人民的暴動，致使她被迫到英國避難。從她逃到英國到她被砍頭，總共18年。在這段時間之內，她一直都在處心積慮地想推翻伊麗莎白的統治，但是卻從未考慮過正是伊麗莎白為其提供了一片安身之地。最終迫於無奈，伊麗莎白聽從了她的心腹大臣的忠告，「將那個蘇格蘭女王處以死刑」。

於是在1587年，瑪麗最終被推上了斷頭台，並由此引發了西班牙和英國之間的戰爭。英國和荷蘭攜手，打敗了西班牙的「無敵艦隊」，這場海上戰爭原本是西班牙為了摧毀兩國的新教運動而發動的，但是現在卻成為了英國和荷蘭大有油水可撈的冒險。

經過了幾年的躊躇，英荷兩國開始大舉掠奪印度和美洲的西屬殖民地，這是他們力所能及的事情，並以此作為對迫害新教同胞的西班牙人所展開

蘇格蘭女王之死

失去了蘇格蘭人的擁護，讓蘇格蘭女王瑪麗如驚弓之鳥般逃回英格蘭境內尋求避難，伊麗莎白女王慷慨地賦予這個同宗同族女人以應有的皇室奢華與榮耀，但關於英格蘭王位繼承權的問題卻成為兩個女王之間難以逾越的鴻溝。瑪麗對王位的執著終於讓伊麗莎白選擇走上以《聯合契約》之名將前者處死的險路。

的報復。一名來自威尼斯的領航員喬萬尼·卡波特幫助英國人追隨哥倫布的足跡，於1496年第一次發現了美洲大陸。儘管達布拉多和紐芬蘭沒有足夠的吸引力留住英國人的殖民腳步，但紐芬蘭沿岸海域豐富的漁產卻讓英國捕魚者如獲至寶。一年之後，卡波特又踏上了佛羅里達的海岸。

發現美洲大陸之後，正值亨利七世和亨利八世王位不穩的時期，儘管他們非常想盡早開展海外探索，但是國內還有很多問題沒有解決，空虛的國庫難以支撐這項龐大的殖民事業。到了伊麗莎白統治時期，英國逐漸富強，意圖不軌的斯圖亞特瑪麗也身陷囹圄，穩定的國家政權為英國的海上探險活動提供了一個堅實的後盾。在伊麗莎白的幼年時代，一個名叫威洛比的人就已經在海上繞過了北角。之後他手下一名叫做查德·錢塞勒的水手為了找到

蘇格蘭女王瑪麗

作為王室幸運的繼承人，年幼便登頂王座的蘇格蘭女王瑪麗一世注定了一生的悲情色彩。充斥在身邊的各方矛盾與壓力，讓這個強勢女人見證了家族的衰落、榮耀的黯淡與世俗的殘酷。

一條更便捷的通道到達印度群島，就繼續向東，到了俄國的阿爾漢格爾港口，於是英國又開始和俄國開始了外交和商務來往。伊麗莎白當政之初，有很多人開始順著這條新航線進行海上活動。很多投機者在「聯合投資公司」努力工作，正因為如此，該公司在幾百年之後成長為擁有大量海外殖民地的貿易公司。這些極具冒險精神的水手們，既是外交家又是海盜，他們甘願鋌而走險將一切希望寄託於一次也許會鴻運臨頭的航行上；走私者則盡量將所有的東西都裝在船上，以此獲取巨額的利潤；投機商則在販賣商品的時候一起販賣人口，不關心任何除了利益之外的事情；這些人帶著英國的國旗，將女王的威名傳遍世界。而在英格蘭本土，英國著名的戲劇家莎士比亞正在不斷創作新作以討女王陛下的歡心；全英國最優秀、最智慧的智囊團為他們的女王出謀劃策，亨利八世留下的爛攤子正在女王的手中逐步由一個封建國家轉變為現代國家。

威名遠揚的伊麗莎白女王於1603年去世，亨年70歲。女王死後，由亨利八世的孫子、伊麗莎白的侄子，也就是瑪麗的兒子詹姆士繼承王位，成為了英格蘭的新國王。當時歐洲大陸正在不斷混戰，因為英國特殊的地理位置，讓他忽然發現自己幸運地成為全歐洲唯一一個隔岸觀火的國家的統治者。天主教信仰者和新教徒們彼此攻伐，都妄圖推翻對方的勢力，以將自己的教義推上獨攬天下的王座。而此刻的英格蘭卻並未重蹈路德或洛約拉的舊路，它用一種和平的手段開始了宗教改革，避免了天主教和新教的衝突。也正是因為這種和平的方式，讓英國率先搶到了殖民地之爭的先機。同時，這場改革運

詹姆士一世金質獎章

　　詹姆士一世奉行的和平、忍讓策略讓對立的英倫三島維持在一種微妙的平衡之下，對歐陸之戰的旁觀態度也讓在這片土地上生息的人們遠離戰爭之苦。圖為刻有詹姆士一世頭像的金質獎章。

動也讓英國獲得了國際事務的領導權，至今仍不容小覷，這種歷史發展的必然趨勢是斯圖亞特王朝災難性的冒險活動也無法改變的。

　　這位來自斯圖亞特王朝的王位繼承人似乎忘記了自己對於英國人民來說是一個純粹的「外來者」。對於英國人來說，都鐸王室的後代可以在光天化日之下隨便偷走一匹馬，但是斯圖亞特王朝的成員就連看一眼馬上的索繩也會招致眾怒。儘管伊麗莎白女王對英國的統治也很嚴格，但是

卻依然受到人們的尊敬和愛戴。這是因為女王實行的是鼓勵各種商人獲利的財政政策，所以獲得利益的英國人就會全心全意地支持女王。因為他們從女王強硬的對外政策中，獲取了最大的利益。所以即使有時女王也會剝奪一些國會的權力，人們也並不會在意這些不合法規的行為。

　　儘管表面看來詹姆士和伊麗莎白實行的是相同的政策，但是他身上缺乏女王身上那種非凡的熱情。在他統治期間，依然鼓勵進行海上貿易，天主教信仰者也沒有因此獲得任何特殊的權利。但是當西班牙露出諂媚的笑容，希望和英國重修舊好的時候，詹姆士

短暫的繁榮

　　平緩依舊的泰晤士河兩岸，穿插著大量擁擠的市井街道，雄偉的教堂、巍峨的城堡以及下方河岸邊獨立供人表演或娛樂的劇院與熊園，熙熙攘攘的商貿船隻與鱗次櫛比的屋頂將歐洲北部最大的城市——倫敦妝點得格外溫馨、熱鬧。而相對安定、祥和的環境則讓這座城市吸引了大批的新居民湧入。

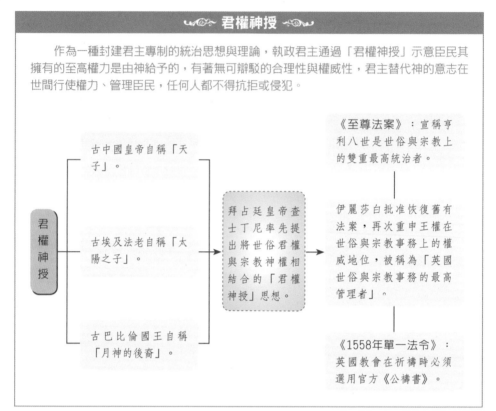

君權神授

作為一種封建君主專制的統治思想與理論，執政君主通過「君權神授」示意臣民其擁有的至高權力是由神給予的，有著無可辯駁的合理性與權威性，君主替代神的意志在世間行使權力、管理臣民，任何人都不得抗拒或侵犯。

君權神授 ──

- 古中國皇帝自稱「天子」。
- 古埃及法老自稱「太陽之子」。
- 古巴比倫國王自稱「月神的後裔」。

→ 拜占廷皇帝查士丁尼率先提出將世俗君權與宗教神權相結合的「君權神授」思想。

→

《至尊法案》：宣稱亨利八世是世俗與宗教上的雙重最高統治者。

伊麗莎白批准恢復舊有法案，再次重申王權在世俗與宗教事務上的權威地位，被稱為「英國世俗與宗教事務的最高管理者」。

《1558年單一法令》：英國教會在祈禱時必須選用官方《公禱書》。

欣然接受了。而這是很多英國人所無法接受的，但是詹姆士畢竟是他們的統治者，所以他們還是選擇保持緘默。

沒過多久，統治者和他的人民之間又發生了新的衝突。1625年，查理一世繼承了父親詹姆士的王位，他和他的前任一樣，都相信自己神聖的王權來自上帝的特許，為此他們可以隨心所欲地統治國家而不需要聽取民眾的意願。其實這種「君權神授」的觀念很早就有。在某些方面，教皇被當成羅馬帝國的繼承人，甚至是世界範圍內任何處於羅馬帝國思想統治之下的土地的繼承人。他們就非常樂意將自己視為「上帝的代言人」，並且這種看法已經深入人心，沒有人會懷疑上帝是否有權按照自己的想法和手段來統治整個世界。因此，教皇就有充足的理由要求信仰者們對他表示絕對的順從，因為他就是上帝在人間統治的直接代表，他只對上帝負責。

隨著新教改革的逐步深入，這些只有教皇才擁有的特權已經轉移到了接受新教的統治者身上了。他們作為國教的教主，堅信自己就是上帝在這一塊領土上的代言人，由此統治者們的權力範圍已經有了很大的延伸，但是人們對此沒有絲毫懷疑。就像現在的人認為議會制度是最合理的政府結構一樣，當時的人們也只是默默地接受了這種權力。就此推論，路德教派或加爾文教派對「君權神授」觀點表示出的義憤填膺是不合情理的。

善良誠信的英國人一定是因為其他的原因才開始懷疑「神聖君權」的真偽的。

歷史上人們第一次質疑「君權神授」這一觀點的聲音源自荷蘭海牙。他們在1581年利用由北尼德蘭等七省聯盟組成的國民議會廢除了他們的國王，也就是瑪麗的丈夫——西班牙的菲利普二世。他們對外宣稱，國王違背了自己的協議，所以就像其他對主人不忠的奴隸下場一樣，國王被解雇了。從這時開始，北海沿岸的國家和人民都開始盛行著這樣一種觀點：國王應該對人民承擔特殊的責任。因為當地的人民非常富有，所以他們的處境很有利。但是中歐地區長期處於貧困狀態的人民要受到嚴密的監視，就不會斗膽

君權神授

為了維護其統治的合法性與至高無上性，統治者們都不遺餘力地對「君權神授」大肆渲染。透過宗教改革，統治者化身為「國教領袖」，成為擁有「神的意志」的王，這種由國家政事延伸至精神世界的強力支配與崇拜讓所轄人民沒有絲毫疑慮，圖為三女神在女王伊麗莎白的帝王之儀下也黯然失色。

討論這種會將他們送進監獄的話題。對於荷蘭和英國的有錢人來說，他們完全不必為此擔心。因為他們手中擁有的雄厚資本足以維持著國家海陸兩軍的開銷，並能運用銀行信用這種強大的武器，所以他們願意用自己的資本控制權來對抗哈布斯堡王朝、波旁王朝、斯圖亞特王朝，甚至任何一個王朝所謂的「君權神授」；他們深深知道自己手中的荷蘭盾或英國先令，在贏弱無能的封建軍隊面前所具有的壓倒性優勢，而後者是國王們寄予厚望的最後底牌。當其他的人在遇到君權神授的問題時只有兩種選擇，一種是默默的忍受，另一種就是冒著殺頭的風險去反抗。但對於富有行動力的英國人和荷蘭人來說，這兩種情形都不會出現。

於是，當斯圖亞特王朝的統治者開始宣稱他們有權力按照自己的意願來行使權力，沒有必要為人民承擔任何責任的時候，英國的人民徹底被激怒了。英國的中產階級開始利用國會來對抗統治者職權的濫用。但是統治者並沒有因此讓步，反而解散了國會。之

納斯比之戰

納斯比戰役是英國資產階級革命中具有決定性意義的一戰，英國國王查理一世率領王黨軍與奧利佛·克倫威爾率領的國會軍在諾桑普頓郡的納斯比村附近展開激戰，前者誤入對方誘敵深入的困境，並逐步喪失手中的絕對優勢，最終失去了戰爭的主動權。圖為納斯比戰役敵對雙方的軍事部署。

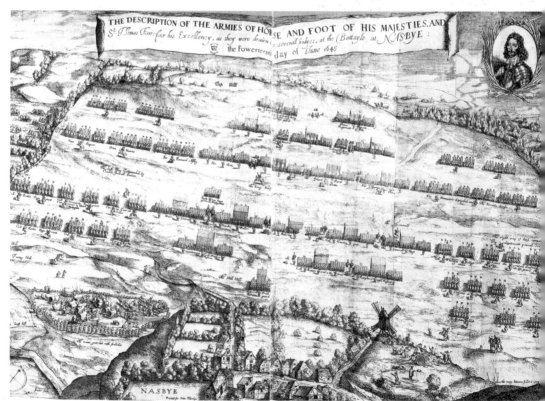

後查理開始了長達11年的獨裁統治，儘管絕大多數人認為這沒有法律依據，但他仍強制徵收各種自己隨意想徵收的稅種。他將國家當成自己的私人莊園那樣隨意地打理。讓人敬佩的是，在堅持這樣荒謬的信念上，他和他聰明的助手都表現出來了極大的勇敢和執著。

奧利佛・克倫威爾

出身新貴的奧利佛・克倫威爾是英國資產階級革命時期傑出的政治家、軍事家，提倡保護資產階級和新貴族的利益，他率領的軍隊紀律嚴明、作戰勇猛，在納斯比一戰成名，素有「鐵軍」之稱。圖為刻有奧利佛・克倫威爾頭像及王冠圖案的硬幣。

查理很不幸，這一次他並沒有取得蘇格蘭人民對他一如既往的支持，反而和蘇格蘭的老教會派的元老展開了激烈的爭吵。所以，為了籌措戰爭的經費，查理被迫於1640年4月重新召開國會。這次會議中，各個議員爭先發表抨擊性的言論，以此來宣洩11年的不滿情緒，最後使國會再一次陷入混亂。幾個星期之後，國會不僅沒能為查理籌得一分錢的戰爭經費，反而不停地批評查理的所作所為，所以查理在一氣之下再次解散了國會。

同年11月，查理組成了一個新的國會，但是新國會比舊國會更具抨擊性，更不聽話。議員們明白，英國究竟是實行「君權神授」的統治還是堅持「國會政府」是必須要解決的問題。他們利用所有的機會來攻擊國王的主要顧問，並借機處死了其中的6人。之後他們強制宣布了一項規定，如果沒有經過議員的同意，國王無權解散國會，並於1641年12月，向國王提交了一份記載了獨裁統治下人民痛苦生活的抗議書。

為了尋找自己的支持者，查理於1642年1月離開倫敦去了各個鄉村。與此同時，國會也在積極籌備。雙方都召集了軍隊，一場為了爭奪君主和國會之間絕對權力的大戰一觸即發。在這場戰爭中，英國國教中竭盡所能純淨自己信仰與教義的清教徒們脫穎而出，他們勢力龐大，組成了一支由著名領袖奧列弗・克倫威爾指揮的軍隊，被稱作「虔誠兵團」。因為這支軍隊有鋼鐵一般的紀律和對目標最虔誠的信仰，很快就成為國會這一派軍隊的榜樣。查理的軍隊兩次和克倫威爾指揮的軍隊交鋒，都慘敗而歸。最後一次是1645年在納比斯，查理再次敗北逃亡蘇格蘭，但是很快就被蘇格蘭人民出賣了。

之後，爾虞我詐的內亂徒生。蘇格蘭長老會與英格蘭清教徒不和，從而引發前者叛亂。1648年，克倫威爾率領軍隊在普雷斯頓盆地和蘇格蘭軍隊大戰三天三夜之後獲勝，之後攻占了蘇格蘭的首都愛丁堡，第二次內戰以熄於偃旗息鼓。與此同時，克倫威爾的士兵們再也無法忍受國會曠日持久的談判與唾沫橫飛的宗教派別之爭，他們決定用自己的力量改變這一切。士兵們衝進了國會，將所有不支持清教徒的議員們全部趕了出去。剩下的議員們組成了一個名叫「尾閭」的議會，正式指控國王所犯下的種種罪行，其中包括叛國罪。但是上議院拒絕執行審判，所以克倫威爾和他的士兵們任命了一個特別審判團，宣布判處查理一世死刑。

對於英國和整個歐洲大陸來說，1649年1月30日是一個非常特殊的日子，就在這一天

查理一世神色平靜地跨過白廳的一扇窗戶，走上斷頭台。這一天，作為一個君主國的臣民，英國人民第一次通過自己選出的代表，將一個不能正確執行自己職權的統治者推向了斷頭台。

　　查理死後，英國開始了克倫威爾的統治時代。作為一位並不合法的英格蘭統治者，克倫威爾直到1653年才被正式推選成為護國公。在他執政的五年中，他繼續推行伊麗莎白女王時代的政策。此時，英國再次將西班牙視為重要仇敵，隨時準備向它開戰已經成

查理一世之死

　　數度敵對開戰讓英國國王查理一世失去了軍隊與民眾的支持，蘇格蘭人的出賣更讓他淪為議會軍的階下囚，後終被議會以叛國罪判處死刑，成為英國歷史上唯一一位被公開處死的國王。在畫面中查理一世王宮白廳外搭建的斷頭台上，創子手正舉起查理一世的頭顱示眾，一片唏噓中曾經的王者走完了末路。

為英國全民性的神聖話題。

　　雖然克倫威爾依然實行擴張財政的政策，這使英格蘭的商業和商人利益得到了優先維護，嚴苛的新教教義也得到了最徹底的貫徹與推行。不可否認，克倫威爾是一個成功的軍事家和戰略家，很好地維護了英國在國際上的地位，但卻是一個非常失敗的社會改革家。這個世界上形形色色的人很多，很少有兩個想法和行為一模一樣的人出現。雖然思想的統一從長遠上來看是一個非常明智的決定。但是如果一個政府只能為社會中的部分成員謀取利益，並且只由其中的部分成員掌管國家政權，這樣的政府是不可能長期存在的。在反對君權時，清教徒可以作為一支進步的力量，但是作為英國的統治者，他們嚴苛的思想和行事作風很難讓人接受。

　　直到1658年克倫威爾去世，斯圖亞特王朝輕而易舉地復辟了舊王朝。諷刺的是，最初是人民自己的代表將王室的成員趕出了英國，而當他們再次回到英國的時候卻受到了

前所未有的禮遇，他們就像是英國人的救世主一樣大受歡迎。因為英國人終於發現，清教徒的宗教信仰和暴政一樣，都讓人無法忍受，只要斯圖亞特王朝的繼承人能吸取父輩的教訓，放棄「君權神授」，並承認議會統治國家的絕對權力，英國人仍願做回忠誠守信的好子民。

　　為了達成他們的這種心願，英國的兩代人已經進行了艱苦的探索。但是復辟之後的斯圖亞特王朝似乎並沒有吸取父輩的教訓，依然熱衷於自身權力的擴張。1660年，查理二世繼承了王位，他的性格溫和、生性懶散、畏懼困難、處事隨便，在統治上毫無建樹，但是他有著一樣特殊的本領，那就是可以對所有人說謊。正是因為這一特長，他才能暫時避免和公民發生正面衝突。1662年，他利用「統一法案」，沈重地打擊了清教徒的勢力，將各個教區中不信奉國教的神職人員統統掃地出門。兩年之後，他為了阻止所有不信奉國教的人參加秘密的宗教集會，就以「秘密集會法案」中流放西印度群島的條例相威脅。他的

復辟舞會中的查理二世

　　克倫威爾的死讓英國人迫切地欲從思想枷鎖中擺脫出來，讓放棄「君權神授」的傳統王室執掌英倫未嘗不是避免英國內亂的良策。於是，在公眾的擁護與召喚下，查理二世重返英格蘭的王座，而慵懶、好色的查理二世雖擅於用謊言維繫各方面關係的平衡，但仍在其父的老路上一意孤行、漸行漸遠。

　　這些作法逐漸透露出恢復「君權神授」的跡象，所以人民也開始流露出之前的那種不耐煩的情緒，他也難以再從國會上獲取財政支持了。

　　查理二世深知無法再從一個對自己不滿的國會獲得財政支持，所以他就從他的表兄——法國的路易國王那裡每年借貸20萬英鎊，將他的新教徒盟友棄之不顧，還背地裡嘲笑國會的議員都是一群傻瓜。

　　因為獲得了經濟上的獨立，所以查理二世自身極度膨脹的信心似乎瞬間爆發。在他的流亡記憶中，他在信奉天主教的親戚家裡度過了一段漫長的時光，這使他對天主教有著莫名的好感。或許他可以讓迷途的英國回到羅馬教會的身邊，為此他頒布了「免罪宣言」，將所有壓制天主教會和不相信國教的舊法律全都廢除了。與此同時，英國人正在傳言查理的弟弟詹姆士已經成為了一名天主教信仰者。這兩件事發生在同一時間，讓所

有的英國人都開始懷疑，並且密切注視著事態的發展狀況。

英國人開始害怕這個查理又要策劃一次恐怖的陰謀，心中充滿了騷動和不安。但是有很多人並不希望發生內戰，他們寧願接受一個信奉天主教國王的統治，甚至願意接受「君權神授」的復辟，也不願意看到同胞之間互相殘殺。但是也有人認為，雖然他們經常受到不信奉國教者的壓迫，但是對自己的信仰卻堅定不移。於是幾個傑出的貴族開始領導這些人和王權展開鬥爭，他們拒絕回到「君權神授」的歲月。

在接下來的10年中，這兩種觀念針鋒相對，形成了各自的陣營。其中的一方被稱為「輝格黨」，「輝格」在英國俚語中就是馬車夫的意思，如此滑稽的名字源自蘇格蘭長老會的教士在1640年帶領著大批馬車夫反抗國王、進攻愛丁堡。輝格黨的成員以中產階級為主。其中的另一方被稱為「托利黨」，這一名稱沿用了愛爾蘭保皇黨追隨者的稱號，而現在他們則站在了國王的一方。雖然這兩派相互鬥爭，各不相讓，但是卻都不願意主動造成衝突。也正因為如此，查理二世才能安詳地去世，而他信奉天主教的弟弟詹姆士二世才能在1685年繼任執掌英倫。詹姆士即位之後設立了一支由一個信奉天主教的法國人來指揮的常備軍隊，將國家放在了一個容易被外國干涉的危險境地之下。在1688年，他繼他哥哥之後，又頒布了一個「免罪宣言」，並強制在所有的國教教堂宣讀。他這樣濫用權力已經超過了合理的界限。這種界限只有像伊麗莎白女王這樣受人愛戴的統治者在非常特殊的情況下才能允許偶爾逾越，顯然詹姆士不是，而英國的情勢也並不緊急。所以人們開始公然表示對他的不滿，有七個主教因為拒絕宣讀宣言，而被詹姆士冠以「煽動誹謗罪」，然後交給法庭審判。但是當審判員宣告他們都無罪釋放的時候，法院就被公眾的喝彩聲和鼓掌聲淹沒了。

無頭騎士

正當這個時候，詹姆士的第二任妻子瑪麗生了一個兒子，按例這個男孩將優先於他信仰新教的姐姐瑪麗和安妮繼承王位。但由於詹姆士信奉天主教，而她的妻子也是天主教追隨者，這就意味著將來繼承詹姆士王位的是一個天主教的孩子，這一點無疑讓人們心裡更加不安。況且出生於摩德納伊斯特家族的瑪麗看起來年紀已經很大了，不像是一個還能生孩子的女人，這就讓人們覺得這裡隱藏著一個巨大的陰謀。一定是信奉天主教的人將這個身世不明的孩子帶進了皇宮，讓英國將來由一個天主教國王來管理。這種流言到處都是，而且越傳越荒謬。這時候鬥爭已久的輝格黨和托利黨反而聯合起來，他們其中7個非常有名

優雅的戰馬、華麗的盔甲、象徵王權的權杖被永遠地鐫刻在銅板上，而空餘出來的頭像部分則可根據情況安置不同的人物適用於印刷。頻繁的政權更替與社會混亂讓英格蘭人厭倦不已，英格蘭人一面保存著來之不易的鬥爭果實，一面厭倦了猜忌與殘殺，只要能維持安定富足的生活，並不在意誰成為他們的王。

望的人聯合給荷蘭國的國王威廉三世寫了一封信，邀請他來英國，取代詹姆士二世的位置成為他們的新國王。威廉三世就是詹姆士的長女瑪麗的丈夫。

威廉欣然接受了邀請，並於1688年11月15日在托貝登陸。他不希望自己的岳父成為第二個王權的殉難者，所以暗地幫助詹姆士毫髮無損地逃到了法國。威廉在1689年1月22日召集議會。同年2月23日，他和自己的妻子一起成為了英國國王，新教徒仍是英國的主人。

這時候的國會性質已不僅僅是輔助國王的諮詢機構，藉著新國王繼承王位的機會，它獲得了更大的權力，具體表現在三個方面。第一點，國會將1628年制定的舊《權利請願書》從檔案室的塵土堆中翻了出來，以此來制約國王的權力；第二點，國會又制定了嚴格的《權利法案》，要求英國的國王必須要信奉國教。第三點，國王沒有任何權力取消法律，也無權特許某一部分人凌駕於法律之上。這個法案還規定：沒有獲得國會的批准，國王不能擅自增加稅收，也不能隨意地組建軍隊。這樣一來，英國就在1689年獲得了其他歐洲國家前所未有的充分自由。

但是威廉的統治並不是因為這種自由開放的政策才被英國人感懷銘記。他也用畢生的時間創建了一種「責任」內閣制度。眾所周知，即便是能力再出眾的國王也不可能獨自管理整個國家，也需要一些值得信任的助手。都鐸王

威廉三世陶制半身雕像

信奉天主教的詹姆士二世最終無法獲得英格蘭人的信任，在國會的要求下，他的女婿威廉三世、女兒瑪麗夫妻兩個接替失敗者詹姆士二世執掌英國的王權。平穩、安全過渡之後，嚴格執行的《權利法案》讓新國王失去了曾擁有的種種特權，使英格蘭一躍成為遠勝歐洲大陸其他國家的「自由國度」。

朝就握有傑出的顧問團，裡面的成員全都是貴族和神職人員。但是很快這個團體就變得非常臃腫，之後就逐步被小型的樞密院取代了。時光荏苒，因為這些樞密院的大臣需要經常去國王的內室去覲見國王，共商國事，所以人們就稱他們為內閣成員。之後不久，「內閣」的說法就盡人皆知了。

和很多其他的國王一樣，威廉也會從各個黨派中挑選出自己的顧問和助手。但是國會的勢力日益強大，當輝格黨的成員占到議會的大多數時，他想要在托利黨的支持下推行自己的政策是不可能實現的。因而只能將托利黨議員盡快清除出去，重組全部由輝格

黨人組成的新內閣。等到輝格黨在議會失勢的時候，國王為了推行新政，就會向占據優勢的托利黨人尋求幫助。威廉從成為英國國王開始，直到1702年去世，一直都在忙於和法國的戰爭，很少處理國內的政務，基本所有的國內事務都由內閣處理。而威廉死後，他妻子的妹妹安娜繼位也是如此。因為安娜的七個子女早已先她離世，所以1714年安娜死後，只能由詹姆士一世的外孫女莎菲的兒子——喬治來繼承英國王位，他就是漢諾威王朝的喬治一世。

喬治從來沒有學過英語，所以這些複雜的政治制度和結構讓他不知所措，於是，他也把所有的事情都交給了內閣。他聽不懂英語，所以內閣會議對他來說就是一種折磨，為了避免這種折磨，他從來不去參加內閣會議。這樣英國內閣就養成了一種勿打擾國王，自己處理問題的習慣，以致於大權獨攬。喬治也樂不思蜀地將更多時間放在歐洲大陸上來輕鬆快活。

在喬治一世及二世執政期間，內閣由一批優秀的輝格黨人組成，其中的羅伯特·沃波爾爵士甚至主持政局長達21年。因此在公眾的眼中，輝格黨人的領袖不僅是責任內閣的唯一領袖，也左右著議會裡多數派的態度傾向。喬治三世繼承王位之後，曾經試圖從內閣手中奪回處理政府實際事務的權力，但是這種作法造成了災難性的後果，並使得他後來的繼任者都不得不對此投鼠忌器。於是，從18世紀開始，英國就逐步鞏固成一個所有國家事務皆由內閣處理的代議制政府。

但是事實上，這樣的政府難以兼顧社會所有階層權益的實現。在英國，僅有不到總人口1/12的人享有選舉權。但是這種政府體制為現代英國的議會制奠定了基礎。他們循序漸進地剝奪了國王的權力，將它交到了一個受到民眾歡迎，並且人數正在不斷增長的民眾代表團手中。這樣的方式雖然說不上給英國帶來了一個太平盛世，但是卻能保證英國免受戰爭的摧殘，從而在平穩的環境中成長。在18世紀至19世紀的歐洲，革命是一把雙刃劍，它雖然給大多數國家帶來新生，卻也同時附送給他們流血與災難。

內閣的爭端

為了獲得更多、更強有力的支持，英國國王常在議會中的輝格黨或托利黨之間尋求強勢的一方作為班底組建內閣，以致兩黨人在排擠、爭執中輪番控制國會，從而控制著內閣更多的話語權以左右國家政局。隨著王位的更迭，弱勢的王權逐步淡出，內閣成員終於由幕後走上了執掌英國大局的前台。

第四十六章

權力均衡

法國在路易十四時期王權高度集中，國王的野心無限膨脹，
直到出現「權力制衡」的法則才有所收斂。

結合上一章英國的革命，讓我告訴你們在英國人為了自由而戰的歲月裡，法國究竟發生了哪些事情。在歷史的長河中，很難找出一個正確的國家，在正確的時間出現一個正確的統治者這一系列的完美組合。唯有法國的路易十四將這個幾乎完美的理想變成了現實。但對於歐洲其他國家的人來說，他的出現就是一個夢魘。如果沒有他，人們的生活會比現在更加美好。

法國是當時歐洲國力最強盛、人口最多的國家。在路易十四繼承王位之時，古老的法蘭西王國剛成為17世紀強有力的中央集權的國家，這一切都要歸功於馬札蘭和黎塞留這兩位著名的紅衣主教。當然，路易十四本人也頗具才幹。直至今日，不管我們是否承認，我們依然生活在這位著名的太陽王光輝時代的記憶包圍之中。路易十四時代宮廷中所獨創的高貴禮儀與優雅談吐仍是我們現在社交生活的標桿。在外交領域內，法語也是國際會議的官方語言，持久保持著它的活力。早在200年前，法語的措辭優美、表達精細，就已經達到極致。路易十四時代放映的戲劇仍讓我們現代藝術家們自嘆不如。在路易十四統治時期，由黎塞留首創的法蘭西學院開始成為國際學術界中首屈一指的聖殿，其重要地位無人可及，後來其他國家為了表示敬意，紛紛效仿。如果篇幅允許，我們還可以列舉出很多的例子來證明太陽王時代的輝煌。就連我們現代的「菜單」一詞仍沿襲法語，這絕非巧合。為了滿足路易十四的胃口，就有了精湛、高雅的法國烹調藝術，現在這種複雜的藝術形式已經成為了人類文明的最高表現形式之一。用一句話來總結路易十四的統治時代，可以說，這是人類歷史上最絢麗豪華、最溫文儒雅的時代，讓我們至今還能從中受益。

但是令人惋惜的是，任何光彩照人的圖畫也都隱藏著不為人知的陰暗面。一般國際舞台上的輝煌都是以國內的悲慘為代價換來的，法國也毫無例外。從1634年路易繼承王位開始，到1715年去世，他的獨裁統治延續了72年，時間剛好跨越了兩代人。

充分理解「大權獨攬」字面後的意義對於我們來說是十分必要的。歷史上有很多國家都被我們稱為「開明的專制統治」，而在這些國家的眾多君主中，開創這種高效的獨

裁統治先河的就是路易十四。他並不為身負國家君主的虛名而得意忘形，也不會將國家政事視同兒戲。歷史告訴我們，每一個開明時代的統治者都要比他們的臣民更加的勤勉、刻苦。他們終日孜孜不倦、起早貪黑，在他們看來，行使高高在上的「神聖君權」與他們肩上擔負的「神聖職責」都不容絲毫懈怠。

當然，再勤奮的國王也不可能每一件事情都親力親為，單憑自己的力量來解決所有的問題。為了能夠分擔肩上的重任，他必須選擇一些值得信任的助手和顧問來幫助自己。這就必須要有幾個具備軍事才能的將軍、幾個善於辭令的外交家，以及一些精打細算的財政顧問和經濟學家等來輔佐自己。這些助手和顧問只能向國王提供自己的意見，最後還需要由國王來決定，也就是說他們沒有自己獨立的意志，只能按照國王的旨意行事。對於廣大民眾而言，他們的國王代表的是整個國家和政府，國家的榮耀也就是某一個王朝的榮耀，這一點和美國的民主觀念恰好是背道而馳。這樣，法蘭西就無異於一個處處烙印著波旁王朝印跡的代名詞。

「太陽王」加冕

奢華的宮殿內，「太陽王」路易十四身披著華麗的加冕袍，氣宇軒昂地注視著前方。作為法國波旁王朝的著名國王，路易十四是世界上執政時間最長的君主之一，長達72年，他精通政事、崇尚奢華，將法蘭西締造為全歐洲最強大的國家和文化中心，但生活、戰爭的龐大開支與重稅也讓法國人苦不堪言。

　　這種高度集中的君主專制帶來的消極影響也是很明顯的。國王成為了國家的象徵，致使這個國家除了國王以外的所有開難人等都成為了微不足道的過客。那些德高望重的老牌貴族逐漸被迫放棄了他們曾擁有過的各省統轄權。於是，一個王室直屬的小官吏坐在遙遠的巴黎政府大樓的綠色窗櫺之後，辛勤地履行著一個世紀以前由封建主承擔的職責。而那些沒了工作的封建主們則搬到位於巴黎的宮廷中居住，他們在那裡整日沈迷享樂、碌碌無為。時間長了之後，他們在外地的莊園就會患上一種稱為「不在地主所有制」的嚴重經濟病，地主所有制岌岌可危。那些曾經勤勉刻苦的封建官員在不到一代人的時間中，就被墮化為凡爾賽宮中舉止優雅、閒得發慌的無能之輩。

　　路易十四十歲時正值簽訂威斯特伐利亞條約，這個條約結束了一場長達30年的戰爭，同時也讓哈布斯堡王朝喪失了在歐洲大陸上的統治權。顯而易見，一個志存高遠的青年必然不會放過這次良機，振興自己的王朝，重現哈布斯堡王朝的榮耀，進而稱霸歐洲。路易十四在1660年娶了西班牙國王的女兒——瑪麗亞·泰里莎為妻，當時哈布斯堡王室西班牙分支的菲利普四世就是他的岳父。在他的岳父死後，他要求西屬的荷蘭部分，也就是現在的比利時作為他妻子的嫁妝，歸屬於法國。這樣的過分要求關係到新教國家的安危，自然會給整個歐洲的和平埋下隱患。在荷蘭七省聯盟的外交部長揚·德維特的帶領之下，荷蘭和英國、瑞典在1664年共同組成了一個三國同盟，但是這個同盟很快就宣告土崩瓦解。因路易十四賄賂了英國國王和瑞典議會，讓他們坐視不管。就這樣，被盟友背叛的荷蘭只能孤軍奮戰。1672年，路易十四第一次入侵荷蘭，法國軍隊以破竹之勢向荷蘭的腹地開進。荷蘭是一個低地國家，路易十四再次決堤開壩，結果他和當年的西班牙一樣，深陷在重重沼澤中。於是雙方在1678年簽訂了尼姆威根合約，但是這個合約並沒有起到任何作用，反而引發了另外一場戰爭。

　　在1689年至1697年期間，路易十四第二次侵略荷蘭，並以瑞斯維克和約草草收場。但經歷過這些，路易十四夢寐以求的歐洲霸主地位在他眼中，仍舊是難以企及的。雖然之後他的死敵揚·德維特被荷蘭亂民打死，但是接任的威廉三世（後來的英國國王）成為荷蘭國王之後，路易十四想成為歐洲霸主的各種努力也都以失敗告終。

　　西班牙哈布斯堡王室的最後一個國王查理二世在1701年去世，之後就開始了一場關於爭奪西班牙王位的戰爭。這場戰爭雖以1713年簽訂的烏得勒支和約宣告結束，但未得到妥善處理的問題仍有很多，而路易十四卻由此瀕臨破產的境地。儘管路易十四在陸地上高奏凱歌，但英荷兩國締結的海上聯軍卻將他贏得全勝的美夢擊得粉碎。

狩獵歸來的凡爾賽宮

　　用於法國王室貴族休養、狩獵、享樂的行宮——凡爾賽宮，逐步演變為國家行政管理的重地。路易十四至高無上的「神聖君權」使法蘭西成為高效、獨裁的國家，波旁王朝強盛的背後是勤勉的政事與無數輔助者、執行者的努力。但被剝奪權力的封建主在悠閒、歡愉、奢靡中遺離了底層的困苦，這讓國家意志與民眾之間的關係越來越難以維繫。

西班牙王位繼承之戰

為了爭奪西班牙王位而進行的繼承戰爭前後歷時13年，占據上風的英荷海上聯軍讓法國人鎩羽而歸。在開戰初期便遭到這種迎頭棒喝，挫敗了法軍的士氣，儘管路易十四竭盡所能試圖控制、稱霸歐洲，但傾全國之力與近乎整個歐洲對抗，也讓其因巨額的戰爭消耗而面臨進退兩難的困境。

　　但是通過長期的戰爭，一個新的國際政治準則誕生了：從現在開始，不管是什麼時候，任何一個國家都不能在歐洲大陸稱霸，更不能單獨統治歐洲和整個世界，之前的時代已經一去不復返了。

　　這就是所謂的權力制衡的原則，它並不是一條具體的法律條文，但是在之後的300年內，各個國家都在很自然地遵守這一原則。提出這一觀點的人認為，在其他民族國家發展的過程中，只有當整個歐洲大陸的各種矛盾和衝突都處於一種絕對的平衡中，歐洲才能生存下去，任何一個單獨的國家或者勢力都不允許打破這種平衡，去主宰其他歐洲國家的命運。哈布斯堡王朝就曾在三十年戰爭期間淪為這一法則的犧牲品。但他們只是一不小心成為了替罪羔羊。各種關於宗教的爭吵已經掩蓋了戰爭的本來涵義，所以這場戰爭的實質讓人難以捉摸，無法確定。但是從那時開始，各國對經濟利益的左右權衡與精確計算就成為了國際事務中的決定性因素。由此催生了一批精明能幹，且具有經濟頭腦的的政治家，揚·德維特就是這種新型政治家的創始人和導師，而威廉三世就是一個優秀的學生。雖然路易十四擁有很高的聲望和輝煌的業績，但卻是這種模式的首個自告奮勇的犧牲品，而且在他之後，仍有很多人在重蹈他的覆轍。

第四十七章

俄國的興起

這是一個關於迷霧重重的莫斯科帝國在歐洲政治舞台上崛起的傳奇故事。

眾所周知，哥倫布是在1492年發現的美洲大陸，然而一個名叫舒納普斯的人曾在這一年更早的時候率領過一支科學遠征隊前往遙遠的東方考察。這次航行受命於提沃爾地區的大主教，為了方便他的航行，他們寫了很多高度讚美舒納普斯的介紹信。本來他們想要去神秘的莫斯科城，但是沒能成功。因為當時莫斯科帝國不允許外國人入境，所以他們歷經千辛萬苦到達了俄國的邊境時，還是吃了閉門羹，這次活動也以失敗而告終。之後舒納普斯只能無奈地返航，他轉往土耳其的君士坦丁堡隨意考察了一番，以便回去之後呈獻給主教的探險報告才不致於毫無內容。

1553年，繼舒納普斯航海之後的第61年，英國的理查德・錢塞勒開始尋找通往印度的新航道，在航行的過程中，船隊被一陣狂風吹到了北海，進入到了德維內河的入海口。在入海口附近，他發現了一個距離漢格爾城只有幾小時路程的小村落。這一次，這些外來者沒有被拒絕，反而被邀請到了莫斯科城，拜見了莫斯科城的大公。在理查德・錢塞勒返回英國時，還帶回了一份俄國和他們簽訂的通商協議書，這也是俄國和西方世界的第一份合約。然後其他國家紛至沓來，於是這塊神秘的土地也逐漸地揭開了神秘的面紗。

從地理位置上來說，俄國是一片寬廣的平原，雖有烏拉爾山脈橫貫其中，但是因為山脈很低平，無法形成天然的防禦屏障。這片平原上的河道寬闊而平穩，是遊牧民族最理想的天堂。

當羅馬帝國經歷盛衰變化的同時，早已離開故土的斯拉夫人正在德涅斯特河與第聶伯河之間的尋找理想的放牧場所。在此期間，希臘人和二、三世紀的旅行者都曾經偶遇過他們，否則他們的形跡就要像內華達的印第安人一樣，將永遠成為一個不為人們所知的謎。

對於這群過著安靜生活的原始居民來說，一條橫貫這個國家的暢通商道不幸攪亂了他們原本的安逸生活。這條商業大道沿著波羅的海一直到涅瓦河口，然後越過拉多加湖，循沃爾霍夫河、伊爾門湖、拉瓦特河以及一條暫短的陸路線路匯入第聶伯河，並由此貫通黑海，這條道路是連接君士坦丁堡和北歐的重要通道。

斯拉夫商人

　　當俄國人的祖先跨入那片日後他們賴以生息的廣袤平原與原始森林，開闊的疆土與富饒的物產讓那裡成為周邊掠奪者的天堂。直到斯拉夫商人從牧場、森林獲取充足的資源，通過波羅的海與黑海周邊的商貿水道運往其他市場，換取必要的物資與奢侈品，才逐步建立起他們強盛的國家。

　　這條線路的最早發現者是斯堪的納維亞人。如同其他北歐人為法國和德國的獨立奠定基礎一樣，他們在9世紀開始在俄國北部定居。但是在西元862年的時候，有3個北歐兄弟穿過了波羅的海，在俄國建立了3個小國家。在這三兄弟裡面，名叫魯里克的在位時間最長，逐漸將兩位兄弟的國土收歸己有，整個歷程經過了20年的時間，一個以基輔為首都的完整的斯拉夫王國在北歐人的手中逐漸成形。

　　因為基輔距離黑海很近，所以消息很快傳至君士坦丁堡，幾乎人人都知道出現了一個斯拉夫王

基輔羅斯公國

　　隨著8、9世紀東歐平原上活躍的東斯拉夫人勢力崛起，幾番混戰之後他們建立起了以基輔為中心的基輔羅斯公國。他們不斷擴張領土，甚至一度威脅到拜占廷帝國，直至10世紀後國土陷入割據混戰，基輔羅斯最終瓦解。

基輔羅斯興衰之路	興起時期	發展時期	衰亡時期
	6世紀，東斯拉夫人逐漸遷徙與定居。 9世紀，東斯拉夫人各部落征戰不斷。 862年，諾曼人留里克平定內亂，建起羅斯王國；繼任者奧列格遷都基輔，稱基輔羅斯。	10世紀，基輔羅斯公國征服了周邊部落，並多次揮兵進攻拜占廷帝國。 10世紀末，弗拉基米爾一世執掌王權，奠定東歐霸主地位，奉基督教為國教。	11世紀中期，雅羅斯拉夫統治時期國內階級危機加重，陷入混亂。 1054年，雅羅斯拉夫離世，國土為後嗣子孫瓜分，紛爭不斷，基輔羅斯瓦解。

國。這就表示那些熱衷於傳教的基督教信仰者們又有了一個傳播福音的新地域，所以拜占廷的僧侶們馬上積極行動起來，沿著第聶伯河逆流而上，很快就到達了俄國的中心地帶。到了俄國他們才發現，這裡的居民還在崇拜著一些居住在山川河流中眾多千奇百怪的神明。因此，這些僧侶們開始將耶穌的故事講給他們聽，規勸他們皈依基督教。對於拜占廷的傳教士而言，俄國確實是一個傳教的好地方。因為此時羅馬的傳教士正在教化野蠻的條頓人，無暇東顧，所以他們輕而易舉地讓斯拉夫人接受了拜占廷的一切，包括信仰、文字、藝術和建築等基礎知識。隨著當時這個在東羅馬帝國基礎上建起的拜占廷帝國愈發具有東方特質，它已經逐漸喪失了原有的歐洲特色，這也讓俄國後來具有很多東方的特質。

從政治上來看，這個在平原上發展起來的新興國家其發展歷程有著無盡的磨難。按照北歐人的習慣，父親遺留下的財產需要由所有的兒子來平分，所以一個本來國土面積就不大的國家就會立刻變成好幾份，等到他們的兒子去世之後，兒子的兒子又會繼續平分，這樣國土面積就會越來越小。而且這些小國家之間總是互相爭戰，嚴重的內耗讓這個國家的政局變得一片混亂。當濃烈的戰火燒紅東方的天際，他們才恍然驚覺外來的亞

基輔藝術特質

　　基輔帶有濃郁拜占廷風格的鍍金、上釉天使長邁克爾銀像。

蒙古騎兵

　　作為人類歷史上最強大的帝國之一，蒙古帝國在其可汗鐵木真的領導下，統一了蒙古部落，憑藉其強大的騎兵在歐亞大陸上縱橫馳騁，征服了眾多國家。蒙古騎兵精於騎射、紀律嚴明、機動靈活、智勇兼備，這讓一盤散沙的俄國平原各處始終無法組織起有效的防禦或反擊。

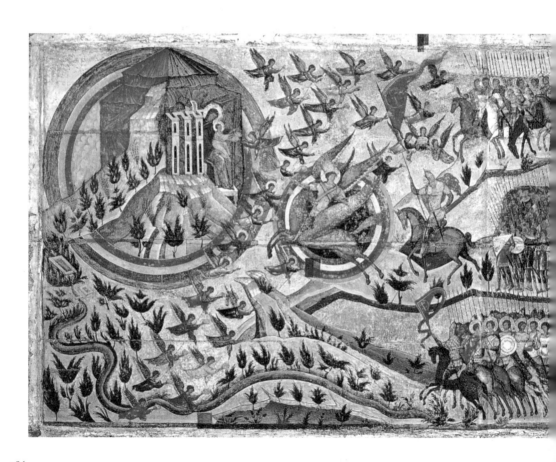

洲蠻族已殺至家園，這些小國實力微弱，以至於在面對強敵入侵時，一盤散沙的他們無法組織起強大的防禦和反擊，只能任人宰割。

　　一代天驕成吉思汗率領部族在征服中國、布哈拉、塔什乾以及土耳其斯坦之後，終於調轉馬頭於1224年第一次發動了對俄國的入侵，韃靼人的鐵蹄踏在了西方的土地上。面對勢如破竹的蒙古騎兵，斯拉夫的軍隊不堪一擊，將自己國家的命運拱手交到了蒙古人手上。但是令人奇怪的是，蒙古人很快就像一陣風一樣地消失了，就像他們的突如其來一樣。他們消失了13年，並於1237年捲土重來。他們利用不到5年的時間，征服了這片土地上的每一寸土地，成為了這片土地的主人。俄國人在他們的控制下一直挨到1380年，一位名叫德米特里·頓斯科夫的莫斯科大公率領軍隊在庫利科夫平原打敗了蒙古軍隊，才讓俄國得以重新成為一塊自由的樂土。

戰勝蒙古

　　喧鬧的場景由右向左綿延，位於中心的沙皇伊凡手持著十字架，在大天使的引領下正緩步進入天國的聖域，而在其身後遠處的罪惡之城——喀山正陷入熊熊烈火之中。沙皇伊凡率領著他的軍隊以武力征服了駐紮著蒙古殘餘勢力的都城喀山，抹去了幾個世紀縈繞在俄國人頭上蒙古人的噩夢，凱旋回到莫斯科。

　　從1237年到1380年，俄國人用了將近200年的時間才讓自己重獲自由，可想而知，蒙古人給他們戴上的枷鎖有多麼的沈重。這些無情的枷鎖將他們變成了低賤的奴隸，想要生存下去，只能卑賤地匍匐在蒙古人的腳下，等待他們給自己施捨一點殘羹冷飯。這些蒙古人端坐在他們位於南俄草原的帳篷中，無情地虐待著他們的奴隸，踐踏著他們的尊嚴。這些無情的枷鎖讓俄國人殘存的民族自豪感蕩然無存，受盡身心折磨，不管他曾經是貴族還是農民，現在都和喪家之犬沒有任何區別，經常被皮鞭抽打得瀕於崩潰，惶惶不可終日，在得到主人的允許之前，甚至沒有膽量搖尾乞憐。

　　這種情形下，逃跑是一個不太現實的想法，他們只能默默地忍受。俄國是一片一望無垠的大草原，沒有任何可以藏身的地方，如果逃跑，還沒跑多遠，就會聽到蒙古鐵騎追趕的聲音越來越近，被抓到之後就沒有了活下來的可能。這時歐洲其他的國家應該對這群可憐的斯拉夫人施以援手，但是當時他們自顧不暇，國王和教皇之間正在不停地爭吵，鎮壓各種各樣的反動浪潮，根本就不會考慮到命運悲慘的斯拉夫人。所以斯拉夫人只能靠自己的力量來改變自己的命運。

　　最終改變俄國悲慘命運的是當初北歐人建立的眾多小國中的一個。這個小國位於俄國平原的心臟地帶，它的首都是位於莫斯科河畔旁邊陡峭山岩上面的莫斯科，他們在必要的時候會討好蒙古人來獲取生存的機會，還會在蒙古能忍受的限度之內進行反抗，所以才能在14世紀中期奠定自己民族領袖的地位。

　　這裡要清楚一點，蒙古人在國家建設上的政治才能極度匱乏，卻是擅長破壞的好手。他們不斷地攻城掠地就是為了得到更多的歲貢。為了得到更多的稅收，蒙古人被迫

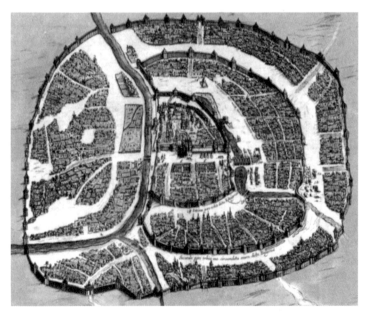

莫斯科城區地圖

　　呈放射狀向外延展的莫斯科城市布局完全依附於克里姆林宮，莫斯科河及其支流由城中穿流而過，那裡是俄羅斯不可替代的政治、文化中心。圖為17世紀莫斯科城區地圖。

允許很多舊的政治組織發揮餘熱。這讓很多比較小的國家苟且殘喘，在大可汗的恩典之下成為蒙古的徵稅人，其目的就是充實蒙古的國庫，便於掠奪鄰近的地區。

　　莫斯科公國以犧牲鄰居的利益為代價換來了自己的發展壯大，直到它累積了足夠的力量去公開反抗蒙古人。無疑，它是非常成功的，作為俄國獨立鬥爭的著名領袖，它獲得了很高的威望，那些依然還在忍受蒙古人蹂躪的斯拉夫人將它視為重獲新生的希望。他們心中對這座城市無比嚮往，甚至將莫斯科當作俄國的聖城和中心。西元1453年，君士坦丁堡重回土耳其人之手。時隔10年之後，伊凡三世統治下的莫斯科向世界宣布，已沒落的拜占廷帝國以及君士坦丁堡兩者殘存的羅馬帝國傳統與精神，將延續到斯拉夫民族的血液中。到了下一代君主伊凡雷帝統治時期，莫斯科帝國的實力已羽翼漸豐，足以稱霸一方，它的君主自封為沙皇，並要求所有西方國家都承認這一稱號。

　　費奧特爾在1598年去世，隨著他的死去，北歐人魯里克的繼承人所統治的古老的莫斯科王國也壽終正寢了。接下來的7年時間，由蒙古和斯拉夫的混血兒鮑里斯‧哥特諾夫擔任新的沙皇，他開始統治俄國。而這一刻決定了俄國人民的將來。俄國的領土面積很大，土壤也非常的肥沃，但是整個國家的經濟實力卻十分堪憂。如果按照歐洲的標準去評價它為數不多的城市，那就是既無商貿、亦無工廠，最多只能稱做髒亂差的小村鎮。放眼這個高度中央集權的國家，到處皆是數量眾多的文化程度不高的農民。在斯拉夫、斯堪的納維亞、拜占廷和蒙古的影響下，形成了一個政治混合體。這個奇怪的政治「混血兒」只重視國家利益，其餘的一概不管。為了保護這樣一個國家，政府迫切地需要建立一支屬於自己的軍隊。軍隊建立之後，需要有糧餉來保證士兵的生活，進而就需要一大批國家公務員。公務員也是需要養家的，為了支付他們的薪水，國家就需要很多的土地。在俄國的東部和西部，土地就是最廉價的商品。但是如果沒有人來耕種這些土地、飼養牲畜，所有的一切都將變得毫無意義。正因為如此，所以昔日的遊牧民族在逐漸被剝奪很多權利之後，在17世紀初，正式地成為了土地的奴隸。這就標誌著俄國的農民不再享有自由，而成為了深受壓迫的農奴。這種情形一直持續到了1861年，他們深重的民怨已經到了讓人無法忍受的地步，大批勞動力相繼死去。當農奴制面臨嚴重的危機時，國家的統治者才開始重新思考他們的將來。

　　到了17世紀，俄國處於不斷的領土擴張之中，很快就向東發展到了西伯利亞。隨著俄國的實力增長，任何一個歐洲國家都不敢小視它的力量了。鮑里斯‧哥特諾夫在1613年去世之後，俄國的貴族從自己人中推選出來了新沙皇──費奧特爾之子──米哈伊爾，作為莫斯科羅曼諾夫大家族的一員，他一直住在克里姆林宮外一處簡陋的房子裡。

　　1672年，米哈伊爾的曾孫，名留青史的彼得大帝出生。在他10歲生日的時候，由他同父異母的姐姐索菲亞繼承了王位，所以彼得就被允許在莫斯科郊區的外國人居住區生活。從此他開始接觸各種各樣外國人，例如蘇格蘭的酒吧老闆、荷蘭的商人、瑞典的醫生、義大利的理髮師、法國的舞蹈老師和德國的教育家等，這些生活經歷給了他非常深刻的印象，讓他感覺到這些人曾生活在一個和俄國完全不同的世界，那裡遙遠而充滿神

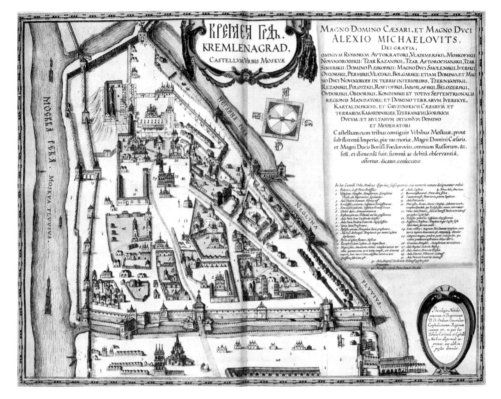

克里姆林宮鳥瞰圖

　　克里姆林宮，意為「堡壘」，位於俄羅斯首都莫斯科的心臟地帶，呈不等邊三角形，是歷代沙皇的皇宮，有著「世界第八奇景」之譽。

秘，那個地方被他們稱做歐洲。

　　彼得在他17歲的時候發動起義，將自己的姐姐趕下了王位，自己當上了沙皇。但是他並未滿足，他決定要改變俄國半野蠻、半東方的現狀，將這個帝國變成一個文明、強大的國家。但是要將這個具有拜占廷和蒙古混合血統的帝國，一夜間變成一個強大的歐洲帝國並不是一件簡單的事情，這需要鐵血的手腕與精明的頭腦，而彼得大帝正是兼具這兩點的不二人選。1698年，彼得大帝開始變革，大力地推行歐洲文明。在這場由上至下全盤移植現代化歐洲的手術中，老朽的俄國存活了下來，但此後5年裡沙皇時代的最終崩塌還是證明了俄國並未從傷筋動骨的變革中完全康復。

第 四十八 章

俄國與瑞典之戰

對東北歐霸主寶座的窺視，讓俄國與瑞典連年征伐。

　　西元1689年，彼得開始前往歐洲踏上他的第一次西歐之旅，這次出行安排經過柏林之後直取當時歐洲工商業昌盛之地——荷蘭和英格蘭。在彼得幼年時期，他曾在父親的池塘中用自製的小船玩耍，差點被淹死。這種對水的酷愛伴隨了彼得的一生，他始終堅持讓內陸國家俄國打通一條通往海洋的振興之路，也許這與他對水的熱愛不無關係。

　　因為彼得大帝的嚴厲，使得他口碑不佳，當他出行考察這段時間，國內的一些守舊派聚集在莫斯科，準備破壞他的改革。被唆使的皇家衛隊斯特萊爾茨騎兵團發動叛亂，這迫使彼得大帝不得不馬上回國。回國之後他親自擔任最高指揮官，很快就鎮壓了叛亂，將斯特萊爾茨處以絞殺，騎兵團所屬成員也全部被處死。而作為叛亂的元兇，他的姐姐索菲亞則被關進了修道院獨自反省。彼得大帝憑藉著自己的鐵腕鞏固了自己的統治。1716年，彼得再一次前往西歐考察，相同的事情再次發生。這次叛亂是由他半瘋半傻的兒子阿利克西斯發動的，彼得不得不再一次匆忙回國。叛亂鎮壓之後，阿利克西斯在牢房中被活活打死，其餘拜占廷的餘黨被流

彼得大帝

　　作為沙俄最傑出的皇帝之一，彼得大帝有著卓越的遠見卓識，他看清了科技對於一個國家騰飛的重要性，堅定主張將封閉保守的俄國引向西方化、現代化的道路，對落後腐朽的政治、經濟、軍事、文化、教育等方面進行大刀闊斧地改革，並以鐵腕引導俄國最終走上真正意義上的強盛帝國之路。

❧ 彼得大帝改革 ❧

彼得大帝數次前往歐洲深入學習，以鐵腕對國內政治、經濟、軍事、教育、文化等方面進行強制性「歐化」改革，儘管改革的推行遭遇重重阻力，付出了巨大代價，但卻促使俄國成功轉型、躋身強國之列。

彼得大帝改革	
政治方面	強化中央集權，削弱貴族勢力。
經濟方面	大興土木興修道路、城鎮，扶持工業發展。
軍事方面	發展軍工，開辦軍事院校，興建海軍，擴大軍力。
文化教育	興辦學術院校，吸引外來人才，推行教育改革。
民風習俗	提倡歐式裝束與禮儀，剪掉鬍子，倡導文明交際。

放到千里之外的西伯利亞，在一座鉛礦中終了此生。這一次叛亂之後，直到他去世都沒有再度爆發叛亂，使得他能夠大刀闊斧地進行改革。

彼得大帝的改革雷厲風行、堅毅果斷，而且沒有任何章法可循，這讓我們按照年代來羅列一張他推行過的改革措施明細表極難實現。他的法令頒布速度非常快，甚至朝令夕改，讓人難以準確紀錄。他認為，在他之前俄國所有的一切都是錯誤的，所以他必須用最短的時間將整個俄國徹底改變。毫無疑問，他的改革取得了明顯的成效，他死後留下了一支20萬訓練有素的陸軍和擁有50艘戰艦的海軍部隊。俄國之前奉行的舊制度彷彿在一夜之間就被徹底清除了；稱作「杜馬」的老貴族議會被參議院所取代，參議員是由

平定叛亂

為了贏得同盟，並掌握西方先進的技術致用於戰爭，彼得大帝率領他特殊的「外交使團」數度前往西歐喬裝考察、實踐。期間國內軍團與至親也先後密謀叛亂，企圖抵制改革與高額稅負，但都被彼得大帝以武力無情地鎮壓，不僅表達了他引領國家走向強盛的決心，也讓俄國在鐵腕統治下得以成功轉型。

沙皇身邊的官員所組成的，這個顧問團只對沙皇本人負責。

　　當時的俄國被劃分為八大行政管理機構，也稱行省。全國上下都在熱火朝天地修築公路、建設城鎮。沙皇全憑一時興起在各處興建工廠，完全不考慮廠址與所需原材料產地的遠近。在東部山區，運河的開挖與礦山的開採都迅速被提上日程。文化教育方面，在蒙昧的俄國大地上開始普遍興建起中小學、高等學術機構，大學、醫院和各種職業培訓學校也層出不窮。這種對文化科技的迫切渴求，吸引來荷蘭造船工程師以及來自世界各地的商人和工匠雲集俄國。除此之外，還設立了很多的印刷廠，用來出版書籍，但是所有的書籍都要在印刷之前交給皇家的官員審查。在法律上，俄國出版了一部新的法典，對社會各階級的權利和義務做了詳細的規定。同時也建立了相關的民法和刑法體系，並將這些法律法規印刷成冊。在生活習慣上，古老的俄國服裝被西式服裝代替，在每一個鄉村的路口都有拿著剪刀的警察，將所有蓬頭垢面、鬍子拉碴的農民變成一個面容整潔的文明西方人。

蓄鬚繳稅

　　為了徹底擺脫舊有的傳統觀念，彼得大帝頒布法令要求除教士、農民以外的任何臣民都要剪去鬍鬚，後在教會的強烈反對下做出讓步，那些以蓄鬚表露對教會忠誠或追求男性氣概的執意蓄鬚者可通過繳稅保留鬍鬚，而繳稅與否須通過獲得特製銅質徽章來證明。圖為刻有鬍鬚和「稅金已付」字樣的徽章。

　　在宗教問題上，彼得擁有絕對的專制權，曾在歐洲出現過的國王和教皇鼎立的情形是不可能在俄國出現的。1721年他任命自己為教會的領袖，莫斯科大主教的職權被正式廢止。由此，「神聖宗教會議」一躍成為俄國所有宗教事務的最高權力機關。

　　儘管如此，俄國傳統的舊勢力依然在莫斯科城內擁有著頑強的生命力，只有解決了這個問題，彼得的改革才能取得徹底的效果，於是他決定遷都。新首都的地址選在了位於波羅的海沿岸無益於人體健康的沼澤地帶。彼得於1703年開始拓荒、規整土地，為了使這座新的都城有一個良好的地基，4萬農民付出了幾年的艱辛勞動。為了摧毀這座還未成形的都城，瑞典發動了對俄國的攻擊，再加上惡劣的生活環境，疾病肆虐，無數的人在此死去，但是這項工程依然倔強地興建不停。不知道經過了多少年，一個完全由個人意志和人工打造的都城——聖彼得堡出現了，這座城市在1712年正式成為俄國的都城。經過了十幾年的發展，它已經擁有了7.5萬居民。雖然這座城市每年都會受到2次洪水的侵襲，但是彼得憑藉著頑強的意志，再一次戰勝了大自然，城外修建了堤壩和運河，使洪水遠離了這座城市。當彼得在1725年去世時，他已經成為北歐最大城市的擁有者。

　　俄國的突然崛起讓它的近鄰們都感到非常不安，同時彼得也在長期關注著瑞典國王的動向。在1654年，三十年戰爭的功臣——瑞典國王古斯塔夫·阿道爾豐斯的獨生女

聖彼得堡

位於俄國西北部、波羅的海沿岸沼澤地帶的聖彼得堡是彼得大帝執意興建起的全盤西化的新都，它以涅瓦河口的查亞茨島上的要塞而得名，耗費了大量的人力、物力和財力，縱橫交錯的水道讓那裡享有「北方威尼斯」之譽，彼得大帝更在聖彼得堡建立起俄國首個波羅的海海軍基地。

——克里斯蒂娜宣布放棄繼承王位，一心去羅馬侍奉天主。由古斯塔夫一個清教徒的侄子查理十世繼承了王位，在他和查理十一世的治理下，瑞典走向了一個繁榮興強的大國之路。但是查理十一世1697年猝然離世之後，只能由他才15歲的兒子查理十二世來繼承王位。

此時是北歐各國期待已久的良機。在17世紀的宗教戰爭中，瑞典憑藉犧牲近鄰的利益而坐享其成，現在就是它償還舊債的時候了。很快討伐瑞典的戰爭就爆發了，以俄國、波蘭、丹麥、薩克森組成的盟軍為一方，而另一方孤軍作戰的就只有瑞典。在1700年11月著名的納爾瓦戰役中，查理的軍隊讓俄國未經訓練的新軍遭受到了巨大的打擊。查理是那個時期最具軍事才能的統帥之一，在打敗了彼得之後，他迅速地調轉矛頭去攻打其他敵人。在9年的時間之內，他所向披靡，一路燒殺掠奪，摧毀了波蘭、薩克森、丹麥以及波羅的海各省無數村鎮。但是此時的彼得卻在俄國韜光養晦，加緊訓練軍隊。

最終在1709年，厚積薄發的彼得在波爾塔瓦戰役中迅速地擊敗了疲於作戰的瑞典軍隊。但是查理仍是那個時代無可爭議的王者，他還是那個充滿浪漫與傳奇色彩的英雄人物。只是他已沒有了復仇的機會，他的國家也就此斷送在他自己的手中。他在1718年因意外或謀殺而死，真相已無從得知。直到1721年尼斯特茲城和約正式簽訂生效，瑞典失去了芬蘭以外波羅的海的全部領土。這樣彼得苦心經營的俄國帝國終於成為了北歐的霸主，但是與此同時，他的另外一個新對手——普魯士也正在悄悄崛起。

第 四十九 章

普魯士的崛起

　　一個叫做普魯士的彈丸小國，在日耳曼北部的陰暗角落悄然崛起。

　　歐洲疆域的變更史是和普魯士的歷史緊緊聯繫在一起的。西元9世紀，查理曼大帝就已決定將歐洲文明的中心從地中海向歐洲東北部轉移，憑藉著他麾下法蘭克軍隊步伐的推進，歐洲的邊境也跟著向東方推進。他們占領了斯拉夫和立陶宛的大片領土，但是這些土地有很大一部分位於波羅的海和喀爾巴阡山脈之間的平原地帶，法蘭克人無暇管理這片邊遠的土地，就像美國在建國前對中西部土地的管理一樣鬆懈。

　　為了防止野蠻的撒克遜部落攻擊他東部的領土，查理曼在邊境上設立了勃蘭登堡省。文德人，也就是斯拉夫的分支居住在這裡，法蘭克人在10世紀占領了這裡。而此前他們在勃蘭納博的集市就演變成了以此命名的勃蘭登堡省的中心。

　　從11世紀至14世紀，這個邊境省份都是由名門望族指派的帝國總督來管理的。到了15世紀，一個名叫霍亨索倫的家族悄然崛起，並成為了這個省份的最高統治者。在他們的悉心經營之下，這個荒涼的邊陲之地逐漸成為了世界上最強悍、效率最高的國家之一。

　　德國在第一次世界大戰中戰敗後，德意志的統治者霍亨索倫家族被歐洲列強和美國合力趕下了歷史舞台。這個家族原本是德國南部一個形單勢微的家族，但是在12世紀他們家族中的弗雷德里克通過一樁婚姻成為了勃蘭登堡的主人，從而使他們的家族命運發生了改變。他的後代們只要一有機會就會不斷提升自己的實力，經過了幾百年的苦心經營，他們終於成為了勃蘭登堡的選帝侯。這也就意味著他們已躋身於有資格當選日耳曼帝國皇帝的王公貴族之列。在宗教改革時期，他們隸屬於清教徒，到了17世紀，他們已經成為了當時最具實權、最具影響力的一個家族了。

　　在三十年戰爭期間，不管是新教徒還是天主教信仰者都曾經瘋狂地入侵勃蘭登堡和普魯士領地。但是在弗雷德里克·威廉的精心治理下，普魯士很快就走出了戰爭的陰影，並借助他的智慧讓國內所有的力量都集中起來，共同建立起一個人才濟濟、物產豐富的國家。

　　現在的普魯士已經成為一個將個人利益或願望，與國家利益完全相融合的國家，這

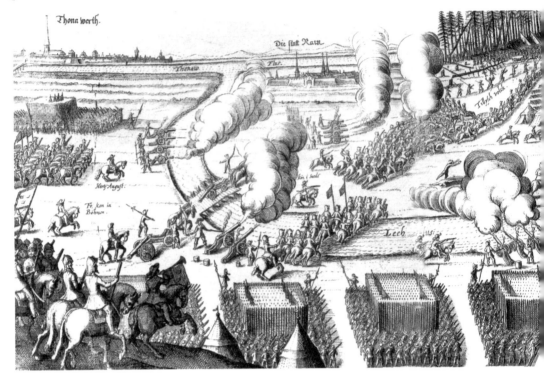

戰爭的洗禮

　　有著悠久歷史的霍亨索倫家族經過數代努力獲得了普魯士公國的繼承權，直到三十年戰爭期間，宗教的狂熱讓勃蘭登堡和普魯士化為焦土。而在這片土地上發跡的霍亨索倫家族卻奇蹟般地復甦並聚集起強大的力量。圖為三十年戰爭時期德國境內瑞典騎兵在炮火的支援下渡過萊錫河，後者一度占領了勃蘭登堡。

都要歸功於弗雷德里克大帝的父親——弗雷德里克‧威廉一世。威廉一世克己奉公、勤儉實幹，熱心於酒吧中的奇聞異事與刺鼻的荷蘭菸草，普魯士的軍人性格讓他對忸怩之態和來自法國的奇裝異服嗤之以鼻。在他的心中只有一件事，就是做好自己的本分。不管是他作為一個將軍還是士兵，對自己的要求都極為嚴格，同時也不允許下屬表現出絲毫的軟弱和畏懼。作為一個父親，他的粗獷個性與兒子的細膩情感是極不協調的，雖然算不上勢同水火，但也極不和諧。他的兒子喜歡禮儀、音樂、哲學、文學，但是他卻認為這些東西都太娘娘腔，無法體現出一個男人的氣概，因此他對兒子常嚴加訓斥。最後這兩種天壤之別的性格終於發生了劇烈的衝突，弗雷德里克想要逃往英國，被抓回來之後受到了軍事法庭的審判。令他感到萬分痛苦的是，幫助他逃亡的好友就在他面前被處決，之後他就被送往外省某地的一座小城堡，在那裡好好學習應該如何成為一個真正的國王。正是因為這件事情，所以在他1740年繼承王位之後，他已經能夠很好地治理國家了，從一個平民孩子簡單的出生證明到國家財政繁複的年度預算，他都駕輕就熟。

弗雷德里克除了是一個國王之外，還是一個作家，他曾寫過一本名為《反馬基維利》的書，書中對古佛羅倫斯歷史學者所尊奉的政治觀點進行了批駁。馬基維利曾告誡那些王侯子弟，為了維護國家的利益，在必要的時候可以使用欺詐的方法。但是弗雷德里克卻認為，君主應該對人民盡忠。而路易十四統治時開明的君主專制就是他的榜樣。他是一個非常勤奮的君主，每天工作20小時，但是他身邊卻沒有一個顧問和助手，他的大臣就是一群高級的書記員。在他看來，普魯士是他的個人財產，要完全由他自己的意志來進行管理，不允許任何事情來阻礙國家的利益。

　　1740年，奧地利的老國王查理六世安然去世。他在去世之前曾在一張羊皮紙上確立過一個條款，想要維護他的獨生女瑪利亞‧泰利莎的合法地位。但是他剛剛葬入祖墳沒多久，弗雷德里克就大軍壓境，占領了西里西亞地區。普魯士人宣稱，他們有權占有西里西亞甚至整個歐洲中部地區，這是在履行一種年代久遠的認領權力，但是這顯然是無法令人信服的。在經過長期的戰爭之後，西里西亞被普魯士完全占領，雖然有很多次弗雷德里克瀕臨失敗的邊緣，但是他卻最終在自己新征服的土地上憑藉頑強站穩了腳跟，擊退了奧地利的反撲。

　　這時候，整個歐洲的國家都在密切關注著這個新興的普魯士的強勢崛起。在18世紀，日耳曼在宗教戰爭中幾乎毀滅，已經引不起任何一個民族的重視，但是弗雷德里克卻憑藉著和彼得大帝一樣的意志和精神，讓普魯士重新站在世人面前，它的強大讓所有人心懷驚恐。在他的統治下，普魯士所有的一切都秩序井然，國內的人對生活沒有一點兒抱怨。之前一直虧空的國庫也正慢慢充實起來，那些殘酷的刑罰也被廢除了，新的司法體系也正在逐步完善。這裡還有寬闊的街道、優秀的學校、無數的工廠，並輔以悉心、敬業的管理，讓所有的人覺得為這樣一個國家付出所有都是值得的。他們的錢沒有浪費，都被用在了關鍵的地方，他們得到了最大的回報。

　　德國在幾百年之間，始終作為法國、奧地利、瑞典、丹麥、波蘭等歐洲強國爭奪霸權的徵戰之地，而此刻終於在普魯士的率領下重

普魯士的未來

為了延續普魯士的強盛，專制而嚴厲的老國王弗雷德里克‧威廉一世將性情溫文爾雅的愛子當作一名戰士來培養，從小灌輸責任、殘酷、力量與強權，系統學習國家運作與戰爭藝術，試圖將其塑造為理想的帝國繼任者。而後者確實不負所望，成為德國國父級的人物，圖為弗雷德里克二世兒時的宮廷肖像畫。

西里西亞之戰

　　奧地利皇帝查理六世去世前曾以書面的形式試圖維護其女瑪利亞‧泰利莎的繼承權，但卻被普魯士等國看做一紙空文，於是反對國與支持國之間爆發了一場關於奧地利王位繼承權的戰爭。雙方對於西里西亞主權的反覆爭奪成為了戰爭標誌性的分界線，而普魯士也最終如願成為勝利的一方。

拾自信。這一切都應該歸功於那個長著很有特點的鷹勾鼻、陳舊的制服上滿是濃烈煙味兒的名叫弗雷德里克的小老頭，他總是喋喋不休地對著自己的鄰國冷嘲熱諷。他在18世紀主持外交的時候，極盡誹謗、陷害之能，不擇手段地導演了一系列損人利己的把戲，只要有利可圖就完全不顧事實，這與他在《反馬基維利》所寫的批駁簡直是表裡不一。1786年，在他臨死前陪著他的只有一個僕人和幾條狗，他沒有子女，也沒有朋友，孤老一生的他充滿悲涼地死去。和人類相比，他更愛這些忠誠的狗，用他自己的話來說就是，狗對朋友會永遠忠誠，但是人卻不一定。

第五十章

重商主義

歐洲新興國家或王朝的發財致富之路，什麼是重商主義。

在前面我們已經講述了16世紀和17世紀，那些現代國家是如何一步步建立起來的。它們的發展起因各有不同，有的是因為統治者的勵精圖治，有的就是因為偶然的因素，還有的是因為有利的地理位置決定的。但是不管是什麼原因發展起來的，它們一旦建立之後都會加強對內部組織的管理，並在此基礎上最大程度地增強自己的國際影響力。這些事情都需要花費大量的金錢。對於中世紀的國家來說，它們還沒有實現高度的中央集權，這樣它們的生存就不會依賴於一個充盈的國庫，皇室的開銷都出自國王自家領地上收繳的稅賦，而所需的勞役開銷則只能他們自己買單。這樣的情況在現在的中央集權國家中就要複雜得多，不計酬勞的高尚的騎士精神已經消失，現在更多的是國家雇用的政府官員。想要維持所有的軍隊和管理體系的開支，所需金錢得以百萬為單位來計算，但是究竟怎樣才能籌到這麼多錢呢？

在中世紀，黃金和白銀都是非常罕見的，一個普通老百姓可能一輩子都不知道金幣究竟是什麼樣子的，就連住在大城市裡面的居民也只能看見銀幣而已。隨著美洲大陸的發現和秘魯銀礦的發現，這一切全都發生了變化。在這之後，歐洲的貿易中心開始從地中海沿岸轉移到大西洋沿岸。義大利等地中海沿岸的老牌城市已失去了經濟上的重要地位，一批新興的商業國家開始取而代之，而黃金和白銀也不再是普通人難得一見的東西了。

通過西班牙、葡萄牙、荷蘭和英國等大西洋沿岸國家的商貿往來，貴金屬開始源源不斷地湧入歐洲。16世紀的一些作家在政治經濟學領域研究、著書、立論，提出了一種似乎無懈可擊的國家理論，並對他們所處的國家產生了深遠的影響。他們認為，黃金和白銀就是財富的象徵，所以只有國庫中擁有最多金銀和現金的國家才可稱作最富有的國家，這些國家可以斥巨資擴充軍隊、升級裝備，進而無可辯駁地成為最強大的國家來統治世界上其他弱小的民族。

現在的我們將他們這種理論體系稱之為「重商主義」。就像天主教信仰者相信奇蹟的出現和美國人相信關稅的力量一樣，所有的歐洲國家都徹頭徹尾地接受了這種理論。按照重商主義的觀點，為了能夠最大程度的得到金銀等財富儲備，只能通過對外貿易的

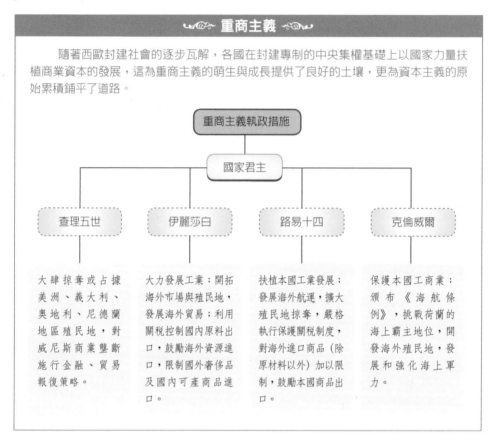

重商主義

　　隨著西歐封建社會的逐步瓦解，各國在封建專制的中央集權基礎上以國家力量扶植商業資本的發展，這為重商主義的萌生與成長提供了良好的土壤，更為資本主義的原始累積鋪平了道路。

重商主義執政措施

國家君主

查理五世	伊麗莎白	路易十四	克倫威爾
大肆掠奪或占據美洲、義大利、奧地利、尼德蘭地區殖民地，對威尼斯商業壟斷施行金融、貿易報復策略。	大力發展工業；開拓海外市場與殖民地，發展海外貿易；利用關稅控制國內原料出口，鼓勵海外資源進口，限制國外奢侈品及國內可產商品進口。	扶植本國工業發展；發展海外航運，擴大殖民地掠奪，嚴格執行保護關稅制度，對海外進口商品（除原材料以外）加以限制，鼓勵本國商品出口。	保護本國工商業；頒布《海航條例》，挑戰荷蘭的海上霸主地位，開發海外殖民地，發展和強化海上軍力。

盈利來換取。如果我對你的出口量超過了你對我的出口量，那麼你就會欠我的錢，就必須用黃金來抵償債務，所以我就會獲得利益。

　　正是基於這種理論，所以在17世紀，幾乎每一個歐洲國家都在奉行著這樣的經濟策略：

　　1. 盡可能地充實國庫的貴金屬儲備。

　　2. 偏重鼓勵發展對外貿易，輕視國內貿易。

　　3. 能將原材料加工成出口產品換取外匯的工業受到政府的大力扶持。

　　4. 為了提供工業發展所需的農業社會無法滿足的大量閒適勞動力，政府鼓勵多生育。

　　5. 上述所有舉措的執行都處於國家的監控下，如果有必要將隨時進行干涉。

　　在17至18世紀的人們眼中，國際貿易並非如同嚴守不悖的自然法則一樣，有著人力無法干涉的強大自然力量。人們經常試圖借助政府的強制力來加以約束，如頒布相關條例、皇室律法或資本輸入等。

　　查理五世在16世紀接受了這種全新的「重商主義」的理論，並且開始在自己統治的疆域範圍內實行，伊麗莎白女王也對此青睞有加，並以身效法。路易十四以及其他波旁

王朝的統治者對這一理論的擁護甚至發展到狂熱的程度。路易十四的財政大臣柯爾伯特就是重商主義的大師，整個歐洲都豎起耳朵傾聽他的聲音。

克倫威爾執政時期的對外政策就是重商主義最完整的體現，這是針對國庫充足的荷蘭而量身訂做的。因為很多承擔歐洲日常生活用品運輸的荷蘭船主大多數得益於自由貿易，所以英國人要用各種方法節制他們的對手。

不難想像，這樣的理論會對隸屬於各國的殖民地帶來怎樣毀滅性的災難。在重商主義思想的影響下，殖民地藏或出產的黃金、白銀、香料等資源，源源不斷地流入到了宗主國手中，亞、美、非三洲的財富和原料的出產國都已經被歐洲國家壟斷了。任何外人不允許涉足這裡，而這裡的人也不允許和其他國家的商人進行交易。

重商主義

作為西歐資本原始累積時期的深受推崇的經濟哲學，重商主義更看重國家對貴金屬——黃金、白銀的擁有量，並將其奉為衡量國家富庶程度及國力強盛程度的唯一標準。這種說法最初源於蘇格蘭經濟學家亞當・斯密所著的經濟學專著《國富論》。圖中波西米亞人日夜不停地開採銀礦。

重商主義的隱憂

　　重商主義給邊緣國家帶去了新的技術與發展前景，卻讓殖民地居民淪為無盡開發、殘酷壓榨的對象；也讓專注於貿易與海外殖民地瓜分的國家無暇發展本國經濟，而將宗主國的實體經濟投入逐漸蕭條的深淵；尖銳的國際利益分割更讓國與國、人與人之間變得冷漠、功利。圖為殖民地的勞工正在將菸草裝船。

　　對於一些沒有製造業的國家來說，重商主義刺激了它們的工業發展。為了進行對外貿易，這些國家開始修建道路，開鑿運河，創造便利的交通條件。也是因為這一理論，工人們被迫必須掌握更嫻熟的技術，貿易商人的社會地位陡升，而擁有土地的貴族的地位卻一落千丈。

　　但是重商主義在帶來巨大利益的同時也帶來了嚴重的不利影響。在宗主國殘酷、滅絕人性的瘋狂剝削之下，殖民地的平民成為了最無辜的犧牲品，而宗主國普通平民的生存環境也變得更加惡劣。也正是在這一理論的影響下，歐洲成了一個充滿火藥味的戰場，整個世界被切割成無數塊屬地，每一寸土地都充斥著暴力與掠奪，每一個國家都謹小慎微地盯著自己分得的利益，並想盡各種方法去摧毀其他國家的勢力，以便獲取他們的財富。對於他們來說，沒有什麼事情比擁有財富更重要，富有變成了每一個普通百姓不斷追求的唯一目標。國家奉行的經濟制度如同外科手術或女人們的時裝一般因時而動。直到19世紀，重商主義才慢慢冷卻，一種自由開放、提倡競爭的經濟體系取而代之並在世界範圍內廣泛推廣開來。至少據我所知，後來的情形就是這樣。

第 五十一 章

美國革命

相信 18 世紀末期發生在北美蒼涼大地上的種種奇聞軼事，
對於歐洲人來說並不陌生，那些曾經對國王查理的「君權神授」
無比反感的被流放者後裔，不屈不撓，為爭取自由而在不朽傳奇
中又書寫上了嶄新的一頁。

為了便於這一章的敘述，我們有必要回顧幾百年前歐洲各國之間為奪取海外殖民地
而展開激烈鬥爭的歷史。

三十年戰爭給歐洲帶來了深遠的影響，戰後很多歐洲國家開始重新建立以民族或王
朝利益為基礎的國家框架。由於這些新興國家的背景皆是建立在商人與貿易公司的資本

海外殖民擴張

隨著西歐海上探險活動的展開與新航線的發現，西方國家對亞洲、非洲、美洲的殖
民掠奪也拉開了帷幕。葡萄牙和西班牙借助早期航海事業的優勢率先登上了殖民侵略舞
台，直到他們的海上霸主地位被後來趕上的荷蘭和英國所取代。

對比項目	葡萄牙	西班牙
活動區域	亞洲和非洲	美洲
殖民特點	占據軍事要地，壟斷歐洲至亞、非之間的貿易通道，從事欺詐性貿易。	強占全境，開採金銀礦藏，建立大型種植園，從事奴隸貿易。
殖民過程	15世紀初，在非洲西海岸建立殖民據點，掠奪黃金、販賣奴隸。 1496年，劃定「教皇子午線」。 1506-1508年，控制印度航線。 1511年，占領馬六甲。 1517-1557年，從事同中國、日本的貿易，強占澳門為殖民據點。	1510年，西班牙人建立巴拿馬城。 1521年，征服墨西哥阿茲特克帝國。 1533年，征服印加帝國。 1534-1535年，探索到現今加利福尼亞，開始逐步深入北美內陸。

孟加拉的荷蘭東印度公司

　　大航海時代給歐洲各國帶來了大片殖民地可供掠奪和開發，而印度洋和太平洋地區更成為各國競相爭奪的重中之重。相對於早期航海探險家、殖民者的窮凶極惡，晚到一步的英國人和荷蘭人反倒被看作救世主，即便是掠奪者的嘴臉相差無幾，但他們仍以「合理」的方式在世界上最富饒的土地上奪走了原屬於他國的「蛋糕」。

運作基礎上，出於對幕後主人的利益考慮，這些國家機器必然為其在亞洲、非洲以及美洲掠奪更多土地而不惜發動更多的戰爭。

最早開始在印度洋和太平洋地區擴張殖民地的是西班牙和葡萄牙，直到一個世紀之後，英國和荷蘭才開始加入這場一本萬利的擴張運動。歷史證明，這對後來者反而更為有利。因為早期殖民地的開創工作非常艱難，而且會消耗巨大的財富，但是現在基本框架已經由別人完成了。而且最開始的海外冒險家經常使用暴力，在亞、美、非三洲臭名遠揚，並不受歡迎。等到英國人和荷蘭人出現在他們的視線之內的時候，當地的人甚至像歡迎故友和救世主一樣的歡迎他們的到來。雖然我不能肯定，他們會做得比之前的人更好，但是因為他們是商人，至少不會讓傳教這一因素影響他們的正常生意。雖然歐洲人在和其他的弱小的國家打交道的時候，都非常野蠻。但是英國人和荷蘭人卻高明得多，至少他們懂得適度而止。只要能源源不斷地獲取財富，殖民地的土著居民採用何種方式舒適地生活並不在他們的考慮之內。

因此他們輕而易舉地就在世界上資源最豐富的地區站穩了腳跟，但是之後不久，他們彼此就為了爭奪更多的殖民地而開戰。這裡有一點很奇怪，只要是爭奪殖民地的戰爭都會在海上發生，而不會在兩國的殖民地上進行，殖民地最後的歸屬往往就憑藉兩國海軍的實力而定。這就是戰爭中的著名規律，即持有海洋話語權的國家最後也將獲得陸地上的話語權，這也是歷史上很少到現在也能成立的規律之一，它至今仍然適用。可能現代飛行器的出現會改變這　現狀，但是在18世紀，這些國家都還沒有飛機，所以最終英國在美洲、印度以及非洲的廣袤海外殖民地成為了不列顛強大海軍最完美的戰利品。

我們對於英國和荷蘭在17世紀的一系列戰爭並沒有多大興趣，也不願意進行詳細的描述，因為它就像所有實力懸殊的遭遇戰一

樣，無一例外都是以強者的勝利畫上句號。但是英國和它另外一個對手——法國之間的
戰爭對於我們理解這一段歷史倒是極為關鍵。在英國實力雄厚、穩占上風的海軍將法國
艦隊打敗之前，它們已經在北美多次交鋒了。在北美大陸上，它們同時宣稱這塊土地上
所有已被發現和未被發現的東西都屬於自己。1497年，英國的卡波特在美洲北部登陸，
時隔27年，法國的喬萬尼·韋拉扎諾也在同一海岸登陸，這兩人各自代表自己的國家，
在美洲領土上插上了本國的國旗，所以英法均聲稱自己對這塊土地擁有絕對的掌控權。

　　17世紀，殖民者在緬因州與卡羅林納之間建立起10個規模較小的英屬殖民地。這時
的殖民者都是一些不信奉英國國教的教派難民，其中有1620年遷徙到新英格蘭的新教徒
和1681年在賓西法尼亞定居的貴格會教徒。他們在海岸地帶建立了一些規模較小的拓荒
者社區。那些受到教會迫害的人在這裡定居，建立屬於自己的家園。在這塊遠離王權和
迫害的土地上，他們呼吸著自由的空氣，生活比以前更加幸福美滿了。

　　與此同時，法國的殖民地卻一直受到國王嚴密的控制。法國人要求，非國教信仰者
不允許進入他們的殖民地，以免這些外來者向當地的印第安人傳播有害的新教義或者妨
礙耶穌會神聖的傳教工作。因此和法國的殖民地相比，他們的近鄰兼競爭對手——英國
殖民地的基礎更健康、更穩固。英國的殖民地閃現著國內中產階段帶來的商業曙光，而
法國的殖民地卻彌漫著被放逐的國王臣僕們遠涉重洋、淒苦難耐的悲情，他們翹首企盼
著有朝一日能重歸法國的舒適生活。

勘測密西西比河

　　對於北美殖民地的歸屬問題，英法兩國各不相讓，各自派遣新移民在臨近海岸的地帶登陸，並建立起小
型的殖民社區。領先一步的法國人不僅發現了聖勞倫斯河口，更由法國探險家雅克·馬庫特從魁北克向西進
入並勘測了密西西比河上游、繪製地形圖，圖為馬庫特在印第安土著的協助下乘船勘測密西西比河沿岸。

但如果從政治角度來看，英國的殖民地卻並不能讓人完全放心。法國人在16世紀就已找到了聖勞倫斯河口，他們從大湖地區經過長途跋涉，到達了密西西比地區，並沿著墨西哥海灣建立了若干個防禦要塞。經過100年的經營，法國人利用60個要塞組成的海岸防線，將大西洋沿岸的英國殖民地和北美內陸阻隔開來。

這樣一來，英國給各殖民公司發放的橫跨北美大陸的土地轉讓文書很可能成為無法兌現的一紙空文。雖然文件中允諾持有者將擁有北美從東岸到西岸的所有土地，但是現實中他們的權力只能延伸到法國的要塞前面。雖然突破這道防線並不難，但是這需要投入大量的人力和財力，引發戰爭。但是後來戰爭真的發生之後，英法兩國都借助當地的印第安部落來殘殺自己的競爭對手。

如果英國一直維持著斯圖亞特王朝的統治，就可以避免英法之間的戰爭，因為斯圖亞特王朝要想鞏固自己的君主專制，就必須要借助法國的力量。但是1689年，最後一位斯圖亞特王室的君主不再執政英格蘭，那裡的國王反而變成了路易十四最頑強的對手——荷蘭的國王威廉。這樣，一直到1763年巴黎合約的簽訂，英法雙方都沒有停止過爭奪印度和北美殖民地所有權的戰爭。

前面已經提到過，英國海軍總是能在大大小小的海戰中打敗法國海軍，而法屬殖民地和法國失去聯繫之後，就被英國人一一接管了。待到簽訂巴黎合約的時候，整個北美都成為了英國人的殖民地，之前卡蒂埃、尚普蘭、拉薩爾、馬奎特等法國探險家們的艱辛努力也就都打了水漂。

在英屬北美殖民地這麼遼闊的土地上，只有很少一部分人能在這裡定居。從美國東海岸的北邊一直向南延伸，形成了一個狹長的居住帶。在北邊的麻塞諸塞生活的是1620年到達這裡的清教徒，他們的信仰非常堅定。不管是英國國教還是加爾文教的教義都不能改變自己的信仰，也不會讓他們感覺生活會更幸福。從麻塞諸塞再往南一點就是卡羅萊納和維吉尼亞，那裡是以種植菸草而牟利的天堂。然而，生活在這塊土地上的拓荒者和國內人的性格存在著很大的差異。在這片人跡罕至的地方，孤獨無助的他們逐漸學會了獨立生活，也養成了特立獨行的性格。一批精力旺盛、勤勞刻苦的先驅者來到了這裡，他們就是令這批先驅者無比驕傲的子孫，血液裡流動的是堅忍不拔的求生本能。因為在那個時候，一群懶漢和缺乏鬥志的人是不會選擇冒險飄洋過海的。之前，他們在國內會受到各種各樣的壓制和迫害，讓他們倍感壓抑，呼吸不到新鮮自由的空氣，生活由此變得一成不變，毫無樂趣。現在，他們決定要成為自己的主人，按照自己喜歡的方式去做事情。這讓英國的皇室貴族們難以理解，政府當局讓這些殖民者非常不滿，此外這些殖民者仍然會感受到來自官方的種種挾制，進而對英國政府由怨生恨。

怨恨，會讓矛盾激化，帶來更多衝突。有的人會感嘆，如果當時英國的統治者不是這個愚蠢的喬治三世，而是一位更加聰明的君主，或者是喬治三世對他懶散冷漠的首相諾思勳爵稍加管束，不是一味的放任不管，那麼這個局面還可以挽救。但是我們沒有必要在這裡感嘆，也沒有必要詳細地敘述衝突發生的過程。很簡單，就是北美的殖民者察

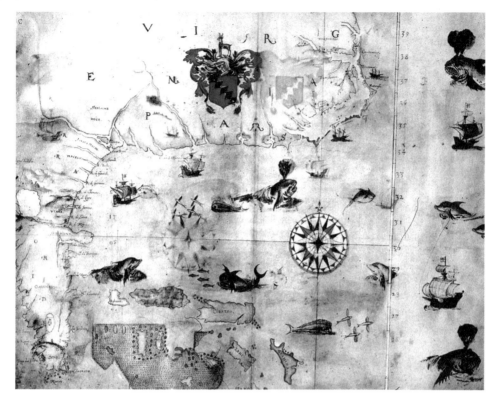

早期維吉尼亞地圖

　　英國人在北美東海岸由北至南的狹長地帶建立起眾多永久定居點，而作為首個永久定居點——維吉尼亞開闊地域與良好氣候賦予了拓荒者們豁達、堅韌的性格。圖中由英國畫家約翰・懷特繪製的早期維吉尼亞東海岸地圖，不僅標明了陸地、河流、海洋、島嶼，甚至標明了海域生息的魚類與來往艦船航線。

覺到和平解決問題已經是不可能的了，所以他們決定拿起武器。他們不願意成為逆來順受的臣民，所以就只能做爭取自由的叛亂分子。當時有一個很有趣的習俗，條頓的王宮經常會將整個團的士兵標價，誰出的價錢最高就租給誰，軍團會幫助雇主完成任務，這些人就是喬治三世請來的德國雇用兵。如果他們被這些雇用兵抓到了就只有死路一條。所以他們當時做出這樣的選擇需要非常大的勇氣。

　　這場戰爭一直持續了7年，很多時候，這些反叛者完全看不到勝利的希望。有很多來自城市的殖民者選擇妥協，忠誠讓他們選擇依然服從於國王的統治，他們認為雙方的和解才能帶來和平。但是正因為有了華盛頓這樣意志堅強的領袖，他們的獨立事業才得以堅持下來。

　　華盛頓的軍隊裝備非常落後，但是意志力非常頑強，在少部分勇敢者的有力支持之下，國王的勢力被不斷地削弱。很多次，華盛頓的軍隊都幾乎鐵定了敗北，但是他的智

謀總是能在關鍵時刻力挽狂瀾，使他們化險為夷。他的軍隊沒有足夠的給養，經常餓著肚子。寒冷的冬天，他們也沒有足以禦寒的大衣和鞋子，只能蜷縮在冰冷的壕溝裡，不斷地發抖。即使在這樣惡劣的條件下，他們依然對他們的領袖堅信不疑，並一直堅持到最後勝利來臨的一刻。

華盛頓在戰場上取得了一系列的勝利，來自阿姆斯特丹一個名叫班傑明·富蘭克林的銀行家在法國政府的遊說也取得了外交上的成功。但和這兩件令人欣慰的事情相比，在戰爭初期發生了一個更有意思的事情。那是獨立戰爭發生的第一年，來自不同殖民地的代表們在費城集合，一起商討起事大計。當時有很多戰略物資整船整船的從英國運過來，而北美沿海地帶的大部分城市還在英國人的控制之下。在這樣危急的情況下，只有真正志同道合的人才有勇氣走在一起，一起去迎接1776年6月和7月做出的足以改變歷史的決定。

獨立宣言

北美十三個英屬殖民地在費城召集的第二次大陸會議中，聯合簽署文件並宣告脫離大不列顛王國而獨立，後來這一天被定為美國獨立日。畫面中起草《獨立宣言》委員會的成員們站在主席約翰·漢考克面前，由左至右他們分別是：麻塞諸塞的約翰·亞當斯、康乃狄克的羅傑·謝爾曼、紐約的羅伯特·利文斯通、維吉尼亞的托馬斯·傑佛遜和賓夕法尼亞的班傑明·富蘭克林。

　　1776年6月，維吉尼亞的理查德‧亨利‧李向大陸議會提出一項提議，所有聯合起來的殖民地是自由而獨立的州，並且他們有權力去維護這種獨立和自由。他們曾經對英國王室的效忠與職責應被赦免，而自此他們和英國之間再也不存在任何政治瓜葛。

　　這個提議獲得了來自麻塞諸塞的約翰‧亞當斯的首肯，並在同年的7月2日開始正式實施。兩天之後，也就是1776年7月4日，大陸會議正式宣布了《獨立宣言》。這份獨立宣言由托馬斯‧傑佛遜擬稿，為人嚴謹認真的他在政治、行政管理方面極富才能，這讓他成為了後來美國歷史上最傑出的總統之一。

　　歐洲很快就知道了北美殖民地發表的這份《獨立宣言》，緊接著他們又聽到了殖民地人民取得勝利的消息，還知道了他們在1787年通過了歷史上著名的美國第一部憲法。這一連串的事情讓歐洲人大為震驚，所有的目光都開始關注這塊土地。17世紀，歐洲國家在宗教戰爭之後建立起來的高度集中的王權在這時候已經達到了鼎盛時期。雖然國王的宮殿越來越大，也越來越豪華，但是很多城市的貧民窟也越來越多。生活在貧民窟中的人們終日與貧困、絕望為伴，逐漸顯現出發動暴動的跡象。此時，社會的上流階層、貴族與專業人士也逐漸萌生了對現階段國家經濟和政治形勢的憂慮。這時候北美殖民者的勝利向他們證明，在從前看似完全不可能的事情，其實都可能實現，這給他們憑添了信心。

　　有一位詩人曾經說過，萊克星頓獨立的槍聲已經響遍全世界。這種說法顯然有誇張的成分，因為很多如中國、日本、俄國等亞洲國家並未聽見，更何況遙遠的澳大利亞與夏威夷（剛剛被庫克船長再度發現的他們，又將這位不安分守己的船長殺死）。但是這槍聲卻響徹了整個大西洋，並點燃了歐洲這個早已怨聲鼎沸的火藥桶，在法國引起了一輪驚天動地的大爆炸。從彼得堡到馬德里的整塊歐洲大陸都在它的轟鳴中顫動不已，由此震落下來的若干噸民主磚石將陳舊、腐朽的國家體系與外交策略，統統掩埋在一片廢墟之下。

第 五十二 章

法國大革命

　　　　經過了驚天動地的法國大革命，自由、平等、博愛的觀念已
經深入人心。

　　在我們說到「革命」時，有必要先解釋一下這個詞的意義。一位著名的俄國作家
曾經說過（俄國人深諳其中之道），革命就是利用很短的時間，迅速地將幾百年來早已
固化成形的舊制度推翻。儘管那些制度曾經是那麼的天經地義和難以撼動，連最激進的
改革家也不會訴諸文字對它發動攻擊。但是只是一次革命，那些曾經構成一個國家的社
會、宗教、政治和經濟的所有基礎，都會頃刻間化為一片廢墟。

　　到了18世紀，歐洲古老的文明已經開始逐漸腐朽，在法國就發生了一場驚天動地的
革命。法國在經過路易十四長達72年的統治之後，國王就代表著國家的一切。以前曾經
為國家服務的貴族階級沒有了工作，也沒有了職責，整天賦閒在家，最後也只能成為凡
爾賽宮奢華生活中的一個裝飾品。

　　但是這個時候的法國還要靠著巨額的財富來維持支出，這筆錢的最終來源就是稅
收。法國國王的權力還沒有強大到要讓貴族和神職人員也繳稅，所以，沈重的稅收負擔
就完全落在了農業人口身上。當時法國農民家徒四壁，生活非常困難。現在他們和之前
的農場主一點關係都沒有，成為了土地所有者欺凌的對象，生存下去越來越困難。即便
是有了好收成，也意味著要繳更多的賦稅，對自己一點好處都沒有。他們不想用辛勤的
勞動徒耗自己僅存的一點勞力，所以他們就逐漸開始荒廢土地，不再辛苦地耕種。

　　於是在我們的腦海中就浮現了這樣一個畫面，在一個金碧輝煌的宮殿中，有一個寬
闊的接待大廳，國王踱過這個大廳的時候，身後跟著一群趨炎附勢、想方設法巴結差事
的貴族。這些人奢華生活的來源都壓在了骨瘦如柴的農民身上。這是一幅令人不快的畫
面，但是卻沒有絲毫的誇張。但是所有的王朝舊制之下都會有不可避免的陰暗面，這一
點我們必須要明白。

　　在法國，一個富有的銀行家的女兒會嫁給一個窮伯爵的兒子，這是他們慣用的聯姻
方法，將貴族和富裕的中產階級聯繫起來，再加上所有法蘭西王國中有魅力的人物都住
在宮廷中，他們一起將這種優雅精緻的生活藝術推向了頂峰，良好的儀態和精巧的談吐
已經成為當時上流社會的一種時尚。他們中有很多充滿智慧的人，但是他們沒有辦法在

牡蠣大餐

　　路易十四的奢華之風給法國社會烙下了深深的印跡，奢靡、腐敗的貴族與神職人員毫不憐惜社會底層民眾深受稅賦剝削的苦痛。金碧輝煌的大廳內，皇室貴族們正在餐桌前大快朵頤，盛宴讓酒食正酣的人早已忘記了應有的節制與禮儀，反倒凸顯出身穿藍衫的僕人端著一大盤牡蠣時的滿臉無奈。

政治經濟問題上一展所長，所以只能安逸地過日子，把所有的時間都浪費在了毫無意義的空談上面，這是對資源的一種巨大的浪費。

因為思想方式和個人行為上的流行容易像時裝一樣向兩個極端發展，所以那個時候所謂的社會精英們對他們頭腦中的簡單生活產生了很大的興趣。於是法國及法屬殖民地的絕對統治者——國王和王后，和一大群喜歡阿諛奉承的朝臣們一起穿上工人的衣服，住在幾間鄉村小屋裡，就像健康淳樸的古希臘人一樣生活，來體驗簡單生活的樂趣。這是多麼可笑的一幅畫面，在尊貴的國王和王后身邊，有朝中小人的諂媚和幽默，還有樂師演奏輕快活潑的舞曲，還有理髮師精心設計過的髮型，這些都是出於無聊生活的煩躁。這些整天泡在凡爾賽宮中的人們不停地討論著那些與生活不搭邊際的話題，就像一個挨餓的人一心只想著食物，沒有的東西才能更讓他提起興趣。

伏爾泰是一個非常有勇氣的哲學家、劇作家、歷史家、小說家，是所有宗教和政治暴君的敵人，他在《風俗論》這本書中將現在法蘭西王國中所有的東西都進行了猛烈地批判，贏得了所有法國人的支持。因為太受歡迎，觀眾太多，伏爾泰的戲劇只能在那些賣站票的戲院上演。和伏爾泰一樣受歡迎的是讓·雅克·盧梭，他為法國人繪製了一幅原始純真和快樂生活的美好畫面，他將內心對自然的無限熱愛融入那感傷的油彩中，他的作品讓所有人都感到無比的震撼。儘管他並不了解原始人的生活究竟是怎樣的，但是他卻被公認為自然和兒童教育的權威人士。正因為如此，在國王就是一切的法國，人們如飢似渴地讀著盧梭的《社會契約論》，當他發出人民掌握主權，國王只是人民的奴僕這樣的倡議之後，他們都忍不住流下了感動而又悲憤的淚水。

就在這個時候，孟德斯鳩的《波斯人札記》也出現在了法國人面前。在這本書中，主角是

萬寶路冰桶

法國宮廷中以純金打造的盛冰容器，用以冷卻飲品，並以此凸顯出主人的高貴風範，一時成為時尚。

伏爾泰

作為18世紀法國資產階級思想啓蒙運動的旗手，伏爾泰以他的筆引導和鼓舞著法國人民，提倡民主、自由與平等，他一生創作了大量的詩歌、戲劇、小說、哲學等文字作品，擅長以戲謔的文字來抨擊、影射腐朽的宗教與政治，被譽為「法蘭西思想之王」。

盧梭

　　屢經人生坎坷的盧梭家境貧寒，嚮往大自然與自由、平等的國度，主張重視、依循兒童天性的教育改革。他所撰寫的《社會契約論》提倡國家、社會與所屬成員的契約關係，且真正的權力屬於人民，在平等的基礎上各自履行應盡的職責與義務才能維繫社會的安定繁榮，這種民主思想引發了巨大的迴響。

　　兩個觀察力非常敏銳，也非常聰明的波斯旅行者，作者利用他們的視角揭示了當時法國社會中是非不分的現狀，然後盡情地嘲笑了國王和他的600個糕點師傅的所作所為。這本書很快就開始流行起來，在很短的時間內就已經出了四版，這樣就為他的下一本書《論法的精神》奠定了堅實的讀者基礎。在《論法的精神》這本書中，他虛構了一個男爵，這個男爵將英國優秀的政治制度和法國的現狀進行了對比，大力宣傳行政、立法、司法三權分立，倡導用這樣先進的政治制度取代法國的君主專制制度。一個名叫布雷東的出版商宣布，他將邀請狄德羅、德朗貝爾、蒂爾戈等幾百位作家，共同去編寫一部包含了

所有新思想、新科學的大百科全書時，公眾的反應非常熱烈。經過了22年的精心編撰，這套總計28卷的大百科全書的最後一卷也即將發行，這時候警察的干預為時已晚，他們根本無法鎮壓公眾對這本書的熱情。因為這本書中對法國社會時局的各種危險的批評言論，早已經廣泛地傳播開了。

在這裡有必要提醒一下，以此淡化我們在閱讀某一本描寫法國大革命的小說，或者是觀看相關的戲劇和電影時留下的印象，人們很容易認為法國大革命完全都是那些從貧民窟中出來的烏合之眾發起的，但是事情的真相並不是這樣的。雖然在革命中少不了這些暴亂民眾，但是他們都是在中產階級自由職業者的煽動與組織下去衝鋒陷陣的。中產階級希望利用他們的無知與盲目，充當他們與國王或貴族對抗的盟友。但是要知道，革命的基本思想都是由少數幾個具有天才頭腦的人提出來的。這少數幾個人被推薦去了舊貴族的奢華的客廳中，向那些已經窮極無聊的女士和先生展示自己的思想，這已經成為比較新鮮的娛樂項目。這種看似新鮮的事情其實隱藏著巨大的危險性，他們開始踴躍發表對社會時弊的批評言論，激進的思想火花從老舊腐朽的地板縫隙間落入地下室亂七八

暗藏的危機

面對蠢蠢欲動的社會與各種不安的聲音，法國政府派遣大量警力定期查禁對宗教信仰或政權穩定有害的印刷品，甚至將異端人士逮捕入獄，但焚毀的書籍背後卻暗藏著更大的危機，越來越多的質疑聲與憤怒的民眾被拉進這場巨大的混亂當中。

《百科全書》

為了迎合人們對新知識、新思想的渴求，巴黎出版商帕雷東邀請狄德羅編輯一部囊括人類史上所有知識與新科學、新思想的《百科全書》。這項浩大的工程先後借助200多位科學家、學者，將其各自擅長領域的知識編撰成冊，涉及人類知識的眾多方面，致使新思潮席捲了整個法國。圖為《百科全書》中機械卷中的插圖。

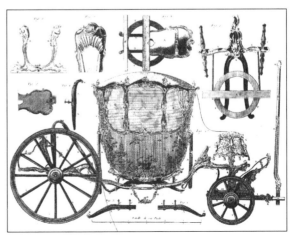

星星之火

新思潮的湧起讓少數擁有傑出智慧的人脫穎而出，人們津津樂道地傾聽和談論著這些人看似「安全」的調侃與見解，直到它潛移默化中形成肆無忌憚的風暴。不滿、憤恨且尋求改變的社會底層在中產階級智慧的火花中爆發出難以企及的力量，並終將焚毀腐朽的世界。圖為人們在文藝沙龍中傾聽朗誦伏爾泰的劇本。

糟的陳年雜物中。這時有人驚呼救火，但不幸的是這個老屋的主人對一切都興致盎然，偏偏不懂如何管理他的家產，對眼前即將燎原的星星之火束手無策。火勢迅速蔓延開來，整幢老屋都被熊熊烈火所包圍。最後引發了轟轟烈烈的法國大革命。

　　為了表述的方便，法國大革命可以被分成兩個階段。第一個階段是從1789年到1791年這段時間，這一階段法國人還試圖為引入英國君主立憲制度而努力。但是因為國王的愚蠢和謊言，也因為人力已經無法控制事態的發展，這種嘗試最後以失敗告終。

　　第二階段是從1792年到1799年這段時間，在此期間共和國的成立讓人們嘗試著建立起第一個民主政權。雖然法國大革命無法擺脫暴力革命的頭銜，但多年不滿情緒的累積和誠心誠意的改革卻每每無功而返，才是引發最終暴亂的罪魁禍首。

　　當時法國面對40億法郎的巨額債務，國庫一貧如洗，瀕臨倒閉，而且也沒有新的稅

收來增加收入。就連那位好國王路易也朦朦朧朧覺得應該進行補救了。所以他馬上召見了蒂爾戈，讓他擔任首席財政大臣。蒂爾戈就是人們常說的德·奧爾納男爵。這時候他剛剛60多歲，是那些即將從歷史舞台謝幕的貴族階層的代表人物，同時他也是一個很出色、很成功的外省總督，一個出類拔萃的業餘政治經濟學家。他傾盡所能來挽救當時的窘困局面，但卻無功而返。一貧如洗、骨瘦如柴的農民身上已經搜刮不到任何油脂油膏了，所以為了徵收到新的稅收，蒂爾戈開始讓從未交稅的貴族和神職人員也開始繳稅，這使他成為凡爾賽宮上上下下最受人唾罵的人物。此外，蒂爾戈還不得不面對皇后瑪麗·安東奈特充滿敵意的目光。皇后生活習慣奢華，凡在她的耳邊提及「節儉」字眼的人都被她劃歸敵人的範疇。這樣蒂爾戈被人們看成了不切實際的空想家，是一個不折不扣的理論教授，他的烏紗帽也即將不保。在1776年，他迫於無奈，辭掉了財政大臣的職務。

繼任財政大臣的是一個非常實際的生意人，名叫內克爾，他來自瑞士。他在工作上非常勤奮，也很踏實能幹，現實中通過糧食的投機生意大發橫財，然後和合伙人一起創

財政大臣的悲哀

巨額債務危機的加劇終於迫使法國皇帝試圖做出改變，但先後任命的幾位財政大臣要麼有心無力、要麼力不能及。面對著囊中羞澀的國庫、窮困潦倒的民眾與一毛不拔的貴族，財政大臣們陷入進退兩難的境地，實際上的毫無作為也最終讓其被惱怒的王室貴族理所當然地掃地出門。

瑪麗・安東奈特

作為奧地利帝國的公主，瑪麗・安東奈特身受萬千寵愛，年幼時出於政治考慮，嫁與法國王儲路易十六，而在後者即位之時成為母儀法蘭西的皇后。嬌蠻任性的瑪麗・安東奈特熱衷於消遣、娛樂和時尚，在法國貴族圈子中遠近馳名，但因揮霍無度致使法國國庫空虛、債台高築，有「赤字夫人」之稱。

辦了一家國際銀行。他的妻子野心很大，將他逼上了這個他力所不及的政府高位，這樣他們的女兒就能平步青雲。最後這位寄予厚望的小姐果然嫁給了瑞士駐巴黎的大使德・斯特爾男爵，成為了在19世紀文化界中呼風喚雨的人物。

和他的前任蒂爾戈一樣，內克爾對財政工作孜孜不倦，並於1781年向國王呈交了一份詳細的財政狀況報告。但是這份財政報告卻讓國王徹頭徹尾看不懂。此時，路易剛派了一支軍隊趕去北美同殖民者們一起對抗英國。但是這次遠征的巨大花費卻遠超出了所有人的意料，內克爾接到指派要求迅速籌集到足夠的資金，然而他不僅沒有帶來急需的資金，反是呈交了一份填滿數字的枯燥無比的財政報告。更令人氣憤的是，他也和蒂爾戈一樣開始提倡必要的節儉。這些都表明，他這個財政大臣的官位坐不穩了，很快他就因為工作不稱職而被國王掃地出門。

在理論教授蒂爾戈和實際的生意人內克爾被解除職務之後，下一個財政大臣是一個非常能討人歡心、讓他人感到愉快的人。他信心滿滿地表示，只要相信他嚴謹周密的財政計畫，他會在每個月給他們

100%的回報。這個如此胸有成竹的人就是查理・亞歷山大・德・卡洛納，他最在意的事情就是能讓自己飛黃騰達。在他的政治道路上，他依靠自己的工廠和滿口的謊言，一直順風順水。他是一個非常聰明的人，明明知道國家已經欠下了巨額的債務，但卻不願意得罪任何一個人。所以他用了一個治標不治本，但至少看似效果立竿見影的「聰明」辦法：拆東牆補西牆，利用新的債務來償還舊的債務。這種作法雖然很常見，但是卻給法國帶來了更嚴重的災難。在不到三年的時間裡，原來的債務不僅沒有減少，反而又增加了8億法郎欠債。但是這位很討人喜歡的財政大臣彷彿不知道什麼是擔心，依然在國王和王后的每一項開支上都笑容滿面地簽上自己的名字，因為他深知，這位從小在維也納就養成大手大腳花錢習慣的王后，是不可能養成節儉的習慣的。

一直對國王忠心耿耿的巴黎議會不能坐視這樣的形勢繼續發展下去，決定採取措

革命的前兆

　　法國封建王權的腐朽墮落、昏庸無能以及其奉行的高壓政策，讓整個法國面臨全面的危機。而國家內部升騰的啟蒙思想與國家外部遭遇的戰爭挫敗，讓法國民眾看清了專制政府的沒落，一場由資產階級領導的革命正孕育而出。

法國大革命的背景

統治腐朽
> 王室揮霍浪費，國王昏庸無能。
> 貴族揮金如土，層層剝削底層民眾。

矛盾激化
> 實行高壓政策，殘酷鎮壓下怨聲載道。
> 任人不利，財政危機步步加深，導致民眾不堪重負。
> 國內工業技術落後，大量工廠瀕臨倒閉。
> 實力壯大的資產階級難以忍受深受壓制的政治角色。
> 社會各階層中的不滿情緒孕育了大批啟蒙思想家。

戰爭挫敗
> 1740-1748年，奧地利王位繼承戰爭。
> 1756-1763年，英法「七年戰爭」。

雪上加霜

　　用人不當讓投機者在財政大臣的關鍵位置上藏好取巧，儘管看似風生水起，實則雪上加霜，不斷加重的債務危機讓沐蘭西危機重重。遭遇糧食歉收的年景，伴隨飢餓與慘淡四處蔓延的還有人群暗流湧動的不滿，尖銳的社會關係讓法庭與監獄不堪重負，圖為位於巴黎中心的警察總部。

施來挽救，但是此時卡洛納還想著再借8000萬法郎的外債。那個時候災荒不斷，糧食歉收，法國農夫在飢餓和貧窮中生活得非常悲慘，如果這時候不採取有效措施，法國將面臨大廈將傾的境地。但是這位昏庸的國王沈醉在自己的生活中，對外面的局勢視若無睹。其實如果他不知道怎麼做，完全可以徵求人民的意見。但法國的三級會議自從在1614年被取消之後，就再未開會過。而且這個國王不僅愚蠢，還優柔寡斷，因此在如此嚴重的態勢下，在大眾群體對三級會議的呼喚中，路易十六依然顧慮重重，不願意重新召開三級會議。

直到1787年，為了緩和公眾的不滿，路易十六才被迫同意召開一個由知名人士組成的集會。但是這次集會只是全國的貴族聚在一起，在不觸犯貴族和神職人員利益的前提下，商討採取什麼樣的措施來平息公眾的怒火。但是，想要讓這些貴族階級為了另一些命運悲慘的階級，割讓出自己利益而成就他人，就好比要他們自殺一樣，這顯然是不可能的。果然，參加這次會議的127名社會名流拒絕放棄他們任何一項特權和利益。於是聚集在大街上悲苦的平民強烈要求他們信任的內克爾重新擔任財政大臣，但是這一要求被大臣們斷然拒絕了。結果，群眾為了宣洩心中的不滿和憤怒，紛紛砸碎了玻璃，在混亂的場面中，那些著名人士逃跑了，卡洛納也被迫解除了職務。

之後，一個名叫洛梅尼‧德‧布里昂納的紅衣教主成為了新的財政大臣，這是一個非常平庸的人。在飢餓的民眾即將演發暴動的壓力下，路易十六終於被迫同意盡快召開三級會議，但是這樣模糊的承諾顯然無法讓任何一個人滿意。

這一年，法國遭遇了百年一遇的寒冬。莊稼不是被洪水沖毀，就是全部被凍死，顆粒無收，普羅旺斯所有的橄欖樹幾乎滅絕。雖然有少數私人慈善救濟在盡可能地幫助大家度過難關，但是面對1800萬飢民，這點救濟仍顯得過於寒酸。在這樣的情況下，大量哄搶糧食與食物的騷亂在全國範圍內輪番上演。如果事情發生在二、三十年前，那麼這些騷亂大可以通過軍隊強行遏制、鎮壓。但是現在新的哲學思想已經深入人心，人們已經意識到，光靠武力來對付這些飢民，顯然是完全沒有效果的，反而會激化矛盾。而且，這些士兵也是從普通群眾中來，他們對國王的忠誠可能並不完全值得依靠。在這樣緊急的關頭，國王必須做出一個明智的決定來挽回民心，但是路易再一次猶豫了。

很多相信新思想的人開始在外省建立一批獨立自主的共和國。以25年前北美的殖民者為榜樣，所有中產階級也開始紛紛發出「沒有代表權就拒不交稅」的呼聲。此時，整個法國已經處於大混亂的邊緣，處理不慎，就會引發全國性的暴亂。為了緩和民眾憤怒、不滿的情緒，提升王室在民間的聲望，他們破天荒地取消了嚴苛的出版審查制度。一時之間，如潮水般的印刷品湧入法國全境。不論社會地位高低，每一個人都在批評別人或者被別人批評。市面上已經有了超過2000種的小冊子競相出版。新的財政大臣洛梅尼‧德‧布里昂納在民眾的責罵聲中灰溜溜地下台了，內克爾被重新任命為財政大臣，盡最大的可能來安撫民眾的不滿情緒。這個消息讓整個國家極為振奮，巴黎的股市在一夜之間暴漲了30%。在全民樂觀的情緒下，對王室的終極審判被推遲了。到了1789年5

三級會議

  為了試圖度過日益惡化的財政危機，挽回民眾對國王的信心，路易十六在民眾的迫切呼聲下召集了由僧侶、貴族與平民代表共同出席、參議的全民代表會議。人們持著樂觀的態度聚集在凡爾賽宮，相對於第一、第二級僧侶與貴族的沒落，第三級的平民在崛起的資產階級支持下聲勢浩大，不可調和的分歧也導致了法國大革命的爆發。

  月，三級會議召開在即，法國所有具有傑出智慧的人齊聚一堂，所有的問題必將迎刃而解，從而讓法國重新成為一個生機勃勃、幸福歡樂的國度。

  人們普遍認為，集體的智慧可以解決所有的問題。事實上這種看法並不確切，反而會帶來嚴重的後果，尤其是在這樣特殊的社會環境之下，集體的智慧讓所有的個人能力都無法發揮出來。因此，內克爾不僅沒能牢牢地控制住政府實權，反而任一切順其自然地發展。之後，人們就如何來改造國王的權力引發了一場激烈的爭論。當時警察的權力已經大不如前了，在一些擅於言論煽動的人鼓動之下，住在巴黎郊區的居民開始意識到自己的力量。在嚴峻的局勢和動盪的社會環境下，當革命領袖無法通過合法途徑達到目的時，常用的過激策略就被付諸執行，那就是普通民眾在走投無路的情況下才選擇的險路——血腥與暴力。

　　為了贏得農民與中產階級的支持，內克爾賦予了他們在三級會議上擁有雙重代表權。對於這個問題，一個名叫西厄耶的神甫特別寫了一本著名的《何為第三等級》。在這本書中他得出一個結論：第三等級，也就是中產階級，他們代表著社會中的一切人群；在過去，他們不名一文，現在應該給予他們應有的社會地位。這一結論反映了當時大多數關心國家利益的人的普遍心願。

　　選舉的過程有著讓人難以想像的混亂，最終的結果為：神職人員代表共308名、貴族代表285名、第三等級代表621名。他們即將收拾行囊、前往凡爾賽參加三級會議。此外，第三等級代表們還帶了一篇稱為《紀要》的長篇報告同行，選民們的各種抱怨和冤情都包含在那厚厚的一摞報告中。這次大會可以說是挽救法國局勢的最後一次努力了，

網球場宣誓

　　國民會議有效投票的規則是按等級還是按人數出現了巨大分歧，前者讓第三等級在兩個特權等級壓制下看不到希望，後者卻賦予第三等級壓倒性的優勢。版畫中實力壯大的第三等級代表聚集在凡爾賽宮的室內網球場，在天神的庇護下宣誓不制定出有效的國家憲法絕不解散，奏響了法國大革命的序曲。

在這個華麗的舞台上，這齣大戲即將開演。

三級會議於1789年5月5日在凡爾賽宮正式召開。會議中，國王非常生氣，經常想發脾氣，神職人員和貴族的代表也公開表示，他們不會放棄任何一項特權。國王讓三個等級在不同的房間內開會來申訴各自的冤屈，但是第三等級拒絕執行這項命令。1789年6月20號，第三等級在一個匆忙佈置、擁擠不堪的臨時會場——一個網球場中莊嚴地宣誓，堅決要求三個等級的所有代表成員都應該在一個地方開會。他們將這一決定告訴了國王，國王被迫妥協。

當三級會議作為國民會議，開始討論法國的國家局勢問題時，國王大發脾氣，但是很快又開始猶豫。一開始他堅決表示，寧願死也不願意放棄自己的絕對君權，然後他就索性外出打獵，將所有煩心的國家大事和不愉快的事情都拋在腦後。等到他滿載而歸時，他又開始讓步了。他經常在一個錯誤的時間，用一個非常錯誤的方法來做一個正確的決定。當所有的人都在爭論，並提出一項要求時，他會將他們嚴厲地訓斥一頓，絕不會答應他們的要求。但是之後當憤怒的群眾威脅到自己的統治時，他又開始讓步，答應他們先前提出的要求，但這個時候人們往往已經在原有的要求基礎上加上了另一個新要求。於是，國王會再一次拒絕，上面的鬧劇又會再一次上演。正當國王被逼無奈準備在他忠誠的臣民提出的第一個和第二個要求上簽上自己的大名時，平民們又在條款的最後插入了第三個要求，並威脅如果國王不簽署這些條款，那麼他全家的性命就將不保。條款的清單越列越長，直到國王被糊里糊塗地送上了斷頭台。

國王的這個習慣讓他的行動總是比局勢的發展慢半拍，但是很不幸，他從來沒有清楚意識到這一點。甚至到了他將自己的頭顱放在斷頭台上，內心仍充滿了委屈，認為自己飽受他人的虐待。他用自己有限的能力來最大限度地關愛他的臣民，但讓他無法理解的是，這些人卻調過頭來給予他最不公正的對待。

我經常告誡你們，對歷史所有的假設都是沒有任何意義的。我們或許可以輕易地說，如果路易十六是一個精力旺盛、心狠手辣的人，法國的君主專制或許會繼續存在。但是他並非獨自一人，即使他像拿破崙那樣冷酷無情、擁有橫掃千軍萬馬的力量，但是在當年疾風驟雨的形勢之下，他妻子的行為也會斷送他的政治生涯，將他送上斷頭台。要知道，他的皇后是奧地利皇太后瑪利亞·特利莎的女兒——瑪麗·安東奈特。這位皇后從小在中世紀最專制的皇宮中長大，這使她兼具從皇宮走出來的年輕女孩所可能具備的一切美德與陋習。

在丈夫受到三級會議的威脅時，皇后瑪麗·安東奈特決定率先發難，並秘密謀劃了一個反革命陰謀。財政大臣內克爾被突然解除職務，各地的軍隊也接到國王的密令，開始向巴黎集結。當人民知道這個消息之後，他們變得更加憤怒了，於是人們開始進攻巴士底獄。1789年6月14日，這座曾經讓人們恐懼害怕的政治犯監獄被攻破了。那裡曾是君主獨裁專制的象徵，但早已不再關押政治犯，而是作為城市拘留所關押小偷和輕微的刑事犯。聽到巴士底獄被攻破的消息之後，貴族們感到形勢不妙，開始逃往國外。但是國

路易十六

奢華宮殿中的法蘭西國王路易十六穿著加冕典禮服神情高貴、驕傲地站在人們面前。作為法蘭西波旁王朝復辟前的最後一任帝王，路易十六任內朝野荒敗、國庫空虛、民怨沸騰，儘管看到了籠罩在法蘭西上空的重重危機，但這個無力駕馭國家機器的國王直到被推上斷頭台也沒有醒悟，是優柔寡斷葬送了他的一切。

王卻一點也沒有意識到危機，還是和平常一樣。就在巴士底獄被攻破的那一天，他還悠閒地外出打獵，最後還捕獲了好幾頭獵物，得意洋洋地回到了凡爾賽宮。

國民會議在8月4日正式開始運轉，並在巴黎人民此起彼伏的呼聲中，廢除了王室、貴族和神職人員的所有特權。8月27日，著名的《人權宣言》問世，這也是法國第一部憲法的序言部分。直到此刻，局面依然在能夠控制的範圍之內，但是顯然王室並沒有從上一次的事件中汲取教訓。於是人民開始懷疑王室會秘密謀劃第二次反革命，妄圖干涉這次改革。於是巴黎在10月5日第二次暴動了。這場暴動的範圍甚至已經波及了凡爾賽，直到國王被帶回到巴黎的王宮，這場騷亂才逐漸平息下來。待在凡爾賽的國王讓老百姓寢食難安，所以他們要求能夠隨時監視他的行蹤，並進一步控制他與維也納、馬德里以及其他王室親戚的書信往來。

就在這個時候，米波拉開始領導國民議會整頓全國混亂的局勢。他出身貴族，後來成為國民議會中第三等級的領袖。但是他的王座還沒有坐熱，就在1791年4月2日撒手人寰。正是因為他的去世，才讓路易十六開始真正考慮自己性命的安危，於是他在6月21日傍晚悄悄地逃離了王宮。很不幸的是，國民自衛軍從一枚硬幣的頭像上認出了他，在瓦雷內村附近他被抓住了，之後又狼狽地被遣送回巴黎。

1791年9月，法國通過了第一部憲法，於是國民會議的歷史使命便完成了，議員們開始收拾行裝打道回府。1791年10月1日，開始召開立法會議，它將完成國民會議沒有完成的工作。在立法會議的代表中，有很多激進派的革命黨人，其中雅各賓派是膽子最大，聲名也最盛的一個，他們因為經常在古老的雅各賓修道院舉行集會而得名。這些多數出身自由職業者的年輕人擅於用鏗鏘有力的演說調動起聽講者的澎湃激情。他們的這些激進演說被刊發在報紙上，而當柏林、維也納、普魯士、奧地利的國王看到這些報紙的時候，國王們決定開始行動，將他們的好兄弟姐妹從苦難中救出來。當時歐洲國家都在忙

於瓜分波蘭，因為當時波蘭不同的政治派別正在互相廝殺，自相殘殺讓這個國家陷入了一場覆滅的危機，反成為了任何國家都可以瓜分的一塊肥肉。儘管如此，在爭奪波蘭的同時，這些歐洲國家還是派出了一支軍隊前往法國，想要將路易十六救出來。

在這種形勢之下，整個法國都陷入了一片恐慌之中，他們因為長期的飢餓和痛苦而累積起來的仇恨已經升至最高峰。巴黎的人們開始對國王居住的杜伊勒里宮發動了猛烈的進攻，那些誓死效命王室的瑞士軍隊拚命抵抗，以保護他們的主人。當遇阻的巴黎暴民正要退出王宮的時候，優柔寡斷的國王又下令軍隊「停止進攻」。殺得興起的暴民在嘶喊聲與廉價酒精的作用下再一次衝進了王宮，將所有束手待斃的瑞士衛兵統統殺死，然後又在議會大廳中抓住了逃命的路易十六。很快，人們就剝奪了他的王位，將他關進了丹普爾城堡。那個曾經高高在上的國王淪為了階下囚。

這時候奧地利和普魯士的軍隊仍然在向法國逼近，這樣法國人民的恐慌就變成了瘋狂，這讓善良的法國人都變成了最凶狠、最殘忍的野獸。1792年9月的第一個星期，這些瘋狂的人就衝進監獄，殺死了裡面所有的囚犯。此時的法國政府對他們的這些行為採取聽之任之、放任不管的態度。由丹東領導的雅各賓派心裡非常清楚，這場危機的結果關係到整個革命的最終成敗。只有這種最極端、最暴力的一招險棋才能拯救他們自己。於

攻陷巴士底獄

國王暗地集結軍隊對第三等級勢力準備突施鎮壓，這一行動讓巴黎市民群情激奮，人們在響徹不息的警鐘聲中湧上街頭、奪取武器，攻陷了巴黎東郊俯視整個城區的軍事堡壘與政治監獄——巴士底獄。面對著這座長期壓制在心頭的高牆壁壘，人們從屋頂、窗户、街頭用簡陋的火炮與槍彈宣洩著自己的怒火。

《人權宣言》

以美國《獨立宣言》為藍本，以天賦人權、自由平等為原則的法國《人權宣言》將舊有的封建等級與君主專制徹底扔進了歷史的垃圾堆，系統闡明了人權、民主、自由的立場以及行政、立法、司法三權分立的憲政要求，宣告了資產階級領導下西方國家人權觀念的誕生與深入人心。

是在1792年9月，立法會議結束，一個新的國民公會成立，其中多數成員都是激進的革命黨人。路易十六被指控犯有最高的叛國罪，接受國民公會的審判。審判的最後結果是他的罪名成立，並以361:360的票數被判處死刑。更諷刺的是，這關係到路易性命的最後一票是由他擔任奧爾良公爵的表兄投下的。1793年1月21日，路易平靜地走上了斷頭台，但是直到這時候，他也不明白為什麼會有這些流血的暴力事件，但他仍是那麼的高高在上，高傲地不屑於向其他人請教這個問題的原因。

路易死後，雅各賓派的人開始向性情比較溫和的吉倫特派發難。吉倫特派因為他們的多數成員都是來自南部的吉倫特地區而得名。在這場政治鬥爭中，雅各賓派組建了一個特殊的革命法庭，21名吉倫特派的首領被判處死刑，其他的成員相繼自殺。其實他們都是善良誠實、能力超群的人，只是他們太逆來順受，也太謙順溫和，很難在亂世中苟活於世。

1793年10月，雅各賓派宣布在恢復和平的局勢之前，要暫時停止執行憲法，一切權力都暫時歸於以丹東和羅伯斯庇爾領導的小型公安委員會掌管。他們廢除了基督信仰和舊的曆法，這樣一個帶著革命恐怖的理性時代就開始統治法國。這個時代在美國革命期間被托馬斯·潘恩大力讚揚過，但正是這樣一個時代，在不到一年的時間之內，不管是善良的，還是邪惡的，還是中立的，每天死在革命恐怖中的人數高達七八十人。

國王的獨裁統治雖然被徹底地毀棄，但是它又被少數人的暴政所取代了。他們對民主懷有很熾烈的熱情，所以不得不殺死那些和他們意見不相同的人。法國就在他們的手上變成了一個屠宰場和殺人工廠。在革命恐怖的氣氛中，人們互相猜忌，人人如履薄

崩潰的邊緣

　　周邊國家的入侵壓力與復辟謠言將惶恐不安的法國人推入內憂外患的境地，脆弱的靈魂在飢餓與恐慌的雙重壓抑下幾近崩潰，直到無法抑制。人們衝進王宮和貴族的宅邸，焚毀和殺光他們所見到的一切，以無以抗拒的瘋狂力量試圖推毀整個世界來重建他們的理想家園。

路易十六之死

　　眾叛親離的路易十六企圖勾結外敵，鎮壓革命的密函為他敲響了喪鐘，在民眾此起彼伏的聲討下，路易十六被激進的革命者控以最高叛國罪，並以超過半數的戲劇性表決結果最終被判處罪名成立、執行死刑。亂世環境將這個皇帝的軟弱個性無限放大，沒有人對他悲情的結局抱有一絲憐憫。

法國大革命

　　隨著巴黎人民攻陷巴士底獄的槍炮聲，法國第三等級與權貴特權階級間醞釀已久的矛盾最終爆發。君主立憲派、吉倫特派、雅各賓派輪番登場，這場混亂、殘酷的法國大革命讓國家與民眾都蒙受苦難。

法國大革命

君主立憲派	1789年，巴黎人民攻占巴士底獄，農村也開展群眾運動。 資產階級奪取巴黎市政府的政權。 1789年，通過「八月法令」。 1789年8月，通過《人權宣言》。 1789年10月，巴黎爆發群眾運動。 1791年，路易十六出逃失敗。 1792年，反法聯軍攻入法國，巴黎人民再次掀起共和運動的高潮。
吉倫特派	1792年8月，吉倫特派取得政權。 1792年，爆發「九月屠殺」。 1792年，法國在瓦爾密戰役中獲勝。 1792年，法蘭西第一共和國成立。 1793年1月，處死路易十六。
雅各賓派	1793年6月，雅各賓派建立專政。 雅各賓派平定叛亂頒布土地法令。 雅各賓派改組救國委員會。 雅各賓派將吉倫特派及其支持者斬首。 1794年，雅各賓內部紛爭迭起。
結束	1794年10月，熱月黨人成立督政府。 1799年，拿破崙發動霧月政變。

馬拉之死

作為法國大革命最熱情的領導者之一，雅各賓派的馬拉主張建立革命專政，以武裝暴力換取自由，但卻成為黨派相爭的犧牲品，他在浴盆中辦公時被保王黨人夏洛特·科黛蓄意刺殺。他手中攥著寫滿反革命活躍分子名字的染血紙條，讓他意外的是在他揮舞著屠刀準備衝向別人之前，他自己就已經魂歸西天。

冰。有幾個國民議會的老議員出於恐懼，自認為將成為下一個被屠殺的對象，他們聯合起來反抗處死自己大量同伴的羅伯斯庇爾並占得上風。羅伯斯庇爾這個號稱為唯一的民主戰士自殺未遂。人們將他的傷口進行了簡單的包紮之後就將他推上了斷頭台。1794年6月27日，雅各賓派的恐怖統治宣告結束，所有的法國人終於如釋重負地開始了狂歡。根據他們創辦的新曆法，這一天正好是熱月的9日。

但是當時法國所面臨的危險形勢決定了政權必須掌握在少數幾個鐵腕領袖的手中，一直到其他反革命的勢力被徹底地趕出法國領土後為止。當裝備落後、糧餉不足的革命軍隊在萊茵、義大利、比利時、埃及等各地浴血奮戰，逐個打敗每一個敵人的時候，法國成立了一個由5人領導的督政府。這個督政府成立四年之後，一個名叫拿破崙·波拿巴的天才將領取得了政府的控制權，並於1799年開始擔任法國的第一執政官。在之後的15年中，悠久的歐洲大陸轉變成為一系列從未出現過的政治實驗室。

第五十三章

拿破崙

拿破崙。

拿破崙出生在1769年，是卡洛·瑪利亞·波拿巴的第三個兒子。他的父親卡洛當時是科西嘉島阿佳肖克市的一個公證員，為人誠實善良。他的母親也是一個非常善良的人，叫做萊蒂西亞·拉莫莉諾。其實拿破崙來自義大利，而並非是法國人。他的出生地科西嘉島曾經是希臘、迦太基及古羅馬帝國的殖民地，這裡的人為了取得獨立進行了頑強的鬥爭。最初，他們想要脫離熱那亞人的統治，法國曾經幫助他們反抗過熱那亞，但是為了自己的利益又將這個島標上了法國的標籤。所以到了18世紀中後期，科西嘉人又開始和法國做鬥爭。

在他20歲之前，年輕氣盛的拿破崙一直是科西嘉的職業愛國者「辛·費納」民族運動組織裡面的一員，他時刻熱切盼望著能將自己的祖國從法國的奴役中解救出來。然而，沒想到法國大革命滿足了科西嘉人的獨立呼聲，於是他在布里納軍事學院接受良好的軍事教育之後，拿破崙就全心全意投效了這個悸納他的國家。雖然他的法語說得並不流暢，甚至還不能正確地書寫，說話的時候還有著濃濃的義大利腔調，但是這並不妨礙他成為一個法國人。多年以後，他甚至成為了集法國所有優秀品德於一身的最高楷模。他深刻地影響著法國人，直到現在，他依舊被看成是法國

締造奇蹟的拿破崙

有著「奇蹟創造者」之稱的拿破崙，是法國近代史上傑出的軍事家、政治家，極具野心的他在如火如荼的法國大革命中青雲直上，並通過霧月政變成為法蘭西的獨裁者。他屢次通過侵略征服和占領歐洲的大片領土，憑一己之力為動盪中的法蘭西贏得了喘息的機會，並使之逐步成為歐洲的霸主。

天才的代名詞。

　　拿破崙可以劃歸為平步青雲的典型。他從一個默默無聞的凡人到志得意滿的偉人，總共時間也不會超過20年。但就是在這不到20年的短暫時間裡，他所指揮的戰爭之多、取得的勝利之大、行軍走過的路程之遠、侵占的土地之廣、造成的死亡人數之巨都遠遠超過了歷史上的任何一個人，他推行的改革讓歐洲大陸不得安寧，深遠的影響無人能望其項背，即便是著名的亞歷山大和一代天驕成吉思汗都不能和他相提並論。

　　他的身材非常矮小，在小時候身體素質並不好，經常生病，而且長得也很普通，如果只見一次，想要給人留下深刻的印象幾乎是不可能的。即便是到了他政治、軍事生涯的最高峰，在每次出席一些重大的社交場合時，他的行動看上去仍然顯得很笨拙。在別人眼裡，他沒有顯赫的背景、良好的教養，家裡也沒有充實的財富可以供他爬上高位。他完全是靠著自己的雙手，白手起家。在他青澀的少年時代，家境貧寒的他經常會挨餓受凍，甚至有時候還會為了幾個小錢而費盡心機。

花園中的拿破崙與約瑟芬

　　約瑟芬的前任丈夫因叛國罪死在了革命黨人的斷頭台上，天生的美麗與心機卻讓她逃過一劫，而後又藉此優勢以及出色的交際能力成為巴黎社會的風雲人物。她的美麗、高貴與溫柔同樣吸引著拿破崙的注意，兩個具有同樣野心的人走到了一起，但個性的放任與未能留下子嗣讓他們終究各奔東西。

他在文學方面的天賦也並不突出，有一次他參加軍事學院舉辦的有獎作文競賽時，他排名倒數第2，在總計16人參加的作文競賽中他的論文僅列第15名。儘管如此，他還是憑藉著對自己命運和輝煌前途的堅定信念，克服了自己的出身、相貌、家境以及天賦上的一切不足。在他向上攀登人生頂峰的過程中，最大的動力就來自於他內心中勃勃的野心。他有著最充足的自信，他習慣在簽署文件時署名「N」，這個字母在他的宮殿中可以經常看到，他對這個字母有著非凡的崇拜之心。他立志要

瑪麗・路易莎

作為約瑟芬的繼任者，年輕貌美的奧地利皇帝之女瑪麗・路易莎為拿破崙生下了渴望已久的帝國繼承人。已過不惑之際的拿破崙盡顯父親的慈愛，當即冊封愛子為國王，坐擁帝國的未來、溫柔的妻子、牢固的法奧同盟讓久經征戰的拿破崙終於流露出充滿人情味的一面。

讓拿破崙這個名字成為世界上僅次於上帝的最重要的名字，所有這一切強烈的欲望融合在一起，促使他登上了歷史上前所未有的榮譽巔峰。

當年輕的拿破崙還是個領取一半軍餉的陸軍中尉時，就非常喜歡看古希臘歷史學家普盧塔克的《名人傳》，但是他卻並不打算將這些備受人們崇拜的古代英雄作為自己品德行為的標桿。看起來他好像完全不具備人類與動物相區別的那種謹慎思考和細膩情感。我們很難判斷出他一生中除了自己以外還是否愛過其他的任何人。雖然他對自己的母親很有禮貌，這是因為他的母親萊蒂西亞具有與生俱來高貴女性的做派和氣度。和所有義大利的母親一樣，她清楚地知道怎樣去管教自己的孩子，並贏得他們的尊重。有一段時間，拿破崙曾經對他美麗的克里奧耳妻子約瑟芬無比癡迷。約瑟芬是馬提尼克島上一位法國軍官的千金，她的第一任丈夫原本是德・博阿爾納斯子爵，後者因在對陣普魯士軍隊中敗北而被羅伯斯庇爾處死，年輕喪夫的約瑟芬後來改嫁給了拿破崙。但是因為約瑟芬不能給拿破崙生育後代，所以拿破崙毅然地和她離婚了，並與奧地利皇帝年輕貌美的女兒締結了婚約，儘管這更像是一個看似不錯的政治聯姻。

在著名的土倫戰役中，年輕的拿破崙僅是一個炮兵連的指揮官，但就是在這次戰役之後他聲名遠播。在戰爭的閒暇時間，他還專心地研究了馬基維利的言論。從他今後的政治

英雄與追隨者

　　野心、堅忍、冷酷以及極具煽動性的演說，讓拿破崙成為人們心目中的英雄，敵人痛恨他、忌憚他，法國人崇拜他、歡迎他，人們願意拋棄一切，甚至不惜生命去追隨這個許諾他們自由、平等，許諾他們所期冀的美好世界的人。英雄改變了歷史，追隨者創造著歷史，但歷史因誰而變卻無人能給出答案。

作法來看，他很顯然聽從了這位佛羅倫斯政治家的建議。但在他統治期間，只要毀約會使他得到利益，他就會義無反顧地違背承諾。在他的人生字典裡面從來就不會出現「感恩」這個詞，但是他也從不要求別人對他感恩戴德。他似乎完全不關心別人的痛苦。在1798年對埃及的戰役後，他對戰俘原已允諾饒其不死，但隨後就食言了。在對敘利亞一役，當他發現他的船無法承載大量傷員時，就毫不遲疑地命人將傷員盡數殺死。他還指使一個有失偏頗的軍事法庭將昂西恩公爵判處死刑，儘管這沒有任何法律依據，只是為了殺一儆百，警告波旁王朝。對於那些為了祖國獨立而戰的被俘德國軍官，他毫不憐惜他們反抗的高尚動機，下令將他們就地處決。當安德列斯·霍費爾奮勇抵抗法軍最終戰敗被俘時，這位蒂羅爾英雄竟然被他以一個普通叛國者的身分處死了。

　　當我們真正開始研究拿破崙的個性時，我們才會明白為什麼當時英國的母親在哄小孩入睡不耐煩時會對他們說，如果再不聽話，拿破崙就會將調皮的孩子作為早餐抓走。人們對於拿破崙暴躁、可憎的一面可以沒完沒了地說下去。拿破崙可以事無巨細地監管著軍隊的所有部門，卻唯獨對醫療服務視而不見；在他無法忍受士兵身上發出的汗臭

時，會不停地往自己身上灑科隆香水，以致於自己的制服也被燒壞了等。諸如此類的壞事可以說很多，但平心而論，我們的內心對這種說法依然持有懷疑與排斥。

我寫到這裡的時候，正舒服地坐在一張堆滿書本的寫字檯前面，一只眼睛瞄著打字機，另一只眼睛看著我心愛的那隻愛玩複寫紙的貓——利科麗絲，同時給你講述拿破崙是怎樣一個卑鄙可恥的人物。如果我恰巧瞥了一眼窗戶外第七大道的景致，此刻大街上車水馬龍的繁鬧瞬間冷卻、停滯在那裡，清脆的鼓點聲傳入我的耳朵，一個小個子穿著破舊的綠軍裝，騎著一匹神駿的白馬映入我的眼簾。那麼，相信我也會情不自禁地拋開我的書本、我的小貓、我的生活、我生命中的一切，追隨他到世界的任何地方，而我自己都說不清其中的原由。我的爺爺也是這樣做的。所有人都清楚，他並不是一個天生的英雄，但仍有成千上萬個和我爺爺一樣的人跟著這個小個子走了。他們不會因此得到任何回報，而他們也不奢求能夠得到回報。他們死心塌地地為這個科西嘉人效命，甚至不惜搭上自己的性命。小個子帶著他們背井離鄉，南徵北戰，讓他們在俄國人、英國人、西班牙人、義大利人、奧地利人漫天的炮火中衝鋒陷陣，即便是他們掙扎在死亡的邊緣，痛不欲生，仍能從容不迫地凝望著天空。

我沒有辦法來解釋這種行為和現象，只能全憑臆想揣測其中的一個原因。那就是拿

拿破崙在伊倫戰場

硝煙彌漫的伊倫戰場，拿破崙以法國蒙受巨大損失為代價，換取了最終戰役的勝利。深受將士們擁戴的拿破崙騎著戰馬蹚過戰敗者充斥著憤懣與死亡氣息的前沿陣地。面對種種困境，不擇手段的拿破崙從不計較任何得失，他以冷峻、堅毅掌控著世界，這種王者之氣支撐著他走向世界之巔。

破崙是一個非常出色的演員，整個歐洲大陸就是他表演的舞台。不管在什麼時候、什麼情形之下，他都能夠準確地以最恰當的姿態去迎合觀眾，他懂得最能取悅人心的演說。在埃及的沙漠中，站在獅身人面像和金字塔面前的勝利演說，或是站在被露水打溼的義大利草原上對忐忑不安的士兵戰前動員，他總是那麼堅毅果敢、泰然自若。即便是身陷四面楚歌的境地，成為大西洋中某個荒涼空曠小島上的流放者，成為一個昏聵無能、低俗卑劣的英國總督手掌中任意驅遣的病人，他依舊占據著整個舞台的中心。

在他遭遇滑鐵盧的失敗之後，除了少數幾個非常值得信賴的朋友之外，再也沒有人見過這個曾經的王者。所有的歐洲人都知道他正流放在聖赫勒拿島上，也知道有一支英國的警衛隊不分晝夜地看守著他，還知道有一支英國艦隊也同時密切監視著駐紮在朗伍德農場奉命守護拿破崙的警衛隊。但是此時，不管是他的朋友還是敵人，他的形象都深刻地烙印在每個人的記憶中。即便是疾病與絕望最終讓他的生命跡象漸漸消逝，他深邃的雙眼依然時刻凝視著這個世界。直到今天，他依然像一個世紀之前一樣高大、威嚴地矗立在法國人的幻想中。有時，人們只要催促瞧一眼這個面色蠟黃的小個子，即會因過度興奮或過度害怕而昏厥當場。這位傳奇的皇帝在克里姆林宮裡餵過他的馬，即便是教

加冕

為了進一步鞏固在法蘭西至高無上的神聖專權，獲得更多法國人乃至歐洲人的認可，拿破崙借用教皇在宗教信仰方面無與倫比的公信力、號召力，在巴黎聖母院舉行了隆重的國王加冕儀式。傲慢的拿破崙不僅沒有對羅馬教皇庇護七世表現出絲毫的尊重，反而拒絕跪拜加冕，自行將皇冠戴在頭上。

皇和最有權勢的人在他看來也不過是隨興差遣的僕人罷了。

　　拿破崙的一生都充滿了傳奇色彩，哪怕只是對他的一生列出簡單的提綱，都需要寫上好幾卷書。如果想要將他對法國進行的政治改革、日後被很多歐洲國家效仿的拿破崙法典以及他在公眾場合不勝枚舉的舉止言行講清楚，恐怕寫上幾千頁都嫌不夠。但是相對於他前半生的輝煌成功，最後10年卻一落千丈的原因，我卻可以用幾句話來解釋清楚。從1789年到1804年，身為法國革命的傑出領袖，拿破崙縱橫馳騁，讓奧地利、義大利、英國、俄國等國的軍隊望風而逃，是因為那時候他和他的士兵都是「自由、博愛、平等」信條的死忠，他們都是王朝皇室的敵人，是平凡百姓的朋友。

　　但是在1804年，他自封為法國世代沿襲的皇帝，甚至邀請教皇庇護七世親自為他冊封加冕。同樣的情形也曾出現在西元800年，法蘭克的查理大帝邀請利奧三世為其主持加冕。他澎湃的自信與對權勢的渴望，讓他非常期待能一手締造屬於自己的輝煌時代。

　　在他當上皇帝之後，就從原來的革命領袖變成了哈布斯堡王朝無能的效仿者。他已經將自己的精神之母雅各賓政治俱樂部統統拋至腦後。他不再是被壓迫人民的守護神，反而成了所有壓迫者的代言人，他的刀隨時準備殺害那些敢於違反皇帝意志的人。在1806年，他親手將羅馬帝國可悲的殘跡扔進歷史的垃圾堆，當古羅馬帝國的輝煌被一個義大利農民的後代肆意破壞、奄奄一息時，竟沒有人流露出絲毫的同情。但是當他的軍隊進入西班牙，強迫西班牙人違心承認他就是他們的新國王，並大量地捕殺仍忠於舊主的馬德里人時，人們就開始異口同聲地聲討那個過去曾在馬倫戈、奧斯特利茨以及上百次戰役中獲得榮譽的革命英雄。這時候，拿破崙已經從一個革命的英雄變成了一個舊體制的邪惡化身，英國就趁此機會迅速地將這種仇恨蔓延開來，讓所有正直善良的人都變成法國皇帝拿破崙的敵人。

　　當英國的報紙開始大肆報道法國大革命期間各種令人恐怖的細節時，他們就對他深惡痛絕了。這種類似的「光榮革命」，在100年前他們就曾在查理一世的統治下體驗過。但是和法國驚天動地的大騷亂相比，英國的革命就顯得太過小兒科了。英國普通的老百姓都認為，雅各賓派是萬惡之源的魔鬼，拿破崙就是這群魔鬼的首領，每一個人都應該將他們碎屍萬段。從1789年伊始，法國的港口就被英國的艦隊圍了個密不透風，熄滅了拿破崙借道埃及入侵印度的夢想。儘管他的軍隊在尼羅河沿岸連奏凱歌，卻不得不接受屈辱的撤退。等到1805年，一個百年不遇的戰勝對手的機會擺在了英國人的面前。

　　拿破崙的艦隊在西班牙西南海岸一個靠近特拉法爾角的地方被內爾森一舉擊潰，從此法國的海軍全軍覆沒，拿破崙的勢力就被束縛在了陸地上。在這樣的情形之下，如果他能審時度勢，暫時接受歐洲列強所提出的不傷和氣的和平條約，歐洲霸主的地位依然可以穩穩攥在他的手中。但是這時候的拿破崙已經被自己所取得的榮耀蒙蔽了雙眼，他獨掌歐洲的地位不允許任何人與他分享。所以他很快就將仇恨的目光轉向了那個有著廣袤原野、無盡炮灰的神秘國度——俄國。

　　如果俄國一直被凱瑟琳女皇半傻半瘋的兒子保羅統治著，拿破崙就該知道對付俄

血洗馬德里

　　如漆的夜幕下死靜的城市正發生著慘絕人寰的一幕，拿破崙的軍隊攻占了西班牙之後，馬德里奮起反抗的民眾遭遇了法軍瘋狂的屠殺，數以千計的反抗者與平民難脫死亡的厄運。尖銳的對立與冰冷的槍口訴說著人性的泯滅與戰爭的殘酷，而無辜的殉難者伸向天空的雙手更是對世間不平最痛徹的申訴。

國的策略。但是因為保羅的脾氣越來越暴躁和難以琢磨，徹底被激怒的大臣們一起合謀殺死了他，以免自己被流放到西伯利亞的鉛礦受盡折磨。保羅死後，他的兒子，亞歷山大沙皇即位。亞歷山大可不像他的父親那樣對拿破崙這種篡位者心存仁念，而是將他看成破壞和平的人類公敵。亞歷山大是一個非常虔誠的人，他相信自己是上帝挑選的解放者，肩負著將世界從科西嘉的邪惡統治下解救出來的重任。所以他毅然決定加入由普魯士、英國、奧地利組成的反法同盟，但是卻經常失敗。他進行了五次嘗試，但是都以失敗收場。在1812年，他再次對拿破崙出言不遜，徹底激怒了這位法國皇帝，後者決定要一直打到莫斯科讓他跪地求饒。於是，從西班牙、德國、荷蘭、義大利等歐洲各個角落，四面臨時集結的軍隊無可奈何地陸續開往北方，僅僅是為他們高貴的皇帝那受辱的自尊心討回公道。

　　接下來的故事是人所周知的。經過了2個月的艱苦跋涉，拿破崙終於攻占了俄國的首都，並在克里姆林宮裡面建立了自己的司令部。但是他占領的也只是一座空城而已。1812年9月15日深夜，莫斯科突然燃燒起了熊熊大火，一直持續了4天4夜，到了第5天的晚上，拿破崙無奈地下令撤軍休整。在2個星期之後，俄國開始下雪，大雪掩埋了森林和草原，法國軍隊在積雪和泥濘中行軍異常緩慢，直到11月26日才走到別列齊納河畔。這

時候，俄國的軍隊四面掩殺而至，哥薩克的騎兵將四散潰逃的拿破崙軍隊團團圍困。直到12月中旬，才有一批逃出生天的法軍倖存者出現在德國東部的小鎮。

隨後，法國即將發生叛亂的流言四散開來。於是整個歐洲的人們都覺得看到了曙光，在法國桎梏中飽受折磨的他們終於等到了自救的時刻。於是他們將一支支在法國間諜嚴密監視下藏起的舊槍枝翻了出來。但是還沒等到他們弄清楚怎麼回事時，拿破崙已經帶著一支休整完畢的軍隊返回了法國。原來，拿破崙揮別了自己元氣大傷的部下，獨自駕著雪橇提前回到了巴黎。這時他發出了最後的徵集令，徵召更多的法國士兵同他一起並肩作戰，以保衛神聖的法國疆土免遭外敵的踐踏。

莫斯科沖天大火

順利攻占俄國首都莫斯科讓拿破倫無比樂觀，然而當夜城郊騰起的火浪傳達了俄國人誓死抵抗的決心。大火不僅使空寂的莫斯科城區3/4化為灰燼，也使整個城市陷入混亂。

這樣，一大批年僅十六七歲的孩子跟著他趕赴東線抵抗反法聯軍的進攻。1813年10月16、17、18日，無比慘烈的萊比錫戰役打響了。在這三天的時間裡，兩幫穿著綠色或

陰雲密布的征程

為了拯救法蘭西皇帝脆弱的尊嚴與傲慢，各地徵調的復仇軍隊在風雪、泥濘的結伴下開赴遙遠的西伯利亞。苦不堪言的征程壓抑著皇帝的熊熊怒火，卻不曾想等待著他們的不僅僅是俄國人留下的一座空城，更是俄國首都上空燃燒了整整四個晝夜的沖天大火。

藍色軍服的男孩混在一處捉對廝殺、血流遍野，染紅了埃爾斯特河水。到了10月17日下午，俄國集結待發的後備部隊最終突破了法軍的防線，於是拿破崙望風而逃。

他很快回到巴黎，宣布讓自己的幼子即位，但是反法聯軍堅持讓已故的路易十六的弟弟，即路易十八來執掌法蘭西。於是，目光呆滯的波旁王子在哥薩克騎兵和普魯士軍隊的簇擁下，趾高氣昂地入主巴黎。

至於拿破崙，則被流放到了地中海一個叫做厄爾巴的小島上，成了那裡的國王。他將手下的馬夫們編成一支微型部隊，在棋盤上演練戰役廝殺。

當拿破崙離開法國之後，法國人才恍然大悟到他們失去了多麼寶貴的東西。在過去的20年，雖然拿破崙讓他們付出了高昂的代價，但那卻是一個充滿夢想和榮耀的時代。那時候的巴黎是世界的首都，是最輝煌的城市。但是在他們失去拿破崙之後，一切都變了。那個胖得流油的新國王在拿破崙被流放期間終日遊手好閒、安於現狀，過於慵懶已經到了讓人無比厭惡的地步了。

1815年3月1日，正當反法同盟的代表們著手重新理清被拿破崙打亂的歐洲版圖時，拿破崙卻突然出現在戛納的土地上。在不到一周的時間裡，法國軍隊就背叛了波旁王朝，紛紛倒戈到南方去效忠拿破崙。拿破崙快速向巴黎進發，在3月21日就抵達了巴黎。

災難性的潰退

俄國人堅韌頑強的信念夾雜在厚厚的積雪與凜冽的寒風中，讓法國人無比詛咒這個提前而至的冬天，孤軍深入、損失慘重的法軍等不到俄國人投降就不得不先行撤退。不斷襲來的飢寒、恐慌讓身後掩殺而至的俄軍如索命的魔鬼，將皇帝引以為傲的軍隊衝得潰不成軍、元氣大傷。

大廈將傾後的退位

經過萊比錫慘烈的殊死一戰，曾經不可一世的拿破崙不得不接受最終的潰敗，返回巴黎的他宣布讓位，並在勝利方——反法聯軍特派使節的密切注意下，在自己的楓丹白露宮中與效忠多年的近衛軍揮手告別。此後，儘管皇帝被放逐到地中海的厄爾巴小島，但仍有1000名死士宣誓追隨著他。

這一次他變得小心翼翼，謹慎、低調地拋出求和的呼聲，但是反法同盟卻斷然拒絕了。而後，整個歐洲紛紛以武力討伐這個背信棄義的科西嘉人。拿破崙迅速率軍北上，想要在各處敵人形成合圍之前將其逐一殲滅。但是此時的拿破崙早已不復當年的意氣風發。他深感力不從心，不時就倍感身心俱疲，在本該抓住良機率領他的突擊部隊向敵人進攻時，他卻早已呼呼大睡。此外，很多對他忠心不二的將士都已先他一步離開了人世，也讓他顯得形單影隻。

在6月初，拿破崙的軍隊侵入了比利時。6月16日，他擊潰了布呂歇爾統帥的普魯士軍隊。但是很遺憾，他的一個下級將軍並未嚴格執行他的命令，致使敗退中的普魯士軍隊一息尚存，埋下了縱虎歸山的隱患。

6月18日，拿破崙和惠靈頓在滑鐵盧附近兩軍相遇，到了下午2點鐘，勝利的天平似乎已經開始向著法軍的方向傾斜。到了下午3點鐘的時候，在東邊突然出現了一支軍隊，拿破崙認為這是自己的騎兵部隊，他們已經擊敗了英國軍隊，是來接應他的。結果到了4點鐘

的時候他才弄明白,這是先前被打敗的普魯士軍隊。布呂歇爾怒吼著驅遣手下疲態盡顯的部隊加入了戰團。這樣一來,完全打亂了拿破崙制定周密的計畫。沒有任何後備部隊的法軍陣腳大亂,拿破崙只能囑咐部下盡量保存有生力量,自己則再次臨陣脫逃了。

此番經歷之後,他第二次讓位給自己的兒子。當他離開厄爾巴島剛好100天的時候,他再一次離開了法國,這一次他打算去美國。在1803年,因為一首歌的緣故,他將即將被英國占領的法屬殖民地聖路易斯安那賣給了美國。所以他認為美國人會知恩圖報,施捨他一小塊土地和一間小房子,讓他安詳地度過晚年。但是英國的艦隊正在嚴密地監視著法國每一個港口。在盟國的陸軍部隊與英國的海上艦隊之間,拿破崙插翅難飛。普魯士人一心將他殺之後快,而英國人則看起來似乎更寬容一些。焦慮不安的拿破崙在羅什福特度日如年,期待局勢能出現一絲轉機。在滑鐵盧戰役1個月以後,新的法國政府向拿破崙發出了最後通牒,要求他在24小時之內離開法國的領土。這時候英國的喬治三世因為精神失常被關進了瘋人院,所以拿破崙這個悲情人物只好給攝政王寫信,說他準備接受敵人的處置,只希望能像狄密斯托克斯一樣在敵人的家中獲得原諒與款待。

在6月15日,拿破崙終於登上了英國的「貝勒羅豐」號,並將自己的佩劍交付霍瑟姆海軍上將。等到了普利茅斯港的時候,他改換乘「諾森伯蘭」號,開往他生命中最

滑鐵盧之戰

在法國人對昔日輝煌帝國的緬懷中,拿破崙潛回巴黎,重新召集了軍隊,在整個歐洲的聲討下,求和不成的皇帝只求先發制人、各個擊破。但在火炮主宰戰局的滑鐵盧之戰,最精銳的帝國衛隊也在威靈頓公爵統轄下的歐洲聯軍前銷毀殆盡,無路可退的拿破崙被流放到更遙遠的大西洋聖赫勒拿島,直到離世。小圖為滑鐵盧戰役紀念銀幣。

後的一塊土地：聖赫勒拿島。他生命中最後的7年就是在那裡度過的。在那裡，他嘗試著寫自己的回憶錄，和看守人員大吵大鬧，完全沈浸在過去的回憶中。令人奇怪的是，在他的幻覺中他又回到了曾經的人生起點。當他回憶起過去的崢嶸歲月時，他努力地說服自己相信他一直都是「自由、博愛、平等」這些信念的真正朋友，這些美好的嚮往被他議會中那些衣衫襤褸的士兵們帶到了世界各地。他經常會提及自己作為總司令和首席執政官的那一段生活經歷，卻對帝國隻字不提。有時候他會想起自己的兒子賴希施坦特公爵和他豢養的小鷹。而現在這只「小鷹」正被他哈布斯堡的表兄們看做「窮親戚」勉強收養在維也納。記得當年，這些表兄們的父輩在拿破崙的威名下只會不安地瑟瑟發抖。在拿破崙生命的最後一刻，他仍幻想著自己正帶領軍隊奪取勝利，他命令米歇爾·內率領他的衛隊出擊，然後離開了人世。

但是如果讀者想弄清楚他傳奇的一生，或者希望能夠明白，為什麼他能憑藉自己頑強的意志，將那麼多人長久地控制在自己的統治之下，那麼請一定不要閱讀關於他的傳記。這些傳記的作者要麼是對他懷

～～ 拿破崙傳奇 ～～

借助法國大革命的亂世契機與軍事才華，拿破崙·波拿巴發動了霧月政變，快速完成了由軍事將領到執政者的轉身。他先後數次粉碎了歐洲反法同盟，在教皇的面前加冕稱帝，使法蘭西帝國成為歐洲大陸的霸主。晚年卻在歐洲的群起聲討中獨木難支，兵敗滑鐵盧之後被放逐到大西洋的聖赫勒拿島，直至去世。

拿破崙大事記	
時間	事件
1769年	出生於科西嘉島。
1779年	在法國布里納軍校進修。
1793年	攻克土倫並升任炮兵指揮。
1796年	遠征義大利。
1798年	遠征埃及。
1799年	發動霧月政變，建立執政府。
1800年	擊潰第二次反法同盟。
1802年	被共和國任命終身執政。
1804年	頒布《拿破崙法典》，加冕為皇帝。
1805年	粉碎第三次反法同盟。
1806年	粉碎第四次反法同盟。
1807年	入侵西班牙。
1809年	擊敗第五次反法同盟，拿破崙帝國進入全盛時期。
1812年	進軍俄羅斯，落敗後返回巴黎。
1813年	被第六次反法同盟擊敗。
1814年	宣布退位，被放逐厄爾巴島。
1815年	逃離厄爾巴島，建立「百日王朝」。
1815年6月	兵敗滑鐵盧。
1821年	在聖赫勒拿島上病逝。

聖赫拿島之行

　　在普利茅斯港，拿破崙登上了開往流放地的「諾森伯蘭」號，作為他人生的最後一站，遙遠的聖赫拿島已成為他地圖上唯一有意義的座標。在追隨他的將士充滿頹廢與疑惑的目光中，拿破崙也唯有以沈默來面對他也看不清的渺茫前程，如此失敗，但更多的是懊惱，也許只有在回憶中才能回味曾經的光輝歲月。

兩個擲彈兵

　　兩個被俘的擲彈兵頂著風冒著雪，途經德國返回他們的家園法蘭西。聽聞拿破崙戰敗被俘後無比沮喪——答應我的請求吧，兄弟。如果我客死他鄉，請把我的屍骨帶回法蘭西……我躺在故土的墳墓裡，像一個警惕的哨兵，當戰火再起，皇帝縱馬躍過我的墳頭，我將全副武裝地爬出來，保衛我的皇帝。

有滿心的仇恨和憎惡，要麼就是瘋狂的崇拜他的人。或許從這些書中可以讓讀者知道很多的事實，但是相比於這些僵硬的事實，更多的時候需要用自己的心去感受這段歷史。至少在有機會聽到那首優秀藝術家演唱的名叫《兩個擲彈兵》的歌曲之前，千萬不要閱讀那些書籍。這首歌的詞作者是生活在拿破崙時代的一個名叫海涅的德國詩人，曲作者則是音樂家舒曼。舒曼出生於德國，當他探望自己的岳父陛下時，德國的敵人——拿破崙就曾站在他的面前。而這首歌就是出自這兩個有著充分理由憎惡拿破崙的藝術家之手。

　　如果有機會，去聽聽這首歌。相信你能從中感受到1000本歷史書都不能告訴你的東西。

第 五十四 章

神聖同盟

　　拿破崙被流放到聖赫勒拿島之後，那些曾經被他打敗的宿敵，對這個科西嘉人萬分憎惡的歐洲統治者們在維也納聚會，企圖抹殺法國大革命帶來的種種變革。

　　上至歐洲各國的王公大臣、各位大使主教，下至他們身側的眾多隨從僕人，所有人的工作安排都被拿破崙這個可恨的科西嘉人突然返回而生硬地打亂了。當拿破崙在聖赫勒拿島的炎炎烈日下忍受折磨，他們則在盡情地享受勝利，他們舉辦宴會、花園酒會、舞會，有些人甚至跳起難得一見的新式舞步「華爾茲」，讓那些依然停留在小步舞時代的先生、女士們怒目而視。

維也納會議

　　第六次反法同盟擊敗拿破崙之後，歐洲列強在奧地利維也納召開一場意在重新劃分歐洲版圖的會議，即維也納會議。事實上這場會議頗具慶典狂歡意味，圖中鮮明地揭露了奧地利、普魯士、俄國、英國等戰勝國彼此私下達成協議的醜陋嘴臉，他們心照不宣地肆意吞併、宰割小國，瓜分了歐洲的大片領土與利益。

回歸安寧的生活

　　被革命與戰爭弄得精疲力竭的人們開始期望安定的生活，曾經的自由、平等與民主已經無法喚起他們的熱情。曾經的革命者最終沒能逃脫專制者的命運，這讓人們對革命失去信心，與其雞飛狗跳地在黑暗中不斷輪迴，不如安安靜靜地苟且生活，於是人們將更多的精力與注意力投入到如何修復戰爭的創傷上來。

在整整一代人的時間裡，他們的內心都非常不安，而當這種危險消除的時候，可以傾訴革命時期的各種痛苦與遭遇時，他們又會滔滔不絕地大倒苦水。他們還希望拿回雅各賓派從他們手中搶去的財富。在他們看來，那些革命黨人就是一群野蠻人，竟然膽敢處死了上帝封賞的國王，甚至廢除了假髮，用貧民窟的破爛馬褲取代了宮廷優雅的短褲。

當我提到這些雞毛蒜皮的瑣碎之事時，你們一定會覺得非常可笑。實際上，維也納會議就是由很多讓人覺得荒唐可笑的程序構成的。關於長褲和短褲的爭論就耗費了代表們幾個月的時間，而薩克森和西班牙等問題的最終解決方案反而被擱置一旁。普魯士國王最誇張，他甚至特意訂做了一條短褲，以向所有人展示他對革命的極度蔑視。

而德國的君主在表現仇視革命態度的時候也不甘人後。他頒布了一條法令：只要是在拿破崙統治期間繳過稅的公民，必須向他——這個新的合法統治者繼續繳納這些稅款。僅僅是因為當他們在受到拿破崙無情剝削的時候，他正在遙遠的地方默默地為他們祝福。諸如此類的荒唐事情在維也納會議上層出不窮，直到有人憤怒到無法遏制，大聲叫嚷：「看在上帝的分上，我們為什麼不抗爭？」因為百姓們已經被戰爭和革命折磨得筋疲力盡了。他們對未來完全不抱有任何希望，也不關心接下來會發生什麼事情，更不在乎誰來統治他們。只要能擁有和平，就是對他們最大的恩賜。戰爭、革命、改革就已經將他們完全拖垮了，讓他們感到非常憎惡和厭倦。

上個世紀80年代，當法國大革命爆發的時候，每一個人都曾在自由的大樹下歡歌熱舞。貴族們擁抱著他們的廚子，公爵夫人拉著她的僕從們在卡曼紐拉歌的節奏中盡情跳舞。因為他們真的相信，一個自由、平等、博愛的新世紀已經來臨，所有的一切即將重新開始。但是伴隨著這個新世紀到來的，還有革命委員們，還有衣衫襤褸的士兵們。這些人搶占了他們的沙發，在他們的客廳裡面大吃大喝。等到他們吃飽喝足返回巴黎的時候，這些解放者向政府報告，這些被解放地區的人們都給予了他們熱情的接待，擁護法國帶給他們的自由憲法。當然，在他們離開時還順手偷走了幾件主人刻有家族徽記的金銀餐具。

當他們聽到消息說，有一個叫做波拿巴或布拿巴的年輕軍官用武力鎮壓了巴黎最後一波革命暴亂時，他們終於都鬆了一口氣。為了能得到安寧的生活，他們寧願犧牲一點兒自由、平等和博愛。但是沒過多長時間，那個波拿巴或布拿巴的年輕軍官搖身成為法蘭西共和國的三個執政官之一，後來又成為了唯一的執政官，甚至到最後成了法蘭西帝國的皇帝。他比以往的任何統治者都要富有才能，因此在他統治下平民百姓所受的轄制、壓迫也就更嚴重，更冷酷無情。他強迫他們的兒子去當兵，強迫他們漂亮的女兒嫁給他手下的將軍，將他們心愛的古董珍藏奪走，占為己有。拿破崙犧牲掉了整整一代青年人的生命與未來，把整個歐洲變成了一個大兵營。

現在，這個名叫拿破崙的人被流放在聖赫勒拿島上，除了少數的職業軍人之外，大多數人期待著他不要再回來打擾他們平靜的生活。在過去，他們曾擁有自治以及選舉政府官員的權力，但是這些嘗試被實踐證明都是失敗的。新的統治者初出茅廬，言行放

任、大膽，讓他們在原來的瘡口上又增添了很多新傷。所以人們完全絕望了，於是他們向原來的統治者乞求，期望他能像從前一樣統治他們，只要告訴他們需要交多少錢，只要不粗暴干擾他們的生活，他們都會答應。他們需要更多的時間來修復自由時期的創傷。

操控維也納會議的大人物們自當竭力滿足人們渴望和平、穩定的願望，因此會議的最重要成果就是「神聖同盟」。這促使警察一躍成為國家中不可忽視的力量，他們承擔著守護社會平安的職責，對那些膽敢對國家稍有微詞的人處以最嚴厲的懲罰。

這樣歐洲大陸終於重現了久違的和平，儘管這是一種陰森恐怖、毫無生氣的和平。

在維也納會議上有三個重要人物：俄國的亞歷山大沙皇、奧地利哈布斯堡家族的代表梅特涅首相以及曾經的奧頓主教塔萊朗，合稱為維也納三巨頭。在風起雲湧的法國政壇遭受無數次危機的時候，塔萊朗憑藉著自己的聰明狡獪最終站穩了腳跟。此次維也納之行，他作為法國的代表為挽救遭受拿破崙荼毒的法國竭盡所能。這位不速之客就如同被邀請的貴賓一樣在維也納的宴會上胡吃海喝，就像一個打油詩中胸無城府、逍遙自在的年輕人。但事實證明，他做得非常成功，很快他就坐在了餐桌主賓席的位置上，用各種有趣的故事為其他來賓助興，他的優雅風度贏得了所有人的好感。

維也納和會

八面玲瓏、能言善辯的塔萊朗遊走於盟國中對波蘭、薩克森垂涎三尺的俄國、普魯士，以及對此類兼並持反對態度的英國、奧地利兩派之間，維也納和會上各方勢力努力尋求對歐洲的均衡對峙，讓法國人逃脫了被其他歐洲人壓制的厄運，也給予了波旁王朝路易十八再次崛起的機會。

在他到達維也納的前一天，已經探聽到反法同盟已經分成了兩派。一方是想要吞併波蘭的俄國和占領薩克森的普魯士；另一方就是想要千方百計阻止前兩者實現吞併的奧地利和英國。因為無論讓俄國或普魯士任何一個成為歐洲的霸主，都會對英國和奧地利的利益造成一定的影響。塔萊朗憑著他出色的才智與外交手腕在兩派之間左右逢源，而使雙方針鋒相對。正是因為他的努力，法國人民才得以免於遭受歐洲其他國家帝國官僚的十年壓迫之苦。在維也納會議上，他努力地爭辯說，法國人民的行動完全不是自己心甘情願選擇的，只是迫於拿破崙的威脅而做出的舉動。現在拿破崙已經被流放，路易十八也成為了法國國王，他熱切地請求歐洲國家給法國一次機會。這些同盟國的統治者們也樂意看到一個合法的君主重拾革命國家的大權，就接受了他的請求。這樣，波旁王朝就得到了一個改過自新的機會，但他們卻縱慾濫權浪費了它，以至於15年後路易十八被迫讓位。

維也納三巨頭中的另一個大人物就是奧地利的首相梅特涅，他是哈布斯堡外交政策的決策者，是奧地利的梅特涅—溫斯堡親王，全名文策爾·洛塔爾。從他的名字中我們不難瞭解他的背景，他曾是一個大莊園的主人，也是一個風度翩翩的紳士，擁有巨額財產，而且非常聰明能幹。但是，他所生活的世界卻與終日辛勤勞作的大眾相隔千里。當法國大革命爆發的時候，正值青年時代的他還在斯特拉斯堡大學攻讀鑽研。斯特拉斯堡是雅各賓黨人頻繁活動的中心，著名的《馬賽曲》就誕生在那裡。所以在他的記憶中，所有愉快的社交生活都被革命黨人打亂了。很多平庸的人被突然召去做他們力所不及的工作，而那些革命黨人就通過不分晝夜地殺戮無辜生命以歡慶自由的曙光。他看到了革命殘酷的一面，但是他卻並未看到人們的那種熱情，他沒有看到婦女和小孩捧著食物和水交給破衣爛衫的國民自衛軍士兵手中，望著士兵們大步穿過街道，趕赴前線為自己祖國的榮耀而獻身時，她們淚光中閃現的希望。

在年輕的梅特涅的印象中，大革命只會讓他感覺到厭惡。在他看來，這次革命是野蠻的。即便是真的需要一場戰爭才能解救，也應該是一群穿著漂亮衣服的青年，騎著高大威武的戰馬去進行體面的戰鬥。但是將一個國家變成骯髒的軍營，讓流浪街頭的乞丐一夜之間成為將軍是非常愚蠢、非常歹毒的作法。當時奧地利的公爵們會輪流地舉辦各種晚餐宴會，他就會向遇到的法國外交官發表自己的看法：「法國人那些精緻的思維都帶來了什麼東西？你們期待自由、平等、博愛，但是最後卻等來了拿破崙。假如你們能夠安於現狀，情況會比現在好很多。」緊接著他就會闡述自己維持穩定的政治見解。他極力主張重回大革命之前舊體制的正常狀態，因為那時候每一個人都生活得很幸福，也沒有人發表什麼天賦人權或者人人平等的謬論。他對於這種政治見解發自內心地認可，他的頑強意志、鐵血手腕以及超凡的說服力讓他成為法國革命思想最大的敵人之一。梅特涅在1859年才去世，所以他親眼目睹了1848年爆發的歐洲革命將自己苦心經營的政策當作垃圾一樣丟棄，這讓他感覺蒙受了最徹底的失敗。就在一瞬間，他覺得自己成了整個歐洲最令人討厭和憎恨的人，很多次都差一點兒被憤怒的市民處以死刑，但是就算到

了生命的最後一刻，他仍然覺得自己所做的一切都是正確的。

他堅信，相對於自由所帶來的危險隱憂，人們更願意去選擇和平。他會盡自己的最大力量讓人民獲取他們的最大利益。不得不說，他竭力構建的世界和平框架獲得了巨大的成功，這讓歐洲擁有了40年的和平時光。直到1854年，俄國、英國、法國、義大利、土耳其之間爆發了一場爭奪克里米亞的戰爭，這種和平的局面才宣告結束。歐洲大陸上能保持這麼長時間的和平是歷史上前所未有的。

維也納會議的最後一個巨頭就是俄國的亞歷山大沙皇。他的祖母就是著名的凱瑟琳女王，他從小就在她的身邊長大。他聰明能幹的祖母讓他學會了要將俄國的榮譽看成是生命的一部分。除此之外，他還有一個來自瑞士的私人教師，這個老師對伏爾泰和盧梭的崇拜已經達到了近乎瘋狂的地步。這個老師極力將熱愛全人類的思想灌輸到他的頭腦中。這樣就使得亞歷山大在長大後身上出現了一種奇特的氣質，他既是一個自私的暴君，但同時又是一個容易憂世的革命者，雙重性格的衝突常常讓他陷入自我矛盾的痛苦之中。在他的父親保羅在位期間，亞歷山大倍感屈辱。他不得不親眼目睹了拿破崙在戰場上的瘋狂殺戮、

梅特涅

作為19世紀最傑出的奧地利外交家，梅特涅奉行保守主義策略，努力試圖尋求歐洲傳統權威與舊制序的回歸。為了確保奧地利不會在自由與革命難以控制的風潮中崩潰，梅特涅極力主張鎮壓歐洲各處的革命勢頭，以歐洲勢力「均衡說」獲得了各方的支持，成為維也納會議神聖同盟的核心人物。

血流成河。等到他繼承王位之後，他的軍隊為同盟國帶來了勝利。這樣俄國就從一個荒涼的邊境之國變成了整個歐洲的救世主。這個實現民族振興的沙皇則被人們奉為神明，希望他能治好所有的社會傷痛。

但是他本人卻並不聰明，也不像塔萊朗和梅特涅那樣對人性和外交手段駕輕就熟。而且像很多人一樣，他也愛慕虛榮，喜歡聽到群眾對他的褒獎之聲。很快，他就成了維也納會議的焦點，塔萊朗和梅特涅以及精明能幹的英國代表卡斯雷爾都悄悄地坐在一邊，一邊享受著托考伊酒，一邊思考著具體的行動。因為他們都需要俄國，所以對亞歷山大一點兒都不敢怠慢。對他們來說，亞歷山大參與的實質性問題越少，對他們就越有利。甚至對於亞歷山大提出的「神聖同盟」計畫，他們也非常贊同，以便讓沙皇將精力集中在這件事情上，他們就可以放手處理另外一些迫待解決的事情。

亞歷山大偏愛社交活動，經常在各種各樣的晚會中會見各種不同的人。在這樣的場

俄國沙皇亞歷山大一世

俄國沙皇亞歷山大一世年少時所接受的正統歐式教育與啟蒙思想，賦予了他嚴明君主與自由革命者的雙重氣質，唯獨欠缺其他縱橫政壇外交家的精明老練，他率領的俄軍成為阻擋拿破崙強大軍隊東進的關鍵力量，拿破崙本人也評價其「細心、虛偽、狡猾」，他為俄國登頂歐洲霸主之路開創了嶄新局面。

合中，沙皇總顯得格外的輕鬆和愉快。但是他的性格中還有完全相反的一面，他總是想努力去忘掉那些讓他難以釋懷的事情。在1801年3月23日那天晚上，他在聖彼得堡聖邁克爾宮中焦躁不安地等待著父親退位的消息。但是保羅卻不願在喝得爛醉的官員強塞給他的退位文件上簽字。這些官員由怒生惡，用一條圍巾纏住老沙皇保羅的脖子，使他因窒息而魂歸天國。然後他們就走下樓梯，通知亞歷山大，他已經接掌俄國的所有財富與土地。

亞歷山大生性多疑，這個恐怖的夜晚不停地折磨著他。他曾經接受過法國哲學家們的傑出思想，他們相信理性思維而更勝於上帝。但是這不足以讓沙皇擺脫心靈上的困境。於是他開始出現幻聽、幻覺，經常會覺得有各種各樣的形象和聲音在他身邊飄來飄去。他很想找到一種能夠讓自己不安的良心平和下來的方法。於是，他變得非常虔誠，

對神秘主義產生了強烈的興趣。而神秘主義就是對神秘世界和人類未知世界的一種崇拜與嚮往，它的悠久歷史幾乎可以同底比斯和巴比倫的神廟相比肩。

大革命時代跌宕起伏的大悲大喜之情，正在以一種很怪異的方式改變著人們的性情。經過了20年戰爭的殘殺與恐懼之後，人們的神經都變得異常的敏感。甚至他們可能會被門鈴聲驚嚇到，因為這個突如其來的聲音或許帶來的正是他們的孩子戰死沙場的噩耗。革命所大肆宣揚的友愛與自由，對於倍受煎熬的農民來說，就是一些毫無意義的口號。對他們而言，寧願抓住那些能夠幫助他們脫離苦海、重新生活的實質性東西，也不會聽信一兩句空洞的口號。在痛苦中，他們讓一群騙子輕而易舉地騙取了信任，這些人假扮成先知的模樣，到處傳播從《啟示錄》晦澀難懂的章節中挖掘出來的新教義。

1814年，有著多次占卜經歷的亞歷山大聽說了一個女先知的故事。傳說這個女人具有神秘的力量，能夠預言即將到來的世界末日，所以不停地敦促人們盡早悔過。她就是馮·克呂德納男爵夫人，她的丈夫是保羅統治時期的一個外交官。人們對她的年齡與過去謠言四起，但是多數都是無法確定的道聽途說。有人說她把丈夫的財產全部用來揮霍，還因為各種緋聞讓她的丈夫顏面盡失。她過著荒淫無度的生活，最終崩潰，精神開始失常。後來因為她親眼看到了一個朋友的死亡，從而讓她變成了一個虔誠的宗教信仰者，對世俗的快樂異常厭惡。她曾經對一個鞋匠懺悔過自己的罪惡，這個鞋匠來自摩拉維亞兄弟會，是1415年被康斯坦斯宗教會議判處火刑而死的宗教改革家胡斯的追隨者。

之後的十年中，克呂德納一直待在德國，全身心地勸說各位王公大臣皈依宗教。她一生最大的願望就是感化當時歐洲的救世主亞歷山大，讓他能夠意識到自己所犯下的錯誤。而當時亞歷山大正好處於極大的痛苦中，

精神的慰藉

漫長的戰爭與革命讓身處亂世之境的人們經受著無盡的苦難，恐懼與焦慮如同揮之不去的陰霾籠罩在每個人的心頭，唯有宗教的寄託讓他們獲得了難得的些許平靜與安慰。這些看似空虛的精神慰藉成為多數人最後一根可以抓住的希望稻草，給予他們支撐著生活下去的勇氣。

神聖同盟

　　隨著拿破崙帝國的隕落，維也納會議之後在俄國沙皇亞歷山大一世的倡議下，眾多歐洲國家加入了一個以俄、奧、普三國為主體框架、以神聖宗教為戒條的「神聖同盟」。而後英國通過與俄、奧、普締結「四國同盟」使同盟的範圍進一步擴張，但毫無牢固根基的同盟在隨後席捲歐洲的革命浪潮中土崩瓦解。圖為歐洲版圖。

只要是能給他安慰的人，他都非常樂意聽他們的開導。所以男爵夫人和亞歷山大很快就見面了。1815年6月4日晚上，男爵夫人進入沙皇的帳篷時，亞歷山大正在讀《聖經》。我們無法得知男爵夫人和沙皇的對話內容，但他們交談了整整三個小時，等到男爵夫人離開之後，亞歷山大淚流滿面地說，他的靈魂終於得到了安寧。從此，男爵夫人就陪伴在亞歷山大身邊，充當靈魂的導師。他們一起前往巴黎，然後又來到維也納，除了參加必要的宴會之外，亞歷山大的大量時間都耗費在男爵夫人的祈禱會上。

　　你們也許會疑惑，我為什麼要如此詳細地描述這樣一個有點荒唐的故事。你們可能會覺得19世紀的各種社會變遷遠比一個精神失常的女人更重要。這樣的想法是理所當然的，也是很正確的。但是這個世界上有著太多的歷史書在向我們詳細講述著歷史中的

重大事件，我只是希望你們能從這些歷史中了解的不僅僅是表面的史實。我希望你們能學會用客觀的態度去挖掘、分析這些事件。不只是滿足於在何時何地發生了一件什麼事情。只有了解隱藏在每一個行為下的動機，才能更好地去瞭解世界，也更有機會去幫助他人。這樣才是真正能夠令人滿意的生活方式。

我不希望你們將「神聖同盟」看成是在1815年簽訂的，現在正塞在國家檔案館中的某個角落為人們所遺忘的一紙空文。雖然它可能正在被人們忘卻，但是依然影響著我們今天的生活。神聖同盟最直接的影響就是導致了門羅主義的產生，而這種思想和美國人的生活密切相關。我希望你們能知道這份文件是因為什麼機緣而出現的，以及各國簽署這份對基督教虔誠互愛、盡職盡責的文件背後所隱藏的真正動機。

亞歷山大是一個精神受到了沈重打擊，企圖安撫不安靈魂的不幸者，男爵夫人是一個虛度光陰、容顏老去，只能借以新教義先知的名頭來滿足自己虛榮心和各種欲望的女人，他們這種怪異的結合聯手造就了「神聖同盟」。我在這裡透露出這些細節並非什麼驚世駭俗的秘密。卡斯雷爾、梅特涅、塔萊朗這樣頭腦清醒的人當然知道這位夫人沒有什麼通天的本領，梅特涅可以輕而易舉地將她送回德國老家，他只需給手眼通天的帝國警察局首腦遞上一張紙條就可以解決所有的問題。

但是這時候法國、英國和奧地利正需要俄國的支持，所以他們不敢觸怒亞歷山大，所以他們必須要克制自己的脾氣來容忍這個愚蠢的老女人。儘管他們覺得神聖同盟完全沒有根據，連付諸紙上都讓人覺得浪費筆墨，但是等到亞歷山大向他們朗誦以《聖經》為底本草擬的《世人皆兄弟》的恢弘大論時，他們只能耐心地聽下去。在同盟上簽字的國家必須認可，在處理本國事務和國際外交關係時，都應該堅持以基督教的正義、仁慈、和平作為指導。這一法則不僅適用於個人，還應該在各國君王議會中推廣，作為強化人類制度、改正人類缺陷的唯一手段體現在政府行為的各個步驟中。之後，各國還應該互相承諾，隨時保持聯繫，不管對方遇到了什麼困難，都應該像兄弟那樣，不分時間和地點進行幫助等。

儘管奧利的國王不明白神聖同盟究竟說了什麼，但還是簽上了自己的名字，法國國王也一樣，因為當時的形勢迫使他不能得罪俄國。普魯士國王也簽字了，他們希望借助沙皇的勢力推行他的「大普魯士」計畫。還有其他受到俄國控制的小國也被迫簽字了。但是英國卻始終沒有簽字，因為卡斯雷爾覺得所有的條款都是些泛泛之言。教皇也沒有簽字，因為他對一個東正教信仰者和新教徒插手本屬於他的分內之事拘有牴觸情緒。而因為不了解條約的內容，土耳其和蘇丹也沒有簽字。

然而不久之後，歐洲人就不得不正視這一條約的存在了，因為在空洞的神聖同盟背後，是梅特涅組建起來的五國聯盟。這些勢力龐大的軍隊是為了警告世人，歐洲的和平決不允許任何自由主義者擾亂。這些自由主義者就是那些改頭換面的雅各賓黨，他們就是想要歐洲重新回到動盪不安的革命時代。此時歐洲人對從1812到1815年間的解放鬥爭的熱情正在逐漸消退，開始越來越期盼真正的幸福生活，在戰爭中受害最深的士兵也

神聖的天堂

　　基督教所推崇的公正、仁慈與和諧成為了歐洲各國管理國家事務與處理彼此之間外交關係的標準尺度。情同手足的兄弟關係無時無刻不讓各國及所屬人民沈浸在寬宏大愛的幻想當中，在神的注視下，貌合神離的各國憑藉著暫時的利益關係團結在一起，空虛的同盟卻始終無法呈現出真正的天堂。

非常渴望和平，所以他們都成為了和平的宣傳者。

　　但是人們需要的並不是「神聖同盟」和列強會議此刻呈遞給他們的和平。他們覺得自己上當受騙了。他們不得不小心謹慎，以防自己的這些話被秘密警察聽到。毫無疑問，反動勢力高奏凱歌，策劃這起反動浪潮的人堅信他們的初衷對人類有益。但它背後的不良企圖仍然讓人們無法接受。這樣的行為製造了很多不必要的痛苦，也會阻礙政治改革的正常發展。

第 五十五 章

強大的反動勢力

　　歐洲國家用壓制新思想的方式來維持著和平，這樣就使得秘密警察成為了左右權力的國家機構。很快，那些呼吁以百姓民意來管理國家的人擠滿了各國的監獄。

　　想要徹底地將拿破崙帶來的災難殘餘清除乾淨是不可能的。之前的防線已被完全打破，經過了好幾個朝代的宮殿已經殘破不堪，無法繼續居住。有很多王宮為了盡快治癒革命的創傷，不惜以損害鄰居為代價，極力進行土地擴張。等到革命的洪流消退之後，歐洲留下了各種各樣的革命的殘留思想，如果強行將這些影響全部消除會給社會帶來無法估計的風險。但在維也納會議上，所有的政治工程師們將自己的力量發揮到了極致，也取得了許多成就。

　　長期以來，法國就一直攪得世界烏煙瘴氣，人們對法國具有一種發自內心的恐懼感，雖然塔萊朗代表國王承諾，今後一定會好好治理國家，但是拿破崙百日政變的教訓卻仍讓其他國家時刻警覺，一旦他再次背叛承諾會出現什麼樣的可怕景象，於是他們開始未雨綢繆。因此，荷蘭共和國被改為王國，比利時也成為了這個荷蘭新王國統轄的一部分。比利時並沒有在16世紀與爭取獨立的荷蘭人並肩作戰，一直隸屬於哈布斯堡王朝，開始被西班牙管轄，最後又成為奧地利的領地。不管是在新教控制的北方，還是天主教控制的南方，雖然他們不需要刻意的聯合，但是也沒人反對。既然這種情形能夠維護歐洲的和平，就可以接受，這就是當時的主要想法。

　　因為波蘭的亞當·查多伊斯基王子是亞歷山大的好朋友，並且在整個反拿破崙戰爭和維也納會議期間都充當著沙皇的顧問，所以波蘭人對未來抱有很大的憧憬，希望可以得到更多的東西。但是當波蘭被劃為俄國的半獨立國家，並由亞歷山大擔任國王時，這引發了波蘭人民的極大憤怒，最終導致了後來的三次革命。

　　當年丹麥是拿破崙最忠誠的盟友，所以在拿破崙被流放之後它受到了很嚴厲的懲罰。七年前，英國艦隊在毫無徵兆的前提下開進了卡特加特海峽附近，炮轟哥本哈根，將所有的丹麥軍艦都掠走了，僅僅是為了避免它們為拿破崙所用。在維也納會議上各國又對丹麥進行了進一步的處罰，會議把1397年卡爾麥條約簽署之後與丹麥合併的挪威重

新劃出丹麥版圖，並交給瑞典的查爾斯十四世管理，以作為後者背叛拿破崙的獎勵。當初，查爾斯能坐上王位還要得益於拿破崙的幫助。奇怪的是，瑞典之前的國王是一個叫做貝納道特的法國將軍。貝納道特是以拿破崙副官長的身分來到瑞典的，當霍倫斯坦一戈多普王朝最後一任統治者去世後，並沒有留下後代，所以好客的瑞典人就讓這位將軍成為了瑞典國王。儘管他從來沒有學習過瑞典語，但是從1815年到1844年，他都竭盡自己所能來治理這個國家。他是個聰明人，將國家治理得非常好，因而贏得了瑞典人和挪威人一致的認可。但是他未能將兩個在歷史與性格上完全迥異的國家調和在一起，所以這兩個斯堪的納維亞國家合而為一的辦法從一開始就宣告徹底失敗。1905年，挪威用一種和平的方式有條不紊地建立起一個獨立的國家，瑞典也非常樂意讓挪威獨立，非常明智地讓它獨自發展。

文藝復興之後的義大利一直飽受外敵的入侵，所以他們對拿破崙寄予厚望，但是成了皇帝之後的拿破崙讓他們失望透頂。因為義大利不僅沒有統一起來，反而被劃分成了一個個小公國、公爵領地、共和國和教皇國。而教皇國是整個義大利除那不勒斯以外，吏治最混亂、民生最淒慘的地區。維也納會議解散了幾個拿破崙扶植的共和國，將其重

巴黎凱旋門

　　隨著拿破崙締造的歐洲格局最終崩塌，歐洲各國都挖空心思試圖從革命的廢墟中尋回曾失去的東西，而拿破崙為紀念奧斯特利茨戰爭勝利而修建的凱旋門，所承載的歷史與精神更讓得勢者惶恐不安，曾經帝國衰去的影子下，昔日的帝國同盟者皆不得不先後淪為被壓制、清洗的對象。

新恢復為舊制的公國，並交給哈布斯堡王朝中幾個有功之人作為獎賞。

西班牙曾經為了反抗拿破崙發起過著名的起義，為了效忠他們的國王，西班牙人民付出了血的代價。但是當維也納會議允許西班牙國王返回本土時，西班牙人民卻被推入萬劫不復的境地。斐迪南七世是一個心狠手辣的暴君，他在拿破崙的監獄中度過了流亡生涯的最後4年。在獄中為了打發無聊的時間，他給自己心愛的聖像編織了很多件外套。他用早已在革命期間被廢除的宗教法庭和行刑室來宣告自己的回歸。他非常令人討厭，不僅是西班牙人民，就連他的4個妻子也對他報以極度的蔑視。但是神聖同盟卻始終維護他的合法地位，於是善良正直的西班牙人民為推翻暴君統治、建立一個立憲制國家的一切行動，不得不在隨之而來的殺戮與流血中無功而返。

葡萄牙自從1807年王室成員逃到巴西的殖民地之後，就一直沒有國王。在1808年至1814年的半島戰爭期間，葡萄牙就一直作為惠靈頓軍隊的後勤補給中心而存在。在1815年之後，葡萄牙還做了幾年的英國行省，直到布拉岡扎王室重新登上王位。布拉岡扎王室的一位成員則被留在了里約熱內盧當了皇帝，那裡是整個美洲大陸唯一的帝國，一直維持到1889年巴西建立共和國。

在東歐，斯拉夫人和希臘人的悲慘遭遇沒得到任何改變，他們的身分還是土耳其蘇丹的臣民。1804年，一個名叫布蘭克·喬治的塞爾維亞養豬人率先揭竿而起反抗土耳其人，但以失敗告終，他被另一個叫做米洛歇·奧布倫諾維奇的塞爾維亞盟友殺害，後者是反對派的領袖，後來成為了塞爾維亞奧布倫諾維奇王朝的創始人。於是土耳其就繼續在巴爾幹半島橫行無忌，無可爭議地成為那裡的霸主。

希臘人在2000多年前就不再享受獨立的主權了，他們先後淪為馬其頓人、羅馬人、威尼斯人、土耳其人的奴婢。現在他們將所有的希望都寄託在一個科俘人——卡波德·伊斯特里亞身上。因為他跟波蘭的查多伊斯基一樣，是亞歷山大最親密的朋友，或許能稍稍改變他們的現狀。但是維也納會議對希臘人的要求置之不理，他們一心想著如何才能讓所有「合法」的君主保住各自的王位，而不管這些君主是來自基督教國家還是伊斯蘭教國家。所以，希臘人最後還是什麼都沒得到。

對德國問題的處理可能是維也納會議所犯下的最後、也是最致命的錯誤。宗教改革和三十年戰爭不僅將這個國家的繁榮昌盛毀於一旦，也使它變成了一堆杳無希望的政治垃圾。德國分裂成了幾個王國、大公國以及眾多公爵領地、侯爵領地、男爵領地、選帝侯領地、自由市和自由村，由一些只會出現在歌舞劇中似曾相識的性情迥異的統治者管理著。當年弗雷德里克大帝曾為改變這一現狀而建立了普魯士，但是在他死後，普魯士就開始逐漸走上了下坡路。

拿破崙拒絕了這些彈丸小國中多數尋求獨立的想法，直到1806年，這300多個國家中僅有52個依然能夠苦苦支撐著。在他們爭取獨立的歲月中，建立起一個強大統一的新國家是很多年輕士兵的夢想。但是沒有強大的領導，就不可能完成統一，他們還沒有找到這麼一個擁有足夠實力的領袖。

失勢的下場

　　作為拿破崙曾經最忠誠的追隨者，失勢的丹麥受到了重點「照顧」與嚴厲報復。英國艦隊曾在未有任何先兆的情況下炮轟哥本哈根並卷走所有丹麥的艦隻，而在維也納會議之後，這個喪失主權的國度甚至被他國任意分割出國土，致使挪威地區如同獎勵品般贈予了瑞典的查爾斯十四世。

　　講德語的地區共有5個王國，其中的兩個是奧地利和普魯士，他們各自的君主擁有著無可置疑的「神授君權」，而餘下的巴伐利亞、薩克森和維騰堡三個國家的王權則是拿破崙特許的。因為他們曾經為拿破崙效忠，所以他們的愛國熱情在其他德國人眼中不免要打上一個問號。

　　一個由38個主權國家構成的新日耳曼聯邦在維也納會議後初露雛形，它由曾經的奧地利國王即現任的奧地利皇帝來全權管理，但這種臨時性的解決方案並未獲得任何人的認同。於是，在歷史悠久的加冕之地法蘭克福，人們舉行了一次日耳曼大會，主要目的是為了商討共同的政策和重大的事務。但是這38個不同主權國家的代表各自代表著38種不同的利益觀念，會議採用了曾經毀掉強大波蘭的國會程序——在做出每一項決定的時候都需要全票通過。於是，這次日耳曼大會很快就成為了整個歐洲的笑話，這個古老帝國的治國之策與我們上個世紀四五十年代的中美洲鄰居越來越像了。

　　這對於那些為了實現民族理想不計代價的人們來說，絕對是一種極大的侮辱。但是維也納會議根本不會考慮到這些「國民」的個人情感，他們對德國問題的討論也就此草草蓋棺定論。

重建秩序

　　拿破崙打亂了歐洲各國舊有的封建秩序與版圖，因此歐洲列強齊聚奧地利維也納，試圖恢復戰爭時期被殃及的秩序與領土劃分。這些政治家、野心家們費盡心機，在各自的利益面前寸步不讓，勝利的資本讓他們得以慶幸地重掌歐洲大權。

正統原則：承認1789年前法國及其他各封建君主的正統地位，恢復其統治權及所屬領土。

補償原則：對失去領土或力抗拿破崙的國家給予補償。

均衡原則：最大限度遏制任何國家獲取絕對的優勢，力求歐洲各列強勢力均衡。

懲罰原則：打壓拿破崙舊有勢力，強化法國周邊國家勢力，以絕後患。

重建歐洲秩序

奧地利帝國獲得波蘭加利西亞、義大利倫巴底及威尼斯地區，割讓比利時給予荷蘭。

普魯士獲得波蘭波茲南、瑞典波美拉亞納、萊茵河地區以及五分之二薩克森的領土。

俄國獲得波蘭絕大多數領土以及瑞典統治的芬蘭。

英國獲得地中海的馬耳他島、愛奧尼亞群島以及眾多亞非海外貿易據點。

荷蘭獲得奧屬比利時地區，建立聯合荷蘭王國，割讓南非、斯里蘭卡給予英國。

瑞典獲得挪威地區，割讓芬蘭及波美拉亞納給予俄國和普魯士。

義大利的摩德那、帕爾馬等地劃歸哈布斯堡家族所有，割讓倫巴底及威尼斯地區給奧地利。

巴西和平革命

　　作為拉丁美洲的最大國家，巴西歷史上曾長期淪為葡萄牙的殖民地，1807年拿破崙入侵葡萄牙的腳步將葡萄牙王室逼往巴西。傳統的貴族與莊園讓巴西民眾始終處於劣勢地位，直到腐朽的專制與沈重的稅賦激起了巴西人此起彼伏的廢奴與共和運動，巴西帝國才經過政變轉變為巴西合眾國。圖為加冕儀式中的巴西第一任皇帝佩德羅。

有人反對維也納會議嗎？答案無疑是肯定的。當人們對拿破崙的仇恨逐漸平息，反對拿破崙戰爭的熱情開始消退，當人們意識到那是利用維護和平和穩定的幌子來進行各種罪惡勾當之後，他們就開始暗地抱怨，有的甚至威脅說要付諸武力反抗。但是這些手無寸鐵的普通人，無權無勢，什麼都做不了。而且他們面對的是世界上有史以來最殘酷、最有效率的警察體系，所有的行動都受到嚴密的監視，他們只能任由別人擺布。

　　參與維也納會議的列強們達成共識，拿破崙之所以會篡奪法國的政權，最根本的原因就是因為受到法國大革命思想的影響。他們認為應該將推崇法國思想的人全部消滅，並認為這樣做是順應上帝的旨意。這一點與宗教戰爭時期的西班牙國王菲利普二世的論調十分相像，這位西班牙國王一邊殘忍地對新教徒和摩爾人施

以火刑，一邊又認為這些令人髮指的行為是遵循了良知的召喚。在16世紀初期，教皇可以按照自己的意願來統治自己的臣民，只要有人不承認他這種神聖權力就會被視為「異端」，他所有忠實的追隨者都有義務殺死他們。但是到了19世紀，這些異端就變成了不相信國王和首相有權按照自己的方式來統治臣民了，所有忠實的市民都有義務到警察局進行檢舉揭發，讓異端分子得到應有的懲罰。

　　有一點必須承認，1815年的歐洲統治者已經在拿破崙的身上學會了如何提高統治的效率，所以在反異端上的效率要比1517年高很多。1815年至1860年期間，是歐洲的政治間諜時代。這些間諜無所不在，上至王公大臣的宮殿，下至社會最底層人的住所。他們可以利用細小的鑰匙孔窺視到內閣會議的全程，也可以隨意偷聽人們坐在市政公園的長

椅上，呼吸新鮮空氣時談論的家長里短。同時，所有的海關和邊境也有他們的影子，以嚴防沒有正式護照的不法份子混進來。他們還要檢查每一個包裹和行李，避免任何一本帶有革命思想的書籍進入他們神聖的領地。大學的課堂上，他們和學生們一起聽教授的演講，只要發現對現存的政治制度有絲毫不滿的言論，教授就會受到嚴厲的懲罰。他們甚至連兒童也不放過，跟在孩子們的身後防止他們逃學。

間諜的工作得到了傳教士的大力支持。在大革命期間，教會的損失是極其慘重的。不僅財產充公，傳教士被殺害，而且在公安委員會1793年廢除宗教儀式時，受到伏爾泰、盧梭和其他法國哲學家無神論影響的年輕人們在神壇旁邊盡情歡歌，這是對神的一種莫大的侮辱。他們在和貴族一起度過了漫長的逃亡歲月之後，和盟軍士兵一起回到家鄉，將他們的全部熱情重新投入到工作中。

1814年，耶穌會也回歸了，他們重拾針對年輕人的傳教工作，勸說後者將畢生獻與上帝。在與教會敵人的鬥爭中，他們也取得了不小的成績。在世界各地，每一個角落都設有耶穌教會的教區，向當地的人傳播天主教的教義。但是這些教區很快就發展成了一個正式的貿易公司，不斷地干涉當地政府的決策。在葡萄牙馬奎斯·德·龐博爾任首相的時期，他們被多次趕出葡萄牙的領土。後來教皇克萊門特十四世迫於歐洲主要天主教國家的要求，在1773年取消了這條禁令。他們很快地重操舊業，不斷向人們宣傳「順從」和「效忠君主」的教義，以免出現當年瑪麗·安東奈特被送上斷頭台時，不明就裡的孩子們竟然笑場的事情來。

這樣的局勢在新教國家普魯士也不見得能好多少。曾經在1812年號召大家一起反對篡奪政權的詩人和作家，如今被戴上了煽動家的帽子，被視為威脅現存秩序的危險人物。不僅他們的住房和信件要受到檢查，還要每隔一段時間去警察局彙報自己近期的行

新日耳曼同盟

漫長的宗教改革與三十年戰爭讓德國昔日的強盛與繁榮銷毀殆盡，拿破崙對於德意志小國獨立傾向的支持與放任更致使那裡形同散沙。維也納會議試圖通過由38個主權國家組成新日耳曼同盟的方式尋求解決，但密集的利益交鋒與各自為戰卻讓名存實亡的同盟如同一盤散沙，始終無法讓所有人滿意。

蹤。普魯士的教官將滿腔的怒火一股腦地全都發洩在年輕人的身上，並用非常殘酷的手段來讓他們牢記教訓。在宗教改革300週年時，有一群年輕的學生用一種熱鬧但是卻對社會沒有傷害的方式在瓦特堡進行慶祝，但是政府卻將這次慶祝活動當成一次革命的預演。當時有一個為人善良但是卻不夠機警的大學生將一個被派到德國搜集情報的間諜殺死，警察馬上就對普魯士所有的大學進行監視，並且不經過審訊，就將教授們關進監獄或者解除職務。

俄國在進行反革命活動時表現得更為荒唐、過分。這時候亞歷山大已經從對宗教的虔誠與沈迷中清醒過來，漸漸患上了慢性憂鬱症。此時他意識到了自己能力的侷限性，也認識到在維也納會議中，自己成了梅特涅和男爵夫人的玩物。所以他越來越討厭西方國家，變成了一個傳統的俄國統治者，將全身心的精力投入到歷史上斯拉夫人心中的聖城與楷模——君士坦丁堡上。隨著歲月的流逝，亞歷山大的工作格外認真努力，但取得的成績卻越來越少。當他在書房努力工作的時候，他的大臣們已經在想方設法地將俄國變成一個大兵營。

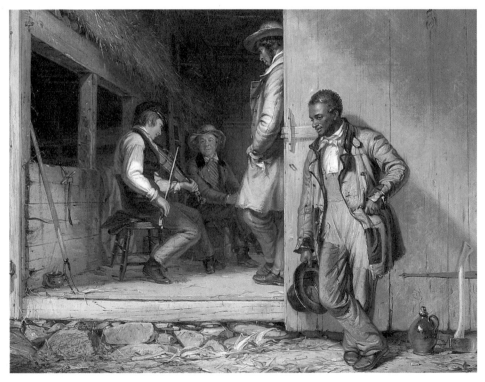

密探時代

執政者所承諾的和平與穩定並不受到民眾的認可，大失所望的結果即是抱怨之聲如同野火般四處蔓延。而執政者對於自由思想屬於顛覆傳統的罪惡根源的認定，讓發現「異端思想」的萌生與扼殺成為他們最熱衷的事情，無處不在的密探伴隨著怨恨與報復灼痛著人們的視線與內心，如影隨形。

宗教遊行的觀察者

宗教總是在社會流露出萌動與不安時適時而至，並在世界的各個角落開花結果，迅猛壯大的手甚至伸向了各地執政政府的內部事務。嚮往革新的異端者被冠以「煽動者」的頭銜，稍有風吹草動即會觸動執政者脆弱的神經，成為各國重點關注的危險分子，圖中俄國公眾的遊行正置於觀察者的監視之下。

這並不是一幅色澤光鮮的圖畫，這些對於強大反動力量的描述不值得我們耗費更多的時間和精力。但是，對於一些屬於那個時代的黑暗記憶，你們仍有必要做個透徹的了解。這種試圖促使歷史開倒車的努力絕不是第一次出現了，雖然它總是難逃失敗的結局。

第 五十六 章

民族獨立

儘管反動勢力如此強大，但是依然撲滅不了民族獨立的熱情之火。南美洲人率先發動了起義，聲討維也納會議的反動舉措，緊接著希臘人、比利時人、西班牙人和很多歐洲弱小的民族都開始紛紛響應，就這樣拉開了 19 世紀民族獨立戰爭的序幕。

如果維也納採取不同於當時的那種舉措，那麼19世紀的歐洲也許完全會是另外的一種情形。這種假設可能是正確的，但是卻沒有絲毫的意義。首先要知道，維也納會議是在剛剛經歷大革命洗劫之後，由那些對過去20年的戰爭深懷恐懼、疲於奔命的歐洲列強主持下舉行的，他們的目的就是重建一個「和平與穩定」的歐洲，並一廂情願地認為這也是當時人民最渴望的。他們就是我們所指的反動人士，在他們眼中，大眾是沒有能力管束自己的。所以他們按照他們心目中的想法重新劃分了歐洲的版圖，以期實現永保歐洲穩定、繁榮的夢想。雖然他們的嘗試以失敗告終，但是並不意味他們用心險惡。他們的思想都還停留在過去，擺脫不了舊式的外交政策，對自己年輕時那種平靜安逸的生活念念不忘，所以總是期望著能夠重回過去那個美好的時代。但是他們沒有意識到，大革命雖然被他們鎮壓了，但是很多革命思想已經深入人心。充其量只能說他們很不幸，不能因此用惡貫滿盈來形容他們。革命思潮的席捲之下，法國大革命所提倡的人民有權爭取民族獨立和自由的思想，在歐洲人和美洲人的心中開花結果。

有人認為拿破崙在民族情感和愛國熱情方面是極其冷血的，這是因為他對所有的事情都不害怕，也從來不尊重任何一個人。但是在革命初期，有些革命領袖認為：「民族並不受限於政治區域，它和人的圓腦袋、大鼻子也並無瓜葛，它只是一種源於內心和靈魂的

革命者

儘管維也納會議聚集了歐洲眾多實力派國家，並為向飽受戰亂之傷困擾的民眾打造一個嶄新的、和平的、穩定的歐洲而努力，試圖重溫往日傳統世界的祥和與幸福，但無法避免的是長期的革命鬥爭讓自由與革新觀念深入人心，民族的凝聚力讓無數人自發拿起武器踏碎封建的殘燼，去捍衛他們的自由與榮耀。

海地獨立戰爭

　　有著「多山之國」之意的海地位於加勒比海北部，在哥倫布發現之旅後淪為西班牙的殖民地，後根據勒斯維克條約割讓給了法國。時值混亂之際的法國國民公會在賦予海地自由與權力的問題上出爾反爾，導致黑人領袖杜桑維爾率領海地人民發起多年的獨立戰爭，並最終成為世界上首個獨立的黑人國家。

情感。」所以他們在法蘭西的孩子們中間宣揚法蘭西民族的強盛同時，也鼓勵西班牙人、荷蘭人和義大利人積極參照他們的作法。不久之後，這些人開始相信盧梭關於原始人具有優越品性的論調，他們穿過歷史的遺跡，在封建王朝的破磚敗瓦間，挖掘出深深掩埋起的強盛種族的遺骸，然後自詡為這些強盛種族遺留於世的不肖子孫。

　　19世紀上半期是人們熱衷於發掘歷史的時代。世界各地的歷史學家都忙於編撰中世紀初期的編年史，補充其中遺漏的章節。每一項考古發現都會讓這個國家的人們對自己的祖先產生一股崇拜和自豪之情。雖然這些情感很多都是對歷史的誤解而產生的，但是在政治中，這些都不重要，重要的是人們是否願意相信。很多國家的統治者和人民都相信自己的祖先是無上光榮和傑出的。但是維也納會議卻忽視了這種民族感情，幾個大人物按照個別王朝的最大利益對歐洲版圖進行了新的劃分，將所謂的民族感情和法國革命思想都歸入到了禁書之列。

　　但是，歷史對維也納會議卻報以蔑視的一笑。因為某種原因，民族這一概念總能關係著人類社會的穩步發展。這一準則很可能是一條歷史發展的規律，但卻從未引發歷史學者的足夠重視。任何無視民族情感的所作所為，最終都難逃覆滅之路，這就跟梅特涅企圖扼殺人們的思考一樣。

埃爾南·科爾泰斯的金屬鑄幣

　　15世紀末期，西班牙探險者踏上加勒比海沿岸的土地並建立登陸點，他們以武力逐漸征服了中美、南美的大片領地，並由此拉開了西班牙對南美數百年統治的序幕。

　　讓人難以置信的是，第一個民族獨立戰爭竟然是在與歐洲遠隔重洋的南美洲率先爆發的。拜拿破崙的戰爭所賜，西班牙人自顧不暇，根本沒有時間管理其他的事情，所以西班牙在南美的殖民地經歷了較長時間的獨立

時期。甚至當拿破崙抓住西班牙的國王時，南美的殖民地依然忠於西班牙國王，並拒絕承認1808年拿破崙的弟弟約瑟夫‧波拿巴接任西班牙的新國王。

其實，南美大陸只有一個殖民地受到了法國大革命的影響，並產生了巨大的變化，它就是哥倫布第一次航行到達的海地島。1791年，出於心血來潮的博愛思想，法國國會決定給予海地的黑人與他們白人主子相同的享有一切的權力。但是他們很快就後悔了，收回了他們之前的承諾。這就直接導致了海地的黑人領袖杜桑維爾率領當地人與拿破崙的弟弟勒克萊爾將軍之間曠日持久的戰爭。1801年，勒克萊爾將軍邀請杜桑維爾見面，雙方共同商討和談的條件，並保證絕對不會藉機加害他。杜桑維爾相信了他的話，但是在和談的時候他卻被帶上了一艘法國軍艦，最後慘死於法國獄中。儘管海地黑人失去了領袖，但是他們最終還是贏得了戰爭的勝利，建立了自己獨立的共和國。後來，當第一個傑出的南美愛國者想要將自己的國家從西班牙的奴役中解救出來的時候，海地人民給予了熱情的幫助。

這個人就是1783年在委內瑞拉的加拉加斯城出生的西蒙‧玻利瓦爾。他有過在西班牙求學的經歷，大革命期間，他還到過巴黎，親眼看到了革命政府是如何進行工作的。在美國短暫停留了一段時間之後，他很快就回到了家鄉。當時委內瑞拉人民對西班牙政府怨聲載道，各地都爆發了爭取民族獨立的起義。1811年，委內瑞拉正式宣布獨立。玻利瓦爾就成了委內瑞拉傑出的革命領袖之一。但他們的起義不到兩個月就失敗了，玻利瓦爾被迫逃亡。

政局動盪

有著「小威尼斯」之意的委內瑞拉國內反抗西班牙專制統治的獨立風潮此起彼伏，他們集結的革命軍隊在南美解放者西蒙‧玻利瓦爾的率領下翻山跨河，一舉贏得了對抗西班牙人具有決定意義的波亞卡之戰。並由此讓大勢已去的西班牙殖民者感到整個南美大陸的獨立如噴薄欲出的火山般無法控制。

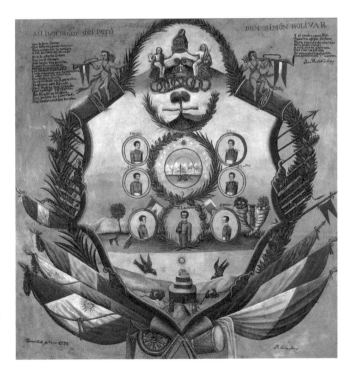

門羅宣言

　　當獨立的拉丁美洲被納入美國人眼中涉及自身勢力的範疇，在歐洲「神聖同盟」試圖對拉丁美洲日益高漲的獨立運動加以干涉時，美國總統詹姆斯．門羅在國會演說中支持美洲人對美洲事務的獨立自主，任何歐洲國家對美洲的干涉與擴張皆可被看做對美國安全的威脅，門羅宣言也成為美國外交政策的重要基石。

　　在這之後的五年時間裡，這場朝不保夕、毫無希望的革命事業就由玻利瓦爾一個人領導著，他將自己所有的財產都獻給了革命事業。但是，他最後一次遠征的成功完全得力於海地總統所提供的援助。從委內瑞拉爭取獨立戰爭開始，民族獨立的戰火就迅速蔓延至整個南美洲。疲於應戰的西班牙人很清楚，光憑藉自己的力量已不可能鎮壓各地的叛亂，他們必須尋求援助，於是他們便向神聖同盟求救。

　　西班牙的這一舉動讓英國人非常擔心。現在英國海上商隊已經取代了荷蘭，成為了海上的霸主，承擔著世界上絕大多數的海上運輸，他們迫切地希望能從南美宣布獨立的國家那裡獲取暴利。所以英國人期待著美國能出面干涉神聖同盟的行動。但是美國沒有讓英國人如願，他們的參議員根本沒有這樣的打算，即便是眾議院裡面的多數人也不希望插手西班牙的事情。

　　就在這時候，英國的內閣發生變動，托利黨代替輝格黨上台執政，由擁有精明頭腦和靈活外交手段的喬治．坎寧出任國務大臣。他暗示美國，如果他們願意出面反對神聖同盟幫助西班牙鎮壓南美殖民地的起義，那麼英國就會動用自己所有的海上力量為美國提供一切必要的支持。於是，美國總統門羅在1823年12月2日發表了著名的門羅宣言：「神聖同盟在西半球的任何擴展企圖，都將被美國視為對自身和平與安全的威脅。」並警告神聖同盟說，如果他們膽敢幫助西班牙鎮壓南美殖民地起義，那麼就是對美國不友好的表現。在四個星期之後，門羅宣言就被全文刊載在英國大大小小的報紙上，這樣就迫使神聖同盟必須在西班牙和美國之間進行抉擇。

　　儘管從梅特涅個人的角度上說，他很願意冒著觸怒美國的風險幫助西班牙。因為自從1812年英美戰爭後，美國陸、海軍隊的實力一直不被重視。但是在考慮到坎寧氣勢洶洶的態度以及歐洲本身存在的問題時，他開始退縮，變得小心謹慎。於是議案上的遠征計畫被無限期地拖延了，這樣南美和墨西哥最終贏得了獨立戰爭的勝利。

　　和南美洲的獨立戰爭相比，歐洲的動盪來勢要更加迅猛。1820年，神聖同盟派遣法國軍隊進駐西班牙，充當和平警察。之後，一個由燒炭工人組成的社團——燒炭黨開始為統一義大利大造聲勢，最終引發了一場反抗那不勒斯無惡不作的斐迪南統治的起義活

動，所以神聖同盟又將奧地利的軍隊派遣到義大利，扮演和平警察。

與此同時，俄國的情況也變得糟糕起來。因為亞歷山大的去世，俄國的聖彼得堡爆發了一場革命。這場革命發生在12月，所以在歷史上被稱為「十二月黨人」起義。這場革命很快就被鎮壓了，大量優秀的俄國愛國者和將領被殺死或者被流放到西伯利亞。其實他們只不過是希望能夠在俄國建立一個立憲政府而已，但卻在亞歷山大的晚年時期招致反動分子的仇視。

但是更多糟糕的狀況接連不斷地發生了。梅特涅在艾刻斯拉夏佩依、特波洛、萊巴赫、維羅納召開了一系列的會議，希望藉此試探歐洲各個國家能否一如既往地支持他的政策。每個國家的代表都按時到達了奧地利首相常去的避暑勝地——一個風景優美的海濱城市，他們依舊信誓旦旦地承諾會全力鎮壓叛亂，但是每個人都沒有必勝的信心。人民的情緒在騷動中變得越來越焦躁，尤其是法國，國王的處境非常危險。

但是真正的麻煩源於巴爾幹半島，這裡自古就是外族侵略西歐的門戶。在摩爾達維亞最先爆發了起義，這裡原來是古羅馬的達契亞行省，在西元3世紀就脫離了帝國的統治。之後摩爾達維亞就成了一塊被人們遺忘的土地，就像大西洋中沈沒的亞特蘭蒂斯一樣。這裡的人們依然用古羅馬語言進行交流，並自稱為羅馬人，他們將自己的國家命名為羅馬尼亞。1821年，希臘的亞歷山大・易普息蘭梯王子發動了一場反抗土耳其的戰爭，他告訴那些追隨他的人，俄國沙皇會為他們撐腰。於是，梅特涅的信使很快就馬不停蹄地趕赴聖彼得堡，向沙皇呈遞梅特涅的信件，亞歷山大徹底被奧地利人「和平與穩定」的計畫所打動，最後拒絕幫助羅馬尼亞人。易普息蘭梯不得不逃亡奧地利，並在那裡的監獄中苦熬了七年。

在羅馬尼亞人反對土耳其人的時候，希臘也同樣發生了反對土耳其的暴動。從1815年開始，一個希臘愛國組織就在秘密籌劃起義。他們在摩里亞突然發動起義，將當地的土耳其軍

危機四伏的巴爾幹半島

作為歷史上蠻族入侵西歐的重要通道，有著「火藥庫」之稱的巴爾幹半島再一次成為歐洲即將燃起戰火的焦點。摩爾達維亞人與希臘人先後掀起了針對土耳其人的暴亂，但精明老到的梅特涅分別施以釜底抽薪、隔岸觀火之策，讓剛剛燃起的歐洲動盪之火得以控制，經歷局部波動之後又都悄然歸於平靜。圖為土耳其人突襲希俄斯島。

特立獨行的英格蘭人

特立獨行的英格蘭人對於雙手締造的文明社會有著超乎尋常的深刻理解，他們彼此尊重，小心地平衡著各自的利益與衝突，卻嚴守著自己思想自由的禁區。他們對於昔日騎士精神的高尚、勇敢與無私有著近乎痴狂的崇拜與嚮往，他們高傲地生活著，安分守己，謹慎務實，世代沿襲著祖輩的傳統與榮譽。

隊全部趕了出去。土耳其人則用一貫的手法對他們進行報復，他們將君士坦丁堡的希臘大主教控制了起來，後者是希臘人和很多俄國人心目中的教皇。在1821年復活節那天，土耳其人對這位大主教及其他幾位主教處以絞刑。之後，希臘人就以將摩里亞首府特里波利所有的穆斯林全部殺害來作為報復。土耳其當然不甘心，出其不意地襲擊了希俄斯島，殺死了2.5萬基督教信仰者，並將4.5萬人作為奴隸賣到了亞洲和埃及。

於是希臘人開始向歐洲各國求救，但是梅特涅卻說希臘人是罪有應得。這裡我並不是在說雙關語，借用他之前曾經對俄國沙皇說過的話，「對於暴亂，應該讓他們用野蠻的方式自生自滅。」他封鎖了歐洲通往希臘的所有邊境，阻止各國的志願者前往希臘去幫助那些為獨立而抗爭的希臘人。他還按照土耳其的要求，派遣了一支埃及軍隊前往摩里亞。很快土耳其人就趕走了駐紮在重鎮特里波利的希臘人，重新掌控了那裡的局勢。埃及的軍隊隨後以「土耳其式」的方式殘酷鎮壓了叛亂。隔岸觀火的梅特涅也靜靜地關注著這裡的形勢，等待著那一場攪亂歐洲大陸平靜的預謀變成塵封歷史的一天。

但是英國人卻再一次破壞了梅特涅的計畫。英國最引以為傲的地方並不在於它擁有數量龐大的殖民地、擁有無可匹敵的海上軍隊，而在於它擁有很多獨立自主的市民，以及這些市民心中的英雄情結。英國人一向遵紀守法，因為他們明白尊重他人的權力是文明和野蠻之間最根本的區別，但是他們卻並不承認他人有干涉自己思想自由的權力。如果他們認為政府對某一件事情處理的方式不對，他們就會馬上站出來，表明自己的觀點和立場。面對民眾批評的政府也懂得尊重民眾自由表達的權力，還會全力保護他們免受其他人的攻擊。人們和蘇格拉底時代的人一樣，總是喜歡迫害那些在思想、智慧和勇氣上超過自己的人。只要這個世界上還存在著某一項正義的事業，無論相隔多麼遙遠的距

離，無論有多少人在阻攔，英國人都會成為這些事業的鼎力支持者。雖然，英國人和其他國家平民百姓沒有什麼差別，也要為了生活不停地忙碌，也沒有多餘的時間和精力去從事不切實際的冒險。但是他們對於那些能夠放下一切，為卑賤的亞洲和非洲人民而戰的鄰居充滿敬意。如果這些鄰居們不幸埋骨他鄉，他們還會為這些人舉辦隆重盛大的葬禮，並將他們的事蹟作為榜樣來教導自己孩子應具備什麼樣的勇氣和騎士精神。

希臘獨立

年輕有為的英國浪漫主義詩人拜倫為自由與理想，如同鬥士般揚帆馳援身陷苦境中的希臘人民，他的死激發了整個歐洲對希臘的同情與聲援。群情激昂的戰歌匯同源源不斷的物資湧向希臘，在左右權衡之後的歐洲各國也派遣軍隊加入對土耳其的壓制，致使希臘這塊西方文明的孕育之地最終擺脫了奧斯曼帝國的束縛。

希臘獨立戰爭

曠日持久的希臘獨立戰爭前後歷時8年多，給交戰各方人民都帶來了巨大的損失。而希臘人民憑藉著勇敢與堅韌，在爭取民族獨立的道路上浴血奮戰，獲得了歐洲進步人士的聲援與支持，並在歐洲列強的協助下，贏得了最終的勝利。

希臘獨立戰爭歷程	
時間	事件
1821年	希臘人民奮起反擊土耳其奧斯曼帝國的統治，民族獨立呼聲高漲。
1822年	希臘第一屆國民大會宣布希臘獨立，成立國民政府。
1822年3月	土耳其派遣軍隊展開血腥鎮壓；希臘起義軍內部出現分歧，未能抓住反攻時機。
1824年	希臘召開第二屆國民大會，內部勢力對峙引發內戰。
1825年	埃及軍隊在伯羅奔尼撒半島登陸，占領特里波利斯。
1825年5月	土埃聯軍圍攻希臘西部重鎮米索隆基市，次年淪陷。
1827年	希臘科林斯以北地區盡數落入土耳其之手。
1827年7月	英、法、俄三國在倫敦簽訂三國協約，要求希土雙方立即停火，但遭土耳其拒絕。
1827年10月	英、法、俄三國艦隊在納瓦里諾海灣與埃土聯軍艦隊激戰，後者遭到重創。
1829年	土耳其被迫接受英、法、俄三國倫敦協約，希臘起義軍趁機收復失地。
1830年	土耳其承認希臘獲得獨立。

英國人這種頑固的民族個性就連神聖同盟的秘密警察也無法動搖。1824年，拜倫勳爵漂洋過海去南方支援希臘人。這個年輕、富有的英國紳士曾經用自己優美的詩歌打動了整個歐洲，讓所有人流下同情的淚水。過了三個月，拜倫在邁索隆吉這座希臘要塞離開人世的消息在整個歐洲不脛而走。詩人拜倫以他的行動和悲情英雄式的死亡喚醒了歐洲人的覺醒與想像力。之後，各種支援希臘人的組織團體紛紛在世界各國成立。美國革命中傑出的老人拉斐特也在法國為希臘人的獨立革命而奔走宣傳。巴伐利亞國王派了幾百名官兵趕赴前線支援希臘。隨後軍隊的糧食和補給就如潮水般湧入邁索隆吉，支援那裡在飢餓中仍堅持抗爭的人們。

在英國國內，成功挾制了神聖同盟對南美洲的干涉計畫以後，功臣約翰‧坎寧登上了英國首相的位置。此時他又看到了一個打擊梅特涅的絕好機會。因英國和俄國政府都不敢繼續壓制本國人民支援希臘起義的熱情，所以紛紛派出了軍艦停留在地中海上待命。法國在十字軍東征之後充當起伊斯蘭教土地上的基督信仰守護者，因而它的艦隊也出現在了希臘的海面上。1827年10月20日，英、法、俄三國艦隊聯手徹底摧毀了土耳其

七月革命

固執的法國波旁王朝試圖以專制、鎮壓來經營和挽救政局，日益加深的危機引發憤怒的民眾湧上街頭，激烈的衝突最終轉變為一場不可遏制的叛亂。大量的起義者奪取武器、修築街壘與軍隊對峙，並奪得了對巴黎的掌控權，在法國退出梅特涅主導下的歐洲協調版圖後，革命浪潮也開始席捲整個歐洲。

駐紮在納瓦里諾灣的艦隊。勝利的消息傳來，民眾雀躍歡騰的場面熱烈非凡。西歐各國與俄國人民在本國長期的自由壓制中，他們深藏在心中的對自由的嚮往與渴望，通過對希臘獨立戰爭的參與、支持，獲得了一定程度的釋放。1829年，希臘人和歐洲人民的努力換來了希臘的正式獨立，而梅特涅企圖維護歐洲穩定、和平的政策又一次失敗了。

如果我想在這麼短的一章裡面，詳細地敘述發生在各個國家的民族獨立鬥爭似乎是不可能的。對於19世紀發生的民族獨立運動已經有很多非常優秀的書籍來介紹。我在這裡之所以會單獨對希臘獨立鬥爭進行簡要敘述，因為這是面對維也納會議中建立起來的維護歐洲穩定與和平的反動政策的第一次成功突圍。雖然人民的思想和自由依然受到壓制，梅特涅的政策依然還在實施，但是距離後者退出歷史舞台的日子已經不遠了。

在法蘭西的土地上，波旁王朝完全無視文明戰爭的規則與法律的存在，實行一種幾乎讓人窒息的警察統治，以求淡化法國革命留下的痕跡。當1824年路易十八去世以後，這種壓抑的和平已經整整讓法國人忍受了九年。歷史證明，這樣虛偽的和平比過去帝國時代的十年戰爭更讓人覺得難堪。路易十八死後，他的王位由他的弟弟查理十世來繼承。

路易十八是大名鼎鼎的波旁王朝中的一員，這個家族的人都有著共同的特徵，那就是眼高手低，但卻有著強烈的記恨心。路易一直忘不掉他在哈姆聽聞他兄弟被推上斷頭台的噩耗時，那個清晨他所感受到的無助與悲憤。他經常以此告誡自己，一個不能認清形勢的君王會得到什麼樣的下場。但是查理卻恰恰相反，不僅不以此為戒，在他還沒有滿20歲的時候，就已經欠下了5000萬法郎的巨額債務，而且渾渾噩噩，對任何事情都漠不關心，終日不思進取。他從哥哥手中繼承王位之後，便迅速建立起一個「依賴教士、注重教士、奉養教士」的新政府。這種荒誕的評價出自非激進自由主義者惠靈頓公爵之口，由此可見查理的定國安邦之策已完全置尚可信賴的法律與秩序於不顧。當他極力打壓敢於對他和他的政府發出批判之聲的報紙，並強行解散支持新聞界的國會之後，他在王位上的時間已經不多了。

1830年7月27日的晚上，巴黎再次爆發了一場革命。7月30日，查理向海岸線逃遁，並由那裡搭船渡海逃往了英國。如此一幕上演了15年的鬧劇就以這樣的方式謝幕收場。羸弱無為的波旁王朝從此被法國人徹底從王位上拽了下來。此時的法國原本可重新回到共和制的軌道，但是這樣的結果是梅特涅絕對不能容忍的。

歐洲的局勢已經接近崩潰的邊緣，萬分危急。叛亂的火花已經在法國的邊界閃爍不停，它引燃了另一座民怨四起的彈藥庫。剛剛成立的荷蘭王國從一開始就難以讓人認同。荷蘭人和比利時人基本上沒有什麼共同語言，即便他們的威廉國王工作非常勤奮刻苦，但是他根本沒有政治頭腦和靈活的手腕，自始至終都不能讓這兩個互相怨恨的民族和睦地生活在一起。法國革命發生後，很多天主教信仰者選擇逃往比利時避難，身為新教徒的威廉為緩和局勢而試圖採取任何措施，都會被憤怒的群眾指責為又一場爭取「天主教自由」的陰謀，並遭到竭力反對而不了了之。8月25日，布魯塞爾爆發了一場反對荷

波蘭革命

　　法國波旁王朝的崩潰讓嚮往獨立與自由的波蘭人看到了新的希望，但他們的革命火焰卻不幸遭到俄國人壓倒性的遏制與毀滅。在俄國沙皇亞歷山大的繼任者尼古拉一世的眼中，沙皇對波蘭神聖權力的控制不容侵犯，殘酷的流放與秩序的重建讓無數波蘭難民不得不踏上移居西歐的遷徙之路。

蘭統治者的暴動。在兩個月的時間裡，比利時人贏得了獨立，維多利亞女王的叔叔——科堡的利奧波德被推選為比利時的新國王。糟糕的結合終於圓滿落幕，兩個原本不該走到一起的國家各自單飛，從此以後，他們就如同兩個規矩的鄰居一樣，彼此和平共處。

　　當時歐洲的鐵路交通並不發達，消息的傳遞極為遲緩。但是當法國和比利時的革命取得勝利的消息傳到波蘭之後，馬上就引發了一場波蘭和俄國之間的殘酷戰爭。戰爭持續了一年的時間，最終俄國笑到了最後，他們以著名的沙俄方式「控制了維斯杜拉沿岸地區」。亞歷山大死後，尼古拉一世在1825年繼承俄國沙皇之位，對於他來說擁有波蘭的統治權是天經地義的。數以千萬計逃往西歐的波蘭難民用他們的親身經歷向世人證明，神聖同盟嘴上掛著的「兄弟之情」在俄國那裡頂多不過是句飄散在空氣中的口號而已。

這時候，義大利也不太平。拿破崙的前妻——帕爾馬女公爵瑪麗·路易絲，在拿破崙遭遇滑鐵盧的失敗之後很快地離開了他，並在革命浪潮中被驅逐出自己的國家。反觀教皇國中，熱情高漲的群眾想要建立一個共和制國家。但是等到奧地利的軍隊進入羅馬城之後，一切又回到了原來的樣子。梅特涅依然穩坐在哈布斯堡王朝的普拉茨宮，那裡是他擔任外交大臣的府邸，所有的間諜和警察都回到了自己的工作崗位，再一次充當起維護穩定、和平的角色。但是18年之後，人們再一次發動了一場徹徹底底的革命，希望藉此將維也納會議植入歐洲的惡毒觸角全部鏟除。

　　這一次率先開始革命的還是法國。可以說法國是歐洲革命的晴雨表和風向標，所有起義的徵兆都在這裡最先顯露出來。查理十世逃往英國之後，奧爾良公爵的兒子——路易·菲利普成為了法國國王。奧爾良公爵是雅各賓派的擁護者，在他的表兄執行死刑的時候，他曾投下了一張極為關鍵的贊成票。在法國大革命的初期他曾經扮演了重要的角色，因此被譽為「平等的菲利普」。最後，當羅伯斯庇爾打算清除所有持有不同政見的叛徒，純潔革命隊伍時，奧爾良公爵被處死，然後他的兒子路易·菲利普也被迫逃離了革命軍隊。

　　之後，少年路易·菲利普開始浪跡四方，為了生活，他當過瑞典的中學教師，還曾經長期研究美國的西部地區。在拿破崙被流放之後，他輾轉回到了巴黎。和他那些波旁王朝愚蠢的表兄相比，他顯然聰明很多。他的生活非常簡樸，經常打著一把紅雨傘去公園散步。和所有慈祥的父親一樣，他的身後總是跟著很多快樂的孩子。但是法國這時候

法國二月革命

　　有著「平等的菲利普」之稱的法國新任國王路易·菲利普試圖在右翼極端君主派與社會黨、共和黨之間尋找一條平穩協調的中間路線，但法國民眾生活的窘迫與革命的呼聲再一次將這位碌碌無為的君主趕下政壇，這位君主在1848年2月24日簽署遜位文書的同一天匆匆離開巴黎，此後隱居英格蘭。

已經不再需要國王了，菲利普始終沒有意識到這一點。直到1848年2月24日早上，一大群人進入了杜伊勒里宮，將菲利普趕下王位，宣布法國成立共和國。

巴黎革命的消息傳到維也納之後，梅特涅很輕蔑地說，這次革命還會像1793年的那次革命一樣，最後也是由盟軍入主巴黎，結束這場不合時宜的鬧劇。但是只過了兩個星期，他自己的國家奧地利首都也同樣爆發了大規模的起義。梅特涅不得不從普拉茨宮的後門灰溜溜地逃走以避開那些憤怒的群眾。於是奧地利的皇帝斐迪南迫於無奈重新頒布了一部新憲法，其中內容的絕大部分都是梅特涅在過去的33年中所曾扼殺、壓制的革命思想。

就此，歐洲所有的人都能感受到這次革命所帶來的震撼。匈牙利馬上宣布獨立，在路易斯·科蘇特的帶領之下開始反抗哈斯堡王朝。這場實力懸殊的殘酷戰爭前後堅持了一年，最後被翻越喀爾巴阡山馳援而來的沙皇尼古拉的部隊鎮壓下去，匈牙利的君主

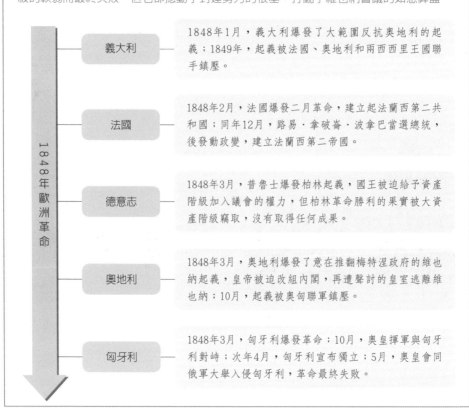

1848年歐洲革命

隨著工業革命的飛速發展，歐洲各國封建殘餘勢力與新興資產階級之間的矛盾愈發突出，引發了1848年革命的浪潮。儘管這股席捲歐洲的巨浪因資產階級的背叛與工人階級的軟弱而最終失敗，但它卻撼動了封建勢力的根基，打亂了維也納會議的如意算盤。

1848年歐洲革命

義大利	1848年1月，義大利爆發了大範圍反抗奧地利的起義；1849年，起義被法國、奧地利和兩西西里王國聯手鎮壓。
法國	1848年2月，法國爆發二月革命，建立起法蘭西第二共和國；同年12月，路易·拿破崙·波拿巴當選總統，後發動政變，建立法蘭西第二帝國。
德意志	1848年3月，普魯士爆發柏林起義，國王被迫給予資產階級加入議會的權力，但柏林革命勝利的果實被大資產階級竊取，沒有取得任何成果。
奧地利	1848年3月，奧地利爆發了意在推翻梅特涅政府的維也納起義，皇帝被迫改組內閣，再遭聲討的皇室逃離維也納；10月，起義被奧匈聯軍鎮壓。
匈牙利	1848年3月，匈牙利爆發革命；10月，奧皇揮軍與匈牙利對峙；次年4月，匈牙利宣布獨立；5月，奧皇會同俄軍大舉入侵匈牙利，革命最終失敗。

幾番浮沉的柏林

　　1848年歐洲革命的大潮襲來，讓德國掀起大範圍的遊行示威運動，圖中普魯士首都柏林的警察揮舞著大棒鎮壓平民的遊行示威。善良的人們過度信任國王在面對街頭巷尾衝突中死難者遺體時流下的眼淚，以及其致力於組建立憲制政府的承諾，革命浪潮過後，對革命瘋狂的鎮壓成為這位重掌國家機器者唯一的回答。

統治得以保全。之後哈斯堡王朝設立了特別軍事法庭，處死了很多他們無法在戰場上公開擊敗的匈牙利愛國者。

　　在義大利，西西里島的革命者趕走了波旁王朝的國王，並宣布脫離那不勒斯獨立。在教皇國中，首相羅西被殺死，教皇被迫逃亡。第二年，教皇率領著一支法國軍隊回到自己的國家。這支法國軍隊從此就駐紮在羅馬，以避免憤怒的臣民隨時對教皇發動攻擊。直到1870年的普法戰爭爆發，這支軍隊才被緊急召回法國，用於對抗普魯士人。這時候的羅馬才得以成為義大利的首都。在義大利的北部，米蘭和威尼斯在撒丁國王阿爾伯特的大力支持下，開始反抗自己的奧地利國王。但是一支強有力的奧地利軍隊在拉德茨基的統率之下很快就打到了波河平原，而撒丁王國的軍隊在庫拉多扎和諾瓦拉被奧地利軍隊打敗了。之後，阿爾伯特將王位讓給了自己的兒子——維克多·伊曼紐爾。又過了幾年，伊曼紐爾就成為了統一義大利的第一任國王。

　　受到1848年歐洲革命的影響，德國爆發了一場全國性的大規模遊行示威活動。人們強烈要求建立一個統一的國家，成立議會制政府。在巴伐利亞，一個假扮成西班牙舞蹈家的愛爾蘭女人讓那裡的國王神魂顛倒，耗費了大量的時間和金錢，這個女人就是洛拉·蒙蒂茨，她死後被葬在位於紐約的波特墓地。憤怒的大學生們將這個昏庸的國王趕下

義大利的甦醒

　　亞平寧半島上的革命之火再度燃起，革命領袖朱塞佩·加里波底率領著紅衫軍團登陸，並最終解放了義大利位於地中海的西西里島，並宣布脫離那不勒斯而獨立，在義大利的統一道路上邁出了堅實的一步。而在此後的義大利獨立戰爭中，機智、堅韌的加里波更底贏得了後人「現代游擊戰之父」的美名。

了王位。普魯士的國王則被迫站在街頭，面對革命中戰死的戰士們的靈柩脫帽致敬，並允諾成立一個立憲制政府。1849年3月，德國各個地區一共550名代表在法蘭克福聚集，他們在國會大會上推舉普魯士國王弗雷德里克·威廉成為統一的德意志皇帝。

但是形勢很快又有了新的變化。愚蠢的奧地利皇帝斐迪南終於做出了一次明智的決定，它將王位讓給了自己的侄子——法蘭西斯·約瑟夫。紀律嚴明的奧地利軍隊依然宣誓效忠於他們的主人。所以劊子手們忙得不可開交，不斷地殘害著革命人士。哈布斯堡家族憑藉著他們雞鳴狗盜的奇特天性，又迅速地站穩了腳跟，並迅速加強了他們東西歐霸主的地位。他們利用靈活的外交手段，玩起了政治遊戲，利用日耳曼國家之間的嫉妒心理阻止了普魯士國王成為帝國皇帝。然後在之後失敗的痛苦中，他們又逐漸學會了忍耐。他們知道怎樣等待合適的時機出現。當那些在政治上毫無經驗的自由主義者大談特談，陶醉在自己激昂的演講中時，奧地利人則正在偷偷地蓄積力量，準備絕地反擊。所以法蘭克福國會在他們的突然襲擊之下被迫解散，奧地利人重建了原來的日耳曼聯盟。但是這個聯盟根本沒有任何意義，因為這曾是維也納會議將自己的意志強加給德國的空虛設想。

參加這次法蘭克福國會的大部分都是不熟悉政治的愛國者，其中有一個城府很深的普魯士鄉紳。在其他人爭論得面紅耳赤的時候，只有他冷眼旁觀著整個會議，很少發表見解，但卻將所有的事情都記在心中，這個人就是俾斯麥。俾斯麥討厭空談，崇尚實際。他和每一個熱愛付諸行動的人一樣，深知夸夸其談的演講根本解決不了任何事情。他以自己獨特的方式表達著對祖國的熱愛，他有著在傳統外交學院受訓的經歷，他欺詐對手的能力就如同對待簡單的散步、喝酒、騎馬一樣駕輕就熟，且高人一等。

在俾斯麥看來，德國要想成功地躋身歐洲列強之列，首先就必須建立一個強大的日耳曼國家來取代目前由眾多小國組成的聯盟。受到頑固的封建忠誠思想的影響，他支持自己所在的霍亨索倫家族成為德國的統治者，而並非平庸的哈布斯堡家族。為了達到他的目標，他第一件事情就是要徹底清除奧地利對德意志的影響力。於是他為了完成這一外科手術般的痛苦變革，開始著手必要的準備工作。

與此同時，義大利早已開始解決自己的問題，並脫離了令人厭惡的奧地利國王的統治。義大利的統一是由加福爾、馬志尼和加里波底這三個著名人物合力完成的。加福爾是一個建築工程師，外表斯文，戴著一副鋼絲邊的眼鏡，他小心謹慎地掌控著政治走向。而馬志尼大部分的時間都不得不東躲西藏，以躲避奧地利警察無所不在的眼線。他主要負責革命宣傳和激勵人們熱情的工作。加里波底則帶領著一群身穿紅襯衫的粗魯騎士們共同彰顯和釋放義大利人狂放的熱情。

這三個人中，加福爾倡導君主立憲，而馬志尼和加里波底則主張建立共和制政體。後兩者都對加福爾在國家執政、管理、決策方面的能力頗為信服，放棄了他們原有秉持的、能夠賦予他們所熱愛的祖國更好前景的理想，接受了加福爾的見解。

和俾斯麥支持自己效忠的霍亨索倫家族一樣，加福爾更傾向於撒丁王族來統一義

大利。他運用自己非同尋常的忍耐力和高明的政治手腕，慢慢地引導撒丁國王，直到他能夠承擔起領導整個義大利的重任為止。此時歐洲動盪不安的政局無疑助了他一臂之力。在義大利統一的過程中，它最信任，也是最不信任的鄰居——法國做出了傑出的貢獻。

法國是一個動盪不安的國家，在1852年11月，執政法國的共和政府突然垮台了，儘管這種結局早在人們的意料之中。於是前荷蘭國王路易斯·波拿巴的兒子，也就是

拿破崙的小侄子——拿破崙三世開始掌握政權，自稱是得到上帝允許和人民愛戴的帝國皇帝。

　　這位年輕的帝國皇帝曾經在德國求學，所以他的法語口語中帶著濃重的條頓腔，就像他的叔叔拿破崙一直擺脫不掉義大利口音一樣。他想盡力用拿破崙的聲勢和傳統來鞏固自己的統治。但是他在強敵環視之下，沒有自信能夠順利地坐上王位。雖然他贏得了

克里米亞戰爭

　　奧斯曼帝國的衰退讓俄國看到了擴張歐洲實力的時機，而歐洲其他強國則完全不希望看到前者的壯大以威脅其自身的既得利益，於是就巴爾幹半島的控制權，俄國與土耳其、英國、法國等國展開了正面的爭奪之戰。俄國最終戰敗的結果也改變了歐洲勢力的格局，大傷元氣的俄國忍痛將歐洲霸主的位置拱手讓出。

索爾費里諾之戰

撒丁王族以部分領地作為交換獲得了急欲證明自己的法國皇帝拿破崙三世的支持，撒丁國王軍隊與法軍結成的聯軍在米蘭與維羅納之間的索爾費里諾，與奧地利軍隊展開慘烈的大戰，儘管最終聯軍在奧地利敗退的背影中贏得了表面的勝利，但慘重的代價更讓人觸目驚心。圖為拿破崙三世在索爾費里諾戰場。

英國維多利亞女王的青睞，但是女王也僅是一個才智並不出類拔萃，樂於偏聽阿諛奉承的仁厚、善良的人，博得她的好感似乎並不難。而其他歐洲國家的君主則總是對於這位法國皇帝擺出一副讓人無比難堪的傲慢姿態。他們徹夜輾轉難眠，心裡時刻盤算著用些什麼樣的新花招來表現對這位一夜成名的「好兄弟」的極度藐視。

面對這種情況，拿破崙三世不得不去想一些或者拉攏、或者威脅的方式，來打消他們對自己的敵意。他知道法國人的心中仍然對榮譽有著深切的渴望。既然為了王位他不得不冒險賭上一局，那麼就索性堆上更多的籌碼痛快些，整個帝國的命運就是他的籌碼。這個時候俄國發動了一次對土耳其的進攻讓他找到了藉口。在隨後的克里米亞戰爭中，法國和英國一起支持土耳其蘇丹，共同反對沙皇。結果這場揮金如土、收效甚微的冒險，讓參戰的法國、英國和俄國都灰頭土臉。

但是克里米亞戰爭總算不至於空鬧一場，這場戰爭讓撒丁國王有機會成為勝利者的一方。當戰爭告一段落，加福爾就能理直氣壯地向英法兩國索要獎賞。

加福爾充分地利用國際局勢將撒丁王國推上了歐洲主要列強之路，並接下來在1859

年6月又煞費苦心地挑起了一場和奧地利的爭端。他用薩伏伊地區的幾個省和原屬於義大利的尼斯市作為籌碼，換取了拿破崙三世的支持。法國和義大利兩國的軍隊在馬戈塔和索爾費里諾大敗奧地利軍隊，幾個曾隸屬奧地利的省份與公國被義大利吞併，而佛羅倫斯從此成為新義大利的首都。1870年，駐守在羅馬的法國軍隊被緊急召回，用於抵禦德國人的入侵。他們一離開，義大利人就踏上了這座永恆之城的土地。之後撒丁王族就住進了老奎里納宮，這座行宮是由一個教皇在康士坦丁大帝浴室的原址上修建起來的。

至此，教皇只能渡過台伯河，躲進了梵蒂岡的高牆內院。他的不少前任自1377年從阿維尼翁返回梵蒂岡而告別流亡生涯後，都長期居住在那裡。教皇在這裡對義大利人公開搶奪他們領土的霸道行為表示不滿，並向同情他遭遇的忠實天主教信仰者發出了號召信，但是響應他的人非常少，而且還在不斷地繼續減少。但是，教皇能夠從國家政務中抽身出來未必不是件好事，教皇從此有更多的時間和精力去解決困擾人們的精神問題。脫離了歐洲政客們爾虞我詐、此起彼伏的爭鬥世界，教皇得以重新獲得尊嚴，這將非常有益於教會事業的發展。至此，羅馬的天主教會成為了一股助推社會及信仰得以不斷前進的國際力量，在對待現代種種經濟問題上，他們有著遠比絕大多數新教教派更客觀的判斷。

於是，維也納會議在解決義大利問題上，欲將義大利半島變成奧地利一個行省的計畫就此宣告破產。

義大利終於實現了統一，但是德國的問題依然沒有解決，政局會經常發生變化。歷史證明，德國問題是所有問題中最難以解決的。1848年革命的失敗導致了大規模的人口逃亡國外，很多年富力強、思想開放的德國人離鄉背井。這些德國人大多都移民到了美國、巴西和亞非等新興的殖民地地區，而他們沒有完成的統一大業就由另外一批氣質迥異的德國人來完成。

在法蘭克福再次召開的新議會上，由於德國議會垮台以及自由主義者建立統一的國家相繼宣告失敗，馮‧奧托‧俾斯麥作為普魯士的代表出席了會議。這時俾斯麥已經得到了普魯士國王的充分信任，這是他施展遠大抱負的必要條件，除此之外，普魯士議會和其他人的意見他根本就不在乎。他親眼看到過自由主義者的慘痛失敗，非常清楚要想擺脫奧地利的統治，必須通過戰爭來解決。所以他開始在私下裡加強普魯士軍隊的實力。在之後的州議會上，代表們被他的高壓手段激怒，不再向他提供所需求的資金，而在這個問題上，俾斯麥甚至懶得理會他們。於是，俾斯麥對其他意見充耳不聞，繼續按照自己的想法做事，用皮爾斯家族和國王交付他打理的資金瘋狂擴充軍隊。然後，他就開始尋找一個能夠引發所有德國人愛國熱情的機會，而最終他也找到了這麼一個民族間的摩擦。

德國的北部有石勒蘇益格與荷爾施泰因兩個公國。這兩個公國從中世紀開始就是眾多騷動、戰亂的發源地。這兩個公國之內都居住著一批丹麥人和一批德國人，雖然那裡不屬於丹麥的領土，但卻始終掌控在丹麥國王的手中，這使瑣碎的紛爭源源不斷。在

「鐵血首相」俾斯麥

　　作為普魯士的宰相兼外交大臣，奧托‧馮
‧俾斯麥主張以戰爭來實現德國的統一大業，
他以強硬的「鐵血政策」先後發起了普丹戰
爭、普奧戰爭與普法戰爭，為德國的統一掃清
了道路。他傑出的政治外交才能與不擇手段的
個性最終將德國推上了強盛之路，而他的傳奇
一生也影響著德國一代又一代的人。

此，我絕不是故意要提及這個久已被人們遺忘
的問題，因為不久前剛剛簽署的凡爾賽條約似
乎已經將這個問題解決了。但在當時，居住在
荷爾施泰因的德國人會經常抱怨丹麥人對他們
的虐待，居住在石勒蘇益格的丹麥人就會煞費
苦心地維護他們的傳統。整個歐洲都在討論他
們之間發生的問題。當德國的男聲合唱團與體
操協會還在聚精會神地傾聽「失去的兄弟」的
煽情演說，當眾多王公大臣還在猜測又發生了
什麼狀況的時候，普魯士軍隊已經開拔前往
「收復」他們被侵占的領地。奧地利作為日爾
曼聯盟的統治者，決不允許普魯士在如此需要
慎重考慮的問題上單槍匹馬、擅自行動。於是
奧地利集結了哈布斯堡的軍隊，與普魯士軍隊
攜手攻入了丹麥的領地。雖然丹麥人進行了英
勇頑強的抵抗，但敵我雙方的實力懸殊，最終
普奧兩國的軍隊聯手奪取了石勒蘇益格與荷爾
施泰因兩個公國。儘管丹麥此後向歐洲各國求
援，但自顧不暇的各國都選擇了觀望，讓可憐

普奧戰爭爆發

　　對丹麥的戰爭結束後，1866年普魯士藉口奧地利對荷爾施泰因監管混亂而對奧地利宣戰，昔日的同盟
者刀兵相向。

薩多瓦戰役

普魯士、奧地利兩軍在薩多瓦展開決戰,普軍大勝。戰後「北德意志聯邦」的成立標誌著德國完成了初步統一。

的丹麥人無力回天。

在走出了第一步之後,俾斯麥為了準備實施他的宏偉帝國計畫又邁出了第二步。在和奧地利軍隊分享戰利品時,他趁機挑起了雙方的爭吵。就這樣哈布斯堡家族就掉入了俾斯麥預先設好的圈套中。俾斯麥率領著他赤膽忠心的將軍們以及剛剛組建的普魯士軍隊劍指波西米亞,用了不到6周的時間,奧地利軍隊最後一支有生力量也在薩多瓦和柯尼格拉茨遭遇慘敗,全軍覆沒。至此,喪失一切防禦力量的奧地利首都維也納大門敞開,只等待普魯士的軍隊進入了。但是俾斯麥不想把事情做得太絕,因為他在歐洲的政治舞台上還需要新盟友的幫助。所以他向戰敗的哈布斯堡家族提出了極為優厚的議和要求,只需要他們放棄對日爾曼聯盟的領導權即可。但是對於那些依附於奧地利的德意志小國,俾斯麥就絕沒有那麼仁慈,他一口氣將那些小國全都劃到了普魯士的版圖之下。就這樣,大部分的德意志北方小國結成了一個新組織,即是所謂的「北德意志聯邦」。而獲勝的普魯士當仁不讓地成為德國人非正式的領導者。

歐洲人被俾斯麥一連串迅速的擴張和吞併震驚得目瞪口呆,英國人對此置身事外,但是法國卻顯得非常不滿。此時,拿破崙三世對人民的控制早已今不如昔,因為他在克里米亞戰爭中耗資甚巨,但卻竹籃打水沒撈到什麼好處。

拿破崙三世與歐仁妮・德・蒙蒂納

出身西班牙貴族的歐仁妮皇后是歐洲頗具傳奇色彩的女性，她的美貌與背景讓其擁有著為數眾多的追求者，她與拿破崙三世的驚豔結合，甚至讓法蘭西人民萌生了對約瑟芬皇后的懷念。但歐仁妮皇后對政治的熱心與枕邊誤導卻讓拿破崙三世信心全失，致使難堪的普法戰爭讓法蘭西蒙受了沉重的災難。

1863年，拿破崙三世開始了他的第二次豪賭。他招兵遣將，想要扶植一個叫做馬克西米安的奧地利公爵成為墨西哥的皇帝。但是當美國的內戰以北方的勝利而告終時，他所有的努力都白費了。美國政府迫使法軍撤出墨西哥，這樣墨西哥人就有機會掃清國內的敵人，殺死了那個不得民心的外國皇帝。

為了扭轉不利的局面，拿破崙三世必須再次尋找新的機會來樹立威信，進而安撫國內不安的情緒。德國的實力正在一步步增強，很快就會成為法國的另一個勁敵。所以他決定發動一場對德國的戰爭，將這個日後的勁敵扼殺在搖籃中，這能使他的王朝從中獲益良多。此時，西班牙連年的革命暴亂讓他找到了發動戰爭的好藉口。

這時候西班牙的王位空缺，需要選出一個新的繼承人。之前已經選定一個信奉天主教的霍亨索倫家族旁系來繼承王位，但是因為法國的極力反對，霍亨索倫家族很快就自覺退出了。此時此刻的拿破崙三世身體狀況已大不如前，漂亮的妻子歐仁妮・德・蒙蒂納不時地吹枕邊風，也對他的執政策略有著不小的影響。他的妻子歐仁妮是一個西班牙紳士的女兒，她的爺爺是駐守在盛產葡萄的馬拉加的美國領事威廉・基爾克帕特里克。她非常聰明，但是和很多其他西班牙的女孩一樣，她並沒有受到良好的教育。她受到一些憎惡普魯士新教徒國王的宗教顧問的影響，鼓勵她的丈夫要大膽行動。但是她卻忽略了那句著名的用以告誡英雄的普魯士諺語「膽子要大，但絕不蠻幹」。對於自己軍隊的戰鬥力深信不疑的拿破崙三世給普魯士國王寫信，要求他們不再允許霍亨索倫王族的人來競爭西班牙的王位。因為霍亨索倫家族剛剛放棄了爭奪王位，所以這一要求純屬多餘，俾斯麥也是這樣知會了法國政府，但是拿破崙三世仍覺得不甚滿意。

在1870年的一天，國王威廉還在埃姆河中游泳時，一個法國的外交官拜見了他，希望能重新商討西班牙的問題。但是威廉卻非常愉快地回答說，今天的天氣不錯，西班牙

的問題已經解決，沒有必要在這件事情上再浪費時間。按照當時的慣例，這次的會面談話被整理成了一份報告，借助電報送交給了負責外交事務的俾斯麥。為了普魯士與法國的雙方利益，俾斯麥對這則報告進行了修改。雖然有很多人為此對他大放厥詞，但是俾斯麥卻辯解稱，自古以來政府就有權力來修改官方消息。等到這則經過加工的電文公佈於眾之後，柏林善良的德國人立刻覺得他們可愛可敬、年事已高的老國王受到了那位身材矮小、趾高氣昂的法國外交官的戲耍，而巴黎善良的人們同樣義憤填膺，他們覺得儒雅的外交官竟然在普魯士皇家走狗面前丟盡了顏面。

於是雙方都選擇用戰爭來解決問題。不到兩個月，拿破崙三世就和他的士兵們成了德國人的階下囚，法蘭西第二帝國走到了末路。之後建立起的法蘭西第三共和國積極地著手準備，激勵法國人保衛巴黎，奮起抵抗德國侵略者。這場巴黎保衛戰堅持了5個月的時間，在巴黎淪陷的前十天，德國人最大的仇敵路易十四在巴黎近郊建造的凡爾賽宮被德國人攻占，普魯士國王在那裡正式宣布自立為德意志皇帝。槍炮的轟鳴聲清晰地警告

飢腸轆轆的巴黎人民，一個剛剛登基的德國皇帝已經取代了之前老邁羸弱的條頓公國和小國的聯盟。

德國的問題最終還是以粗暴的戰爭方式解決了。到了1871年底，維也納會議56年之後，它精心布置的所有的政治成果已經全部瓦解。梅特涅、亞歷山大、塔萊朗本來意圖構建一個始終和平、穩定的歐洲，然而他們卻採用了一種錯誤的方法，導致了無窮的戰爭與革命。進入18世紀，神聖同盟帶來的「兄弟時代」翻過了一頁，緊接著到來的就是一個偏激的民族主義時代，它所產生的影響直到現在依然存在。

俾斯麥掌控中的普法戰爭

儘管普法之間為爭奪歐洲霸權歸屬的戰爭無法避免，但是狡猾的俾斯麥仍通過外交途徑有意點起了普魯士人與法國人之間的怒火。俾斯麥刻意修改官方報告的行為，雖然引發了普魯士與法國雙方新聞界的質疑，但不可否認普法戰爭是俾斯麥全盤計畫中的一場勝利，圖為普法戰爭勝利後俾斯麥口述和平條款。

第 五十七 章

機器時代

　　然而，在歐洲人民進行轟轟烈烈的民族獨立戰爭之時，他們
所處的世界正隨著一系列的科學發明而發生著日新月異的巨變。
那些發明使 18 世紀笨拙的舊式蒸汽機成為了人類最忠實、最勤
勉的奴隸。

　　遠古人類是從猿猴進化而來，但是他們在50萬年之前就已經死亡。他們的眉毛很
低、眼睛凹陷、下顎突出，渾身長著濃密的毛髮，有著虎牙一般尖利的牙齒。這樣的相
貌如果在一個現代的科學研討會上出現，肯定會讓人厭惡不已，但是這些科學家還是會
視他為主人，謹慎而又恭敬。因為這個人曾經用石頭砸開堅果，用長棍撬起過巨石。人

改變自然的創造力

　　受滾木可用來承重運輸的啟發，人們利用圓木切成的圓形截面製成輪子來搬運陸地上的重物。人類憑
藉著自身的智慧，借助自然的力量代替自己來實現各種力所能及、力所不及的能力，而無與倫比的創造力
也成就了人類千百萬年的璀璨文明。圖為美索不達米亞人借助有輪的馬車運輸重物。

類最早期的兩樣工具——錘子和撬槓都是由他發明的。所以他做的工作遠比後來的任何人都要多，他對人類的貢獻也遠遠超越了生息在這個世界上的任何一種動物。

從此之後，人類便開始發明各種工具來讓生活變得更加方便。在距今10萬年前，世界上第一隻用老樹做成的圓盤——輪子被發明的時候，它所帶來的轟動效應絕對跟近幾年飛機的發明一樣。

據說在上個世紀30年代初期，華盛頓有一個專利局長，他建議取消專利局，因為所有可能被發明出來的東西都已經出現了。相信在輪船發明之前，人們在木筏上展開第一面船帆，他們從此不必費力划槳、撐篙或拉縴就可以從一個地方到達另一個地方，這些史前人類一定會萌生與這個專利局長一樣的想法。

其實，人類的歷史演進中最妙趣橫生的地方，就在於人類總是試圖想盡各種方法來讓他人或其他的東西來代替自己工作。於是，他自己就可以充分地享受生活，悠閒地坐在草地上曬太陽，隨心所欲地在岩壁上作畫，或者是將凶猛的野獸幼仔訓練成家畜一樣溫順的動物。

在古老的時代，將一個弱小的民族打敗，讓他們代替自己去做那些又苦又累的工作是一件非常稀鬆平常的事情。之前的古希臘人、古羅馬人和我們一樣聰明，但是他們卻沒有發明出一件讓人眼睛一亮的機械，其根源就在於當時奴隸制度的普遍存在。他們可以去附近的奴隸市場，用最低的價格買到自己需要的所有奴隸，他們當然不會將自己的時間浪費在擺弄金屬線、滑輪或齒輪上面，更不會為研究、發明而將自己的房間弄得煙塵四起、吵鬧不息。

到了中世紀，雖然程度較輕的農奴制取代了殘酷的奴隸制，但是商會並不贊成使用機器，他們覺得機器的使用會讓很多人丟掉自己的飯碗，無法生存。還有一點就是那時候的人們並不注重大批量生產的商品。那時的裁縫、屠夫、木匠都只為滿足他們身邊社區中生活的人的直接需求不斷勞作，他們沒有與他人競爭的意識，也不願意生產更多超出市場需求數量的任何產品。

到了文藝復興時期，教會對於科學研究的偏見不再像從前一樣死死地控制住人們的思想。很多人開始從事數學、天文、物理、化學等領域的研究工作。在三十年戰爭開始的最初兩年，蘇格蘭人約翰·內皮爾將自己對於對數的新發現做成了一個小冊子正式出版。戰爭期間，微積分體系也由萊比錫的戈特弗雷德·萊布尼茨逐步完善了。在簽訂威斯特伐利亞條約的前八年，著名的英國自然科學家牛頓出生，但是義大利的天文學家伽利略也在同一年離世。在30年戰火的摧殘下，中歐地區的繁盛幾乎化為一片灰燼，但在這片焦土之上卻盛行起「煉金術」的熱潮。作為一門在中世紀興起的偽科學，人們希望借助煉金術將普通的金屬淬煉成金子，這顯然是難以實現的。正當這些煉金師們在自己的實驗室中不停進行試驗的時候，他們偶然間有了新的發現。這些發現為後來化學家們的研究工作提供了助力。

他們這些人的工作加在一起，就為這個時代打下了一個扎實的科學基礎，讓複雜的

冶鐵工業

　　自古以來人們借助堅硬耐磨的鐵器從事狩獵、農耕、生產甚至戰爭活動，豐富的鐵礦資源讓英格蘭從偏僻的荒蠻之地一躍成為強盛的工業大國。冶鐵業的發展消耗了英格蘭大量的森林資源去填補燃料需求，直到當地人發現以廉價的煤替代昂貴的木炭來進行冶鐵的技術，圖為位於英格蘭鄉村的冶鐵工廠。

機器發明變成了可能。很多聰明能幹的人抓住並充分利用了這樣的條件深入研究。在中世紀，人們能夠用木材製造出少數必要的機器，但是木材很容易磨損。鐵是一種相對較好的製造材料，但是當時只有英國才有鐵礦。於是，英國就趁機發展了冶鐵業。在對鐵礦進行熔煉的時候需要極高的溫度，開始人們使用木材作為燃料，但是等到英國境內的森林快被砍伐殆盡時，人們開始使用煤作為燃料。但眾所周知，煤只能從很深的地下開採，然後被運送到冶鐵的熔爐中。在煤炭的開採過程中也一定要保持礦坑的乾燥，防止進水。

　　這是當時迫切需要解決的兩個難題。運煤的時候尚可借助馬匹來拉，但是要想解決抽水的問題，就必須使用特殊的機器。於是很多科學家開始為解決這一難題而忙碌起來。人們都知道可以借助蒸汽來成為機器的新動力。這個蒸汽機的想法由來已久。西元前1世紀的亞歷山大就曾經向世人描述過幾部以蒸汽作動力的機器。中世紀的人們甚至考慮過製造以蒸汽作動力的戰車。和牛頓同一時代的渥斯特侯爵也曾在他的發明手冊中提及過蒸汽機。沒過多久，倫敦的托馬斯‧薩弗里就在1698年發明出了抽水機，並申請了專利。與此同時，荷蘭的克里斯琴‧海更斯也正致力於改進發動機，他的設想是借助火藥在發動機內部引發可控的爆炸，近似於我們今天借助汽油來發動引擎的原理。

　　這時候歐洲各國的人都開始從事蒸汽機的研究。海更斯的好朋友兼助手是一個名叫丹尼斯‧帕平的法國人，他在好幾個國家都進行過蒸汽機的實驗，他還發明了利用蒸汽作為動力的小貨車和蹼輪。就在他信心滿滿地準備開著自己的小蒸汽船進行首度試航時，市政當局卻依據航運工會的投訴而將蒸汽船沒收了，皆因航運工會擔心這種新式機器會搶了他們的飯碗。帕平散盡所有的錢財來從事發明研究，最後卻在倫敦窮困潦倒的生活中默然死去。在帕平去世的時候，一個機械迷——托馬斯‧紐科曼也在全心地從事

氣泵研究。又過了50年，一個格拉斯哥的儀器製造工人詹姆斯·瓦特改進了紐科曼發明的氣泵，並在1777年造出了世界上第一個真正意義上的蒸汽機。

就在人們痴迷於蒸汽機實驗的幾百年間，世界的政治格局也發生著巨大的變化。英國人已經取代了荷蘭的海上霸主地位，成了海上貿易的主要承運商。他們大肆擴張海外殖民地，將當地出產的原材料運回英國進行加工，然後再將這些商品出口到世界各國。17世紀，北美的喬治亞和卡羅萊納開始試種稱作「棉花」的一種出產奇特毛狀物的新型灌木。這些棉花被摘下來之後就立刻運往英國，再由蘭卡郡的工人織成布匹。最開始這些布匹的紡織工序都是由工人在自己家中手工完成。之後不久，約翰·凱在1730年發明了「飛梭」，這讓紡織技術有了長足的進步。再後來，1770年詹姆斯·哈格里夫斯發明了紡織機，並申請了專利。一個叫做伊利·惠特尼的美國人還發明出了軋花機，這種機器能夠自動將棉花中的顆粒分離出來，這種工作以前只能憑手工完成，一個工人每天只能分出1磅，軋花機的出現極大地提高了棉花的加工效率。之後理查德·阿克賴特和埃德蒙·卡特賴特還發明了以水力作為動力的大型紡織機。到了18世紀80年代，法蘭西召開了「三級會議」，在代表們為改變歐洲政治制度的重要議題而爭執得不可開交的時候，人們已經開始將瓦特的蒸汽機裝在阿克賴特發明的紡織機上，從而利用蒸汽動力來帶動紡織機運轉。這些發明改變了社會經濟與生活的走向，在整個世界的領域改變了人與人之間的關係。

當固定式蒸汽機的研發取得了進展，發明家們的目光馬上就開始轉到如何借助它們來推動車船行進的問題上。瓦特也曾提出過蒸汽機車的研究設想，但還沒等到他付諸行動，世界上第一輛火車就已經在1804年出現了。這輛火車是由理查德·特里維西克發明製造的，它可以載著20噸的礦石在威爾士礦區佩尼達蘭的鐵軌上快

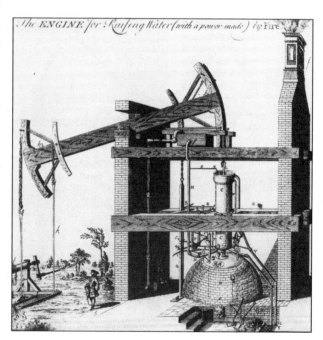

動力革命——蒸汽機

人類對於新動力與動力極限的不斷追求，讓無數人試圖借助蒸汽提供嶄新的動力之源，從古代人對蒸汽動力的猜想到將蒸汽的巨大能量成功轉換為源源不斷的機械能，這種往復式的動力機械甚至引發了人類歷史上著名的工業革命。圖為托馬斯·紐科曼設計發明的蒸汽機，這種蒸汽機初始時多用於礦井抽水。

速前進。

就在同一時期，美國珠寶商和肖像畫家羅伯特·福爾頓正在巴黎到處活動，想要說服拿破崙借助他發明的「鸚鵡螺號」潛水艇和汽船，裝備法國海軍以取代英國成為海上的霸主。

這種關於汽船的設想並非是福爾頓的獨家創意。事實上，這種想法是由康乃狄克州機械天才約翰·菲奇率先提出來的。1787年，菲奇製作的小型汽船就已經在德拉維爾河進行了第一次航行。但遺憾的是，當時拿破崙和他的科學顧問們認為這種自行推動的船隻根本就沒有任何意義。儘管這種裝著蘇格蘭引擎的小船冒著煙在塞納河面上飛快地行駛，可這位愚蠢的皇帝竟然沒有意識到這也是一種致命的武器，或許它完全有可能改變特拉法爾加海戰的最終結局。

福爾頓滿懷著失望的心情回到了美國。但是他也是一個頭腦靈活的商人，很快就和羅伯特·利文斯頓一起成立了一家小有名氣的汽船公司。利文斯頓曾經是《獨立宣言》的簽署人之一，還是美國的駐法大使。他們公司的第一艘汽船「克勒蒙特」號，裝載著英國伯明翰的博爾頓和瓦特研製的引擎，壟斷了紐約州所有的水上營運業務，並於1807年開設了從紐約到奧爾巴尼的定時航線。

蒸汽機車

蒸汽機的出現讓人們開始嘗試著研製一種以蒸汽機為動力、能快速行進運輸工具，從小看慣蒸汽機的礦工之子英國人史蒂文生不斷地研究、修改設計方案，直到相對完善的蒸汽機車「火箭號」橫空出世。被應用於鐵路運輸的蒸汽機不僅改變了人們的觀念，更開創了嶄新的鐵路時代。圖為蒸汽機車「火箭號」。

蒸汽船

作為世界上第一艘蒸汽動力輪船，「克勒蒙特號」出自美國工程師福爾頓之手，它以巨大的輪形槳葉在哈得遜河逆流而上，32小時內行駛了150英里，這種蒸汽動力輪船的應用使原有航運載重及航程速度均獲得了大幅的提升，穩定性與安全性也有了一定的保證，開創了人類航海歷史的新篇章。

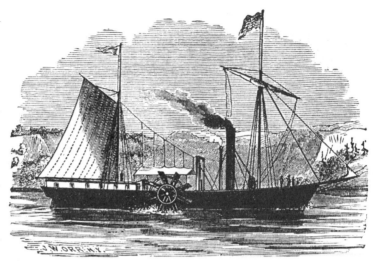

約翰‧菲奇本來先於任何人考慮將蒸汽船試用於商業運輸，但是卻悲慘地死去了。當他製造的第五艘螺旋槳汽船被毀掉的時候，他已經身無分文，身體健康也每況愈下。他的鄰居們毫不留情地譏諷、嘲笑他，就如同百年之後製造荒誕飛行器的蘭利教授也曾遇到過的境遇一樣。菲奇一直期望著能為自己的國家做點貢獻，開闢出一條通往西部水域的快速通道，但是他的同胞們卻寧願乘坐平底船甚至步行，也不願聽聽他的想法。直到1798年，菲奇在無盡的痛苦與失望中選擇服毒結束了自己卑微的生命。

時光又推進了20年。一艘載重1850噸、時速6節的「薩凡納」號汽船用了25天的時間從美國的薩凡納抵達利物浦，這僅比「毛里塔尼亞號」的船速慢了1/3，一舉創造了橫渡大西洋的新紀錄。這個時候，人們終於不再嘲笑這種新機器。他們開始對新事物報以極大的熱情，卻又將這些發明的榮譽錯放給了那些坐享其成的人們頭上。

六年之後，英國的喬治‧史蒂文生始終致力於礦井產出的原煤在運往冶煉爐、棉花工廠的線路中運營機車的研製。他發明了舉世聞名的「移動式引擎」節省了運輸成本，使得煤的價格下降

福爾頓

美國工程師羅伯特‧福爾頓正在自己的工作台前拿著機械模型冥思苦想。

班傑明‧富蘭克林與電

愚昧的人們起初完全沒有意識到自然界中閃電所蘊含的巨大能量，而美國科學家班傑明‧富蘭克林卻認定閃電與電火花歸屬於同一性質的放電現象，並根據各種電學實驗確鑿地證實了猜測的準確性。他在電學領域的巨大突破，為其贏得了廣泛的讚譽，人們甚至稱其「從天空捕獲了雷電，從暴君的手中奪回了王權」。

了70%，並使開通曼徹斯特至利物浦之間的定期客運線路變成了現實。此時此刻，人們以時速15英里的速度從一座城市飛馳向另一座城市，這在從前絕對是難以想像的。而在十幾年之後，這一速度甚至已經提升至時速20英里。今天，任何一部有著上世紀80年代戴姆勒和萊瓦莎品牌血統的小型機動車，都可以完全超越那些早期喘著粗氣的蒸汽機器，只要它沒有太大的毛病。

當工程師都在全心研究「熱力機」的時候，還有一群「純粹」的科學家們，他們每天用十幾個小時的時間去研究科學現象中的理論，這些理論的發現承載著機械時代的進步。此刻，這些「純粹」的科學家們正沿著一條前所未有的新線索，藉此探索著大自然最深奧莫測、最不為人類所知的奇妙領域。

在2000年前，就有很多希臘和羅馬的哲學家發現了一種非常奇特的現象：人們可以用羊毛摩擦過的琥珀將附近的稻草細屑或羽毛吸起來。這些哲學家包括美里塔司城傑出的泰勒斯和普林尼，但是很不幸的是，在西元79年爆發的那場將整個龐貝和赫庫蘭尼姆城毀於一旦的維蘇威火山噴發中，親歷現場觀察研究的

普林尼離開了人世。中世紀的科學家們對這種神秘的現象並沒有表現出濃厚的興趣，人類對電的研究很快就戛然而止。文藝復興之後不久，伊麗莎白女王的私人醫生威廉‧吉爾伯特曾寫了一篇著名的論文，論文中對磁鐵的特性和表現進行了探討。在三十年戰爭期間，馬格德堡市長兼氣泵的發明者奧托‧馮‧格里克製造出了世界上第一台電動機。在之後的100年間，大量的科學家都對電的研究注入了極大的熱情。1795年，相繼問世的「萊頓瓶」至少有三位教授分別研製出來過。與此同時，美國傑出的天才班傑明‧富蘭克林在班傑明‧托馬斯（因同情英國而逃離新罕布什爾，人稱朗福德伯爵）之後，也將研究的重心放在了這一領域。他發現電火花和閃電之間的一些相同的特性。之後一直到他生命的盡頭，他都在從事對電的研究。在他之後還有福特，他發現了著名的「電堆」。還有包括迦瓦尼、戴伊、丹麥教授漢斯‧克里斯琴‧奧斯忒德、安培、阿拉果、法拉第等一系列勤勤懇懇的科學探索者，他們努力地探尋著電的真正本質。

這些科學家們將他們的發現無償地貢獻給社會。一個和福爾頓一樣的藝術家薩繆

雷電的認識

　　雷電是伴隨著雷雨雲出現的自然放電現象，懵懂時期的人類給天空中神秘的雷電賦予眾多神話色彩，直到美國科學家班傑明‧富蘭克林通過實驗「捕捉天火」，人類才終於對電的性質以及自然雷電有了更深刻的理解。

電的發現 → 電容器「萊頓瓶」的發明

雷電的認識

上帝「怒火」説 → 「氣體爆炸」説 → 富蘭克林反覆思考、研究，認定雷電是一種可視的放電現象。 → 富蘭克林借助風箏上繫著的銅鑰匙捕捉到暴風雨前夕的雷電。

實驗證明捕捉回的「天火」與實驗室中的電如出一轍。

電的世界

　　電能在熱力、照明、動力、通信等領域為人類提供著日新月異的發展前景，更將一種嶄新的清潔能源引入人們的生活。圖為1900年法國巴黎世界博覽會上，璀璨奪目的燈光將夜晚映照得亮如白晝，不僅帶給駐足觀看者以難以名狀的驚喜，更以魔幻般的魅力改變著人們的生活。

爾·摩斯認為，利用這種電流，可以實現不同城市之間的信息傳輸。他準備利用他發明的一個小機器和銅線來印證他的判斷。但是，當時他的想法卻遭到了人們無情的嘲笑，他只好自掏腰包來做實驗，很快就花光了他所有的積蓄，這樣人們對他的嘲笑就更加肆無忌憚了。他後來向國會申請國家為他的實驗提供資金支持，一個比較特別的商務委員會答應了他的請求。但是這些始終圍繞政治打轉的議員們對他的想法沒有一點興趣，也不能理解他的想法。所以他苦等了12年，才拿到國會的一小筆資金。他很快就在紐約和巴爾的摩之間架設了一條電報線。1837年，他在紐約大學的演講廳內當眾成功地演示了他的電報。1844年5月24日，世界歷史上首次遠距離信息傳輸的電報從華盛頓發到了巴爾的摩。現在世界上充滿了各種各樣的電報線，從歐洲發到亞洲的電報只需要幾秒鐘就可以完成。在有線電報發明23年之後，亞歷山大·格拉漢姆·貝爾又利用電流發明了電話。又過了50多年，義大利人馬可尼發明了一套可以完全不依賴線路的無線通信系統。

在新英格蘭人摩爾斯潛心研究電報的時候，約克郡的米切爾·法拉第在1831年製造出了世界上的第一台發電機。當時的歐洲正處於徹底打破維也納會議美夢的法國七月革命的巨大影響中，沒有人注意這一個足以改變世界的發明。從第一台發電機問世開始，很多人都對它不斷地進行改進。到現在，發電機已經能夠為人類提供熱能、照明和開動各種機器的動力了。而且，愛迪生在同一世紀四、五十年代英法兩國的實驗基礎上，不斷地進行改進，終於在1878年發明了用於照明的白熾燈泡。假如我的推斷準確，電動機很快就會徹底地取代蒸汽機，就像動物的進化過程一樣，生存率低的低等動物總會被進化得更完備的史前動物所取代。

至少對於我這個機械白痴來說，我是非常樂意看到這樣的情景發生的。因為發電機是借助水力作為動力的，這遠比熱力更加清潔和健康。18世紀最偉大的發明——熱力機，讓各國都樹立起了無數的大煙囪，它們晝夜地向空中排放灰塵和煤煙。而且，為了滿足一部人的貪婪，成千上萬的人們被迫歷盡千辛萬苦、冒著生命的危險在礦井的深處不斷地挖掘、開採煤礦。這樣的畫面並不美好，也是我們所不願意看到的。

假如我不是一個必須尊重事實的歷史學家，而是一個可以隨意想像的小說家，我會用我手中的筆寫出最後一部蒸汽機被送進自然歷史博物館的情景，想像著它被放在恐龍和其他已經滅絕的動物的骨架旁邊的那種美好畫面，這樣會讓我感到無比快樂。

第五十八章

社會革命

那些新機器的價格非常昂貴，只有有錢的人家才會去購買。那些曾在小作坊進行獨立勞動的工匠們必須出賣自己的勞動，接受機器擁有者的雇用。雖然這樣他們可以掙比過去更多的錢，但是他們也失去了過去的自由，所以他們並不喜歡這樣的生活。

在各類機器被發明之前，世界上的工作都是由小作坊中的工匠們獨立完成的。這些工匠擁有工具，還可以隨意地打罵自己的學徒。他們只要不違反行業的內部規定，就可以隨意從事經營。他們的生活非常簡樸，每天都要工作很長的時間才能維持自己的生活。但是他們可以自己做主，假如發現有一個適合外出釣魚的好天氣，他們就可以放下一切去釣魚，沒有任何人能阻攔他們。

但是機器的出現和使用將這一切都改變了。機器就是被放大了的工具，我們可以將每分鐘1英里速度的火車比喻成一雙快腿，也可以將一部能夠將鐵板捶平的氣錘比喻成一對無比有力的拳頭。

機器革命

強大、高效的機器不僅放大了人類有限的力量，更可以穩定、可靠地從事一些高強度作業，甚至在某些必要前提下不停不休，這讓從前以人力為主的工作逐漸被先進的機器所取代，人反而成為了機器的附屬品。圖為英國人利用蒸汽的壓力來設計研製衝擊力遠超人們想像的氣錘，從而推動了金屬鑄造產業的飛越。

　　儘管我們每個人都可以擁有一雙快腿，或掄出去勁道十足的重拳，但是一輛火車、一個氣錘和一個棉紡工廠卻是價格高昂的機械裝置，並非是每個人都能夠買得起的。最常見的就是由很多人一起購買，每個人都拿出一定數額的資金，然後按相應的比例來分享機器為他們帶來的利潤。所以，當機器不斷改進，可以用於盈利的時候，這些大型機器的製造商便開始尋找能夠用現金購買它們的買主。

　　在中世紀，土地就是財富唯一的表現形式，所以只有擁有土地的貴族才能被稱為富人。但是我們之前也說過，當時還在採用以物換物的形式，所有的生活用品都可以用另

一種生活用品來換取，所以貴族手中的金銀沒有多大的用處。到了法國的十字軍東征的時候，城市的居民才在貿易中聚集了大量的財富，並成為了貴族和騎士的競爭對手。

法國大革命徹底地摧毀了貴族的財富，中產階級的地位得到很大的提升。緊接著大革命而來的不安歲月為很多中產階級提供了一個發家致富的契機，讓他們得以累積了超過他們社會地位應有的巨額財富。教會的財產全部被國民公會沒收充公，在拍賣的過程中，賄賂的數額非常高。一些土地的投機商人趁機獲取了幾千平方英里的土地。在拿破崙戰爭期間，這些商人就曾利用自己的資本囤積糧食和軍火，並從中大撈特撈。到了機器時代，他們擁有的財富已經遠遠地超出了他們日常所需的財富數量，他們能夠自己開設工廠，並雇用工人為他們操作機器。

這樣一來，數十萬人的生活就將因此發生翻天覆地的變化。在幾年之內，城市人口增加了好幾倍。之前作為市民休閒的市中心已經被眾多簡陋的建築所包

城市化的出現

社會變革摧毀了貴族階層引以為傲的資本，崛起的中產階級依靠繁榮貿易完成了資本累積，掌握著土地、工廠、機器與資金的創業者聚集了大量人力從事生產，以致於大量工業城市的不斷湧現，城市人口迅猛增長。這些勞工終日奔忙於工廠與住所之間，用辛勤勞動與透支健康來換取他們遙不可及的幸福。

圍。那些每天在工廠工作11至13小時的工人下班之後就會在這裡休息，而當聽到汽笛聲的時候，他們又必須馬上回到工廠繼續工作。

而在廣大的鄉村地區，四處蔓延著去城市裡就能夠賺很多錢的消息。於是那些已經習慣日出而作、日落而息生活的農村人都紛紛跑到城市裡。他們在空氣汙濁、充滿煙塵汙垢的工廠車間中苦苦地掙扎著，以前健康的身體不復存在了，等待他們的結局不是在醫院中苟延殘喘，就是在貧民窟中淒慘地死去。

這些從農村到工廠的轉變並不是在完全和平的狀態下完成的。因為一台機器可以取代100個人的工作，除了操作機器的工人之外，其餘99個失業的人就會必然因此懷恨在心。他們會不斷地襲擊工廠、搗毀機器。但是到了17世紀，保險公司出現了。按照保險的原則之一，這些工廠主的損失都能得到充分的賠償。

很快，更新、更先進的機器又重新安裝在了工廠之中，四周築起了高牆，這樣就阻止了暴動的發生。在這個充滿著蒸汽和鋼鐵的世界中，舊有的行會根本生存不了，很快它們就如同恐龍一樣徹底絕跡了。雖然工人們曾經努力想要建立新的工會，但是工廠主

自由經濟的春天

從大革命的「自由」時代走出來的人們對自由經濟滿懷期待，他們提倡個人財產與契約的自由，反對市場人為的控制與干預，以便市場在自身發展規律、機制下順暢運作，最優化地配置社會資源。於是，每個人都獲取了追求利益、出售自身勞力的自由，致使膨脹的工業城市吸引了大批創業者、勞動力的湧入。

們憑藉自己的財富，對國家的政治要員施加了更大的影響力和壓力。於是他們通過立法機關，以工會會阻礙工人的自由行動為藉口，通過了禁止組織工會的法律。

但不要因此就認為那些通過這項法律的議員們都是奸詐的暴君形象。他們都是大革命的產物。因為自由是他們的革命思想之一，有的人甚至會因為自己的鄰居並未表現出對自由足夠的熱愛而殺死他們。所以他們將自由視為最高的道德品質，所以工會是不能決定工人應該工作多長時間、索取多少報酬的。於是，他們既要保證工人們能夠在市場上自由地出賣自己的勞動力，也要保證工廠主們能夠自由地管理他們的工廠。這時候，由國家控制的社會工業生產的重商主義已經結束了，取而代之的是自由經濟。在這種觀念的影響下，他們認為國家應該讓商業按照自己的發展規律自由運行，不應該橫加干涉。

18世紀下半葉不僅是一個才智和政治備受質疑的時代，也是一個新觀念取代舊觀念的時代。在法國革命爆發初期，屢戰屢敗的財政大臣蒂爾戈就曾經宣傳過自由經濟的思想。他生活的國家被太多虛假的禮節、規章制度和大小官僚包圍了，他知道這種環境帶來的弊端。所以他才會產生取消政府監管，讓人們隨心所欲地去經營反而會變得更加順暢的想法。很快，他的自由經濟理論就成為了當時經濟學家們熱烈推崇的理念。

與此同時，英國的亞當·斯密正在進行《國富論》的創作，為自由和貿易進行吶喊助威。經過了30年，當拿破崙被流放之後，歐洲的反動勢力在維也納會議上曾經拒絕賦予人們政治自由的權力，卻將這種自由強加在了人們的經濟生活中。

正如本章開頭所說，機器的普遍使用是對國家的發展有利的，它讓社會財富迅速增長。英國在機器的幫助下甚至可以憑自己的力量來獨自承擔反抗拿破崙戰爭的全部費用，那些出錢購買機器的資本家獲取了想像不到的巨額利潤。所以，他們的欲望不斷增長，甚至想要在政治上獲取一席之地，和那些至今仍然控制歐洲大多數政府的貴族們比試一下。

英國沿用1265年的皇家法令選舉出國會議員，但是奇怪的是很多新興的工業中心竟然沒有一個議員代表。1832年，資本家們設法讓國會通過了修正法案，對選舉制度進行改革，讓資本家們對立法機構產生了更大的影響力。但是這些舉動也引起了幾百萬工人的強烈不滿，因為政府中根本就沒有他們的聲音。於是工人們發動了一場爭取選舉權的運動，將他們的要求寫在一份文件上，這就是後來著名的「大憲章」。人們對這份憲章的爭論非常激烈，以致於1848年歐洲革命爆發之後也沒有停止。因為害怕爆發新一輪的雅各賓派的血腥政變，英國政府任用年逾八十的惠靈頓公爵指揮軍隊，開始大規模地募集志願軍。這時候倫敦被嚴密封鎖，為鎮壓即將到來的革命做好了充分的準備。

最後，聲勢浩大的憲章運動因為領袖的無能而終止，並沒有爆發武裝革命。新興的富裕的工廠主控制政府的能力逐步加強，大城市的工廠也逐步擴張，並一點點占據了原屬於牧場與耕地的大片土地，工業城市將那裡變成一個個了無生趣的貧民窟。而這些貧民窟則清晰地見證著每一個歐洲城市走向現代化的進程。

第 五十九 章

奴隸解放

機器的大規模使用，沒有像那些親眼見證火車取代馬車的那一代人所說的那樣——讓人們生活的世界更加幸福、更加繁榮。儘管人們想了種種方法來補救，但是效果並不明顯。

被逼入困境的工人

為了給自己營造更好的生存或投資環境，人們領悟到每個人都應對社會投入愛與責任，但當「自由準則」下的競爭迫使企業主為獲得利潤與高效，肆意壓榨底層勞動力，即便是女人和孩子也不能倖免時，完全不對等的勞動回報讓「血淚」工廠大批出現，道德的淪陷開始四處蔓延。

1831年，英國通過修正法案的前一夜，傑出的立法策略研究學者、最富實效的政治改革家——傑里米·本瑟姆在給朋友的信中寫道：「自己想要過得舒適就先要讓別人過得舒適，要讓別人過得舒適就必須對他們表現出熱愛之情，要想表示熱愛他們就要真正地去愛他們。」他是一個非常誠實的人，他只是將自己的真實想法實話實說。他的這種觀念得到了很多人的讚賞。他們認為自己有責任讓那些不幸的人得到幸福，並竭盡所能去幫助他們。也許，付諸行動的時刻到來了。

在那個工業力量被中世紀的各種規定所束縛的時候，倡導自由經濟是非常有必要的，但是如果將它作為

人間地獄

如林的機器工廠與豬圈般的生活區之間，疲憊、飢餓、疾病的不斷侵襲將無數工人拖得奄奄一息。獲利階級把持著主流的發言權，沒有工會的支撐讓身處社會底層的工人們生存空間越發狹窄，惡劣的境地讓成千上萬兒童面臨死亡的威脅，這場由自由經濟引發的苦難將每個人拖入無力掙扎的惡性循環。

經濟生活的最高法則，就會導致非常嚴重的後果。工人工作的時間長短偏重於工人的體力來計算，這讓一個紡織女工只要能坐在紡織機前面，沒有因為過度勞累而暈倒，那麼就得繼續工作。五、六歲的小孩也被送到了工廠勞動，以免他們在街頭遇到危險，或者是沾上遊手好閒的惡習。政府甚至為此制定了相關法律，強迫乞丐的子女必須去工廠勞動，否則就會將他們鎖在機器上作為懲罰。他們辛勤地工作，取得的報酬就是有足夠的粗糧爛菜可以吃，有豬圈一樣的地方可以休息。他們經常會因為過度工作而打盹，為了讓他們時刻保持清醒，監工會拿著鞭子到處查看，只要發現有人打盹，就會用力抽打他們的指關節，以便讓他們有精神工作。在這樣惡劣的環境下，數以千計的兒童死去了，這是一件令人感到悲傷的事情。工廠主們也是人，也有同情心，他們也希望能夠取消「童工」制度。但是既然人擁有自由，那麼兒童也可以擁有自由工作的權力。此外，如果瓊斯先生的工廠不再雇用五、六歲的童工，那麼他的競爭對手斯通先生就會將無事可做的小孩全都招進自己的工廠，這將很快讓瓊斯先生的工廠瀕臨倒閉的境地。所以在國家法律明令禁止使用童工之前，任何一個工廠絕對不會獨自停止使用童工。

但是現在的國會已經不再是封建貴族們的天下了，而是由工業中心的代表們所控

制。只要禁止工人組織工會的法律存在一天,情況就不會發生改變。當時的思想家和道德家不可能對這樣的慘狀視若罔聞,但是他們確實無力改變現狀。機器一夜之間征服了整個世界,但是想要它從人類的主宰者變成忠實的奴僕,還需要漫長的時間和很多人的共同努力。

有一點非常奇怪,對這個野蠻的雇用制度霍然發難的首要目的,竟然是為了解救非洲和美洲的黑奴。美洲的奴隸制最早是由西班牙引入的,雖然他們曾經嘗試使用印第安人作為田莊和礦山的奴隸,但是如果他們一旦遠離了野外生活,很快就會死去。為了讓印第安人免於滅絕的危險,一個傳教士建議使用非洲的黑人作為奴隸。這些黑人身強體壯,能夠在惡劣的條件下生存。而且在和白人的相處過程中,他們有更多的機會接觸基督,也可以讓他們能夠拯救自己的靈魂。所以不管從哪方面考慮,這種安排對善良的白人和愚昧的黑人來說都是可以接受的。但是伴隨著機器的普及,棉花的需求量日益增長,黑人要比以前更加辛苦地工作,結果造成他們就像當初的印第安人一樣,在監工的虐待之下大量死亡。

廢奴運動

罪惡的奴隸販賣讓無數自由的生命蒙上陰影,英國人最先站出來痛斥奴隸販賣與奴隸制,這種姿態不僅獲得了民眾的支持,也讓相對發達的英國經濟從奴隸販賣的抵制中有效地壓制了其他國家經濟的迅猛崛起。圖為英國人在倫敦反奴隸制學社代表大會中尋求上層社會的支持,並引發廢奴運動在各國的連鎖性反應。

美國內戰

　　由於美國以黑奴制為核心的南方種植園經濟與以雇用制為核心的北方資本主義經濟之間矛盾重重、日益激化，最終引發了艱苦卓絕的內戰，即美國南北戰爭。這場戰爭最終以北方聯邦軍的勝利收場，不僅廢除了陳腐的奴隸制度，更為美國工業的崛起以及資本主義經濟的騰飛掃清了道路。

　　這些粗暴行徑的傳言很快就傳到了歐洲，於是很多國家都掀起了廢奴運動。英國的威廉‧維爾伯福斯和卡扎里‧麥考利組織了一個禁止奴隸制度的社會團體。他們做的第一件事情就是通過法律讓奴隸貿易變成非法的活動。在1840年之後，英屬殖民地完全廢除了奴隸制度。在法國，1848年的革命也使得奴隸制度成為了歷史。葡萄牙也在1858年頒布了一項法律，允諾自頒布之日起在20年之內廢除奴隸制度，還奴隸自由之身。而荷蘭在1863年也廢除了奴隸制度。與此同時，沙皇亞歷山大二世也將豪奪了兩百多年的農奴自由重新歸還給了農奴。

　　而美國的奴隸問題最終引發了一場嚴重的社會危機，讓美國經歷了一場漫長的內戰。雖然《獨立宣言》強調「人人生而平等」，但是這些對黑人和在南部各個種植園中的奴隸卻沒有任何效力。隨著時間的推移，北方人對南方的奴隸制度越來越反感，但是南方人卻聲稱，一旦取消奴隸制度，棉花種植業就難以為繼。眾議院和參議員為了這個問題進行了將近50年的爭吵。

　　北方堅持己見，南方也毫不退讓，當兩者無法繼續妥協的時候，南方開始威脅政府要退出聯邦。這是美國歷史上一個非常危險的時刻，可能會發生很多事情。但是這些

亞伯拉罕·林肯

亞伯拉罕·林肯是美國歷史上
傑出的領袖、政治家，美國第16任
總統，在其任期內爆發的美國內戰
中，他以《宅地法》與《解放黑奴
宣言》贏得了美國人民的支持，率
領為自由、權力而奮勇當先的北方
聯邦軍擊潰了南方種植園主的分裂
勢力，維護了美國的統一，深受美
國人民的敬仰。

事情之所以沒有發生，則要歸功於一個心懷仁念的著名
人物。

這個人就是自學成才的伊利諾伊州律師亞伯拉罕·
林肯，他在1860年11月6日成功地當選為美國總統。林
肯是一個反對奴隸制的共和黨人，他對奴隸制度深惡痛
絕。他意識到，北美大陸很難讓兩個充滿敵視的國家同
時存在，所以當南方的一些州退出聯邦，促成南部聯盟
的時候，他沒有退縮，而是奮起反抗。

很快北方就開始招募志願軍，有幾十萬的熱血青年
積極響應了國家的號召，並開始了前後長達4年的殘酷戰
爭。在戰爭初期，因為南方的準備相對非常充分，並在
李將軍和傑克遜將軍的指揮下連戰連捷。之後來自新英
格蘭和西部的雄厚工業勢力開始在戰爭中發揮決定性的
作用。一個名叫查理·馬特爾的普通將領憑藉勇猛在這
場著名的廢奴戰爭中脫穎而出。他向南方的軍隊發起了
猛烈的進攻，絲毫不給對方喘息的機會。在他狂風暴雨
般的進攻之下，南方苦心經營的防線不斷崩潰。

1863年初，林肯總統發表了著名的《解放宣言》，
從而讓所有的奴隸獲得自由。時至1865年4月，李將軍
麾下最後一點勇猛的部隊也在阿波馬克托斯宣布繳械投
降。但是沒過幾天，林肯總統不幸被一個瘋子刺殺。慶
幸的是，他的傑出事業已經完成。除了西班牙的殖民地
巴西仍然存在奴隸制度之外，奴隸制度在文明世界的任
何地方都煙消雲散了。

當黑人們享受自由的空氣時，歐洲的工人卻在「自由經濟」的壓迫下拚命地喘著
粗氣。在很多現代作家和觀察家的眼中，工人在這樣悲慘的環境中沒有完全滅絕就是一
個難以置信的奇蹟。這些無產階級住在骯髒、破舊的貧民窟住所中，吃著難以下嚥的粗
糙食物。他們的教育程度剛好達到每天工作所需的技巧即止。如果他們遭遇意外或者死
亡，家人就會失去所有的依靠和希望。在這樣悲慘的情況下，對立法機構能施加很大影
響力的釀酒業還在不斷地向他們提供廉價的威士忌和松子酒，讓他們來藉酒消愁。

上個世紀30年代以來的社會進步並不是某一個人的功勞。為了將工人從機器普及所
造成的災難性後果中解放出來，人類付出了整整兩代人的心血和智慧。他們並非要將整
個資本主義體系推倒重建。因為他們知道，少數人累積起來的財富若運用得當，還是完
全可以促進社會進步的。但是對於那些擁有大量財富，可以隨意關閉工廠也不會挨餓受
凍的工廠主們和不論報酬多少都要辛苦工作，否則全家就無法生存的工人們來說，兩者

英國改革

　　隨著19世紀初期英國經濟的突飛猛進，一場關於生產過剩的全面危機也接踵而來。生活困窘、勞動強度繁重的底層民眾生存環境與社會地位越來越受到人們的關注，為確保社會穩定和良性發展，改革的呼聲此起彼伏，也取得了一定的成效。

英 國 改 革 進 程

19世紀初	19世紀40～50年代	19世紀50～60年代	19世紀60年代初
英國經濟爆發生產過剩危機，工人運動重新興起，政府迫於壓力通過了改革法案，工業資產階級獲取了更多的參政機會。	率先完成工業革命的英國把持世界貿易命脈，巨額財富源不斷收入土地貴族和資產階級囊中，底層民眾生活困窘。	資本剝削日益嚴重，英國工人運動聲勢高漲，工人、底層貧民成立工會以罷工的方式呼吁改革。	隨著君主立憲制的推行，工業資產階級走上政治前台，第二次選舉改革運動後，改革方案獲得通過並納入法律。

孤獨的觀察者

　　自由經濟的發展迫使工人階級身陷水深火熱之中，一邊是膨脹的城市與忙碌的工廠，一邊是日漸窘迫的生活，工人們以辛勤的勞動與血汗修建起這片繁榮，卻難以融入其中，他們締造著一個又一個的人間奇蹟，卻在這片鋼鐵、煙囪堆砌的環境中倍感孤獨與陌生。

社會主義

    為了維繫社會的平衡與持久繁榮，人們開始萌生對現有社會經濟制度的思考，於是以整個社會和群體利益為著眼點、提倡按勞分配的社會主義思潮初現端倪。全社會掌控土地、資源、商品，並在符合公眾利益的前提下統一管理、合理分配，獲得真正自由與福祉的勞動者終於看到了幸福的方向。

之間存在絕對平等的觀點，他們也會全力地反對。

    他們改善了很多法律來規範工廠主和工人之間的關係，他們取得了一系列不錯的改革成效。時至今日，大部分勞動者的合法權益已能得到保證，他們每天的工作時間縮減到8個小時，他們的子女也開始接受學校的正規教育，孩子們從前必須也要跟著下礦井、去車間的日子已經一去不返了。

    但是還有一些人在看到從煙囪中冒出來的滾滾黑煙、聽到火車晝夜不息的轟鳴、看到各種賣不出去的商品堆滿倉庫的時候，不禁思考起來。他們想知道這些巨大的力量究竟會將人類帶往何方，哪裡又是這一切的終點。他們非常清楚人們已經在完全沒有貿易和工業競爭的情況下生存了幾十萬年。可不可以改變現狀，取消那種以犧牲人類幸福為代價、追名逐利的社會體制呢？

    這種憧憬更加美好世界的思想在很多國家都開始出現。名下擁有很多紡織廠的羅伯特·歐文在英國建立了一個「社會主義社區」，並已經取得了一定的成就。但是在他死後，他位於新拉納克廠址所在地的社區很快就萎靡消亡了。法國的記者路易斯·布蘭克特也曾有過相同的嘗試，但是並沒有取得明顯的效果。越來越多的社會主義作家們已深深意識到，在常規工業社會勢力的環視下，試圖建立勢單力孤的獨立小社團是永遠不可能取得進展的。因此在做出實質性的動作之前，人們首先要了解整個工業和資本主義社會的基本原理與規律。

    在羅伯特·歐文、路易斯·布蘭克、法蘭西斯·傅立葉這些肩負實用社會主義大旗的學者身後，諸如卡爾·馬克思和弗里德里希·恩格斯這樣的一批理論社會主義學者走上前台。作為一名睿智的學者，馬克思盛名在外，他和他的家人長期在德國居住。他在

了解歐文和布蘭克的社會試驗之後，開始興致勃勃地致力於勞動、資本和失業問題的研究。但他的自由主義思想為德國警察當局所不容，所以他不得不逃往布魯塞爾，後又流亡倫敦，成為了《紐約論壇報》的一個記者，生活十分貧困。

　　他的經濟學著作在當時根本無人問津。他在1864年組建了第一個國際勞工聯合組織。1867年，他出版了《資本論》的第一卷。在他看來，人類的歷史就是有產者和無產者之間的鬥爭史。機器的普及讓資本家開始登上歷史舞台，他們利用自己多餘的財富購買機器，雇用工人為他勞動，以便創造更多的財富，然後再利用這些財富建立更多的工廠，不斷地循環下去。根據他的這種觀點，資產階級會越來越富有，而無產階級會越來越窮。所以他做出了一個大膽的預測，這種資本循環的發展極致就是世界上的所有財富會集中到一個人的手上，其他所有的人都會成為他雇用的工人，並依靠他的施捨勉強度日。

　　為了防止這可怕的一幕真的出現，馬克思號召世界上所有的工人都聯合起來，為了爭取合理的政治經濟體制不懈鬥爭。在1848年，歐洲革命發生的那一年他發表了《共產黨宣言》，其中對此有各種詳細的闡述。

卡爾·馬克思

作為全世界無產階級與勞動者的偉大導師與精神領袖，卡爾·馬克思對資產階級與資本主義經濟有著深入的考察與研究，在資產階級世界危機日益加劇之際，他的社會主義學說成為眾多歐洲國家關注的焦點，他所著的《資本論》甚至成為19世紀最具影響力的大作。

　　很顯然，他的這種觀點是政府所不能容忍的。很多國家，尤其是德國制定了相當嚴厲的法律來專門針對這些社會主義者。警察受政府指派解散了社會主義者的集會，並大肆逮捕演講者。但是這種殘酷的鎮壓並不會給政府帶來任何好處。對於社會主義這種不受國家禮遇的事業來說，這些被抓捕的革命先行者反成了最佳的宣傳廣告，以致於在歐洲各地，信仰社會主義的人越來越多。經過長時間的發展，資產階級終於弄清楚了，這些社會主義者並沒有發動暴力革命的打算，他們只是希望借助在國會中日益增長的影響力，為廣大勞動階級爭取到更多的合法利益。有的社會主義者甚至被任命為內閣大臣，他們和開明的天主教信仰者和新教徒攜手合作，努力消除工業革命所帶來的不利影響，將機器普及與財富增長所獲取的利潤加以更公平、更合理的分配。

第 六十 章

科學時代

> 與此同時，世界正經歷著一場比政治革命和工業革命影響更深遠、意義更重大的變革。在經過了長期的壓迫、摧殘之後，科學家們終於重拾行動的自由。他們從此可以自由地嘗試探索宇宙間的基本規律。

埃及人、巴比倫人、迦勒底人、希臘人、羅馬人都對早期的科學概念和研究做出過一定的貢獻。但是西元4世紀的大遷移將地中海地區的古國徹底摧毀了，隨之而來的基督教對人靈魂的重視超過了肉體，科學就被視為人類驕傲的一種表現。在教會看來，科學企圖偷看上帝神聖領域內的神秘事物，這和《聖經》中描述的七宗罪有著莫大的關係。

雖然文藝復興在很大程度上突破了中世紀對科學的偏見，但是16世紀初期的宗教改革運動卻對科學懷有強烈的敵意。如果科學家們超過了《聖經》規定的狹隘範疇，就會受到最嚴屬的懲罰。

這個世界到處都是傑出將軍的雕塑，他們帶領著士兵走向輝煌的勝利，同時也有很多不起眼的石碑，向世人昭告這裡沈睡著一個傑出的科學家。經過了1000年，我們可以用完全不同的態度來面對這個問題。這時候生活幸福的孩子更加敬佩這些科學家們的勇氣和大無畏的獻身精神，因為這些人是抽象知識領域中的先驅者，而這些抽象的知識讓世界變得更加真實、更加有實際意義。

這些科學家中有很多人的生活都十分困苦，經常遭受他人的非議和白眼。他們生前住在破舊的房屋之中，死時棲身於陰冷、潮溼的地牢。他們不敢將自己的名字寫在著作的封面，甚至一生都不敢公開自己的研究成果。他們有時只能將自己的書稿送到阿姆斯特丹或者哈勒姆的某個地下出版社偷偷出版。因為教會對他們有著強烈的敵意，不管是天主教信仰者還是新教徒都不會對他們抱以憐憫之心。他們是傳教者永恆的敵人，他們是無知民眾被蠱惑時冠以異端分子的稱謂，進而被訴諸暴力的反面宣傳典型。

但是他們依然能找到各種容身之所，比如荷蘭。雖然荷蘭人對這些神秘的科學研究沒有興趣，但是也不願意去干涉別人的思想自由。所以具有寬容精神的荷蘭就成了自由思想者的避難所，其他歐洲國家的哲學家、數學家和物理學家等都來到這裡，享受著自

由的空氣。

在之前我曾提到過，在13世紀，一個名叫羅傑‧培根的天才用長期禁筆的方式來避免教會責難的事情。五個世紀之後，那些著名的《百科全書》的編撰者們還處在法國憲兵嚴密的監視之下。50年之後，達爾文因為對《聖經》中創世的故事提出質疑而成為了所有傳教者的公敵。直到現在，那些敢於探究人類未知領域的科學家依然會受到各種迫害。甚至在我寫這一章文字的時候，布萊恩還在對人們鼓吹「達爾文主義的危害」，呼吁人們共同反對這個英國自然學家的謬論。

但是所有這一切都是無關緊要的細節，該完成的工作還是做完了。儘管最初人們會將這些具有遠見的科學家看成是瘋狂的理想主義者，但最終還是會一起分享科學發現和發明創造所帶來的利益。

到了17世紀，科學家們都開始關注天文領域，開始研究地球和太陽之間的關係。但是教會依然會反對這種在他們眼中看來不該存有的好奇心。最先證明太陽才是宇宙中心的哥白尼在死前才將他的著作發表出來。而伽利略儘管一直生活在教會形影不離的監控

古老的科學實驗

數千年來，人類試圖探索自身乃至宇宙奧秘的決心與腳步從未有過絲毫的遲疑與停滯。無數傑出的科學家堅毅、勇敢地站在了時代的前沿，他們飽受質疑、冷眼、迫害甚至被人們看做是邪惡的巫師與異端。在神奇的科學領域，在道德與理性的邊緣，他們用事實與論證幫助人們撥開迷霧、張開被蒙蔽的雙眼。

真理與謬誤的博弈

由於支持哥白尼的日心說而被教會傳喚的「近代科學之父」伽利略，在宗教法庭將手按在《聖經》上不情願地宣誓放棄畢生維護的觀點。逃過此劫的他被「酌輕判處」終身監禁，直到他開創現代力學之作《關於兩種新科學的談話》在阿姆斯特丹秘密出版，為探索真理戰鬥到生命最後一息的他才稍感安慰。

之下，還是能堅持用自己製作的望遠鏡觀察星空，為後來伊薩克·牛頓的研究提供了大量的數據。這為牛頓日後由物體降落中發現有趣的萬有引力定律提供了很大幫助。

這種在所有落體上都存在的定律在很長一段時間內，將人們研究星空的目光轉移到了地球上。17世紀中期，安東尼·范·列文虎克發明了顯微鏡，操作非常便利，它讓人們開始有機會研究導致人類患病的微生物，奠定了細菌學的基礎。正是因為有了這門學科的存在，在19世紀60年代之後，人們才逐漸發現各種致病的微生物，消除了很多的患病隱患。

除此之外，地理學家在研究不同的岩石和從地底深處挖出來的化石的時候，也會經常用到顯微鏡。對古化石的研究結果充分證明了地球的歷史，要比創世紀中描繪的更加久遠。1830年，查理·萊爾爵士出版了《地質學原理》一書。在這本書中，他否定了《聖經》中創世紀的故事，並詳細地描繪了地球緩慢的發展過程。

與此同時，拉普拉斯法發表了一種關於宇宙起源的新論點，認為地球只是浩瀚銀河中很小的一個行星而已。邦森與基希霍夫也正在利用分光鏡來研究星球以及太陽的化學

成分，但是最先發現太陽表面耀斑的還是伽利略。

　　經過了長期和天主教、新教的艱苦鬥爭之後，醫學家和生物學家終於能夠解剖屍體來進行研究，我們也得以了解自身的器官和身體結構，從而不再受中世紀江湖醫生那樣的胡亂猜測所誤導。

　　幾十萬年的時光飛逝，最初人類從思考星星為什麼存在於天空，開始了對天文的探索。從1810年至1840年，短短不到一代人的時間中，科學所取得的進步已經超過了過去幾十萬年發展的總和。那些在古老教育模式下成長起來的人必然覺得這是一個可悲的時代。儘管拉馬克和達爾文沒有直接說出人是由猿猴進化而來的，但他們已經暗示了人類是經過了漫長的進化過程而來的，甚至可以追溯到地球上的最早生物水母身上，所以我們能夠理解頑固的舊思想者對這兩個發現者的憎恨。

　　19世紀，中產階級已經建立了一個由他們掌控的、興旺發達的世界，他們問心無愧地使用著煤氣、電燈和

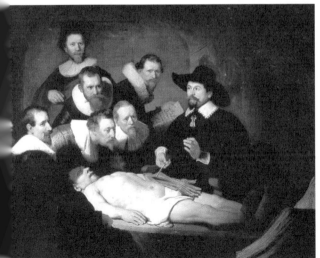

杜爾普博士的解剖課

　　曾被認為違反上帝旨意而被教會視為禁區的人體解剖學讓科學家們充滿好奇，卻又不敢越雷池半步，直到幾番艱難的掙扎與鬥爭後，逐漸解禁的學科研究才讓人們有機會去探索人類自身的奧秘。圖中在阿姆斯特丹的解剖學教室中，杜爾普博士正向學生們展示、講解人體的肌肉，緊張神秘的氣氛彷彿有魔鬼在旁聽。

所有傑出的科學發現所帶來的成果。但是那些純理論的科學家，那些耗盡所有的精力來為這些進步提供理論依據的人，卻遭受著人們懷疑的目光和無情的譏諷。他們的貢獻直到不久之前才終於得到人們的認可。現在，富有的人開始將以前用來捐助建造教堂的資金來修建各種類型的實驗室。在這些沒有硝煙的戰場上，這些科學家們正在和人類隱藏的敵人進行著一場無聲無息的戰鬥。有時候他們為了將來人們能夠更加健康、幸福地享受生活，甚至不惜付出自己的生命。

之前人們喜歡將一些無法治療的疾病看成是上帝的旨意，其實這是由於人類對自我認知的無知與無視所導致的。現在每一個小孩子都知道，要喝清潔乾淨的水，這樣就能減少感染傷寒的可能。可就是這樣一個簡單的常識，也是醫生們經過多年努力取得的成果。科學家們對於口腔細菌的研究讓我們能更好地預防蛀牙，即使是非要拔牙，我們也會很輕鬆地去找牙醫。1846年，美國最早利用乙醚作為麻醉劑，成功進行了一次無痛的手術。歐洲人在看到相關報導之後覺得非常不可思議，他們竟然想讓人類逃脫一切生物都無法規避的疼痛，這簡直是在公然反抗上帝的旨意。直到很多年以後，在外科手術中使用乙醚或氯仿作為麻醉劑才逐步推廣開來。

科學改變世界

物換星移，在人類歷史漫長的時光長河中，科學領域的厚積薄發讓人充滿希望。大量的科學成果從人類最初的幻想走到實驗室，再從實驗室走進書本，最終成為現實。科學豐富著人們的頭腦，改變著世界，甚至影響著人類的命運。然而，沒有人注意到科學背後閃現的是無數人的智慧、努力、勇氣甚至生命。

儘管人們對科學的偏見依然存在，但是科學家們不斷地引導人類進步的戰役還是取得了不錯的戰果。固執、偏見的古老牆壁上縫隙在逐漸擴大，隨著歲月的流逝，無知的壘石終於傾倒崩塌。一些追求更美好、更幸福生活的人們走出了古老的囹圄，但是他們很快就發現了又有一個新的障礙擋在他們面前。隨著舊時代的終結，一個新的反動城堡又建立了。成千上萬的人們前仆後繼，為了衝破這最後一道防線付出了生命的代價。

第六十一章

藝術

關於藝術。

　　一個健康的寶寶在吃飽喝足之後，口裡會不自覺地發出伊伊呀呀的聲音，以此向世界宣告他的幸福生活。這些聲音在大人聽來是沒有任何意義的，但是在寶寶心中，這些「伊伊呀呀」之聲就是屬於他們的音樂，也是他們對藝術的最早貢獻。

　　等到他再長大一點，能夠自己坐起來，就開始了玩泥偶的日子。這些泥偶在大人看來是寥寥無趣的。在世界上，有很多孩子可能都在玩泥偶，每一個泥偶又都是與眾不同的。但是對於孩子們來說，這是他們走向藝術王國的又一次嘗試，可以說他現在正在扮演著一個雕塑家的角色。

　　等到了他們三、四歲的時候，他們又變成了一個個畫家，用雙手畫出腦海中的圖畫。當媽媽給他一盒彩色的畫筆和一張白紙之後，他就會在紙上畫出各種奇特的圖案。雖然看上去歪歪扭扭，但是這些彎彎曲曲的線條代表的是他們心中人物、房子啊、馬啊等形形色色世界裡的事物。

　　過不了多長時間，他們這種隨心所欲的創作生活就會結束，然後

孩子與藝術

　　天性與嘗試讓孩子們在不知不覺中打開了通往人生繁華世界的大門，他們以純真而好奇的雙眼打量著這個世界，他們充滿熱情、活力與創造力。但成人們總是遵循著自己的意志去試圖塑造孩子的未來，藝術反倒成為可望不可及的奢侈品，固化的思維與功課最終消磨了孩子們的創造力。

被送進學校接受教育。從這個時候開始，孩子的生活就會被數不清的功課填滿。每個小孩心中的首要事情就是學會謀生之法。在背誦各種公式和詞語、定理的時候，孩子們已經沒有更多的閒暇時間來進行他們的「藝術」創造了。他們僅有在創造帶來的快樂非常強烈，而且不求能夠在現實中得到回報時，只是為了滿足內心的渴望而進行藝術活動。等到孩子們長大成人之後，很快就會忘掉在自己生命的最初五年中，是在藝術的創造中度過的。

其實民族的發展和小孩的成長過程非常相像。當穴居人躲過了漫長冰河世紀中各種致命的危險，將他們的家園修整一新之後，就開始創造一些自己覺得美麗的事物。儘管這些東西對他們的捕獵行為沒有絲毫的意義，但是他們還是在洞中的岩壁上將捕獵猛獸的情形畫了出來，有時還會在石頭上刻畫出自己認為最美的女子輪廓。

尼羅河和幼發拉底河沿岸地區的埃及人、巴比倫人、波斯人以及其他東方民族在建立了自己的國家之後，就開始為他們的國王建造美麗的王宮，為自己的妻子和女兒製作漂亮的首飾，還會種上各種美麗的植物，用鮮豔的花朵來裝飾自己的花圃，美麗的色彩就如同一首優美、歡樂的樂章。

我們的先祖來自遙遠的中亞草原，他們四海為家，如同戰士和獵人一樣喜歡無拘無束的自由生活。他們曾經寫下過很多動聽的歌謠和詩篇來讚頌領袖所取得的傑出成就，那種詩歌形式一直流傳至今。1000年之後，他們在希臘安身立命，建立屬於自己的國家的時候，又開始修建莊嚴的神廟，雕刻出各種各樣的雕塑，編著各式各樣的悲喜劇。他們用自己所能想到的各種藝術形式來表達他們心目中的悲傷和歡樂。

羅馬人和他們的敵人迦太基一樣，都忙於管理其他的民族，想著怎樣才能賺更多的錢，對於那些沒有實際用處且不能帶來利潤的精神冒險毫無興趣。儘管他們讓天下臣服，修橋築路，但是他們的藝術卻完全是抄襲希臘的。他們創建的幾種建築模式均是以實用為主，僅僅是為了滿足時代的需求，而他們的雕塑、歷史、裝飾、詩歌等藝術形式，則都有著顯著的希臘式影子，僅僅是改為拉丁版而已。如果一個人缺乏自己所特有的個性，是沒有辦法創造出好的藝術來的。羅馬恰好最不相信個性的存在，它所需要的是訓練有素的軍隊和精明能幹的商人，詩歌創作等藝術形式都交給外國人去做就好了。

之後就是藝術的黑暗時代。野蠻的日耳曼民族就像諺語中一頭突然闖進西歐瓷器店的瘋牛。他們不理解的東西對他們來說都是可有可無的。以我們現今時代的標準來說，他喜歡有著漂亮女郎封面的通俗雜誌，反而將自己繼承下來的倫勃朗名作丟進垃圾堆。過了一段時間，他的見識有所增長，想要彌補之前的損失，但是垃圾堆早就不復存在，名畫也就跟著不復存在了。

但是到了這個時候，他自身所具有的東方藝術得到了很大的發展，彌補了他之前的無知，並最終發展成為優美的中世紀藝術。對於北歐人來說，中世紀藝術就是日耳曼民族自身精神的體現，這幾乎沒有希臘、拉丁藝術的影子。這種藝術形式和埃及、亞述古老的藝術形式更是完全不一樣的，更不要提印度和中國藝術了。因為在那個時代，這兩

採花少女　　壁畫　出自義大利龐貝城附近的斯塔比伊城

優雅的步履、輕舞的裙帶、柔美的身姿，藝術家以其細膩的筆觸向世人展示了人與自然的和諧之美。儘管人們從畫面中只能一睹少女的背影與面部輪廓，但卻絲毫不能掩蓋她的優雅與迷人。這幅傳世之作發掘於被火山吞沒的龐貝古城附近的別墅臥室中，幾乎完好的線條與色彩讓人驚豔。

個國家還並不為世界所知曉。其實，北方的日耳曼民族很少受到歐洲南部人們的影響，所以他們的建築形式根本不能被義大利人所接受，也因此受到了後者強烈的鄙視和諷刺。

人們都知道「哥德式」這個詞，一提到這個詞，人們就會聯想到一座美麗的教堂，教堂的屋頂是尖尖的，直插入高聳的雲霄。然而這個詞背後真實的意義是什麼呢？

它代表了一種不文明、甚至粗俗野蠻的事物，它們最初皆出自那些停留在原始時代的哥德人之手。在南方人看來，哥德人就是一群來自偏僻之地的粗野蠻族，一點也不尊重古典藝術的既定法則。他們只知道用一些奇怪而又恐怖的現代建築來滿足自己的惡俗趣味，完全無視古羅馬廣場上和雅典衛城中那些崇高藝術的巔峰之作。

但是幾百年來，哥德式建築始終彰顯著高度的藝術情感，鼓舞著所有歐洲北部的居民。在前面我已經介紹過中世紀晚期人們的生活方式，他們是城市中的居民。但是在古拉丁語中，城市就代表著部落之意。這些住在高牆深塹防禦之後的善良居民，都是貨真價實的部落成員，他們依靠城市內部之間的互幫互助，一起同甘共苦。

在古希臘和古羅馬的城市中，廟宇作為市民的生活中心，都會被建在廣場上。到了中世紀，教堂又成為了市民的生活中心，那裡是神的殿堂。現在的新教徒每周只去一次教堂，每次也只待幾個小時，已經很難體會出中世紀教堂對於人們來說具有怎樣的意義。

在中世紀，每個孩子在出生之後，不到一個星期就要到教堂接受洗禮。在孩子小時候，他還會經常去教堂中聽其他信仰者講解《聖經》中的傳奇故事。他長大後還會成為教堂中大家庭的一員。如果有足夠的金錢，他還可以給自己建造一個小教堂，在其中供奉家族的守護神。當時教堂作為最神聖的地方，是不分晝夜對外開放的。就像現在的俱樂部一樣，它專門為市民提供享用的場所。你很有可能在教堂中遇見一位彼此傾心的女孩，等到她成為自己的新娘之日，你們還會在教堂的神壇之前許下最莊重的誓言。等你走到了人生的盡頭，你還會被葬在教堂的石頭之下，你的子女或子女的子女會經常走過你的墓前，直到世界末日到來的那一天。

中世紀的教堂不僅是神的住所，還是人們日常生活的中心，所以它的建築形式應該和其他的建築物區別開。埃及、希臘和羅馬的神廟只是一個供奉神靈的大殿，祭司們也不需要在奧塞里斯、宙斯或丘比特的雕塑面前講經說法，所以也不需要為公眾準

哥德式建築

野蠻、粗獷的哥德人將輝煌的羅馬文明毀於一旦，然後以他們特有的藝術形式打造著世界，並在人類藝術文明史中留下濃烈而充滿力道的一筆，儘管這讓羅馬人感到深深的痛苦與不堪。城市中春筍般拔地而起的哥德式教堂上，拱頂、飛扶壁的設計減輕了建築牆壁所承受的壓力，崇高的氣勢宣示著他們對天空的嚮往。

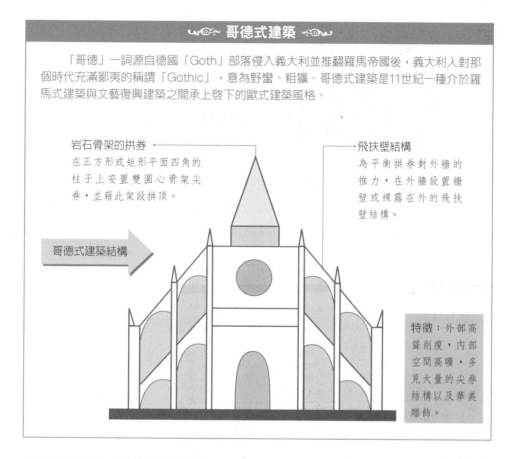

哥德式建築

「哥德」一詞源自德國「Goth」部落侵入義大利並推翻羅馬帝國後，義大利人對那個時代充滿鄙夷的稱謂「Gothic」，意為野蠻、粗獷。哥德式建築是11世紀一種介於羅馬式建築與文藝復興建築之間承上啓下的歐式建築風格。

岩石骨架的拱券
在正方形或矩形平面四角的柱子上安置雙圓心骨架尖券，並藉此架設拱頂。

飛扶壁結構
為平衡拱券對外牆的推力，在外牆設置牆壁或裸露在外的飛扶壁結構。

哥德式建築結構 ➡

特徵：外部高聳削瘦，内部空間高曠，多見大量的尖券結構以及華美雕飾。

備很大的空間。在古代的地中海地區，所有的宗教活動都是在室外進行的。但是對於氣候寒冷潮溼的歐洲北部來說，很多宗教活動必須要在教堂中才能舉行。

幾百年間，建築師們都在冥思苦想，怎樣才能建造出足夠大空間的建築物。按照羅馬的建築理論，在建造厚重的石牆時，必須要有一個小窗戶，這樣才能避免牆體因為無法承受自身的重量而坍塌。到了12世紀，十字軍在東征的過程中，看到了穆斯林清真寺的圓頂建築。受到這種建築的啟發，歐洲的建築師們想出了一種新穎的建築風格，這讓歐洲人首次有機會建造出適合頻繁宗教生活的大型建築。他們在被義大利人鄙視的哥德式建築基礎上，進一步延續了這種奇特的建築風格，發明出了一種由幾根支柱支撐起的拱形屋頂。但是這樣的拱頂如果太重，就很容易將牆壁壓垮。其中的道理很簡單，就像一個重150公斤的胖子坐在一張兒童座椅上一樣，壓垮座椅的結果是顯而易見的。為了解決這個問題，法國的建築師們開始使用「扶垛」來增加牆壁的承重能力。所謂扶垛就是指砌在牆邊的大堆石塊，可以用來協助支撐屋頂的牆體。為了進一步確保屋頂的穩固，建築師們又借助所謂的「飛垛」來支撐屋脊。這種簡單的建築構造我們可以從很多建築實體上找到它們的痕跡。

聖徒小教堂內部 建築裝飾 約在1243至1248年間 現存於法國巴黎

羅馬之後、文藝復興之前的哥德式建築藝術風格讓世人驚嘆不已，優雅輕盈的拱頂、精巧別致的廊柱、大量華麗的彩色玻璃鑲嵌，賦予了建築更充分的幾何之美、空間之美、光學之美……圖中教堂牆壁對彩色玻璃的應用竟然達到3/4，在外界光線的掩映下光影交織，讓人如入聖境。

這樣的建築方法可以將窗戶開得很大。但是在12世紀，玻璃是一種非常珍貴的奢侈品，所以在私人的建築物上很少安裝玻璃，有時候甚至連貴族的城堡也沒有防風的條件。這樣房屋裡面一年四季都有風穿屋而過，即使在屋內也如同在室外一樣要穿著很厚的衣服。

不過幸運的是，當時地中海附近的居民製作彩色玻璃的技術並沒有完全絕跡，並在這個時候又重新繁盛起來。很快，在哥德式教堂的窗戶上，就出現了很多用彩色玻璃拼成的《聖經》故事，周圍再用鉛製的長框鑲嵌固定。

於是，在上帝新建的房屋中就擠滿了虔誠的信仰者。隨後，這些讓宗教信仰變得栩栩如生的傑出技藝達到了歷史上從未企及的高度。為了建造好這個上帝的房屋和人間的聖地，人們不惜一切代價，盡量做到完美無瑕。羅馬帝國滅亡之後，雕塑家們就處於長期的失業狀態，這個時候他們又可以重新投入工作了。他們在教堂目之所及的所有地方，大門、廊柱、扶垛以及飛簷上填滿了上帝和聖人們的雕像。繡工們也全心全意地投入到了工作當中，繡出了精美華麗的掛毯裝點著教堂的牆壁。首飾工匠們也拿出了他們的看家本領裝點祭壇，讓它完全值得上虔誠祭拜者的頂禮膜拜。畫家們也使出了渾身解數，但是始終因為沒有適合繪畫的顏料溶劑，而不得不處處受制。

溼壁畫的繪製

　　最初源自義大利的壁飾繪畫——溼壁畫（Fresco）意為「新鮮」之意，這種繪製在牆壁灰泥上的繪畫對繪畫者的自身功底要求極高，能將其運用得出神入化的大師級人物寥寥無幾，難於保存也讓這類佳作世間存留不多。

溼壁畫的繪製流程

首先在準備繪畫的牆壁上塗抹一層粗糙的灰泥，並在其上覆蓋一層細灰泥。

然後，在潮溼的灰泥層上描上畫作最初的草圖、輪廓。

接著，在草圖上塗抹一層更細的灰泥以作為壁畫的表層。

最後，借助畫筆將溶於水或石灰水的顏料逐個區域、逐層繪製在灰泥上。

弊端：因顏料被灰泥層吸收後難以修改，所以繪製時要求盡量一氣呵成；溼壁畫完成後，石膏因逐漸乾燥、龜裂而易於脫落，受潮也易使顏料色澤發生改變。

猶大之吻 溼壁畫 喬托 約1305-1306年 200cm×183cm 現存於義大利帕多瓦市斯克洛維尼禮拜堂

　　陰沈的天空下，空氣中充滿著劍拔弩張的火藥氣息，耶穌與猶大一動一靜站在紛雜的人物與器具旋渦中，傳達著一種勢如刀鋒般的衝突與對立。儘管溼壁畫創作維艱與難於保存的現實讓藝術家們一籌莫展，但仍湧現了諸如喬托等一批藝術大師，他們以畫筆勾勒出人世間光明與黑暗、正義與邪惡的不休纏鬥。

正因為如此，才有了另外一段故事。

在基督教成立之初，羅馬人用很小的彩色玻璃拼嵌起各種各樣的圖案，用來妝點神廟的牆壁和地板。但是這種鑲嵌的技巧很難掌握，畫家們也很難藉此來表達情感。這種感受就像小孩子用彩色的積木進行創作一般處處受制。所以這種鑲嵌的技巧自中世紀就漸漸絕跡了，僅在俄國得以保留和延續。君士坦丁堡淪陷之後，原屬於拜占廷帝國的鑲嵌畫家都逃到俄國另闢家園，他們仍採用五顏六色的玻璃來妝點東正教教堂，一直到十月革命之後再沒有新教堂建造為止。

中世紀的畫家們可以借助熟石膏水來調製顏料，塗抹在教堂的四壁上。這種摻入新鮮石膏的畫法通常被我們稱為壁畫或者溼壁畫，並在世界上流行了好幾百年。但是現在這類繪畫就像手稿中的微型畫一樣難得一見了。在眾多的現代城市畫家中，也許一百個中僅有那麼一兩個人掌握著調和這種溶劑的方法。但是在當年沒有其他更好的材料來調配顏料的情況下，畫家們成為溼壁畫工也是無可奈何的選擇。因為這種畫法有一個很大的缺陷，那就是用這種方法畫完之後，石膏用不了幾年就會從牆上脫落下來，或者畫面受到溼氣的影響而發生了改變，就如同我們現今的壁紙圖案因為返潮而被侵蝕、毀壞一樣。儘管人們曾嘗試過用酒、醋、蜂蜜以及黏稠的蛋清等其他材料來代替石膏水，但都沒有取得成功。這種不懈的嘗試持續了1000多年。中世紀的畫家們可以駕輕就熟地在單頁的羊皮紙上繪畫，可一旦繪畫的位置轉移到面積較大的木料或石壁上，這種發黏的顏料所呈現的效果就讓人不甚滿意。

到了15世紀上半葉，這一愁

阿爾諾菲尼的婚禮　橡木板油畫 揚·凡·艾克
1434年 82cm×60cm 現存於英國倫敦國家美術館

華貴、典雅的房間中，一對步入婚姻殿堂的新人攜手而立。作為一幅極具紀念意義與藝術價值的繪畫精品，藝術家揚·凡·艾克憑藉著精細入微的筆觸與對色彩出神入化的運用，將真正婚姻最神聖的一幕與意蘊巧妙凝縮在繪畫藝術當中。藝術家高超的技藝與特殊油彩顏料的應用使他在上層名流中極富聲望。

戲劇的發展

在特殊宗教慶典場所才能粉墨登場的戲劇經過幾個世紀的發展，終於成為王室貴族、平民百姓日常娛樂消遣的新方式。人們在各式各樣的劇場中感受人間悲喜、打發時間、從事社交甚至同情人幽會，對藝術的迷戀與心情的排遣讓劇場成為上層名流們趨之若鶩的場所。圖為路易十六的皇家特許戲劇團在舞台上表演喜劇。

人的難題終於被荷蘭南部的揚‧凡‧艾克與胡伯特‧凡‧艾克兄弟倆解決了。這對著名的弗蘭芒兄弟加入了一種特製的油來調配顏料，從而使繪畫可以在木板、帆布、石壁或其他任何材質的底本上呈現出良好的效果。

但與此同時，中世紀初期那種狂熱的宗教熱情也已經消退了。富有的城市居民開始替代了主教，成為了藝術的資助人。因為藝術創作終究是一種謀生的手段，所以當時的藝術家們就開始給一些世俗的雇主提供服務，他們給國王、大公或財大氣粗的金融家繪製肖像。很快，新的油畫畫風開始在歐洲流行起來。基本上每一個國家都有一種固定的畫風，人們創作風格獨具的肖像畫和風景畫作品來彰顯當地人所特有的藝術情趣。

在西班牙，有專門描繪宮廷小丑、皇家掛毯廠的女工，以及其他和國王、宮廷有關的各種各樣的人物和器皿物件的貝拉斯克斯。在荷蘭，有描繪商人的倉庫、邋遢的妻

子、健壯的孩子以及發家致富的船隻等主題的倫勃朗、弗朗斯·海爾斯和弗美爾。而在義大利則完全不同，因為藝術仍受到教皇的極力保護，所以米開朗基羅和柯雷喬仍然在進行聖母等宗教形象的創作。在富有貴族眾多的英國和國王象徵一切的法國，藝術家筆下的主要形象就是達官顯貴以及和國王有著親密關係的貴夫人們。

教會勢力的沒落和新興社會階級的崛起給繪畫藝術帶來的巨變，這也體現在其他所有的藝術形式中。因為印刷術的出現，作家可以通過寫作來獲得人民大眾的喜愛。但是能夠買得起新書的人，他們是不會整天坐在自己的家中望著天花板發呆的。已經擁有足夠財富的人們需要新的娛樂方式，中世紀的若干個吟遊詩人已經滿足不了他們的娛樂需求了。從希臘城邦初現到現在已經有2000年的歷史了，那些消失已久的職業劇作家終於第一次有了在自己的行業領域中大顯身手的機會。過去，戲劇只是宗教慶典的龍套過場。13、14世紀戲劇中講述的都是耶穌受難的故事。而迎合大眾口味的戲劇直到16世紀才開始出現。我們不能否認，一開始，劇作家和演員都是飽受歧視的職業。著名的威廉·莎士比亞還曾經被當作馬戲團的小丑，僅能用他的悲喜劇讓人們娛樂一下。直到他在1616年去世之後，他才開始獲得世人的尊重與認可，從此戲劇演員的名字也從警察嚴密監視的黑名單中除掉了。

洛佩德·維加是和莎士比亞生活在同一時期的西班牙劇作家。他的創作力令人驚嘆，他一生中為大家貢獻了400部宗教戲劇和1800多部世俗的悲喜劇，連教皇都對他稱讚不已。時隔100年之後，一個叫做莫里哀的戲劇作家，憑藉自身的才華成為了路易十四的好友。

從這裡開始，戲劇開始受到大眾們的喜愛。現在戲劇院已經成為一個城市必備的文化設施之一，電影中的沈默劇也開始逐漸傳播到鄉村中去了。

比戲劇更令人喜愛的一種藝術形式就是音樂。很多古老的藝術形式都需要極高的操作技巧，我們要想用笨拙的雙手接受大腦的指令，在畫布或者大理石上展現我們大腦中的豐富想像力，這可能需要花費很長時間的練習，還不一定能夠做得很好。還有的人為了學習怎樣將精彩的戲劇展現在人們面前，或者創作一本優秀的小說，可能要用一輩子的時間。作為欣賞各種藝術形式的大眾來說，想要欣賞它們的精妙之處，也需要接受很多專業的訓練。但是對於音樂來說，只要不是聾子，每一個人都可以學會哼唱某一首歌曲，也能夠從音樂中體會到很多樂趣。中世紀的人們儘管能聽到少量的歌曲，但全都是涉及宗教領域的。這種宗教音樂必須遵循固定的節奏和發聲規律，很快就會讓人覺得枯燥無趣，而且這些歌曲也不適合在大街上來歌唱。

但是文藝復興改變了這種狀況，讓音樂再次變成了人們的好友，可以一起分享快樂與憂傷。

埃及人、巴比倫人和古代猶太人都非常酷愛音樂，他們甚至可以將幾種不同的樂器搭配成一支標準的樂隊。但是希臘人認為這是野蠻的噪音，他們非常討厭這種聲音。他們喜歡傾聽他人朗誦荷馬或品達的宏篇史詩。在朗誦的時候，希臘人常用一種古老、簡陋的豎琴——里拉來進行伴奏，但這種伴奏也僅限於所有在場的人都同意的情況下。羅

女王的厚愛

　　戲劇與音樂的繽紛呈現讓人們枯燥的生活有了更多的色彩，「戲劇天才」莎士比亞在創作初期為在倫敦占有一席之地，他在劇本中多為王者歌功頌德、擁護明君與女權主義。而喜歡在輕快的音樂中翩然起舞的伊麗莎白女王也表現出足夠的寬容與大度，這為莎士比亞的戲劇人生提供了充足的揮灑空間。

　　羅馬人和希臘人恰好相反，他們非常喜歡在晚餐和聚會中間用管弦樂來進行伴奏，我們現在使用的很多樂器都是在他們發明的基礎上改進而來的。在最初的時候，羅馬的音樂並不被教會所接受，後者認為它帶有很多邪教的氣息。3世紀至4世紀所有的主教所能容忍的音樂極限就是信仰者經常合唱的幾首聖歌。因為信仰者們在唱歌的時候沒有伴奏會很容易走調，所以教會特許用風琴來進行伴奏。風琴這種樂器是在2世紀發明出來的，由一組排簫和風箱組合而成。

　　之後就是人類大遷徙的時代，最後一波羅馬音樂家不是在戰亂中死去，就是成為大街小巷中落魄的流浪藝人，在大街上以賣藝乞討為生，就像現在船上的那些豎琴手一樣。中世紀晚期，世俗文化在城市中復興，這引發了人們對於音樂家的需求。有些像羊角號一樣的樂器，原來是在戰場上或狩獵時傳遞信號用的，現在經過改進，它們的優美音色已經可以在舞廳或者宴會廳中占有一席之地。還有一種綁以馬鬃毛為弦的弓，後來成為了用來演奏音樂的老式吉他。在中世紀後期，這些歷史上可以追溯到古埃及、亞述的八弦樂器，是所有弦樂器中最古老的一種，它們發展成了現在的四弦小提琴。它們在18世紀斯特拉迪瓦利和其他義大利小提琴製造名匠的手中發出了登峰造極的音色。

　　最後是鋼琴的發明，它是所有的樂器中最為常見的一種，曾經被那些熱愛音樂的人們帶進人跡罕至的荒漠和冰天雪地的格陵蘭之中。幾乎所有的鍵盤樂器都源於風琴，在演奏風琴的時候，需要有人協助拉動風箱來完成演奏，但現在這一工作已經由電來替代人完成了。因此，音樂家們一直在尋找一種簡單而且不易受外界因素影響的樂器，以便培養更多唱詩班的學生。到了11世紀，在詩人佩脫拉克的出生地阿雷佐，一個叫做奎多

古鋼琴前的女士

弦樂的不斷發展為「樂器之王」鋼琴的最終出現鋪平了道路，
人們按動琴鍵，牽動鋼琴中的琴槌敲擊鋼絲弦而發出宛轉悠揚、鏗
鏘激盪的聲音。這種鍵弦合一的樂器讓音樂的表現形式日臻完美，
優美的音樂由指尖流出，人們痴迷於其音域的寬廣與音色的變化，
眾多大師的非凡之作更造就了無數個傳奇。

的本尼迪克特教團的僧侶為音樂家們創造了一種音樂注釋的體系，並且沿用到現在。同時，人們越來越喜愛音樂，終於世界上第一個鍵盤和琴弦合在一起的樂器誕生了，這就是鋼琴，它能夠發出叮噹的響聲，和現在玩具店中出售的兒童鋼琴的聲音是一樣的。在維也納，中世紀的流浪音樂家們儘管有著與雜耍藝人、賭徒作弊者同樣的社會地位，但他們仍在1288年成立了首家獨立的音樂家同業行會。我們通常認為，是由簡單的單弦琴逐步改進成為現代斯坦威鋼琴最初的樣子，它因為有按鍵，所以在奧地利被通稱為「擊弦古鋼琴」。它後來又從奧地利傳入義大利，又被改成了小型的竪式鋼琴「斯皮內蒂」，因其是一個名叫喬萬尼‧斯比奈蒂的威尼斯人發明而得名。從1709年到1720年，能夠同時演奏強音和弱音的鋼琴由巴爾托洛梅‧克里斯托福里發明出來，現在的鋼琴就是在此基礎上改進而來的。

　　鋼琴的出現，意味著世界上第一次有了一種能在幾年之內就能掌握的簡單樂器，它不像豎琴或提琴那樣需要頻繁地調音定弦，卻也能夠演奏出比中世紀的大號、單簧管、長號和雙簧管更加動聽的音樂。而且鋼琴的出現讓音樂知識普及的範圍更加廣泛，就像留聲機的出現讓更多的人喜歡上音樂一樣。音樂家們從之前毫不起眼的流浪藝人轉變成為備受尊重的藝術家。後來戲劇中也引進了音樂的元素，使其演變成了現在的歌劇。在當時，只有少數家財萬貫的貴族才付得起邀請歌劇團的資費。但是隨著人們對歌劇的興趣越來越濃烈，很多城市都建起了歌劇院。義大利人以及後來的德國人的歌劇讓人們可以在歌劇院中體驗到前所未有的美妙感受。這時候，大部分人都接受了歌劇這種新的藝

術形式，但是仍然有少數非常嚴謹的基督教派成員對此持懷疑態度，認為它帶來的過分快樂會對人的心靈造成傷害。

到了18世紀，歐洲的音樂生活顯示出了勃勃的生機。就在這時，一個傑出的音樂家誕生了，他就是約翰‧塞巴斯蒂安‧巴哈。他原來是萊比錫市一個教堂的風琴師，他為現有的各種樂器都譜寫過曲子，他的作品涉及面極廣，從喜劇歌曲到通俗舞曲，甚至神聖莊嚴的聖歌和讚美詩，他為現代音樂奠定了堅實的基礎。他在1750年去世之後，莫扎特接過了他的遺志。莫札特創作的作品精妙非凡，在人們聽來宛如眾多和聲與節奏串成的精美花邊。之後出現了一個充滿悲情色彩的傑出音樂家路德維西‧馮‧貝多芬，他創作了很多現代交響樂，但是他因為小時候的一場感冒而喪失了兩耳的聽覺，再也沒有辦法聽到自己創作的傑出作品和世界上所有動聽的聲音。

貝多芬經歷過轟轟烈烈的法國大革命，滿懷著對一個美好新時代的嚮往，他曾將一首交響樂進獻給了拿破崙，這也是讓他畢生為之後悔的事情。當1827年貝多芬去世時，曾經叱吒風雲的拿破崙垮台了，法國大革命的硝煙也早已散盡。而隨著蒸汽機突然降臨之後，充斥在世界中的已經是另一種與《第三交響樂》的夢幻意境完全迥異的聲音。

在充斥著蒸汽、鋼鐵、煤和大工廠的工業世界，新秩序對於藝術、繪畫、雕塑、詩歌、音樂確實沒有什麼新的發展契機。中世紀和17世紀、18世紀的主教、王公大臣和商人這些古老的藝術資助者都已找不到蹤影。在工業社會中，新興的階級都在忙於獲取更多的利潤，也沒有接受過高等教育，沒有閒暇時間去關心什麼蝕刻、奏鳴曲、袖珍牙雕，更不要說那些從事藝術製作卻不會對社會與時代產生任何實際價值的人們了。在工廠勞動的工人們終日聽著機器的轟鳴聲，也逐漸喪失了承襲他們淳樸祖先的對笛子或提琴悠揚婉轉音樂的欣賞情趣。這時候，藝術淪為工業社會備受冷眼的繼子，與生活徹底脫離。有幸保留下來的繪畫也只能奄奄一息地待在博物館中。音樂則變成了少數「藝術鑒賞家」的專屬品，在席有其表的演奏廳中演奏著沒有生命的聲音，因為它早已經遠離了人們的生活。

儘管藝術的回歸之路很漫長、很艱辛，但是最後它還是回到了屬於它的世界中。人們開始意識到那些著名的藝術家才是人類的先知與民族的領袖，倫勃朗、貝多芬、羅丹就是這樣的人，世界如果找不到藝術與歡樂，就如同幼兒園失去了孩子們的笑聲。

西方音樂之父——巴哈

作為德國最傑出的作曲家之一，「西方音樂之父」約翰‧塞巴斯蒂安‧巴哈出身於音樂世家，他將西歐不同民族風情的音樂巧妙地融於一體，並賦予音樂新的生命，上帝賜予他的天賦與靈感讓他的作品深沈、空遠，富於變化，充滿著現代氣息，塑造了歐洲乃至世界音樂史上的不朽傳奇。

第 六十二 章

殖民地擴張與戰爭

　　如果知道寫一本世界史是這樣的艱難，我絕不會輕易地接受這樣的工作。幾乎任何一個普通人只要有足夠的勤奮，花上五、六年的時間，在圖書館陳舊、發霉的書堆中認真閱讀，都能夠寫出厚厚的一大本文字，將發生在世界上各個時代和角落的各種重大事件詳細地紀錄下來。但是這並不是這本書的重點。出版商希望這本書充滿了歷史的動感，希望其中的故事生機勃勃地鮮活跳動，而不是讓人讀來死氣沈沈、索然無味。在我即將結束這本書的時候，發現有的章節跌宕起伏，但是有的章節就像在單調乏味的沙漠中獨自跋涉一般艱難，有的章節戛然而止，而有的章節則像自由漫步於充滿躍動與浪漫色彩的爵士樂中。這讓我不是很滿意，所以很期待推倒整部書稿重新來寫，但是出版商並不同意這樣的作法。

清教徒的祈禱

　　英格蘭宗教改革的風潮，讓保持虔誠、聖潔之心，對英國國教頗有微詞的清教徒流亡美國。作為被國家遺棄的子民，他們即將登上普利茅斯港開往美洲大陸的「五月花號」，那將是一段充滿著未知與危險的旅程，人們聚集在手拿福音書、張開雙臂仰天向上帝祈禱的人周圍，以祈求能平安地抵達彼岸。

為了能夠解決這個問題，我嘗試用第二種方法，將這本書的手稿讓幾個好朋友閱讀，希望他們提出一些對我有幫助的建議。但是我再一次地失望而歸。因為每一個人都有自己的好惡和偏見，他們都質問我，為什麼我會將他們最喜歡的某個國家、政治家或者罪犯在某個關鍵的地方棄之不提。他們中有人非常崇拜拿破崙和成吉思汗，認為兩者理應受到最高的讚賞。但是我卻認為我對於拿破崙的態度已經是盡可能地客觀、公正了。在我眼中，喬治‧華盛頓、居斯塔夫‧瓦薩、漢摩拉比、林肯等眾多其他歷史人物遠比拿破崙要重要得多。這些人更值得多做一些描述，但是因為篇幅的限制，我只能用簡單的幾段文字草草了事。

　　有一個批評家讚賞了我目前的工作成果，但是他又問我是否考慮過清教徒的問題，因為他們最近正在籌辦清教徒登陸普利茅斯港300週年的慶祝活動，所以他認為書中關於清教徒的故事理應多占一些篇幅。在我看來，如果只是單純地寫美國歷史，那麼清教徒的問題絕對會占據前12章文字的一半。但是，這是一本關於人類歷史的書，清教徒在普利茅斯港登陸的事件直到多年之後才被人們重視與重新認識，並引發了國際上的爭議。更何況，美利堅合眾國並不是僅僅有這麼一個州，它是由13個州共同組建起來的。不容忽視的是，在美國成立的最初20年歷史中，多數傑出的領導者都出自維吉尼亞州、賓西法尼亞州和尼維斯島，並不是出自麻塞諸塞州。所以用一頁的篇幅以及一個輔助閱讀的特製地圖來講述清教徒的故事，應該足夠了。

　　接下來就是史前史專家對我提出的疑問，在他們看來，我本可以用更多的篇幅來介紹那些非凡的、讓人肅然起敬的克羅馬努人，因為他們在一萬年前就已經創造出了高度的文明。

　　而我為什麼沒有介紹他們呢？原因非常簡單，我並不像一些很著名的人類學家那樣被原始居民取得的成就所驚羨不已。盧梭和一些18世紀的哲學家提出了「高貴的野蠻人」的概念，並以此指代那群生活在天地初開中的幸福人類。現代的科學家卻將我們祖先所崇拜的「高貴的野蠻人」置之不理，而是以法蘭西山谷中「傑出的野蠻人」代之，他們在35000年前就終結了尚未進化完全的低眉蠻族尼安德特人和其他日耳曼人對天下的獨攬，他們給我們留下了克羅馬努人的大象圖畫以及人物雕像，給這些原始人帶來了無與倫比的自豪。

　　這些科學家並沒有什麼不當之處，但是在我看來，人類對這一時期的了解仍極為貧乏，這讓我們極難對初期的西歐社會做出精準、或接近精準的描述，因此我寧願不提及這些我不了解的事情，也不願意信口胡說。

　　還有一些其他的批評聲音，有的人責怪我有失公允。質問我為什麼對愛爾蘭、保加利亞和泰國三緘其口，卻將荷蘭、冰島和瑞士等其他國家生拉硬套進來？對此，我的答覆是我從未牽強插入任何國家的歷史，這些國家是隨著形勢的發展走上了前台，我亦無法對它們避而不談。為了讓我的想法能被更好的理解，我在這裡將對本書選取國家的依據做一說明。

野蠻人的世界

　　由蠻荒時代走出來的野蠻人用他們對自然界本能的理解與力量改變著這個世界，他們在簡陋的岩洞、茅屋中盡情揮灑豐富的想像力與創造力，儘管留給後人的遺跡不多，但他們用並不豐富的頭腦與並不靈活的雙手締造出的文明與藝術已讓後人頗為驚嘆，眾多難以解答的謎團甚至延續至今。

　　我在選取國家歷史的時候只遵循一個原則：那就是這個國家或者個人是否能創造出一種新的思想或者用一種新的行動改變著人類歷史的進程。這個問題和個人的喜好並沒有關係。這個原則是冷靜而近似於數學般嚴密、精準的計算結果。在人類歷史上，沒有哪個民族背後勇猛、傳奇的色彩能與蒙古人相比肩。但是如果從取得的成就與智慧的進步來看，所有的民族都沒有孰先孰後之分。

　　儘管亞述國王提華拉·毗列色的一生充滿著傳奇的色彩，但是對於我們來說，他幾乎沒有存在過。同樣的道理，荷蘭的歷史並不是因為德·魯依特的水兵曾悠閒地在泰晤士河邊釣魚而被人們關注，皆因荷蘭人對歐洲各種深受人厭惡的言論有著各種各樣的奇思妙想，他們在北海沿岸的泥沼之地為那些天賦稟異的人們構建了一個寬容、和平的避

難所。

不可否認，處於全盛時期的雅典或佛羅倫斯的人口還不到堪薩斯城的1/10。但是如果歷史上沒有這兩個地中海附近的小城，我們現在的文明就會是完全不同的景象。但是對於位於密蘇里河上的堪薩斯城來說，即使人口再多，他們對人類文明的影響也根本無法與雅典或佛羅倫斯相提並論。

但是我堅持的觀點也都僅是一些個人想法，所以有必要提及另外一件事實。

就好像我們要去醫院看病一樣，首先要弄清醫生究竟屬於哪一類醫生，是外科醫生、診斷醫生、順勢療法醫生，又或是一個故弄玄虛的庸醫，因為只有弄清楚了這些，我們才能知道他會從哪一個角度來診斷病情。我們在選擇歷史學家的時候也應如此仔細。有很多人認為歷史就是歷史，所有的歷史都是一樣的。但是一個從小在蘇格蘭落後的農村長大的，接受長老會家庭嚴厲家教培育出來的作者，和一個從小聆聽無神論者羅伯特·英格索爾精彩演說的人，他們對人類關係的各個方面所持有的觀點完全不同。雖然隨著時間的流逝，他們身上早年訓練的印跡會逐漸淡化，他們也不會時常出入教堂和演講廳。但他們兒時難以釋懷的記憶會在他們的腦海中永遠無法抹去，並在他們寫作、言行舉止間常常不經意地流露出來。

在這本書的序言中，我曾經說過我不會是一個無懈可擊的歷史嚮導。在我所講的故事行將結束的時候，我在此重申這一觀點。我出生在一個接受舊式自由主義教育的家庭，這樣的家庭篤信達爾文以及其他19世紀科學先驅者的論斷。我小時候的大部分時光恰巧是與我的一位叔叔共同度過的，他家中收藏有16世紀法國傑出散文家蒙田的所有作品。而我在鹿特丹和高達市接受教育的經歷讓我經常有機會接觸到伊拉斯謨。我也不清楚其中的原因所在，但這個寬容的倡導者確實在我這個並不寬容的人心中占據著重要的位置。後來我又接觸過阿爾托·法朗士，在一個偶然的機會，當我看到一本薩克雷的《亨利·艾司芒德》之後，才開始了我與英語的第一次親密接觸。這本書讓我印象深刻，對它的記憶甚至超過了我曾閱讀過的任何一本英語書。假如我出生在一個令人身心愉悅的美國中西部城市，或許就會對小時候聽過的讚美詩充滿著某種念舊情節。記得我童年的某一天午後，母親帶著我去聽巴哈的賦格曲，那是我對於音樂的最早記憶。這位傑出的新教音樂大師用他精準、嚴密的完美傑作徹底地征服了我，以至於在我傾聽祈禱會上那些平實無華的讚美詩時，常常讓我覺得苦不堪言。

換句話說，假如我出生在義大利，在阿爾諾山谷溫暖的陽光中長大，我也可能會對五彩繽紛、光線充足的繪畫作品愛不釋手。但此刻我卻對它們毫無興致，因為我最開始接觸藝術是從這麼一個國家開始的：在那裡，難得一見的晴空之下，刺眼的陽光強烈地烘烤著浸飽雨水的田野，在那裡，世界萬物都凸顯出光明與黑暗的鮮明反差。

在這裡，我重點強調的事實是為了讓你們對這本書作者的個人偏好有一定的瞭解，這樣能更有利於你們領悟我的觀點。

在簡短地繞過一個必須提及的轉折之後，我們將再次回到最後50年歷史的話題上

來。這個時期有著很多的故事，但是值得著重提及的並不多。大多數的強國已不僅僅侷限於純粹的政治機構而存在，它們也有著大企業的身分。它們興修鐵路，開通或贊助通往世界各處的海上航線，架設電報網線將眾多殖民地串聯起來；它們將世界各地的土地一點點吞併，劃到自己的名下。在非洲和亞洲，幾乎每一塊可以爭奪的土地都被列強中的某一個強國占據著。阿爾及利亞、馬達加斯加和越南等地都，成了法國的殖民地。而西南和東部非洲一些地區不僅被德國收入囊中，德國人還在非洲西海岸的喀麥隆、新幾內亞以及眾多太平洋上的彈丸小島上安置了據點，更以幾名傳教士被殺當作理由，因而占據了中國黃海的膠州灣。義大利人將手伸向了埃塞俄比亞，卻在當地國王尼格斯率領

密蘇里河上的皮毛商人

　　金色的陽光中，兩個獵手正帶著他們的獵物與貓在平緩的密蘇里河中順流而下。時空的河流中，這樣平凡而美好的點滴記憶無數次滑過人們的腦海，但真正該被銘記的總是那些能夠影響甚至改變人類歷史進程的記憶，那些重大的事件或人物也會被特殊地「選擇性」地烙印在歷史的長卷中，直到被後人無意間翻起。

的黑人軍隊反擊下大敗而歸，聊且僅從占據北非土耳其蘇丹所屬的黎波里尋求自我安慰。俄國在搶占了西伯利亞全境之後，中國的旅順港也於不久後落入它的手中。日本在1895年的甲午海戰中打敗了中國軍隊，並在1905年宣稱將整個朝鮮王國劃歸其屬地。1883年，世界歷史上最強大的殖民地國家英國宣布對埃及提供「庇護」，並較為圓滿地行使了這一職責，更從中獲取了巨額的實際利益。自從1886年蘇伊士運河開通以來，不被各國所重視的埃及開始無時無刻不處於被外來勢力侵入的威脅之下。在接下來的30年間，英國在世界範圍內又接連發動了多次殖民戰爭。經過3年的持久戰，英國在1902年吞併了德蘭士瓦和奧蘭治自由邦兩個獨立自主的布爾共和國。同時它還鼓勵塞西爾·羅得斯極富野心地擴充龐大的非洲聯邦版圖，在這個計畫中，英國占據著從南部好望角到尼羅河口的廣袤土地，它甚至不遺餘力地將沿線所有未淪為殖民地的諸多島嶼或地區都收入其名下。

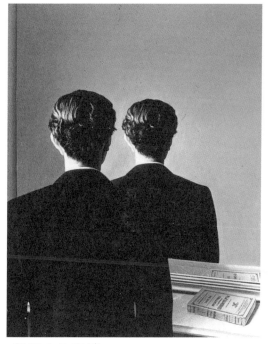

鏡子中的背影

一個人過往的經歷與記憶會在潛移默化中對他觀念、態度的傾向性產生重大的影響。在現實世界中，每一個人都是獨一無二的，他的思想，他的才學，他的崇高……如同一個男人站在鏡子前面對著自己的背影，人們不僅要在歷史的長河中拼湊昨天零碎的記憶，更要學會找到真實的自我與屬於自己的態度與立場。

1885年，頭腦靈活的比利時國王奧波德利借助探險家亨利·斯坦利的發現成果，在剛果建立了自由邦。最開始，剛果這個國土遼闊的赤道帝國原屬於「君主專制國」。但是多年讓人懊惱的胡亂管理，最終被比利時抓住機會趁虛而入，在1908年淪為比利時名下的殖民地，進而撤銷了那位胡作非為的國王所百默許的各種陳規苛典。只要能夠獲得象牙和天然橡膠，這位國王根本就不關心這些土著居民的死活。

而美國已經擁有了廣闊的土地，所以沒有強烈的欲望去繼續擴張領土。但是西班牙在古巴這個它西半球僅存的幾塊屬地之一所施行的暴政，卻迫使華盛頓政府不得不行動起來。經過了一場波瀾不驚的短兵相接之後，西班牙人很快地撤出了古巴、波多黎各和菲律賓諸島，而最後兩個地區自此都成了美國的殖民地。

這種世界經濟的發展走向是大勢所趨。英、法、德三國的工廠數量在不斷地增加，

它們對原料產地的需求自然也會水漲船高。而越來越多的工人也需要更多的生活必需品的供應。所以世界各國都要求獲得更多更旺盛的市場，更多更容易開發的煤礦、鐵礦、橡膠種植園以及油田，更多更充實的小麥和糧穀供應。

　　對於準備開闢通往維多利亞湖的航線或修築山東境內鐵路的人們來說，歐洲大陸上發生的各種政治事件已經變得不值一提。他們知道歐洲有很多問題需要解決，但是他們對此力不從心或鞭長莫及。這些冷漠與疏忽為他們的子孫後代埋下了仇恨與痛苦的種子。不知從什麼時候開始，歐洲的西南部土地一直深陷在不休的殺戮與流血之中。在19世紀70年代，塞爾維亞、保加利亞、門的內哥羅和羅馬尼亞的人們為再度贏得自由而前仆後繼，而有著眾多西方列強撐腰的土耳其人則每每極力阻撓。

　　1876年，保加利亞的人民在爭取民族獨立鬥爭中遭到了殘酷無情的鎮壓，這讓善良的俄國人再也不能視若無睹。就如同美國麥金利總統被迫干涉古巴局勢，竭力阻止哈瓦

狂熱的殖民競賽

　　土地與資源的誘惑讓眾多世界列強一手舉著虛偽的面具，一手藏著武力的大棒，為了爭奪更多的殖民地費盡心機，甚至不惜大動干戈，而欲望的貪婪讓他們沒有絲毫節制。圖中大英帝國全盛時期的著名帝國主義者「南非鑽石大王」塞西爾·羅得斯甚至期冀著獨佔非洲好望角至開羅之間的大片領土。

柏林會議

　　歐陸各國利益在巴爾幹半島的縱橫交錯時刻觸動著執政者脆弱的神經，直到再度復興的俄國勢力將手掌伸向這裡。為此在以德國為東道主的德國柏林會議上，各國試圖平衡英國、俄國、奧匈帝國以及其他歐洲強國的利益關係，重建巴爾幹半島的秩序，但最終非但沒有解決實質問題，反而使局面更加複雜、微妙。

那惠勒將軍行刑隊指向無辜民眾的槍口一樣，俄國政府迫於壓力不得不挺身而出。俄國軍隊於1877年4月渡過多瑙河，以迅雷不及掩耳之勢攻下了希普卡隘口，在拿下普列文之後，他們一路向南高歌猛進，一直攻到君士坦丁堡城下。此時的土耳其開始向英國請求援助。很多英國人都不滿政府支持土耳其蘇丹的舉措，但是迪斯雷利還是決定出面干涉。此時維多利亞女王剛剛在他的支持下登上印度的王位，他對俄國人迫害印度境內的猶太人非常不滿，因此對土耳其反而存有更多同情與好感。在英國的干涉下，在1878年俄國被迫簽訂了聖斯蒂芬諾和約，這讓巴爾幹半島的紛爭交由同年6、7月舉行的柏林會議去處理。

　　著名的柏林會議完全由迪斯雷利一人幕後操縱。他有著一頭油光發亮的捲髮，秉持著一種拒人於千里之外的高傲，但是他又有著桀驁不馴的幽默感和狡黠高超的外交手腕，在面對這個老人的時候，連素有「鐵血宰相」之稱的俾斯麥都不得不畏懼三分。他作為英國的首相，在柏林會議上充分地考慮著他的盟友土耳其的利益。會議承認了門的內哥羅、塞爾維亞、羅馬尼亞的獨立地位，而保加利亞在沙皇亞歷山大二世的姪子、巴登堡的亞歷山大王子統轄下成為了半獨立的國家。然而，上述的這些國家都沒有機會充分發揮它們自身的國力與資源優勢。作為大英帝國防範俄國西進擴張的緩衝地帶，土耳其蘇丹的政局是英國密切關注的重點，否則這些國家還是有可能實現它們最初的願望的。

　　還有更糟糕的事情，此次柏林會議還授予奧地利將波斯尼亞—黑塞哥維那由土耳其

中劃分出去，作為哈布斯堡王朝的一塊領土納入奧地利的版圖。不得不承認，奧地利乾得不錯，它將這兩個被人忽視的土地整治得如同英國最好的殖民地一樣井然有序、讚譽有加。但是這裡生活著很多塞爾維亞人，這些人曾經是生活在斯蒂芬‧杜什漢的塞爾維亞大帝國中的一員。這位著名的領袖杜什漢曾經在14世紀初期成功地率領民眾抵抗過土耳其人的侵略，讓西歐免於戰火。在哥倫布發現新大陸的前150年，那裡的首都烏斯庫勃就已經成為了帝國的文明中心。過去的那些輝煌和榮耀依然停留在塞爾維亞人的心中，永遠無法磨滅。所以他們討厭奧地利人在這兩個地方指手畫腳，以他們的傳統觀念看來，這兩個省由始至終就是屬於他們的領土。

在1914年6月28日，一個塞爾維亞的學生僅僅是出於簡單的愛國動機，在波斯尼亞的首都塞拉耶佛刺死了奧地利的王儲斐迪南王子。

這次刺殺行動成為了第一次世界大戰的直接導火索，雖然這次大戰的起因不能簡單歸結於那個歇斯底里的塞爾維亞學生，也不能歸結於被前者刺死的奧地利王儲。這些雖是引發戰爭的直接因素，但卻絕不是唯一因素，戰爭錯綜複雜的起因還應歸咎於柏林會議的那個年代，整個歐洲急於建設物質文明，而將古老的巴爾幹半島上那個民族曾表露出的渴望與夢想遺忘在了陰暗的角落裡。

爭霸之戰

　　歐洲列強瘋狂地在世界各個角落掠奪殖民地，以獲得更多的原料產地與銷售市場。從1876~1914年間，英、俄、法、德、美、日等國巧取豪奪了近2500萬平方公里的領土，地球上三分之二的土地淪為帝國列強的殖民地。而隨著經濟發展的不均衡、殖民爭端的日益突出，各國最終不可避免地為爭奪霸權步入戰爭的漩渦。

第一次世界大戰前奏

1870年，為了統一德國、爭奪歐陸霸權，普魯士與法國爆發普法戰爭，戰敗方法國割地賠款，埋下兩國之間的舊怨深仇。

1873年，為孤立、抗衡法國，歐陸強國德、奧、俄三國締結「三皇同盟」，脆弱的同盟後因巴爾幹半島問題走向破裂。

1882年，德、奧匈、意三國在維也納簽訂同盟條約，締結「三國同盟」。

1891～1907年，英、法、俄三國彼此之間先後簽訂協議，形成「三國協約」。

1907年，以德、奧匈為首的同盟國和以英、法、俄為首的協約國兩大軍事集團對峙而立。

1914年6月，歷經多年軍備競賽、局部衝突，各國緊張的神經在突然爆發的「塞拉耶佛事件」之後無法遏制，各自宣戰爆發第一次世界大戰。

第六十三章

一個新世界

為了迎來更美好的新世界，各國在世界範圍內進行了一場爭鬥，那就是世界大戰。

在一小部分對法國大革命的爆發負責的忠誠擁護者中，德·孔多塞侯爵可以說是品格最為高尚的人之一。他在這場震驚世界的革命之中，為了解救勞苦大眾貢獻了自己的一生。此外，他還以助手的身分協助德·朗貝爾和狄德羅編撰了舉世矚目的《百科全書》。在革命爆發之初，他曾擔任過國民議會中溫和派的領導者。

當國王和保皇派的反動陰謀讓激進派掌控了政權，並開始大肆屠殺異己分子的時候，孔多塞侯爵所持有的寬容、仁厚與堅定態度讓他陷於被懷疑的境地。之後他就被激進派劃入了「不受法律保護者」的黑名單，他成了一名被放逐的對象，成為了一個無家可歸的人，致使任何一個真正的愛國者都可以隨意地處罰他。雖然他的朋友情願冒著生命的危險收留他，但是他拒絕了讓朋友為他身陷險境。他自己偷偷地逃離巴黎，想要逃回自己的家鄉，他認為那裡可能還是安全的。經過了三天三夜，他風餐露宿、歷經艱辛、遍體鱗傷，不得不前往一家小飯館討食求生。多疑的村民對他進行了搜查，從他的口袋裡找到了一本拉丁詩人賀拉斯的詩集。這表明這個身陷困境的人出身高貴，但是在那個時代，所有受過教育的人都被看作革命仇敵對待，這個人絕不會平白無故地甘冒奇險跑到公路上來。村民們抓住了孔多塞，將他捆起來，堵住了嘴，關進了鄉村拘留所。到了第二天早上，當士兵們準備將他押赴巴黎處決時，這個高尚的人已經離開了人世。

孔多塞

作為18世紀法國啓蒙運動的代表人物，孔多塞被人們稱作法國大革命的「擎炬人」。他對社會的革新思想引導著人們掙脫重重壓迫，實現真正的公平與正義，他對人類歷史文明的發展進程有著透徹的理解，樂觀地期待著革命所帶來的平衡與改變，但崇高的生命卻最終被法國大革命洶湧的浪潮所吞沒。

苦難中的反思

　　自然界與時間給予人類充沛的想像空間與支持，對正義與光明的篤信讓人們對這個充滿著變數的世界抱有深深的期望，然而社會的動盪與戰爭的殘酷卻將這些尚未凝聚的希望擊得粉碎。希望之火的黯淡讓人們身陷於巨大的恐懼與黑暗當中，而事實上苦難的沈重代價正引導著人類一步步接近希望。

　　他為了謀得人類的福祉付出了他的一切，但是最後卻以如此淒涼的結局收場，他有著最充足的理由憎恨人類。但是他曾說過這樣一句話：

　　「大自然讓人類充滿了無盡的希望。現在，人類正在全力地掙脫身上的束縛，以堅實的步伐在通向真理、美德與幸福的大路上闊步前進，這樣的畫面讓哲學家們見證了一個人間奇蹟，這讓他們從身邊玷汙與壓抑這個世界的謬誤、罪惡以及不公正中獲得了些許安慰。」

　　這句話距今已經過了130年，但是讀起來依然振聾發聵。在這裡，我和讀者們一起來分享這句話帶給我的震撼。

　　我們生活的世界剛剛經歷了一場無比痛楚的苦難，這與法國大革命相較之下，後者充其量就是一次偶然的事故。這場戰爭帶給人們的是無與倫比的震驚和絕望，它讓成千上萬的人心中最後一點點的希望之火都熄滅了。這些人曾經因為人類的進步而放聲歌唱，但是他們不斷祈禱和平換來的卻是一場持續了4年，而且殘酷無比的瘋狂殺戮。所以他們會不自覺地捫心自問：「我們為了那些還處在穴居階段的人類付出這樣艱辛的代價是否值得？」

　　答案永遠只有一個。

　　那就是：「值得！」

　　雖然第一次世界大戰是人類歷史上一場令人戰慄的災難，但是並不代表世界末日，

因為隨著戰爭的結束，一個全新的時代即將來臨。

如果只是單純地寫一本和古希臘、古羅馬或者中世紀的歷史有關的書並不難。因為在那個已被人們遺忘的歷史舞台上，所有的演員都已經埋在黃土之下，我們能夠對他們進行冷靜和客觀的評價。那些台下曾為表演者喝彩叫好的觀眾們也都消逝在空氣中，不管我們做出什麼樣的評價，都不會傷害到他們的感情。

但是要對當代發生過的事件做一客觀、真實的描述卻是非常困難的。有一些問題困擾著和我們相伴一生的親人，也讓我們自己疑惑不解。這些問題不是對我們造成了太深刻的傷害，就是讓我們過於高興，因此我們很難用一種歷史寫作所必須持有的客觀、公正的心態加以描述。歷史並不是自我吹噓的宣傳，做到公正是起碼的態度。所以不管怎樣，我都要竭力告訴你們，我完全同意孔多塞侯爵對美好明天所秉持的堅定信念。

我已經不止一次地提醒大家，一定要謹防對歷史時代進行僵硬劃分所造成的錯覺。

歷史的主人

人類進步的階梯遠沒有頂點，對於每一個人來說，沈迷在過去的輝煌或現實的安逸中都同樣可怕，放棄奮鬥只能成為自然界優勝劣汰的失敗者。今天的我們行走在締造歷史的路上，而這一切都將在時空的沈積中成為明天的回憶，人們承襲傳統、開創未來，每一個人都是他自己現在和將來的主人。

也就是所謂的人類的歷史先後經歷了古代、中世紀、文藝復興和宗教改革時期以及現代，共計四個階段。這其中，最後一個階段的語義界定是非常混亂的。「現代」這個詞從表面上看似乎在告訴我們20世紀的人類已經走到了歷史的頂點。在半個世紀之前，以格萊斯頓為領袖的英國自由主義者看來，第二次的「改革法案」賦予了工人與雇主共享政治的權利，已經使確立真正代議制的民主政府問題得以完美地解決。當以迪斯雷利為首的保守派嘲諷他們的行動是極具危險性的瞎摸亂撞時，他們進行了堅決的否認。他們對自己的事業懷著堅定的信心，相信從今以後，在社會所有階層的攜手努力下，他們共同擁有的政府一定會發展得越來越好。然而，隨後的世事無常，讓少數幾個倖存的自由主義者終於開始隱約察覺到他們當年有一點過分的樂觀和自信。

對於任何歷史問題來說，永遠沒有一個絕對的答案。

任何一代人都必須重新為他們的命運而戰，也只有這樣才能避免類似史前

動物因懶於移動而遭致最終滅絕的事情再度發生。

一旦人們意識到這一點，才會獲得更廣闊的視野來看待這個世界。如此，我們在進一步推論，假如我們身處於一萬年以後自己子孫的位置上，他們一樣也會研究歷史。但是他們會怎樣看待我們用文字紀錄下來的短短的4000年的行為和思想呢？他們可能會將拿破崙看作是亞述征服者提拉華‧毗列色那一時代的人物，甚至可能將他和成吉思汗或馬其頓的亞歷山大混淆起來。而剛剛這場偃旗息鼓的世界大戰也可能被他們看成是羅馬和迦太基爭奪地中海霸權，彼此攻伐持續了128年的商業戰爭。而19世紀巴爾幹半島的爭端問題，這些塞爾維亞、希臘、保加利亞以及門的內哥羅為自由而戰可能在他們看來，就是大遷徙時代混亂的延伸。他們會用我們審視250年前土耳其和威尼斯之爭中摧毀殆盡的雅典衛城照片時一樣的眼神，盯著剛剛發生過的一戰中德國炮火摧毀的蘭姆斯教堂的照片。我們身邊很多人所普遍持有的對死亡的恐懼心理，在他們來說，可能只是一種極為幼稚的迷信，這種看法似乎合情合理，因為直到1692仍有一些愚昧的民族將女巫燒死。甚至就連那些讓我們無比自豪的醫院、實驗室和手術室，在他們的眼中也只是經過簡單改裝的煉金師和中世紀外科醫生的小作坊而已。

他們之所以會產生這樣的看法，原因很簡單，因為我們自認為的現代在他們看來並不現代。我們仍然屬於穴居時代人最後的幾代子孫。新時代的腳步聲現在才剛剛響起。只有人類擁有足夠的勇氣去懷疑現在存在的所有事物，並運用自己的知識和理解創造一個更理智、更合理的社會基礎時，人類才有機會步入真正的文明。而世界大戰也正是這個新世界在成長過程中不可避免要經歷的陣痛。

在未來即將發生的很長一段時間中，人們用出版各種各樣的書籍來證明這場戰爭是由這個、那個或者另外一個人導致的。社會主義者會認為這場戰爭是資產階級為了自身的商業利益而發動的，而資產階級則會反駁說，他們的子女在戰爭的最前線衝鋒陷陣，最終馬革裹屍，他們在戰爭中失去的遠比得到的要更多。他們也會全力向人們證明，在戰爭初始每一個國家的銀行家是如何極力阻撓戰爭爆發的。法國的歷史學家們會從查理曼大帝開始，一直到威廉‧霍亨索倫，羅列出不同統治時期德國人所有過的種種罪行。德國的歷史學家也會以其人之道還治其人之身，歷數從查理曼時期一直到布思加雷執政時期法蘭西所犯下的各種暴行。也只有用這樣的方法，他們才能志得意滿地將戰爭的責任完全推卸到其他人身上。這時候，所有國家已故或仍健在的政治家們，都會用文字去控訴歷史，他們是怎樣竭盡全力地避免衝突，但是罪惡的敵人又是怎樣迫使自己捲入到這場戰爭中的。

經過了一個世紀之後，歷史學家們就根本不會關注這些表面上的理由和愧疚，他們會探究到深層最真實的原因。他們明白，一個人的罪惡、野心、貪婪對戰爭爆發的影響是非常渺小的。其實在科學們為建造一個充滿鋼鐵、化學和電力的新世界時，罪惡的種子就已經開始生根發芽了。他們忘記了很重要的一點，人類的大腦比諺語中烏龜的速度還要遲緩，比樹獺更懶惰，人類遠遠地跟著極少數充滿勇氣的領導者從一百年走到

歷史的真相

對於戰爭，每一個捲入其中的人都會將自己說成冠冕堂皇的正義者或楚楚可憐的無辜者。無可置疑的辯解需要敏銳的雙眼去揭開它的偽裝欲望與野心，殺戮與死亡，每一個人對於歷史的評判都有著自己的觀點，而歷史的真相也隱藏其中。圖為南非的殖民戰爭中，英國人正用軍刀劈開祖魯士兵的防線。

三百年。

　　一頭狼雖然披著羊皮，但它依然是狼。就算一隻狗經過訓練之後能夠非常熟練地騎著自行車，會抽菸，但它始終都是狗。同樣的道理，就算一個商人開著1921年最新款的羅爾斯·羅依斯汽車，如果他的智商還處在16世紀的話，那麼他依然只能算一個16世紀的老古董。

　　假如你還沒弄明白其中的道理，不妨再重新讀一遍。讀到一定的程度之後，你就會在一瞬間明白這個道理，它可以幫助解釋最後6年中發生的很多事情。

　　或許我可以用一個更生活化的例子來表達我的看法。在看電影的時候，電影院的銀幕上常常會出現可笑或滑稽的字幕。如果有機會，你可以趁機觀察一下觀眾的反應。有些人會很快地反應過來，他們理解了這些句子的意思，隨即大笑起來；但是有的觀眾反應就比較慢，需要花上20至30秒才能領會其中的意思，發出笑聲。還有的觀眾自身的理解能力有限，需要在另外一些觀眾的幫助下才能明白其中的涵義。而我想要表達的意思就是，人類的生活和觀眾看電影的反應在某種程度上是一樣的。

　　在前面我已經提到過，雖然羅馬帝國滅亡了，但是羅馬帝國的觀念仍然在人們心中

延續了近1000年。這種觀念直接導致了大量「仿製帝國」的建立，它們讓羅馬主教能夠成為整個教會的領袖，因為主教代表的就是羅馬帝國中世界強權的這種觀念。

這種觀念讓很多原本善良的酋長和族長誤入歧途，並捲入了一場永無止境的殺戮之中，皆因「羅馬」這個充滿著誘惑、神奇的詞彙讓他們心神嚮往。歷史中的教皇、皇帝、平凡的士兵乃至所有的人原本和我們都是一樣的，但是他們生活的世界已經被羅馬帝國的精神充斥並占據著，曾經的羅馬傳統已成為一種真實存在的生命，它在父輩與晚輩之間生生不息、觸手可及。

所以他們不惜耗盡一生的精力，為了他們的事業而戰，而他們的這種行動在如今恐怕連六、七個擁護者都沒有。

在另外一個章節中，我還提到過，大規模的宗教戰爭是怎樣在宗教改革興起100多年後忽然爆發的。倘若你把三十年戰爭的那一章和介紹科學時代的那一章對照比較，你就會發現，那場腥風血雨的戰爭恰好與法國、德國、英國科學家的實驗室中第一台笨拙的蒸汽機呼哧呼哧喘著氣發生在同一個時代。但是所有的國家對蒸汽機根本就沒有興趣，他們還沈浸在那一場不切合實際的宗教爭執上。如今，聽到這些空洞的內容雖不致於讓人厭惡，但除了讓我們昏昏欲睡以外，再也提不起什麼興致了。

強權之夢

羅馬帝國締造的輝煌文明在人們的心中延續了千年，無數的國家與民族循著羅馬帝國的足跡走上他們自己的強權之路。傳統成功的思維定勢與野心驅使著善良的人們淪為戰爭的工具，通過不斷地侵略、掠奪與殺戮收穫大量的土地、財富與奴隸，最終締造帝國的輝煌，卻也難逃羅馬帝國覆滅的命運。

　　時光飛逝，在1000年之後，歷史學家們也會用同樣的語言去講述19世紀歐洲早已逝去的故事。這些歷史學家們會發現，人們是怎樣忙於殘酷的民族鬥爭的，然而同時他們的身邊仍活躍著不少不苟言笑的人，對政治充耳不聞，終日泡在各種實驗室裡，只求能從中揭開大自然更多的奧秘。

　　你們可以慢慢來領會這些話的涵義。如今，大量的重型機械、電報、飛機以及煤焦油產品充斥著歐洲、美洲、亞洲的各個角落，而這僅僅是這些工程師、科學家和化學家在一代人的時間裡完成的。他們締造了這個無比嶄新的世界，時間與空間都已成為不值一提的細枝末節。他們將所有花樣繁多的新發明、新產品加以改進，使之成為任何一個人都可以享用的物美價廉之物。儘管之前已經提到過，但是我覺得還是有必要在這裡再次強調。

　　昔日的工廠主們已成為了國家機器的掌控者，他們需要更多的原材料與煤，特別是煤，來維持工廠在競爭壓力逐漸增大的情況下正常運轉。與此同時，為數眾多的普通民眾卻依然停留在16至17世紀的思維方式上，仍舊將國家看做是一個朝代、一個政治團體，這種頑固的觀念在短期內無法改變。

　　這種蠢笨的中世紀古老機構在面對突如其來的機械與工業社會中出現的各種高度現代化問題時，它總是以幾百年前暢行無阻的遊戲規則來竭力解決這些難題。所以每個國家都組建了相應的陸軍和海軍，在遠隔千里的土地上展開瘋狂的殖民競爭。

　　只要還有一小片未被占據的土地，英國人、法國人、德國人或者俄國人就會蜂擁而至，宣稱自己是那片土地的主人。如果當地的居民進行反抗，就會遭到無情的殺戮，儘

戰爭的延續

　　工業時代的迅猛發展讓工業大國的資源供應接近極限，於是眾多強國重拾幾個世紀前舊有遊戲規則中的簡單、暴力，依靠戰爭瘋狂地擴張和掠奪殖民地，進而在短時間內獲取巨大的暴利與輝煌的繁榮。圖中殖民地的人們只有用財富與資源換取安定的生活，否則只有承受強國無止境的破壞與殺戮。

管多數時候，當地人會以忍辱退讓來獲得平安與寧靜。只要當地的居民不騷擾殖民者鑽石礦、煤礦、金礦、石油或橡膠園的秩序與開發，也能從這些外國占領者那裡分得一定的收益。

有時候也會出現這樣一種情況，兩個正在尋找原料的國家同時想要染指同一塊土地，於是雙方就會爆發戰爭。

15年前，為爭奪同一塊中國的土地就曾引發了日本與俄國之間的戰爭。但是這樣激化的矛盾衝突實屬少見，沒有人會真正願意發生戰爭。

20世紀初的人們已經清醒地認識到訴諸軍隊、戰艦或潛艇去彼此傷害的想法是極為不明智的。在他們看來，暴力只是幾百年前肆無忌憚的君權和勾心鬥角的王朝所慣用的伎倆。

他們每天都可以在報紙上發現很多新的發明，在那裡看到英國、美國、德國的科學家們在一片祥和的氛圍中攜手合作，並在醫學或天文學的

殘酷的戰爭

國家間的利益摩擦與爭端激化常引發各種戰爭，儘管荒誕的戰爭常讓戰爭雙方承受巨大的苦難與代價，但仍被各國奉為解決爭端最原始、最簡單的方法。無情的戰火迫使平民背井離鄉，甚至將繁華的城市化為灰燼，圖為德國累斯頓城被戰火洗禮後的高大石雕無聲地俯瞰被夷為廢墟的空城。

領域中不斷獲得新的成就。他們生活的世界中，每個人都在為商業、貿易或工業而忙碌不停，很少有人注意到他們因共同觀念而走到一起的、龐大的國家社區中，所施行的制度已經和時代嚴重脫節了。

發現其中問題所在的幾個人想要對其他人加以提醒，但是多數人除了眼前的事業以外，其他問題一概沒空兒理會。

在前面我已經用了很多的比喻了，請原諒在這裡我還要再用一個。我們可以將國家比喻成一艘船，這個古老的比喻在任何時候都是那麼生動形象。

埃及人、希臘人、羅馬人、威尼斯人和那些17世紀的商業探險家們駕乘的「國家之船」，是由一些乾燥適用的木材建造起來的，由那些擅於管理又了解船隻的優秀航海者掌舵，除此之外，他們對祖先留下來的航海術的瑕疵與侷限也了如指掌。

隨之而來的就是由鋼鐵和機器構成的新時代。這艘「國家之船」起先是局部發生著變化，而後來蔓延到整艘船都發生了翻天覆地的變化。

前途渺茫的航程

隨著工業革命帶給人類日新月異的變化，跨入嶄新時代的國家之舟變得空前龐大而精密，然而這些承載著人們希望的遠航之舟卻在領航者的手中沿襲著最原始的航行法則。擁擠的國際政治之海上，眾多國家彼此爭逐，無數人情願或者不情願地與這些龐大國家機器的命運捆綁在一起，駛向無法預知的彼岸。

　　船的體積變大了，開始使用蒸汽機來代替古老的風帆。儘管客人居住的船艙變得更加舒適，但更多的人被趕到了鍋爐艙中。雖然這裡的工作環境更加安全，得到的報酬也不斷上漲，但是鍋爐艙中的工作與從前在桅桿上裝配船帆、操縱索具的工作一樣危險，這仍讓人難以欣然接受。很快，這艘船就悄然從古老的木質方船變成了煥然一新的遠洋鋼鐵巨輪。但是，船上的船長與大副還是以前的那些人，他們按照一個世紀之前的傳統方式被指定或選舉出來管理、操縱這艘船。

　　但是他們使用的航海技術還停留在15世紀，他們沿用的還是船艙中懸掛著的路易十四和弗雷德里克大帝時期的航海圖和信號旗。對於新的工作，他們兢兢業業，卻根本無法完全勝任。

　　國際政治的海洋並不寬廣遼闊。那麼多的皇家船隻與殖民地船隻在這片水域游弋、爭逐，就一定會發生事故。事實也正是如此，當你鼓起勇氣穿越那片水域，還會見到那些事故後的殘骸。

　　這個故事想說明的道理非常簡單，現在的世界極為需要能擔負起領袖使命的人才，他必須具有真知灼見和過人膽識，能夠冷靜地認識到「國家之船」才剛剛啟程，需要掌握一套全新的航海理論體系才能很好地駕馭它。

　　在達成這一切之前，他必須經過厚積薄發的多年研習，與可能遇到的各種困難和阻礙經歷幾番苦鬥，才能成功。當他站在駕駛台前，他或許要甘冒全體船員出於嫉妒產生譁變、甚至殺死他的危險。但是終究有一天，會出現一個能將船隻安全帶入港灣的領袖人物，那麼他就會成為這個時代的英雄。

第 六十四 章

永遠如此

「當我對生活中出現的種種問題越是深入地思考，我就會越堅信『諷刺與同情』理應成為我們的顧問與法官，這和古埃及人為死去的亡靈向女神伊西斯和內夫突斯不斷祈禱有著異曲同工之妙。」

「諷刺與同情皆是最出色的顧問，前一個用她的微笑讓生活愉快安逸，後一個用她的淚水讓生活高尚聖潔。」

「我所期待的諷刺並不是一個殘忍冷酷的女神，她既不嘲弄愛情，也不譏諷美麗。她是如此的溫良賢淑、仁愛友善；她的歡樂讓我們戾氣頓消。也正是她，引導我們對好逸惡勞、蒙昧無知之輩報以冷嘲熱諷。倘若失去了她，我們或許會懦弱無能地去蔑視他們，怨恨他們。」

在這裡，我借用法國著名作家法朗士充滿理性與智慧的詞句，作為獻給你們的臨別贈言。

女神

面對著人生的坎坷與世事的繁雜，唯有諷刺與同情才是人們評判世界可以依賴的標尺。借助她的雙眼人們才有機會去締造平凡而美好的世界，皆因她引導我們去擁抱純真、善良與美麗，它給予人們活著的勇氣與希望；她也支撐我們去面對虛偽、邪惡與醜陋，它給予人們反抗世間一切黑暗的力量。